MW01627367

LA COLLECTION D'ESTAMPES JAPONAISES DE CLAUDE MONET À GIVERNY

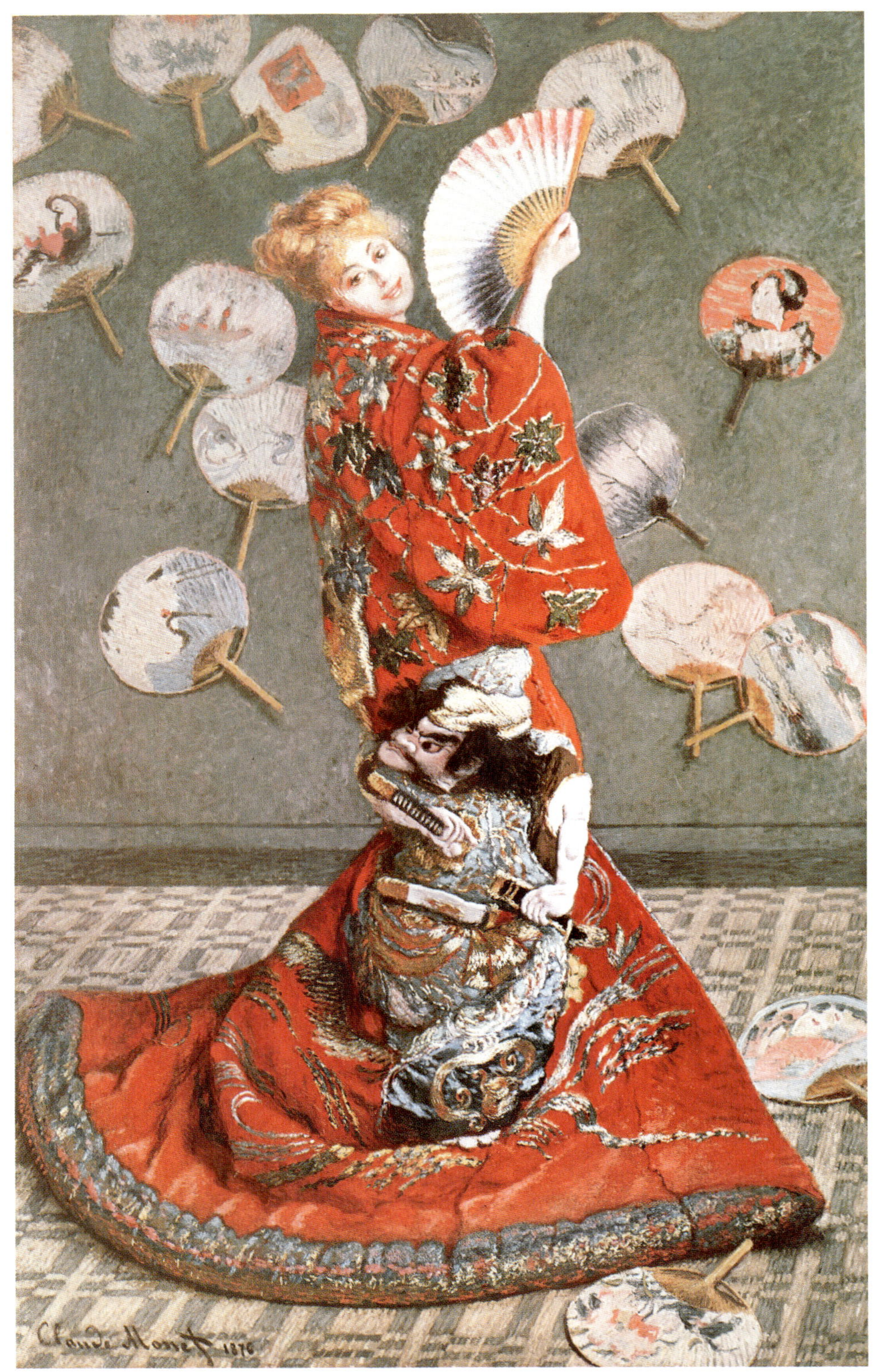

Claude Monet. *La Japonaise,* 1876.

GENEVIÈVE AITKEN ET MARIANNE DELAFOND

LA COLLECTION D'ESTAMPES JAPONAISES DE CLAUDE MONET À GIVERNY

Préface
de
GÉRALD VAN DER KEMP
Conservateur du Musée Claude Monet à Giverny

LA BIBLIOTHÈQUE DES ARTS

ISBN 2-88453-053-3

PRÉFACE

Geneviève Aitken et Marianne Delafond ont établi avec la plus grande rigueur ce catalogue scientifique des estampes japonaises collectionnées par Claude Monet et conservées dans sa maison à Giverny. Cela est un événement qui aura son retentissement chez tous les spécialistes de l'impressionnisme comme chez les connaisseurs de l'art japonais.

Cette collection, formée avec amour par Claude Monet pendant le dernier tiers du siècle dernier a été léguée à l'Académie des Beaux-Arts par Michel Monet, le fils du peintre, lors de sa mort accidentelle le 3 février 1966.

J'ai eu l'honneur, en 1977, de me voir confier par mes confrères de l'Institut, la conservation de la maison, des ateliers, des meubles, des livres, des estampes japonaises, du jardin, des étangs, qu'il fallait sauver de l'abandon et de la ruine.

Je dois dire que j'ai été, au début, tant soit peu découragé par l'ampleur de la condition plus que précaire de l'ensemble de ce legs pratiquement délaissé depuis la mort, en 1947, de la belle-fille du maître, Blanche Hoschedé-Monet.

Dès que possible, les gravures ont été soignées, restaurées, sauvées grâce aux services de la Bibliothèque Nationale. J'ai dû réencadrer l'ensemble et sur ma demande le professeur David Bromfield, B.A. Phd, historien d'art, a pu très aimablement me venir en aide pour identifier les estampes. Parti pour un long voyage, son travail presque achevé a été conduit à son terme grâce à la bienveillance et aux connaissances de Madame Huguette Berès.

Je rêvais de faire établir le catalogue de cette belle collection et David Bromfield en avait accepté le principe mais, par manque de moyens, j'ai dû attendre et encore attendre lorsque, par miracle, M. François Daulte, membre associé étranger de l'Académie des Beaux-Arts, s'est généreusement proposé à éditer cet ouvrage.

Il me fallait aller vite; j'ai donc demandé au professeur David Bromfield, alors en Australie, la permission de m'adresser à Mesdames Delafond et Aitken, deux spécialistes, pour établir ce recensement.

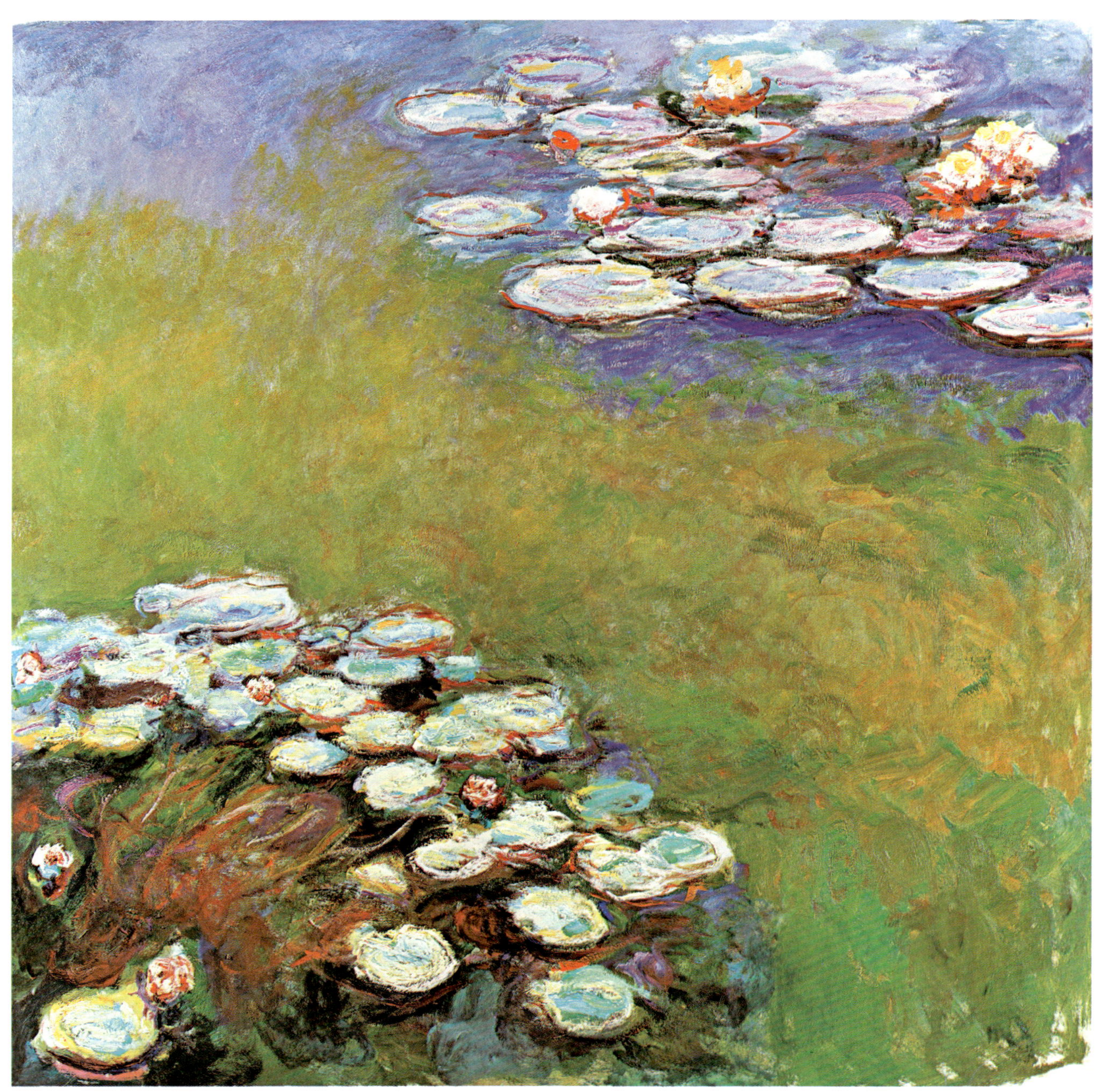

Claude Monet. *Les Nymphéas,* 1917.

Ainsi donc, voici enfin ce catalogue tant désiré. Que ne donnerait-on pas pour avoir également les catalogues après décès des collections d'estampes japonaises de Bracquemond, Baudelaire, Astruc, Jules Jacquemard, Millet, Manet, Whistler, Rodin, enfin Vincent van Gogh!

Il est inutile de répéter ici ce que disent excellemment dans leur introduction Marianne Delafond et Geneviève Aitken. Pour leur catalogue proprement dit, elles ont eu, en outre, le privilège de pouvoir bénéficier des conseils du professeur Eiko Kondo ainsi que des conservateurs des musées japonais, spécialisés dans l'Ukiyo-e.

Richard Lane définit le style ukiyo-e comme «des images d'un monde flottant...». *N'est-ce pas aussi l'idéale définition de l'impressionnisme, et l'on pense immédiatement aux dernières décorations des Nymphéas...*

Tout l'art ukiyo-e est dirigé sur l'impression immédiate du monde qui nous entoure; le même sujet est cent fois répété le jour, la nuit, aux différentes saisons. N'est-ce pas le propos même de Claude Monet dans la création sans cesse renouvelée de ses fameuses séries: les débâcles de la Seine, les vues de la Tamise, les cathédrales de Rouen, les meules, les peupliers, enfin l'obsession de sa dernière période, les Nymphéas, le matin, à midi, le soir par tous les temps et sous différents éclairages.

L'Ukiyo-e inspire aussi aux impressionnistes le renouvellement complet de leur mise en page, de leur touche frémissante, soumise à la soudaineté de la première impression; de leur dessin simplifié, de leurs couleurs franches, d'une palette limitée; c'est Monet pour sa touche rapide et «son monde flottant», c'est Degas et ses extraordinaires mises en page et ses perspectives plongeantes, c'est Manet et ses couleurs à plat, très «images d'Epinal».

Tous ces maîtres le disent eux-mêmes: la découverte des gravures japonaises a signifié pour eux l'évasion hors des sentiers battus. Bien sûr ils ont transposé, sublimé cette influence avec leur génie occidental; mais le fait est là, leur art procède de cet art japonais tout fait de spontanéité et d'inattendu. Il ne s'est jamais agi chez eux de japonisme à la Braquemond mais bien d'une nouvelle approche dans l'expression plastique qui a fait d'un géant comme Claude Monet le révolutionnaire de la peinture occidentale.

Gérald van der Kemp

Inspecteur général honoraire des musées,
Conservateur en chef honoraire du Musée national de Versailles et du Trianon,
Conservateur du Musée Claude Monet à Giverny,
Membre de l'Institut.

REMERCIEMENTS

Le présent catalogue raisonné de la collection d'estampes japonaises de Claude Monet, n'aurait pu être mené à chef sans le concours de plusieurs personnalités, auxquelles nous tenons à exprimer notre vive reconnaissance.

Nous désirons, tout d'abord, rendre hommage à
M. Gérald van der Kemp, Conservateur du Musée Claude Monet
qui, dès la première heure, a bien voulu s'intéresser à notre projet et nous a prêté le soutien le plus actif en nous ouvrant généreusement les riches collections de Giverny. Nous lui disons notre profonde gratitude ainsi qu'à
Madame Lindsey, Secrétaire générale de la maison du peintre des *Nymphéas*.

Nous avons trouvé ensuite une aide précieuse auprès de
M. Yves Brayer, membre de l'Institut, Conservateur du Musée Marmottan,
de M. Claude Richebé, archiviste paléographe, Secrétaire administratif du même Musée,
et de M. et Mme Jean-Marie Toulgouat, parents du grand maître impressionniste.

Nous n'aurions garde d'oublier dans nos remerciements tous les Musées, Fondations, galeries et collectionneurs privés, — tant en France qu'au Japon — qui ont répondu avec empressement à nos demandes, en nous fournissant généreusement des documents iconographiques, des photographies, des informations souvent inédites. Qu'il nous soit permis de mentionner, en particulier,
M. Daniel Wildenstein, membre de l'Institut,
et ses collaborateurs M. Rodolphe Walter et Mme Madeleine Maniglier,
M. Charles Durand-Ruel et sa secrétaire, Mlle France Daguet,
les professeurs Klaus Berger, Bernard Dorival et Michel Hoog,
Mme Claudie Judrin, Conservateur au Musée Rodin,
M. Wormser, Conservateur du Musée Clémenceau et sa collaboratrice, Mme Boulignat.
Mlle Evelyne Posomer, Attachée au Musée des Arts Décoratifs de Paris,
de même que M. Schinichi Segi et les conservateurs des Musées Ota et Riccar, à Tokyo.

Nous tenons aussi à remercier
Joël Delafond et Jacques Vatinet;
ils ont bien voulu relire les épreuves de cette étude.
Enfin, *at last but not least*, nous nous sentons pressés de reconnaître notre dette
à l'égard de notre amie Eiko Kondo,
qui nous a fait bénéficier de ses incomparables connaissances de l'art et de la civilisation du Japon et nous a permis de résoudre de difficiles problèmes d'attribution.

G.A. et M.D.

LA COLLECTION D'ESTAMPES JAPONAISES DE CLAUDE MONET

La collection d'estampes japonaises constituée par Claude Monet réunit deux cent trente et une gravures. Après une éclipse de quelques années consécutive à son legs par Michel Monet, elle a retrouvé son cadre d'origine dans la maison du peintre, à Giverny, restaurée grâce aux efforts de M. Gérald van der Kemp et des généreux amis de l'Institut de France.

Le visiteur de Giverny est souvent surpris de ne pas y trouver de nombreuses peintures du maître des lieux, mais des reproductions de son œuvre. Ses toiles sont en effet dispersées aujourd'hui entre des musées français, notamment Marmottan et le Jeu de Paume, des musées étrangers et des collections privées. Et Giverny, en ce sens, évoque davantage l'homme qu'était Monet que son travail pictural.

L'étonnement du visiteur est, au demeurant, une excellente entrée en matière. Car ce cadre à la végétation luxuriante, cette très riche collection de gravures japonaises, surprenaient déjà les familiers du grand innovateur impressionniste. A l'aide de cette «machine à remonter le temps» que peut être l'imagination, pensons que nous éprouvons-là des sentiments proches de ceux qui saisirent, il y a quelque cent ans, Marc Elder, le duc de Trévise ou Gustave Geffroy, un des habitués de Giverny: *«Cette salle à manger aux lambris peints en jaune pâle, relevé aux moulures d'un jaune plus vif, aux meubles, buffets, dressoirs, peints de même manière, décorée sur toutes les murailles d'une profusion d'estampes japonaises, simplement mises sous verres, les plus belles, les plus rares, de Korin et Harunobu jusqu'à Hokusai et Hiroshige; et les plus inattendues aussi, où l'art du Nippon s'est appliqué victorieusement à représenter les costumes et les aspects de la vie hollandaise aux colonies.»*[1]

Quelques photographies anciennes de la salle à manger et du salon bleu ont servi à reconstituer l'accrochage d'origine. Mais l'aménagement des autres pièces nous est inconnu et il est probable que Monet, en bon collectionneur, conservait une partie de ses estampes dans un carton.

C'est en 1883 que Monet a le coup de foudre pour cette attachante demeure qu'il découvre au cours d'une promenade. Il l'habitera jusqu'à sa mort, en 1926. Durant cette longue période, le peintre aménage inlassablement la maison, y ajoute ateliers et serre et consacre beaucoup de temps à son jardin sans cesse renouvelé. Ce bouleversement, cet acharnement à toujours vouloir améliorer ce jardin, à en changer les couleurs, témoignent de la même volonté farouche qu'il a de peindre, peindre et repeindre certaines de ses toiles à la recherche d'un absolu qui dépasse la peinture. Les *Nymphéas* et leurs nombreuses versions sont là en contrepoint, curieusement séparées de ce jardin par un petit pont, comme par hasard japonais. Demeure, jardin, estampes peuvent être perçus ainsi, parallèlement au travail du peintre, comme des épiphénomènes d'une personnalité riche, originale et toujours sur la brèche.

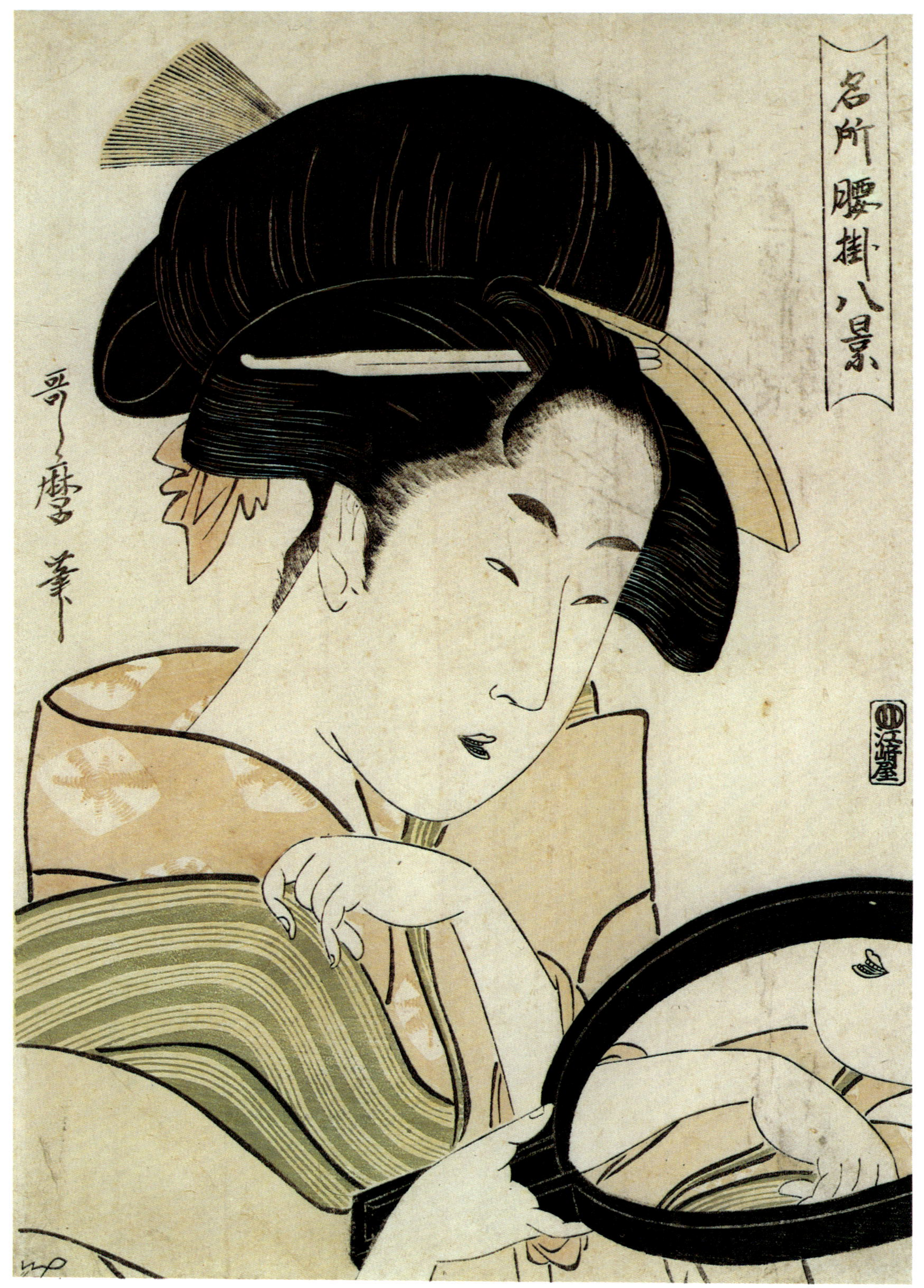

Utamaro Kitagawa. *Jeune femme au miroir.* (Cat. n° 14).

La collection

Un double regard s'impose face à la collection ; d'une part les estampes choisies par le peintre selon des critères picturaux reflètent l'homme épris de lignes et de couleurs, d'autre part un ensemble réuni par un passionné de curiosités japonaises où intervient la qualité des épreuves, l'état et le tirage. Ainsi sommes-nous devant une collection variée où figurent un certain nombre de pièces célèbres : *Le Maquillage*, d'Utamaro (**n° 12**, salle à manger), *Sous la vague au large de Kanagawa*, d'Hokusai (**n° 62**, salle à manger) et *Ohashi, l'averse soudaine à Atake*, d'Hiroshige (**n° 152**, vestibule).

Les trois plus grands graveurs de l'Ukiyo-e, images du « temps qui passe » : Utamaro, Hokusai, Hiroshige, occupent plus de la moitié de la collection et témoignent de sa connaissance de la xylographie nippone.

Séduit par l'élégance des courtisanes du XVIIIe siècle, de Kiyonaga et d'Utamaro, Monet semble moins attiré par le graphisme maniéré d'Harunobu représenté seulement par deux estampes. Par goût et sous l'impulsion des marchands, il collectionne, comme les amateurs du temps, des triptyques d'Eishi et de Toyokuni dont les couleurs se sont fanées. Moins connus, Eiri et Eisho, élèves d'Eishi, sont présents, l'un avec une scène hivernale, *Les Trois visites* (**n° 55**, chambre de Blanche), l'autre avec un beau portrait en buste de *Kokin* (**n° 54**, chambre d'Alice). Sharaku, dont l'œuvre rare est très recherché, figure avec trois portraits d'acteurs immortalisés sur un fond micacé blanc ou noir.

Le XIXe siècle s'ouvre magnifiquement avec Hokusai dont l'ensemble des épreuves est d'une grande fraîcheur, particulièrement *Kajikazawa dans la province de Kai* (**n° 67**, boudoir) ou *Neige sur le fleuve Sumida* (**n° 76**, salle à manger). Utagawa Kunisada et Utagawa Kuniyoshi retiennent l'attention du peintre avec leurs paysages des environs d'Edo. Mais c'est surtout à Andō Hiroshige que Monet donne sa faveur. Les gravures de Yokohama (fin du XIXe siècle), les premières arrivées en France, occasionnent chez Monet et ses contemporains un mouvement de surprise et d'enthousiasme pour ce monde insoupçonné aux couleurs vives et aux accords audacieux, provoquant le désir de l'explorer.

L'intérêt actuel de la collection réside moins dans la présence d'œuvres illustres que dans ce qu'elle implique comme choix ou exclusions (estampes primitives et shunga). Ainsi, le portrait d'acteur kabuki, un sujet privilégié de l'Ukiyo-e, est délaissé par Monet au profit des paysages, car la figure humaine, quand elle se grime ou se plie à l'expression théâtrale, le dérange par son aspect artificiel. Les trois estampes de Sharaku sont une exception et figurent comme pièces de collection d'autant plus que le cachet du collectionneur japonais Oyaji Wakai en rehausse la valeur.

Les estampes de type kachō-e, fleurs et oiseaux, pourtant répandues sur le marché, sont rares elles aussi dans la collection, fait encore plus étonnant quand on connaît la passion de l'artiste pour l'horticulture. Certaines planches ont disparu tels *Les Iris* d'Hokusai dont Monet fait état dans une missive à Marcel Joyant : *« Vous ne me parlez pas des coquelicots et c'est là l'important car j'ai déjà les iris. »*[2]

Aucun inventaire du vivant de l'artiste ne nous est parvenu. Des dons ou des échanges ont pu altérer la physionomie de la collection.

COMPARAISON AVEC DES COLLECTIONS D'ESTAMPES JAPONAISES DE PEINTRES

La collection de Monet présente avant tout un intérêt historique, car elle est, comme celles de Vincent van Gogh et d'Auguste Rodin conservée à peu près dans son unité. Si de nombreux autres peintres, de Bracquemond à James Mac Neil Whistler, de Henri de Toulouse-Lautrec à Pierre Bonnard rassemblèrent, par goût ou par affinité artistique, des gravures ukiyo-e, aucun ensemble n'est parvenu complet jusqu'à nous.

Parmi les impressionnistes proches de Monet, Edgar Degas et Camille Pissarro subirent le charme des artistes nippons, particulièrement d'Utamaro dont le dernier posséda une dizaine de planches, par exemple le *Portrait d'une jeune femme essuyant un plateau* et *Morokochi de la maison Echizenya*[3]. La collection d'estampes japonaises de Degas nous est plus familière car le catalogue d'une vente posthume, des 6 et 7 novembre 1918[4], mentionne un lot de gravures composé de Kiyonaga (*Le Bain des femmes*), d'Utamaro (deux triptyques), d'Hokusai, de Toyokuni et d'une quarantaine de planches d'Hiroshige ainsi que de deux albums de Sukenobu. A la simple énumération de ces noms d'artistes, nous notons l'attirance de Degas pour les grands maîtres de la gravure japonaise et spécialement pour ceux du XVIIIe siècle.

Les estampes japonaises de Vincent van Gogh, accrochées en permanence au Musée Vincent van Gogh d'Amsterdam comme celles de Monet à Giverny, offrent un panorama artistique du XIXe japonais où prédominent les courtisanes et les portraits d'acteurs de Kunisada, Kuniyoshi et Yoshitora, artistes qui figurent aussi dans la collection de Monet. L'ensemble des quarante-trois planches d'Hiroshige, réparties entre trois séries célèbres, souligne la fascination de Vincent pour ces compositions audacieuses, spécialement pour les *Cent vues célèbres d'Edo* qu'il copie à l'identique. Parfois il transpose et ajoute des symboles japonisants (nénuphar, pont suspendu ou bambou) dans une illusoire volonté de véracité[5].

Vincent achète ses premières gravures à Anvers, vers 1855, année où il témoigne dans une lettre à son frère Théo de son intérêt pour « les crépons » : *« Mon atelier est assez supportable, surtout depuis que j'ai épinglé aux murs toute une collection de gravures japonaises qui me plaisent fort. »*[6]

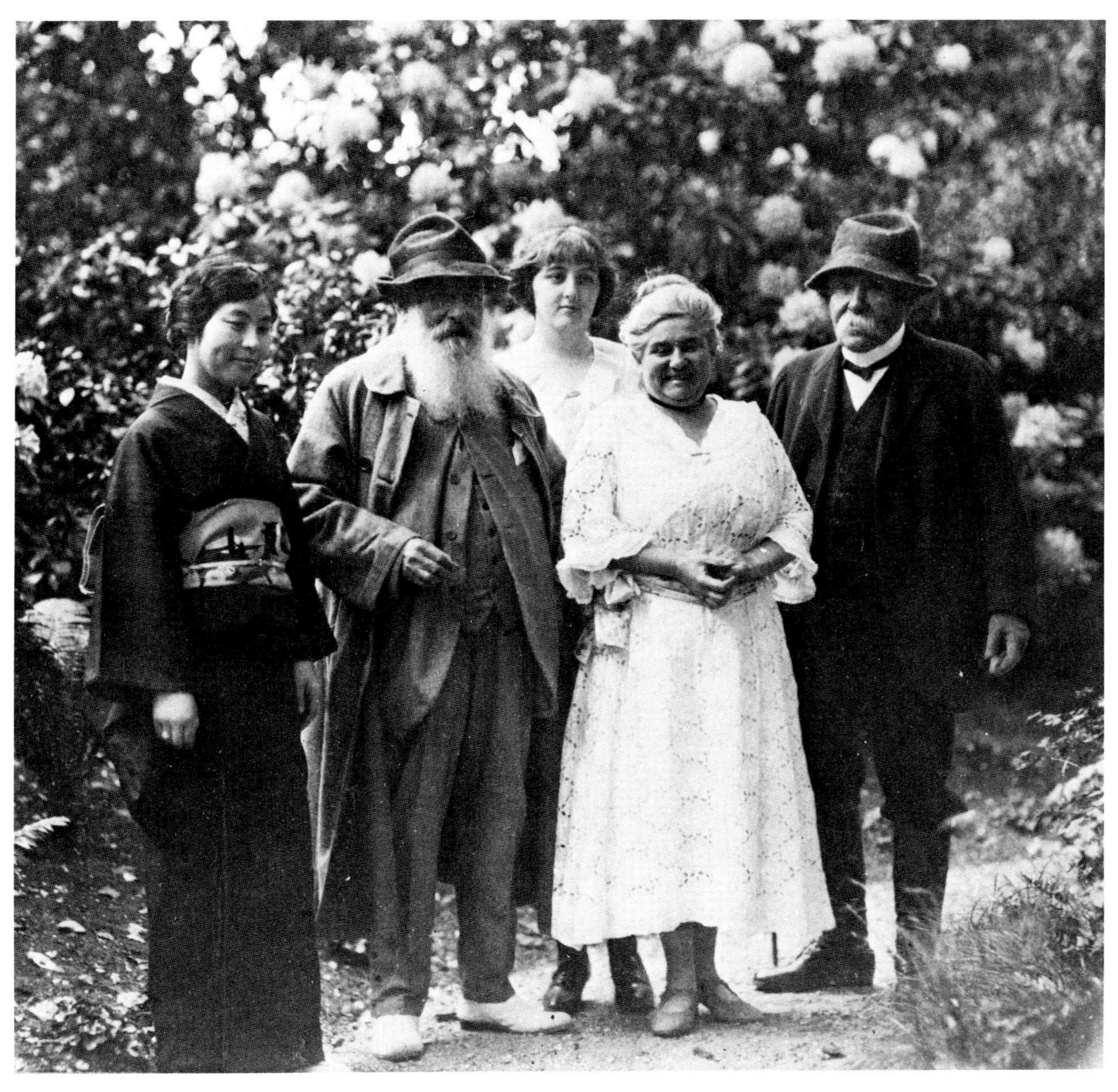

De gauche à droite: Mme Kuroki (née Princesse Matsukata), Claude Monet, Lily Butler, Blanche Hoschedé-Monet et Georges Clemenceau.

Habitant les Pays-Bas, premier carrefour privilégié du marché de l'art avec l'Extrême-Orient grâce à la Compagnie hollandaise des Indes Orientales, il les découvre très tôt. Il organise lui-même, en 1887, une manifestation de gravures japonaises au Café du Tambourin à Paris, qui s'avère être un four selon ses propres dires[7].

Entreprise tardivement, en 1910, la collection de Rodin (Musée Rodin) est aussi variée du point de vue thématique que celle de Monet et comporte en plus des shunga (estampes érotiques); mais elle n'en a pas l'unité. Elle associe des gravures «tardives» à des épreuves superbes de Kiyonaga, Toyokuni et Hiroshige, mais procède plus du hasard que d'un choix délibéré. Elle est le fruit de l'amitié d'Albert Kahn qui lui présente des japonais attirés par sa renommée et curieux de l'art du maître incarnant pour eux la sculpture française. Ils lui offrent en reconnaissance quelques estampes.

La comparaison avec les collections de ces artistes met en valeur la volonté délibérée de Monet de se constituer un ensemble représentatif de l'Ukiyo-e, impliquant recherche et joie de l'œil.

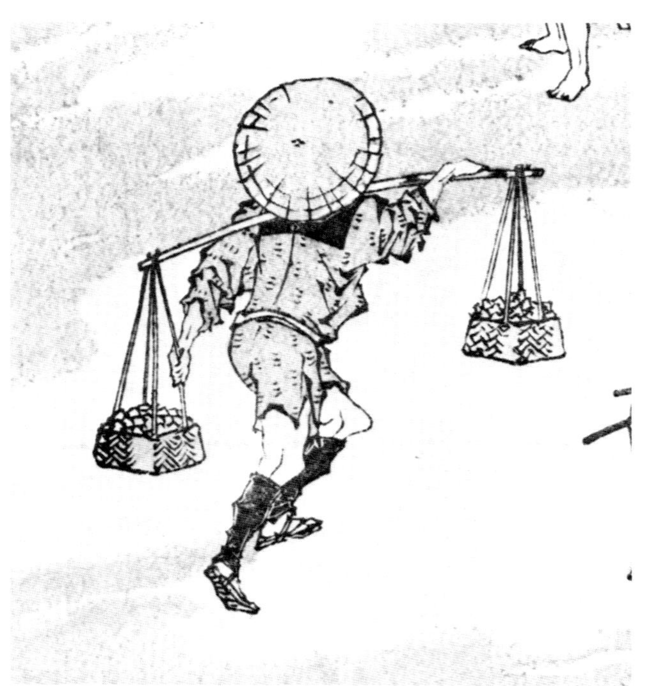

La découverte des estampes japonaises

Félix Bracquemond, les frères Goncourt et plus tard Monet, ont cherché individuellement à s'octroyer la primeur de la découverte des estampes japonaises et sans vouloir s'immiscer dans cette vieille querelle, il faut essayer de rétablir les faits. Interrogé par ses biographes, Gustave Geffroy et Jean-Pierre Hoschedé, Monet accrédite l'idée qu'il a découvert les estampes japonaises lors d'un séjour à Zaandam en Hollande en 1871.

Octave Mirbeau donne dans son livre *La 628 E 8* une version romancée de cette «trouvaille»: *«J'ai souvent pensé, dans ce voyage, à cette journée féerique où Claude Monet, venu en Hollande, il y a quelque cinquante ans pour y peindre, trouva, un dépliant un paquet, la première estampe japonaise qu'il lui eût été donné de voir (...) Rentré chez lui, fou de joie, Monet étala «ses images». Parmi les plus belles, les plus rares épreuves, qu'il ne savait pas être d'Hokousai, d'Outamaro (...) Ce fut le commencement d'une collection célèbre, mais surtout d'une telle évolution de la peinture française, à la fin du XIXᵉ siècle.»*[8]

Deux ans avant sa mort, désirant sans doute embellir son rôle d'initiateur, Monet affirme à Marc Elder[9] avoir acheté sa première estampe au Havre, en 1856, à l'âge de seize ans.

Cette dernière explication est sujette à caution, d'autant que le premier traité commercial avec la France, consécutif à l'ouverture du Japon, n'est signé que le 9 octobre 1858. Si des estampes parviennent en France avant cette date, il s'agit surtout d'estampes contemporaines de Yokohama. Les œuvres d'Hokusai, d'Hiroshige et plus tardivement d'Utamaro ne sont connues d'un cercle restreint d'amateurs que dans les années 1860.

Certains historiens d'art, tel Jacques Dufwa[10], pensent même que sa collection date de son installation à Giverny, en 1883, quand ses moyens financiers lui ont permis d'acheter des épreuves plus chères. Mais, dans son compte-rendu de l'Exposition Universelle de 1878, *Le Japon à Paris*[11], Ernest Chesneau, critique attentif et bienveillant des impressionnistes depuis 1874, parlant des collections de peintres, cite celles de Degas et de Monet. Il confirme ainsi la première version du peintre sur sa «découverte des estampes en Hollande», d'autant que le tableau *Méditation. Madame Monet au Canapé* (Jeu de Paume) présente dès 1871 un décor japonisant avec éventail et porcelaine.

Le manque de témoignages écrits sur la formation de la collection ne nous autorise pas à d'autres suppositions. Plus intéressante à notre point de vue est l'étude des sources de la culture japonisante du peintre.

La culture japonisante de Claude Monet

LES EXPOSITIONS

Le Japonisme, défini comme un engouement pour l'art japonais, avec ses répercussions dans l'art et la décoration en Europe, marque la deuxième moitié du XIXᵉ siècle. Les artistes, éblouis par «cette découverte» pastichent les formes et les motifs décoratifs d'une manière servile comme le déplorent les critiques Ernest Chesneau, dès 1878, et Louis Gonse plus tard[12]. Il revient au XXᵉ siècle de s'interroger sur les philosophies et l'architecture, deuxième volet de la culture nippone.

Soutenu par les manifestations officielles, les marchands, les collectionneurs, les sociétés savantes et finalement les grands magasins, enrichi par les comptes-rendu de voyages et les articles, ce «mouvement» est revélé au public par l'Exposition Universelle de 1867. Pour cette occasion, le gouvernement japonais commande une centaine d'estampes à des artistes contemporains: Kunisada, Sadahide, Yoshitora et Yoshitoshi. D'autre part, Philippe Burty prête quelques-uns de ses albums illustrés japonais qui font une forte impression sur Théodore Duret. Et Chesneau de noter: *«L'enthousiasme gagna tous les ateliers avec la rapidité d'une flamme courant sur une piste de poudre.»*[13]

Le grand public se familiarise davantage avec la culture japonaise lors de l'Exposition Universelle de 1878, tandis que les grandes collections des japonisants de la première heure se constituent, celles des hommes de lettres Charles Baudelaire, Philippe Burty, Jules Champfleury, Emile Zola et les Goncourt, des voyageurs Enrico Cernuschi, Théodore Duret et Emile Guimet, des industriels comme Charles Haviland, des bijoutiers comme Henri Vever, des graveurs et des peintres Félix Bracquemond, Carolus Durand, Edgar Degas, Fantin-Latour, Charles Gillot, Edouard Manet, Manzi, Henri Tissot et Monet. Burty peut écrire: *«Le Japon vient de remporter à l'Exposition Universelle sous les doubles formes de ses arts et de ses industries d'autrefois et d'aujourd'hui une victoire complète et décisive.»*[14]

Monet, installé à la campagne, suit de près ces manifestations parisiennes comme en témoigne une lettre adressée à Paul Durand-Ruel: *«Ce n'est pas mardi l'ouverture de l'exposition japonaise, mais demain lundi. C'est donc demain que je viendrai.»*[15] Il s'agissait là d'une rétrospective organisée par Louis Gonse, en 1883, à la galerie Georges Petit, comprenant trois mille pièces dont des estampes provenant de collections privées parisiennes.

En 1890, l'estampe japonaise triomphe à l'exposition de l'Ecole des Beaux-Arts, qui offre un panorama complet de l'Ukiyo-e, des origines à 1860.

A ces grandes rétrospectives, dont nous ne mentionnons que les plus importantes, succèdent des manifestations consacrées à des individualités comme par exemple *Utamaro et Hiroshige*, à la galerie Durand-Ruel, en 1893. Exposition qui fascine les impressionnistes Monet et Pissaro, ce dernier confiant à son fils Lucien: *«Admirable, l'exposition japonaise. Hiroshige est un impressionniste merveilleux. Moi, Monet et Rodin en sommes enthousiasmés (...) ces artistes japonais me confirment dans notre parti pris visuel.»*[16]

Monet acquit peut-être à cette occasion des gravures d'Utamaro et d'Hiroshige.

LES RÉCITS DE VOYAGE

La réouverture du Japon aux Occidentaux offre l'occasion aux Français d'explorer ce pays et d'en rapporter des objets. Ainsi Charles Chassiron, Cernuschi, Duret et Philippe Sichel racontent leurs souvenirs de voyage dans des ouvrages hauts en couleurs, qui prennent place dans les bibliothèques des japonisants. Edmond de Goncourt note à ce propos dans son journal: *«Au fond, c'est bien certainement le voyage de Philippe Sichel et plus tard le voyage de Bing qui ont fait faire connaissance intime à l'Europe avec le Japon et qui ont vulgarisé l'art de l'Empire du Soleil en Occident.»*[17]

On reproche souvent aux japonisants d'avoir abordé la culture nippone d'une manière partielle. Cependant, les Goncourt ou Philippe Burty possèdent une riche documentation sur l'histoire, les mœurs, la littérature et les arts de ce pays. La bibliothèque de Monet à Giverny renferme encore aujourd'hui les ouvrages de Duret, Henri Focillon et Gustave Migeon dédicacés au peintre. Des études de Bing, Goncourt et Revon révèlent son intérêt pour Hokusai, mais également l'importance des monographies consacrées à Hokusai graveur.

LES BOUTIQUES

Monet fréquente probablement, comme ses amis, ces boutiques déjà spécialisées dans les produits d'Extrême-Orient, reconverties récemment dans l'importation d'objets japonais. Les marchands Decelle à l'enseigne de *L'Empire Chinois* et Bouillette à celle de *La Porte Chinoise,* vendeurs de thé, affichent désormais à leurs devantures de la rue Vivienne: *«articles de Chine, de l'Inde et du Japon».* Ainsi, dès l'ouverture de leur boutique en 1863, Monsieur et Madame Desoye se spécialisent dans l'art japonais et vendent des albums illustrés qui émerveillent Baudelaire.

Pour répondre à une demande de plus en plus pressante, d'autres magasins s'ouvrent dans les années 1870 et leurs propriétaires Samuel Bing et Philippe Sichel entreprennent, comme les Desoye, le lointain voyage au pays du Soleil Levant à la recherche d'une marchandise abondante et bon marché. Sichel raconte avec verve «cette chasse à l'objet», dans son livre *Notes d'un bibeloteur au Japon*[18]. Très vite des Japonais, ayant deviné l'importance de ce marché, installent à Paris des succursales dont la maison mère exporte de Tokyo ou de Yokohama, tels Mitsui et Cie, Wakai et Hayashi.

Tableau sélectif des boutiques d'objets japonais à Paris de 1860 à 1914

Etude de quelques marchands souvent cités par les peintres, réalisée à partir des annuaires du Didot-Bottin

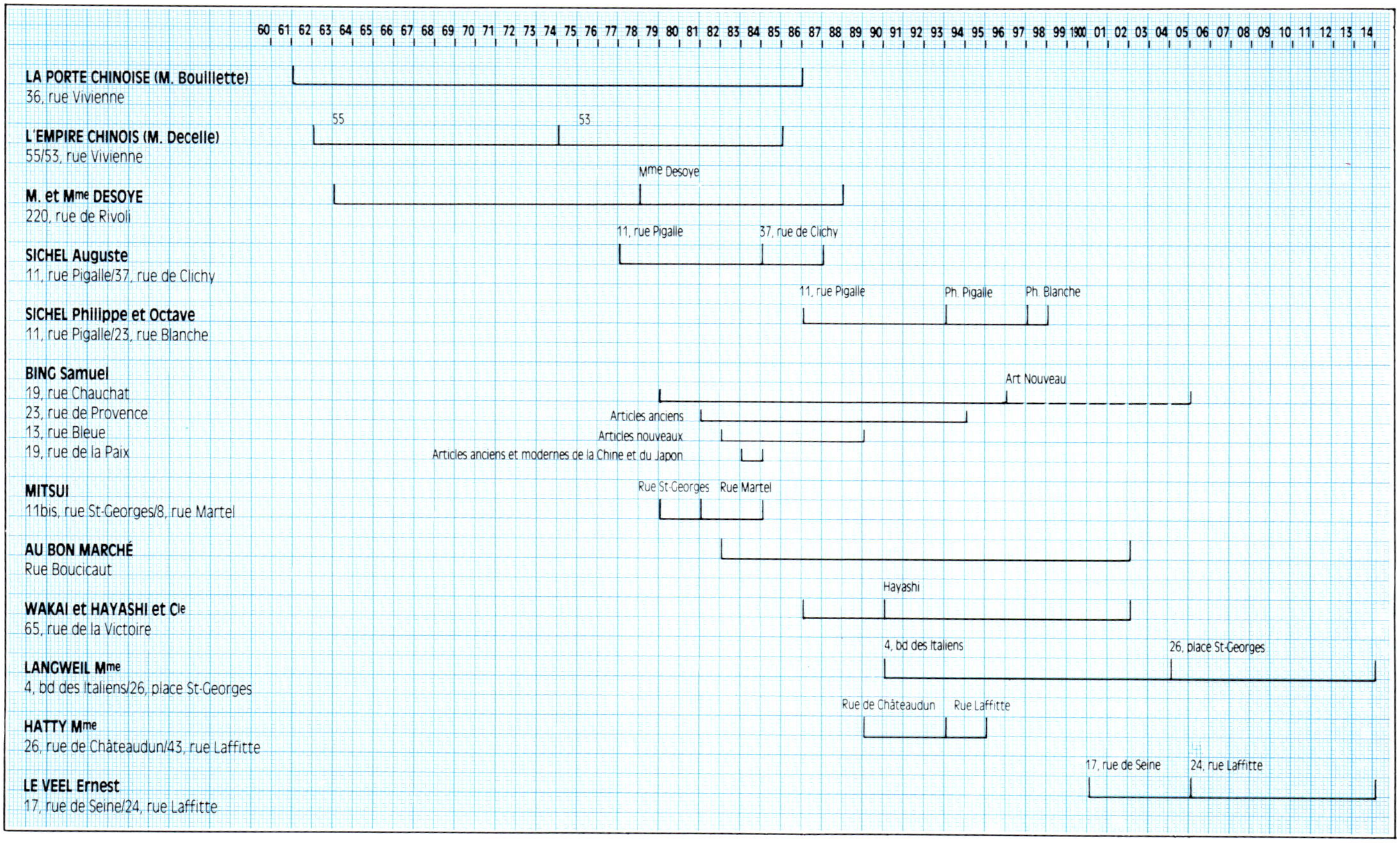

60 61 62 63 64 65 66 67 68 69 70 71 72 73 74 75 76 77 78 79 80 81 82 83 84 85 86 87 88 89 90 91 92 93 94 95 96 97 98 99 1900 01 02 03 04 05 06 07 08 09 10 11 12 13 14

LA PORTE CHINOISE (M. Bouillette)
36, rue Vivienne

55 — 53

L'EMPIRE CHINOIS (M. Decelle)
55/53, rue Vivienne

Mme Desoye

M. et Mme DESOYE
220, rue de Rivoli

11, rue Pigalle — 37, rue de Clichy

SICHEL Auguste
11, rue Pigalle/37, rue de Clichy

11, rue Pigalle — Ph. Pigalle — Ph. Blanche

SICHEL Philippe et Octave
11, rue Pigalle/23, rue Blanche

BING Samuel
19, rue Chauchat — Art Nouveau
23, rue de Provence — Articles anciens
13, rue Bleue — Articles nouveaux
19, rue de la Paix — Articles anciens et modernes de la Chine et du Japon

Rue St-Georges — Rue Martel

MITSUI
11bis, rue St-Georges/8, rue Martel

AU BON MARCHÉ
Rue Boucicaut

Hayashi

WAKAI et HAYASHI et Cie
65, rue de la Victoire

4, bd des Italiens — 26, place St-Georges

LANGWEIL Mme
4, bd des Italiens/26, place St-Georges

Rue de Châteaudun — Rue Laffitte

HATTY Mme
26, rue de Châteaudun/43, rue Laffitte

17, rue de Seine — 24, rue Laffitte

LE VEEL Ernest
17, rue de Seine/24, rue Laffitte

Ces commerces d'art, répertoriés par le Didot-Bottin sous le nom déjà ancien de *curiosités*, sont groupés en 1869 sous l'appellation de *chinoiseries et japonneries* et dès 1877 catalogués séparément sous les dénominations de *chinoiseries, japonneries*. Madame Hatty est la première à figurer au Didot-Bottin avec la mention *estampes japonaises*.

SAMUEL BING

Deux personnalités ont joué un rôle déterminant dans l'initiation et la propagation des estampes : Tadamasa Hayashi et Samuel Bing. Leur boutique est le rendez-vous privilégié des amateurs. Edmond de Goncourt note, en 1892, qu'il rencontre Monet *«souvent chez Bing, dans le petit grenier aux estampes japonaises.»*[19]

Originaire de Hambourg, Bing se fait connaître du grand public en prêtant sa collection personnelle à l'Exposition Universelle de 1878. Un an plus tard, il ouvre au 19 rue Chauchat une galerie qui ne cesse de prospérer pour culminer en 1883. On verra ensuite son

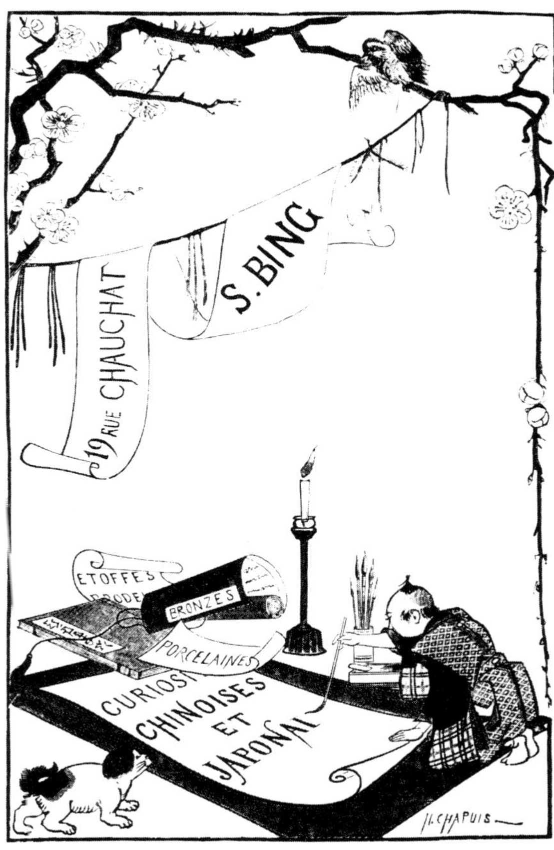

nom affiché aux devantures du 23 rue de Provence, du 13 rue Bleue et du 19 rue de la Paix, où réside le bijoutier et grand collectionneur Henri Vever.

Ses connaissances et son esprit d'entreprise, voire d'opportunité, le poussent à organiser des expositions dont celle de 1893 chez son confrère Durand-Ruel pour laquelle il écrit une préface. Il est également désigné comme commissaire aux ventes et son rôle international couvre aussi bien Paris, Londres ou New York.

Il crée sa propre revue, *Le Japon artistique*, richement illustrée de planches en couleurs, pour faire partager son érudition et pour servir de modèle aux artistes occidentaux. Malgré sa courte existence (de mars 1888 à avril 1891), cette publication reste un chef-d'œuvre du genre par la hardiesse des mises en pages et le soin qu'y apportent des illustrateurs comme Gillot et Henri Guérard.

Homme à l'affût des modes artistiques, Bing se tourne en 1895 vers l'Art nouveau, aboutissement logique des tendances décoratives de l'art japonais.

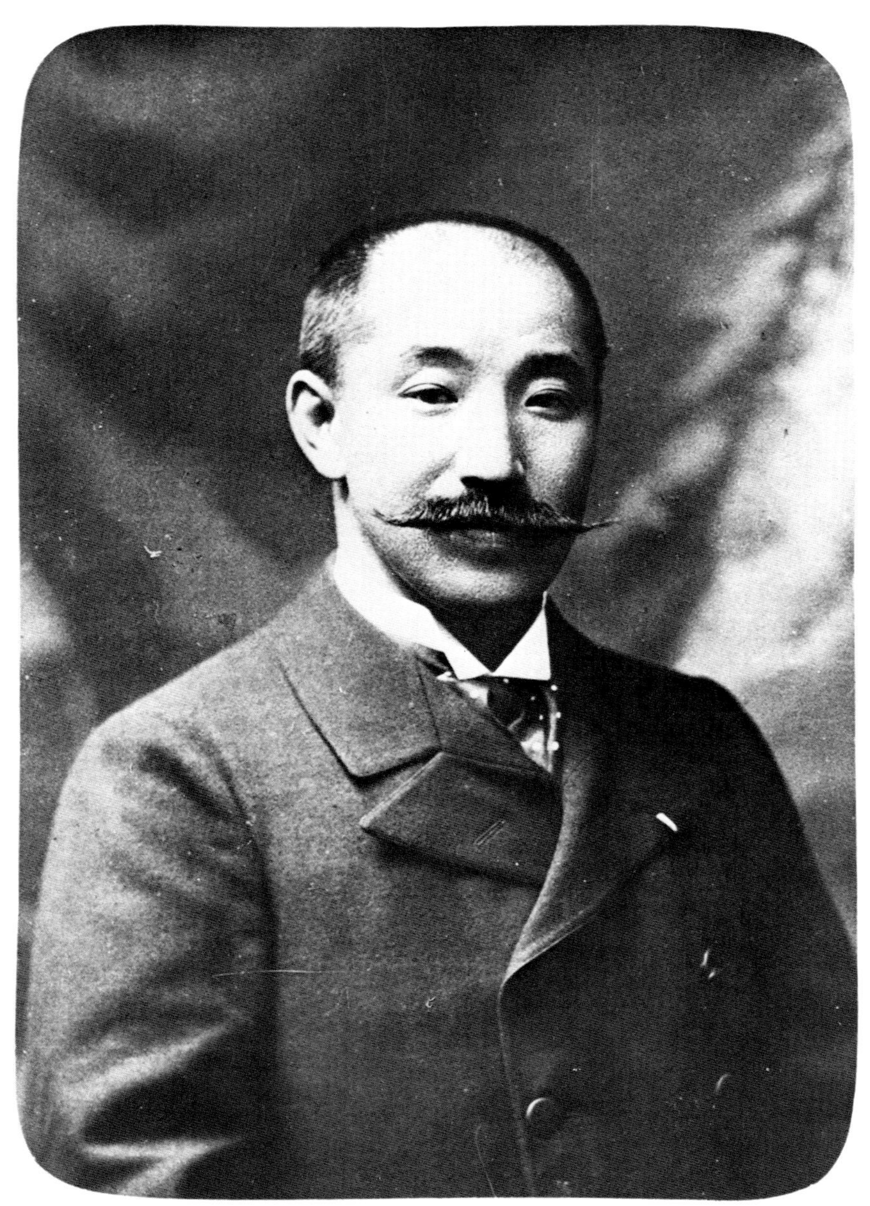

Portrait de Tadamasa Hayashi. (1900).

Blanche Hoschedé, la belle-fille de Monet, rapporte que le marchand japonais Tadamasa Hayashi rendait souvent visite au peintre de Giverny. Arrivé à Paris à l'occasion de l'Exposition Universelle de 1878, Hayashi travaille alors pour le compte de la firme Kiritsu, chargée par le gouvernement Taikoun d'en organiser la section japonaise. Il crée ensuite avec Oyaji Wakai une affaire qui s'occupe d'importation d'objets d'art et d'estampes du pays du Soleil Levant. Puis en 1890, il s'installe à son compte au 65 rue de la Victoire et figure au Didot-Bottin sous la mention: *objets d'art du Japon. Expertises et renseignements pour musées et collections.*

Hayashi reçoit ses clients à la japonaise, comme le raconte Edmond de Goncourt: *«Le marchand oriental a été toujours cachottier de ses choses à vendre et peu désireux de laisser voir, sachant que les choses vues par trop de monde perdent une partie de leur valeur (...) Et aujourd'hui encore, chez le Japonais Hayashi, la vente se fait aux clients dans une chambre à la porte fermée, et on ne peut aborder Hayashi qu'après ambassade.»*[20]

Il se lie d'amitié avec Monet et les autres collectionneurs et les initie aux mystères de l'art japonais. Il collabore activement aux livres *Outamaro* et *Hokousai* rédigés par Edmond de Goncourt, en lui procurant des traductions de textes japonais et d'innombrables renseignements. Louis Gonse, lui aussi, fait appel à ses connaissances pour son livre intitulé *L'Art Japonais.*

Voyageur infatigable, il ne cesse de faire le trajet France-Japon et au cours de onze années d'activités parisiennes, il reçoit deux cent dix-huit livraisons en provenance du Japon acheminées par bateaux français depuis Yokohama. Il importe ainsi 156.487 estampes japonaises, sans compter les *inrō* (boîtes à médicaments), les laques, les gardes de sabres et autres objets.

Mais Hayashi ne se cantonne pas dans son rôle de marchand d'art japonais, il se passionne aussi pour l'art français et en particulier pour les impressionnistes, dont il collectionne les œuvres. Il acquiert entre autres deux peintures de Monet: *Côtes Rocheuses. Roches du Lion, Belle-Ile* (Wildenstein,1090) et *Jeune fille dans le jardin de Giverny* (Wildenstein,1207) en échange d'estampes d'Utamaro, d'Eishi et d'Hokusai portant son cachet et qui figurent toujours dans la collection de Monet.

Cette thèse d'un échange trouve confirmation dans le témoignage de Raymond Koechlin[21], à qui Monet a montré de très belles estampes et des poteries obtenues contre certaines toiles. Du reste cette pratique semble assez courante, comme le suggère une lettre de Vincent van Gogh à son frère Théo: *«Cela te procurera un Claude Monet et d'autres tableaux, car si toi tu prends le mal pour dénicher les crépons, tu as bien le droit de faire des échanges avec, aux peintres contre des tableaux*[22]*».*

En 1893, Hayashi organise à Tokyo la première exposition de peintres impressionnistes. Nommé Commissaire général de l'Exposition Universelle de 1900 à Paris, il doit renoncer pour ce faire à toute activité mercantile et se charge alors de l'édition du magnifique ouvrage *Histoire de l'Art du Japon*, publié à cette occasion.

Après vingt-trois ans passés en France, il retourne définitivement dans son pays. Un de ses désirs les plus chers est de faire don de sa collection d'impressionnistes au musée de Tokyo, afin que ses compatriotes puissent se familiariser avec cet art. Malheureusement il meurt en 1906 avant d'avoir pu mener à bien son projet.

KŌJIRŌ MATSUKATA

Parmi les amis japonais du peintre on trouve aussi Kōjirō Matsukata. Homme d'affaires, arrivé en France en 1920, il s'intéresse très vite aux impressionnistes et en particulier à Monet dont il acquiert vingt-cinq toiles. Familier de Giverny, il est photographié sur le pont japonais aux côtés de sa nièce Madame Furoki, vêtue d'un kimono, et de Monet.

Auteur d'une superbe collection d'estampes japonaises qui constitue aujourd'hui le fonds du Musée National de Tokyo, il souhaite aussi créer au Japon un musée pour sa collection d'œuvres impressionnistes. Malheureusement son rêve ne se réalisera pas, car une partie de sa collection sera mise sous séquestre par le gouvernement français en 1944, et restituée au Japon en 1959, huit ans après sa mort.

Hayashi et Matsukata apportent à Monet leur connaissance du Japon et de son art. Mais ils sont aussi des admirateurs actifs du peintre français, dont ils font connaître l'œuvre dans leur pays. Grâce à eux les musées japonais possèdent de nombreux tableaux de Monet, et celui-ci est un des peintres français les mieux appréciés du public nippon.

Nous voyons ainsi l'importance des marchands dans la diffusion de l'art japonais mais, il ne faudrait pas pour autant négliger l'apport des amis collectionneurs.

Les amis collectionneurs

THÉODORE DURET

Par l'intermédiaire de Camille Pissarro, Monet fait la connaissance, en 1873, du critique et collectionneur Théodore Duret, qui lui apporte une vision personnelle du Japon et lui ouvre de nouvelles perspectives.

Issu d'une famille aisée et héritier d'une marque de cognac, Duret débute sa carrière comme président de la Société vinicole des Charentes. Républicain, il soutient les fédérés, ce qui l'oblige, en 1871, à s'expatrier en compagnie de son ami Cernuschi pour échapper au peloton d'exécution. Il part visiter l'Extrême-Orient et séjourne longuement au Japon, qu'il avait déjà exploré en 1863. Ce globe-trotter rapporte de nombreux souvenirs qu'il consigne dans son livre *Voyage en Asie.*

A son retour, il est entouré d'égards par les japonisants captivés par ses récits et les albums illustrés qu'il a rapportés. Il développe ses réflexions sur l'art de l'Empire du Soleil Levant dans un article de la *Critique d'Avant-Garde* (1885), ouvrage qu'il offre à Monet avec une dédicace. Enrichi par ses discussions sur la peinture avec Manet, Pissarro et Monet, il analyse les estampes ukiyo-e selon «la vision impressionniste»: *«Les Japonais eux, n'ont pas vu la nature en deuil et dans l'ombre, elle leur est, au contraire, apparue colorée et pleine de clarté»*[23].

Son séjour au Japon lui permet de décrire les objets dans leur fonction, définissant ainsi le mode de vie des Nippons. Son optique est certes partielle mais juste; elle s'éloigne d'une définition de l'art japonais jusque-là purement formelle.

Sa bibliothèque d'albums illustrés japonais, aujourd'hui encore une des plus importante d'Europe (à la Bibliothèque Nationale depuis 1900), est à rapprocher, toutes proportions gardées, de celle de Monet (Musée Marmottan). Sa description détaillée de la *Manga et des Cent vues du Fuji* d'Hokusai ainsi que des livres d'Hiroshige a peut-être incité Monet à acquérir des albums.

GUSTAVE GEFFROY

Défenseur de sa peinture sans le connaître, le critique d'art Gustave Geffroy rencontre Monet par hasard à Belle-Ile en 1886. Il prête à cette époque sa plume au *Japon artistique* de Bing et consacre deux articles aux *Paysagistes japonais.*

Le Japon lui étant dévoilé par les écrits et les récits des autres, il en donne une vision littéraire et féerique, assimilant ce pays à *«un jardin miniature enveloppé d'air lumineux»*[24] et l'art japonais à l'histoire de son paysage. Comparant les deux maîtres du paysage ukiyo-e, il définit Hiroshige comme *«un imagier artiste [...] destiné aux popularités immédiates»* et donne sa préférence à Hokusai qu'il qualifie de *«poète d'autre envergure. Peintre de mœurs comme pas un»*[25]. Ami des Goncourt, il sera d'ailleurs président de leur académie. Il reçoit d'Edmond, en 1890, un album de la *Manga* (recueil de dessins d'Hokusai) et le remercie en ces termes: *«C'est un don exquis, et dont je vous suis infiniment reconnaissant. Des dessins d'Hokusai et une si affectueuse dédicace de Edmond de Goncourt, c'est fait pour me rendre heureux. Grâce à vous, j'ai le Japon chez moi, et un souvenir charmant de votre amitié.»*[26]

Personnage clé par la position qu'il occupe dans le monde des lettres et des arts, Geffroy fait partie de ce cercle de japonisants dont Monet est un des participants.

GEORGES CLEMENCEAU

Collaborateur au journal *La Justice* de Georges Clemenceau, Geffroy renoue les liens entre l'homme politique et le peintre de Giverny. Homme de culture, passionné d'art grec et d'objets d'Extrême-Orient, Clemenceau réunit grâce à son ami Francis Steenackers, consul à Yokohama, un ensemble de trois mille cinq cents Kogo (boîtes à parfum). Il possède aussi des estampes japonaises dont certaines (deux Harunobu, deux Utamaro, un Sharaku et des Hiroshige) dignes de figurer à l'exposition de 1890 (Ecole des Beaux-Arts). En 1891, sur son initiative, le Musée du Louvre achète deux statues japonaises, prémisse d'un département d'art japonais.

Aujourd'hui, les quelques estampes conservées dans l'appartement parisien de Clemenceau, rue Franklin, voisinent avec le tableau de son «vieux frère» (Monet): *Le Bloc* (Wildenstein 1228).

RAYMOND KOECHLIN

La première rencontre entre Claude Monet et le collectionneur Raymond Koechlin a lieu en 1897, dans les salons de la galerie Georges Petit, lors de la vente de tableaux de la collection Henri Vever où sont dispersés des Monet, des Pissarro et des Sisley.

Cet historien alsacien, de famille aisée, incarne le connaisseur au sens le plus large du terme. Aussi passionné d'art japonais, chinois et musulman que d'art français du Moyen Age ou de peinture impressionniste, il a le «coup de foudre» pour les estampes à l'exposition de 1890 à l'Ecole des Beaux-Arts, et témoigne encore de son enthousiasme pour l'art ukiyo-e dans les préfaces qu'il rédige lors des prestigieuses manifestations du Musée des Arts décoratifs[27].

Exemple de la seconde génération des japonisants, il réunit un bel ensemble de gravures par l'intermédiaire de Hayashi et relate avec humour sa première rencontre avec le marchand dans son livre *Souvenirs d'un vieil amateur de l'art d'Extrême-Orient* (1930). Homme de musées, il donne dès 1902 une partie de ses estampes aux Arts décoratifs et lègue en 1931 des gravures «primitives», des Hokusai et Hiroshige au Musée du Louvre.

L'origine de l'amitié de Duret, Geffroy, Clemenceau et Koechlin pour Monet et le lien priviligié qui les unit au peintre se situe plus dans leur admiration pour son œuvre et sa personnalité que dans leur passion commune pour les estampes. Tous sont de fervents défenseurs de la peinture de Monet en butte aux railleries du public et à l'incompréhension des critiques.

Analogies et divergences

Les premières manifestations du japonisme en peinture participent avant tout d'un exotisme qui se traduit le plus souvent dans les décors, les costumes et accessoires. Sans doute cette superficialité explique-t-elle le succès de la mode japonisante auprès d'un public préparé par des stéréotypes de l'art colonial alors dominant. Cependant, la condescendance fait place, dans le japonisme, à une fascination pour une civilisation dont l'image est avant tout celle du raffinement.

Whistler est un des premiers à déguiser son modèle en geisha contemplant des estampes dans *Le Caprice en pourpre et or, n° 2, le paravent doré* (1864, Freer Gallery of Art, Washington). Ce sujet est développé par de nombreux peintres et Monet n'échappe pas à cette mode même si *La Japonaise* (1875, Museum of Fine Arts, Boston), œuvre unique en son genre, est

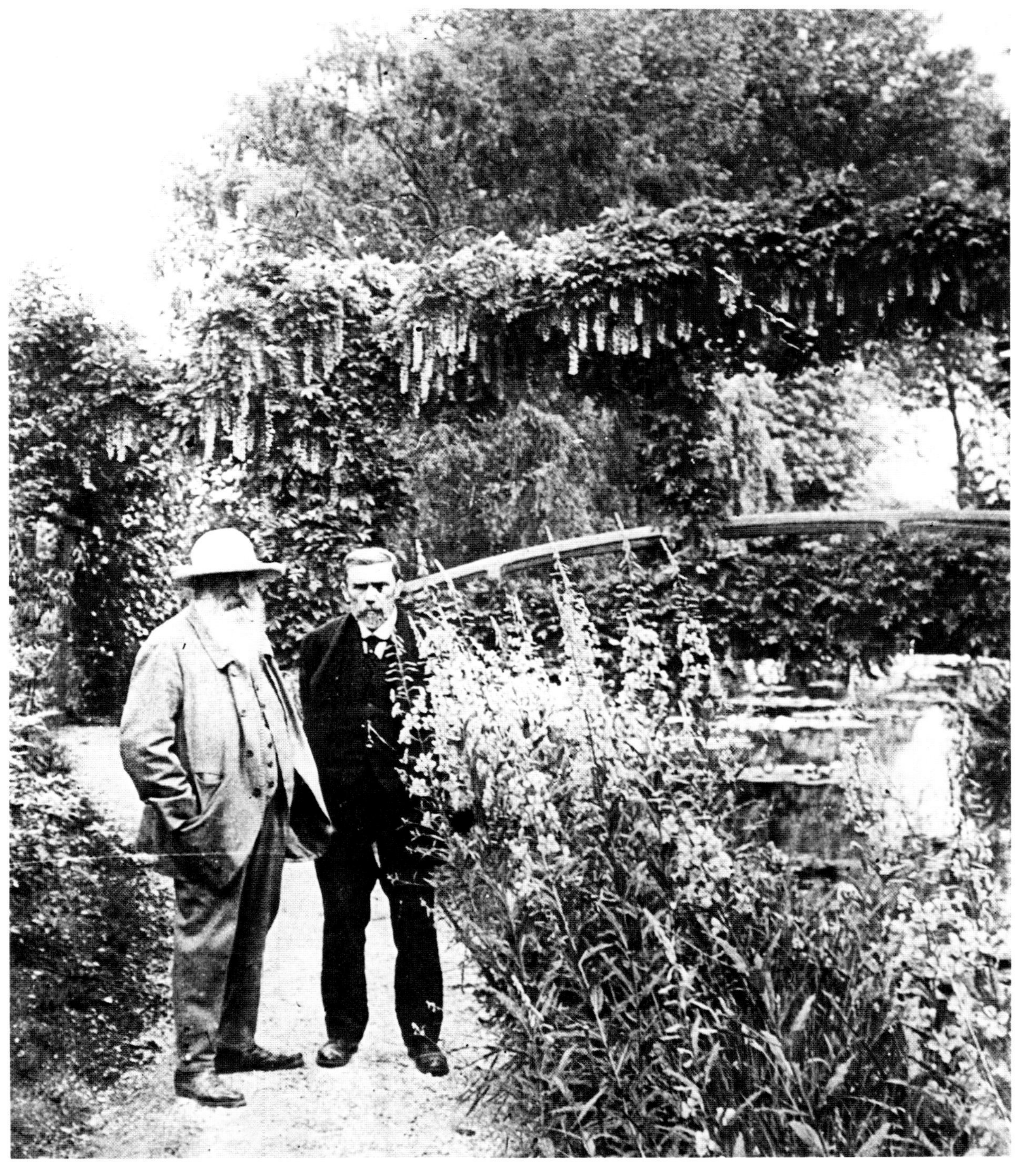

Claude Monet et Gustave Geffroy devant le Pont Japonais de Giverny. (Photo prise par Sacha Guitry).

un clin d'œil au Japon de pacotille. Camille, sa femme et son modèle, teinte bizarrement en blond, pose gracieusement déployant un éventail aux trois couleurs françaises. C'est également un prétexte à exposer dans le fond des éventails qu'il collectionne depuis 1871 au moins, et des kimonos qu'il achète chez Jacob[28].

Cette toile est mal accueillie par les critiques du Salon; l'un d'entre eux se déchaîne en ces termes: *«Le peintre a peut-être trouvé de bon goût de la draper de telle sorte, qu'une portion du vêtement, sur laquelle est brodée une tête de guerrier, vient s'appliquer justement sur la partie du corps confiée aux soins de M. Purgon. Il est difficile d'être plus déplacé».*[29]

Monet a cherché à traduire les effets colorés et les contrastes du kimono rappelés en couleurs sourdes par le fond tapissé d'éventails. Théodore Duret est un des seuls à comprendre les intentions esthétiques de l'artiste: *«Dans* La Japonaise, *le rouge de la robe, avec les broderies en relief et les éventails multicolores piqués sur le fond, constitue le vrai motif du tableau.»*[30]

Très tôt, les contemporains de Monet ont relevé des analogies entre son esthétique et celle des Japonais. Dès 1873, le critique Armand Sylvestre note dans la préface du catalogue de l'exposition consacrée aux gravures chez Durand-Ruel: *«Il aime, sur une eau légèrement remuée, à juxtaposer les reflets multicolores du soleil couchant (...). Cet effet d'une véracité absolue et qui a pu être emprunté aux images japonaises, charme si fort la jeune école qu'elle y revient à tout propos (...) Une lumière blonde les (inonde), et tout y est gaieté, clarté, fête printanière, soirs d'or ou pommiers en fleurs. Encore une inspiration du Japon.»*[31]

Depuis, la critique d'art se livre au jeu parfois hasardeux des rapprochements sans toujours parvenir à des conclusions enrichissantes. Pour les uns, Monet a trouvé dans les gravures ukiyo-e une confirmation de son parti pris visuel; pour les autres, elles ont influencé ses propres recherches formelles. Il est difficile, hors *La Japonaise,* de parler d'emprunts ou d'influences car il s'agit d'une disposition d'esprit par assimilation: nous notons pourtant certains motifs et certaines mises en page japonaises qui reviennent de façon permanente dans son œuvre.

Dans cette perspective, *La Cabane des douaniers* (Wildenstein, 731) représentée par Monet dès 1867, à plusieurs reprises en 1882 et 1897, tinte comme une résonnance à plusieurs images des *Cent vues du Fuji* d'Hokusai. La maison perdue dans le paysage et surplombant la mer vibre d'une présence humaine bien qu'aucune figure n'y apparaisse. Les graveurs japonais ont abondamment illustré les divertissements en plein air de leurs contemporains, en particulier avec des scènes représentant des jeunes femmes en barque. Monet a souvent peint Suzanne et Blanche Hoschedé, ses belles-filles, ramant sur l'Epte. A l'instar des graveurs ukiyo-e, il donne une vision fragmentée de la barque, en saisit le passage fugitif en un instantané photographique. Qu'il s'agisse d'une barque, d'un visage féminin ou d'un arbre agité par le vent, le motif en gros plan «bloque» la composition et permet d'élargir l'arrière-plan en multipliant les points de vue.

Le pont japonais, souvent animé de silhouettes, se retrouve dans l'œuvre de Monet dès 1872 avec *Le Pont de bois d'Argenteuil.* Il en étudie la structure de même que le fît Hiroshige dans la vue du *Pont Tsuten* (**nº 117**). Il revient souvent sur le motif: *Le Pont du chemin de fer,*

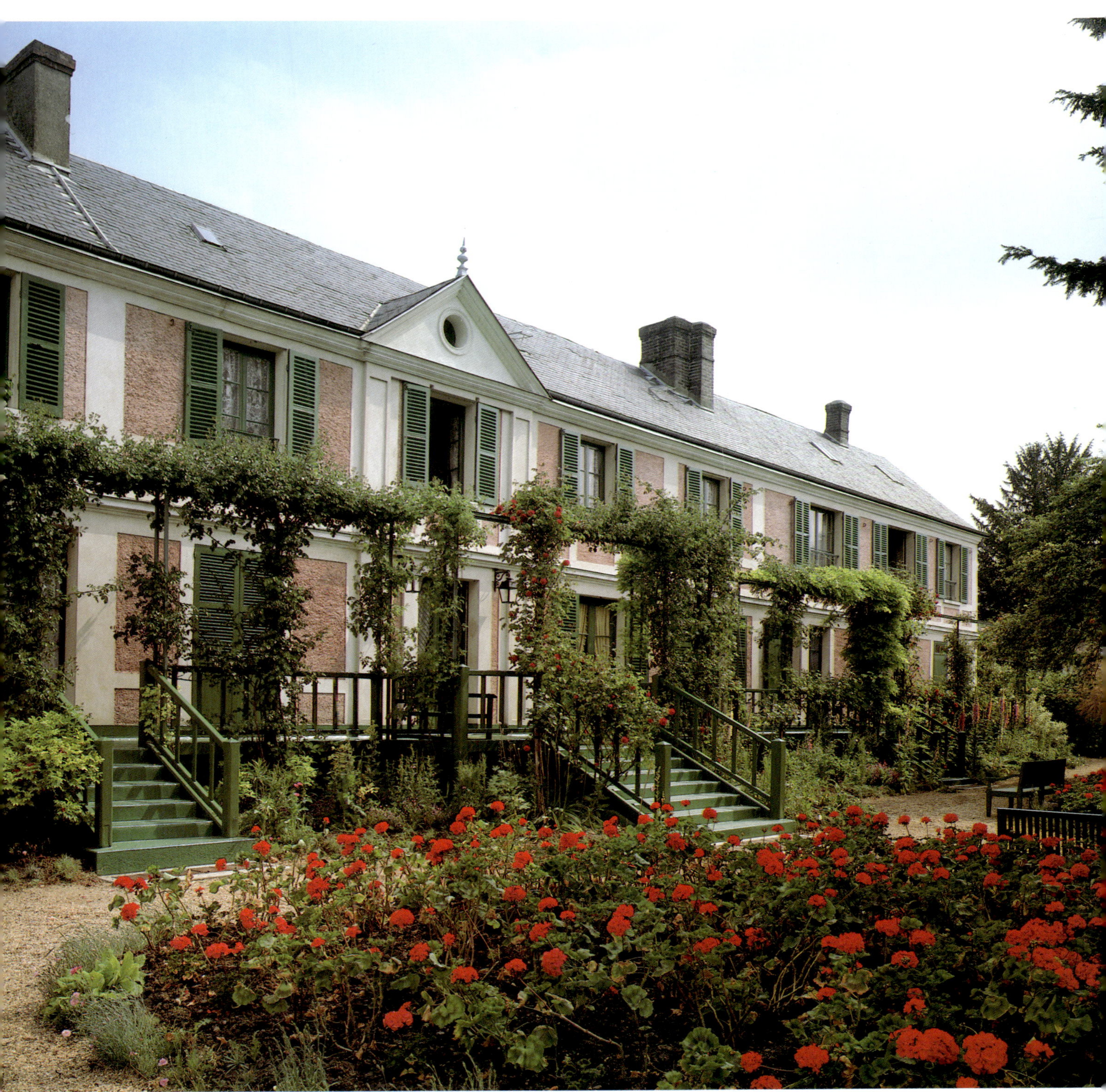

La maison de Claude Monet à Giverny.

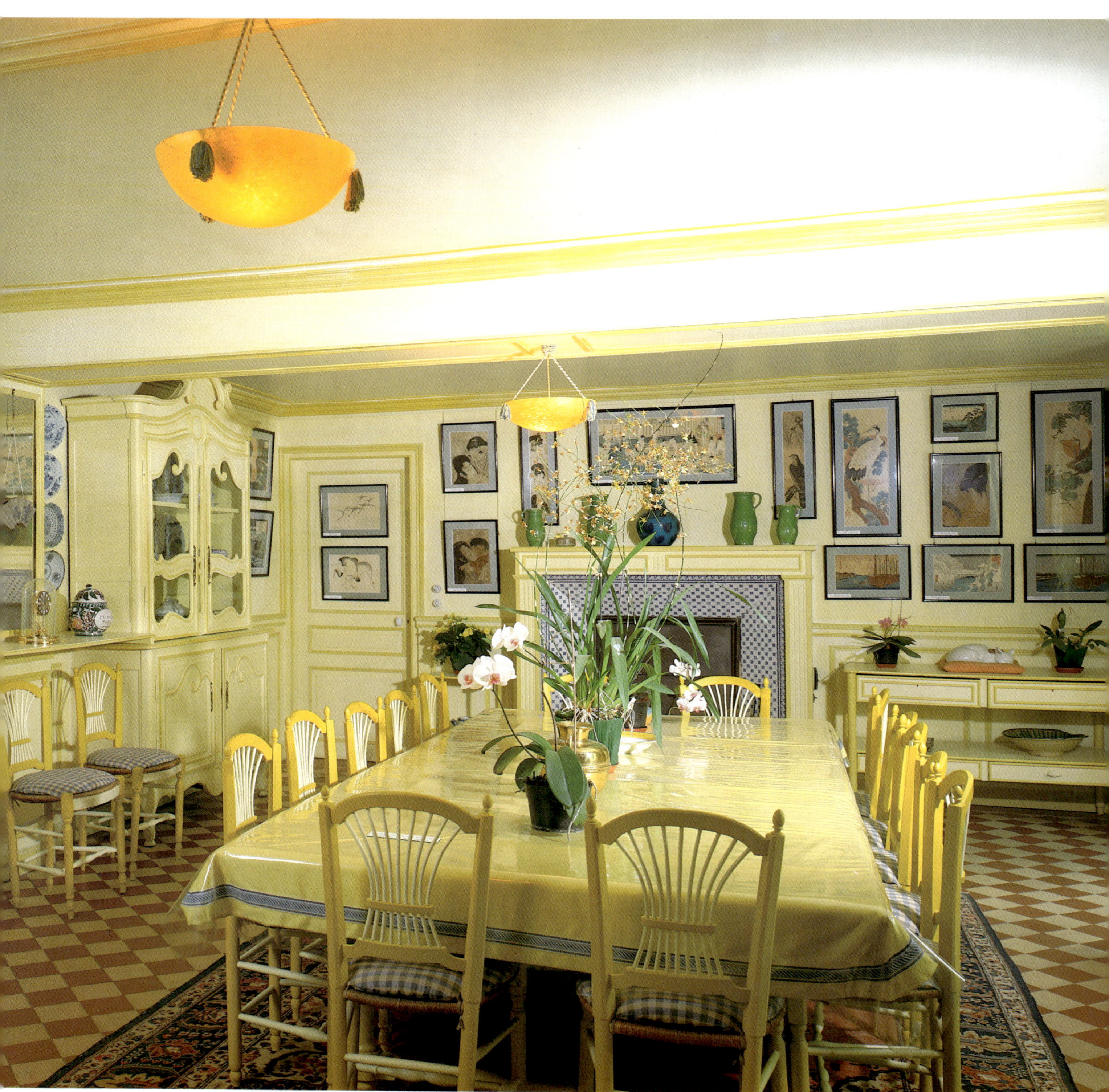

La salle à manger de Claude Monet à Giverny.

Argenteuil (1874, Wildenstein 318-320), *Le Pont japonais, Giverny* (1895-1896, Wildenstein 1419). Mais son intention picturale diverge de celle des Japonais, il cherche surtout à capter les reflets de la charpente sur l'eau selon les variations lumineuses.

De son enfance au Havre, Monet a gardé l'amour de la mer. Le thème du rocher où vient se fracasser la vague écumante apparaît dans son œuvre vers 1880. Il reprend plus tard cette composition «à la japonaise»: la mer occupe la plus grande partie de la toile close à droite ou à gauche d'un massif de rochers. Ce thème qui l'obsède subit quelques modifications selon les sites: de *Falaise de Pourville* (Wildenstein,1422) en ombres chinoises aux *Pyramides de Port-Coton* (1886, Wildenstein, 1084) qui rappellent les *Rochers de Bo-no-ura* d'Hiroshige (**nº 148**).

L'affinité la plus sensible entre Monet et ces artistes orientaux est sans nul doute leur passion commune pour les fleurs. Il met ses amis à contribution pour lui rapporter du Japon des plants d'iris et de pivoines qui deviennent les sujets de ses tableaux. De 1882 à 1885, il décore les portes du salon de Paul Durand-Ruel de fleurs et de fruits. Le choix de certaines espèces florales, pavots ou chrysanthèmes, ainsi que la signature en hauteur «à la manière de», est une dette au pays du Soleil Levant. Il s'éloigne de la nature morte traditionnelle, osant même, à partir de 1887, couvrir entièrement la toile de *Clématites* (Wildenstein,1145) ou de *Chrysanthèmes* (1897-1899, Wildenstein,1495) dans l'esprit d'Hokusai. Ce cheminement trouve son aboutissement dans l'éblouissement coloré des *Nymphéas*.

Les historiens d'art ont assimilé la démarche de Monet peignant *La cathédrale de Rouen* (1892, Wildenstein, 1319 à 1328) ou *Les Meules* (1890, Wildenstein, 1266 à 1290) à celle d'Hokusai dans la série des *Trente-six vues du mont Fuji.* Ce rapprochement trouve sa raison d'être dans la répétition du motif étudié selon les changements de lumière: il est manifeste dans *Mont Kolsaas, effet de soleil* (Wildenstein, 1409) et *Mont Kolsaas, au déclin du jour* (Wildenstein, 1414) comparés au vues du mont Fuji *Vent frais par matin clair, Pluie d'orage sous le sommet* et *Beau temps par vent du sud* (**nº 65**). En effet, parcourant la Norvège en 1895, Monet a pu écrire à Blanche Hoschedé: *«J'ai là un motif délicieux, des petites îles au ras de l'eau, toutes couvertes de neige et au fond une montagne. On dirait le Japon, ce qui est du reste fréquent en ce pays. J'ai en train une vue de Sandviken qui ressemble à un village japonais, puis je fais une montagne que l'on voit de partout ici et qui me fait songer au Fuji-Yama.»*[32] Monet croit percevoir, à travers les paysages enneigés qu'il parcourt, un Japon qu'il ne connait que grâce aux estampes.

Que la succession des plans, la simplification des motifs, le contraste des couleurs aient marqué sa vision ne supprime pas l'importance des recherches occidentales ni la culture artistique de Claude Monet. Si les artistes japonais sont rendus «responsables» de l'éclaircissement de la palette des impressionnistes, il ne faut pas oublier les apports de la peinture de paysages du XIXe siècle avec ses cieux de plus en plus clairs, de l'Ecole de Barbizon à Boudin et Jongkind en passant par Corot, sans omettre les Hollandais ni les Anglais avec Turner.

De même, les vues plongeantes sont trop souvent associées aux perspectives japonaises et c'est oublier, un peu facilement, le rôle de la photographie avec ses grands boulevards cadrés d'une fenêtre. C'est également méconnaître l'histoire de la xylographie nippone que de considérer Hokusai et Hiroshige comme de purs produits de l'Orient. Les gravures hollandaises ont pénétré au Japon dès le XVIIIe siècle. En est issu le genre *Uki-e* («vues en perspective»), et l'originalité d'Hokusai et d'Hiroshige comme leur succès en Europe viennent en partie de cette occidentalisation.

Monet communie avec les artistes japonais dans l'amour du paysage. Mais Hokusai et surtout Hiroshige ponctuent généralement leur décor de petits personnages vaquant à des occupations de la vie quotidienne, ce qui confère à leurs planches une valeur anecdotique plaisante. Cette peinture narrative est à l'opposé de celle de Monet, qui élimine de plus en plus la figure humaine de ses compositions pour laisser se déployer le paysage porteur d'humanité par lui-même.

Comme sa maison et son jardin, sa collection d'estampes japonaises nous aide à découvrir un Monet bien différent de sa légende. Ce n'est pas un peintre facile que ce Monsieur Monet, ce n'est pas non plus un peintre mondain, mais un chercheur obstiné. Le naturalisme ne l'intéresse guère. C'est l'atmosphère qui enveloppe les choses et les êtres qui le fascine. Ainsi ces répétitions de la cathédrale de Rouen ou de la gare Saint-Lazare ne sont pas caprices ou fantaisies de peintre mais expériences à chaque fois nouvelles. Et s'il fut un collectionneur uniquement d'estampes japonaises, n'est-ce pas aussi parce qu'il se trouve en communion avec ces graveurs ukiyo-e qui reprennent leurs thèmes à l'infini, le mont Fuji pour l'un, les vues des Soixante provinces pour l'autre; et qu'Hokusai, «le fou de peinture», est bien près de Monet se noyant la vue et l'âme dans des nymphéas qui, pour ainsi dire, lui fermeront les yeux.

Alors, après être entré dans cette demeure avec une curiosité de touriste au sourire amusé, beaucoup d'entre nous repasseront le petit pont japonais avec gravité et respect pour cet artiste qui a su aller jusqu'au bout de sa pensée. Tentons de surplomber son domaine et clignant des yeux, découvrons son jardin qui fut sans doute sa dernière et sublime palette aux couleurs changeantes du «temps qui passe».

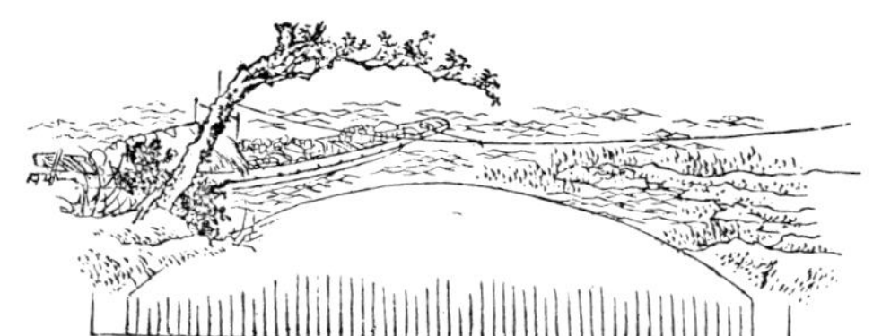

NOTES

[1] Gustave Geffroy, *Monet, sa vie, son œuvre*; Paris, Macula, 1980, pp. 448-449.

[2] Daniel Wildenstein, *Claude Monet, Biographie et catalogue raisonné*; Lausanne-Paris, La Bibliothèque des Arts, *lettre 1322.*

[3] Christopher Lloyd, «Camille Pissarro and Japonisme» in *Japonisme in Art. An international Symposium,* Tokyo, 1980, p. 188.

[4] Catalogue des estampes anciennes et modernes composant la collection Edgar Degas, Paris, Drouot, 6 et 7 novembre 1918 n° 324-331.

[5] *Japanese prints collected by Vincent van Gogh,* Amsterdam, Rijksmuseum Van Gogh, 1978, p. 18.

[6] *Correspondance complète de Vincent van Gogh*, Paris, Gallimard et Grasset, 1960, tome II; Anvers novembre 1885, lettre 437 N, p. 513.

[7] Ibid. tome III, p. 135; Arles juillet 1888 : «L'exposition des crépons que j'ai eu au Tambourin a influencé Anquetin et Bernard joliment, mais elle a été un tel désastre».

[8] Octave Mirbeau, *La 628 E 8*, Paris, 10/18, 1977, pp. 219-220.

[9] Marc Elder, *A Giverny chez Claude Monet*, Paris, Bernheim-Jeune, 1924, pp. 63-64.

[10] Jacques Dufwa, *Winds from the East*, Stockholm, Almquist et Wiksell, 1981, pp. 117-118.

[11] Ernest Chesneau, «L'Exposition Universelle. Le Japon à Paris» in *Gazette des Beaux-Arts* 1878, p. 387.

[12] Louis Gonse, *L'Art japonais*, Paris, Quantin, 1883, tome I, p. 11.

[13] Ernest Chesneau, *op. cit.* p. 387.

[14] Philippe Burty, «Exposition Universelle de 1878. Le Japon ancien et moderne» in *L'Art* 1878, p. 241.

[15] Daniel Wildenstein, *op. cit.* lettre 339 datée Poissy Villa St-Louis, 8 mars 83.

[16] Camille Pissarro. *Lettres à son fils Lucien*, Paris, Albin Michel, 1950, p. 298, datée Paris 3 février 1893. Daniel Wildenstein, op. cit. lettre 1174, à P. Durand-Ruel, Giverny 24 janvier 1893 «Vous seriez bien aimable de me faire savoir la durée de l'exposition japonaise qui a lieu chez vous et que je tiens tant à voir».

[17] Edmond et Jules de Goncourt, *Journal. Mémoire de la vie littéraire* 1851-1896, datée dimanche 13 mai 1888.

[18] Philippe Sichel, *Notes d'un bibeloteur du Japon*, Paris, Dentu 1883.

[19] Edmond et Jules de Goncourt, op. cit., datée mercredi 17 février 1892.

[20] Edmond et Jules de Goncourt, ibid. datée samedi 5 décembre 1891.

[21] *Pastels, Drawings and Prints collected by Japanese Connoisseur the late Tadamasa Hayashi*, New York, 1913; introduction de Raymond Koechlin pp. 2-3.

[22] *Correspondance complète de Vincent van Gogh, op. cit.*, tome III, lettre 511 F, p. 135.

[23] Théodore Duret, *Critique d'avant-garde*, Paris, Charpentier 1885, p. 99.

[24] Gustave Geffroy. «Les paysagistes japonais» in *Le Japon artistique*, décembre 1890, pp. 91-99 et janvier 1891, pp. 103-111.

[25] Ibid. p. 110.

[26] Lettre de Gustave Geffroy à Edmond de Goncourt, Bibliothèque Nationale, manuscrit n.a.fr. 22464.

[27] Raymond Koechlin est vice-président de l'Union Centrale des Arts décoratifs depuis 1910.

[28] Carnet de compte de Monet conservé au Musée Marmottan daté 1877-1881, mentionnant à trois reprises le nom de Jacob (avril et juillet 1877 et février 1878). Achat de «2 robes japonaises».

[29] Emile Porcheron, *Le Soleil*, 4 avril 1875.

[30] Théodore Duret, *Les peintres impressionnistes*, Paris, Floury, 1906, p. 50.

[31] Armand Sylvestre, *Recueil d'estampes*, 1373, 4 vol., p. 23.

[32] Daniel Wildenstein, op. cit. lettre 1276.

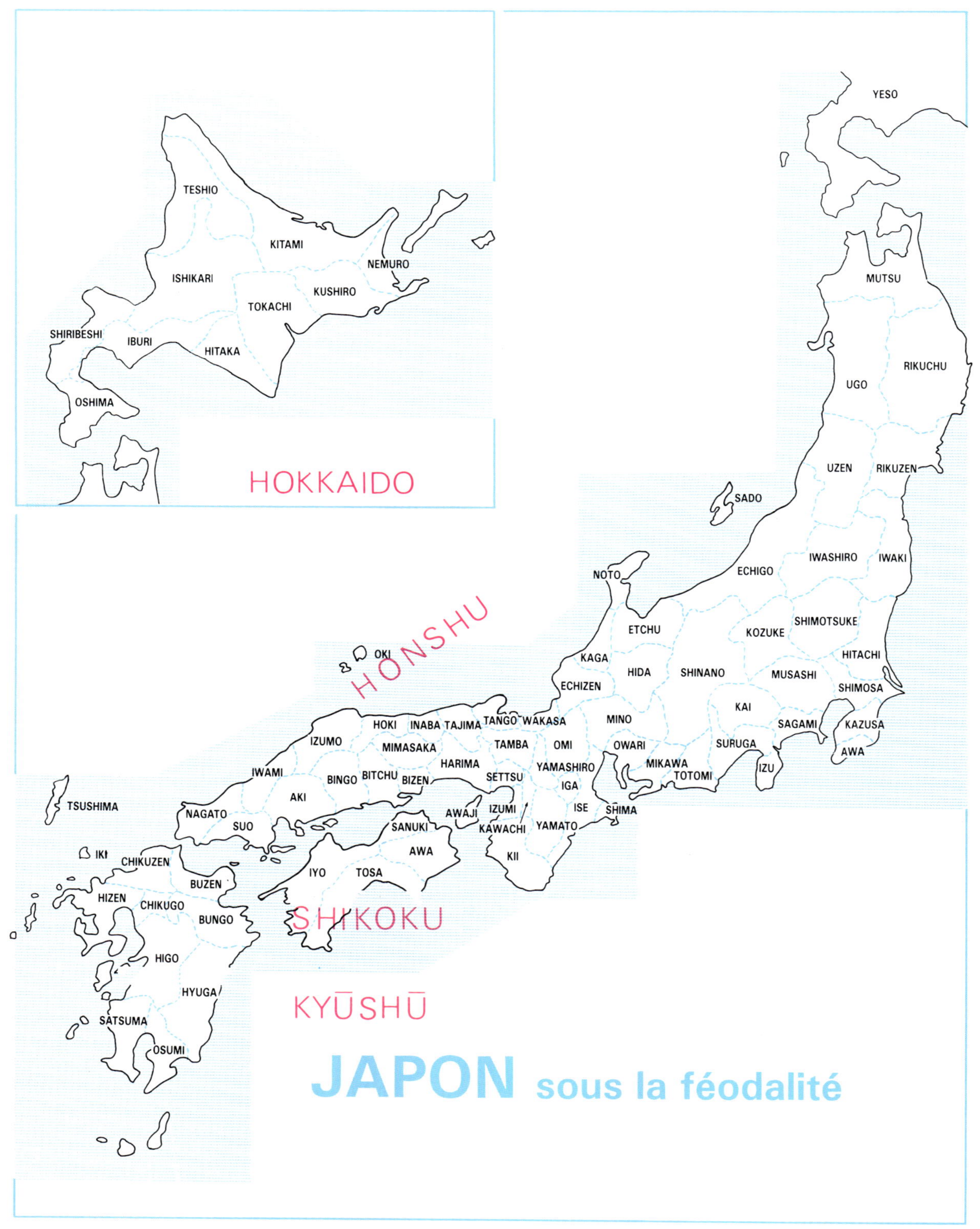
HOKKAIDO
TESHIO
KITAMI
NEMURO
ISHIKARI
KUSHIRO
TOKACHI
SHIRIBESHI
IBURI
HITAKA
OSHIMA
YESO
MUTSU
RIKUCHU
UGO
UZEN
RIKUZEN
SADO
IWASHIRO
IWAKI
NOTO
ECHIGO
ETCHU
SHIMOTSUKE
KOZUKE
HONSHU
OKI
KAGA
HITACHI
HIDA
SHINANO
MUSASHI
ECHIZEN
SHIMOSA
KAI
HOKI
INABA
TAJIMA
TANGO
WAKASA
MINO
SAGAMI
KAZUSA
IZUMO
MIMASAKA
TAMBA
OMI
OWARI
SURUGA
AWA
HARIMA
YAMASHIRO
MIKAWA
IZU
IWAMI
BINGO
BITCHU
BIZEN
SETTSU
TOTOMI
IGA
AKI
TSUSHIMA
NAGATO
AWAJI
IZUMI
ISE
SHIMA
SUO
SANUKI
KAWACHI
YAMATO
IKI
CHIKUZEN
AWA
KII
IYO
TOSA
BUZEN
HIZEN
CHIKUGO
SHIKOKU
BUNGO
HIGO
HYUGA
KYŪSHŪ
SATSUMA
OSUMI
JAPON sous la féodalité

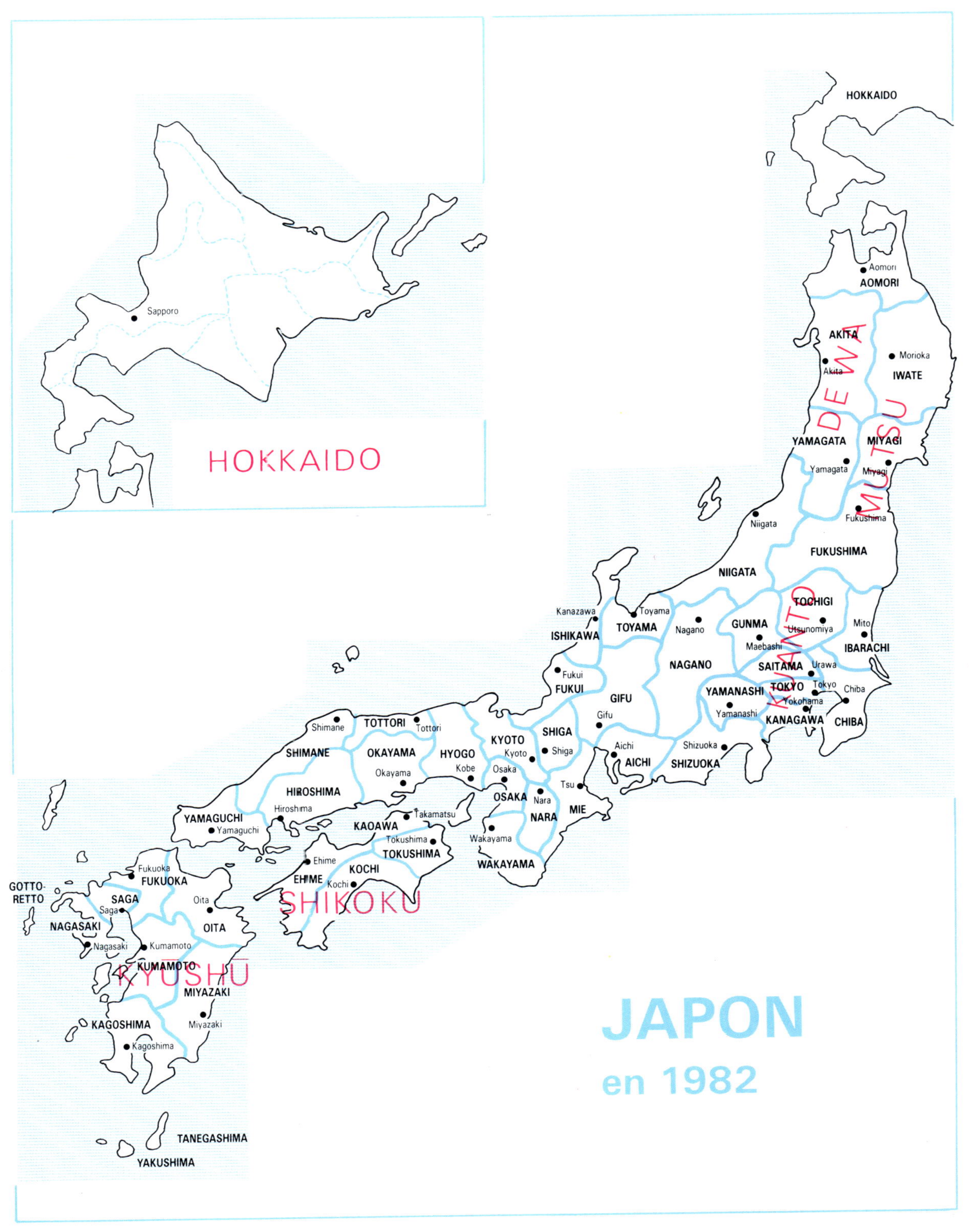

HOKKAIDO
Sapporo
HOKKAIDO
Aomori
AOMORI
AKITA
Akita
Morioka
IWATE
DEWA
MUTSU
YAMAGATA
MIYAGI
Yamagata
Miyagi
Fukushima
Niigata
FUKUSHIMA
NIIGATA
TOCHIGI
KANTO
Kanazawa
Toyama
ISHIKAWA
TOYAMA
Nagano
GUNMA
Utsunomiya
Mito
Maebashi
IBARACHI
NAGANO
SAITAMA
Urawa
Fukui
FUKUI
GIFU
YAMANASHI
TOKYO
Tokyo
Chiba
Yokohama
Yamanashi
KANAGAWA
CHIBA
Shimane
TOTTORI
Tottori
SHIGA
Gifu
KYOTO
Kyoto
Shiga
Aichi
Shizuoka
SHIMANE
OKAYAMA
HYOGO
AICHI
SHIZUOKA
Okayama
Kobe
Osaka
Tsu
HIROSHIMA
OSAKA
Nara
MIE
Hiroshima
Takamatsu
NARA
YAMAGUCHI
Yamaguchi
KAOAWA
Tokushima
Wakayama
TOKUSHIMA
Ehime
KOCHI
WAKAYAMA
Fukuoka
FUKUOKA
EHIME
GOTTO-RETTO
SAGA
Oita
Kochi
SHIKOKU
Saga
NAGASAKI
OITA
Nagasaki
Kumamoto
KUMAMOTO
KYUSHU
MIYAZAKI
KAGOSHIMA
Miyazaki
Kagoshima
TANEGASHIMA
YAKUSHIMA
JAPON
en 1982

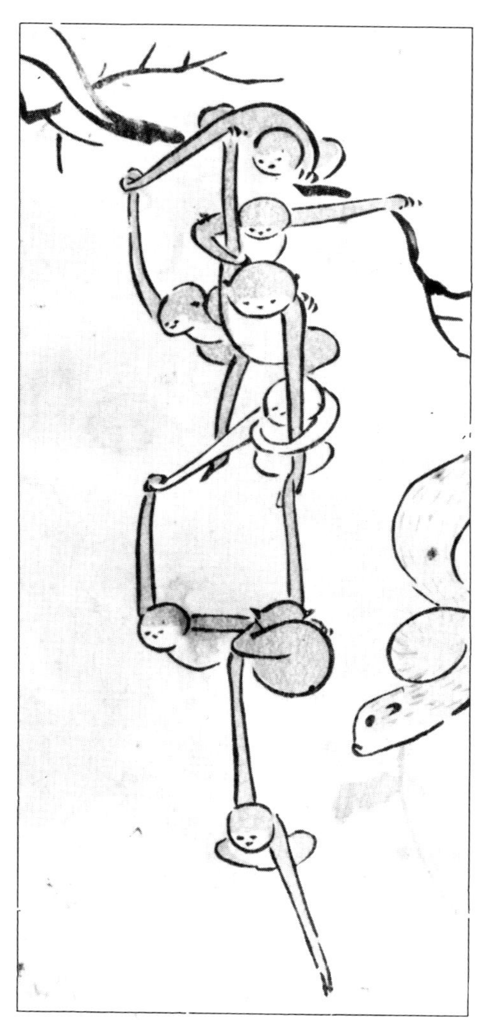

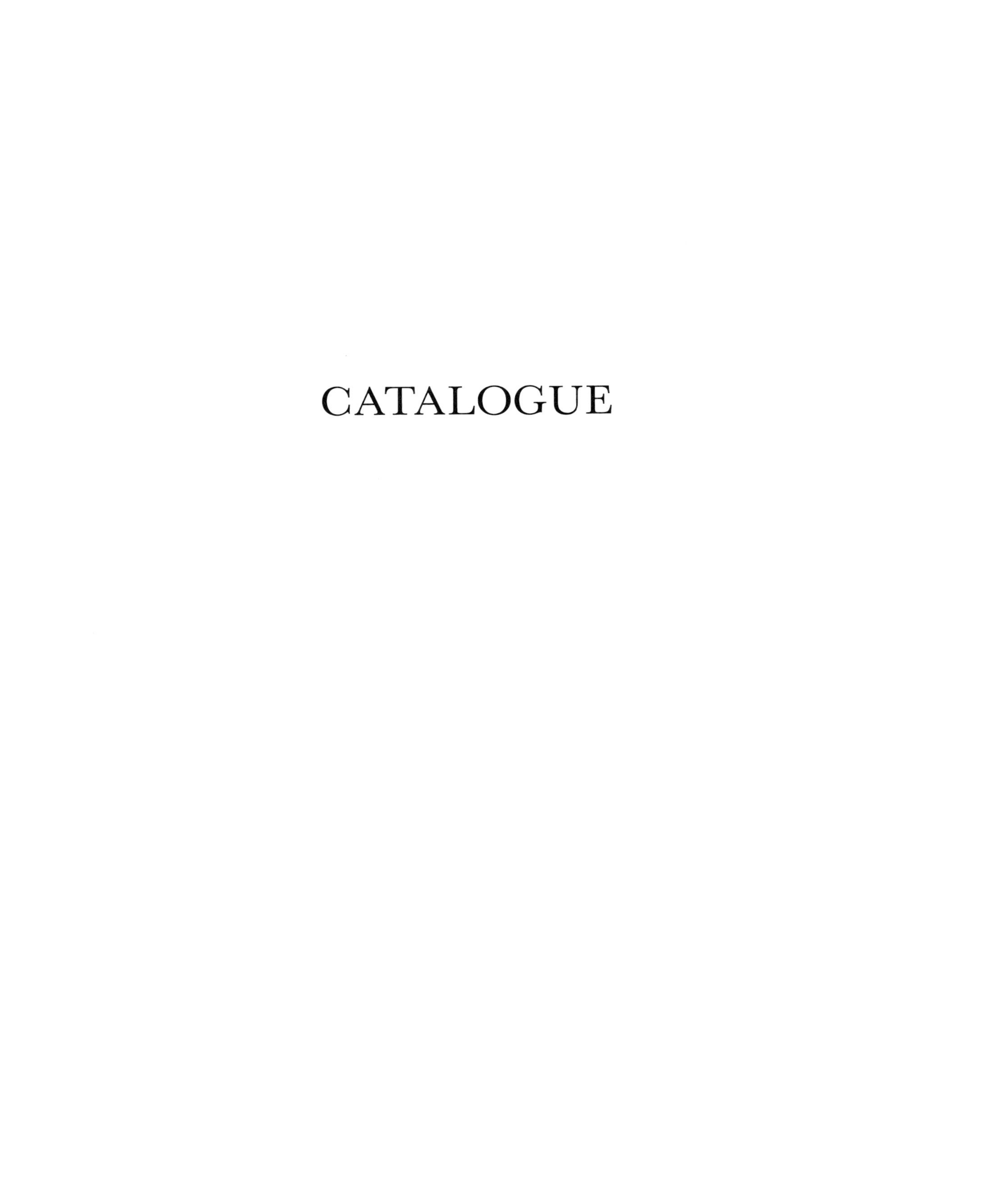

CATALOGUE

CLASSEMENT DES ARTISTES PAR ORDRE CHRONOLOGIQUE

(naissance et activité)

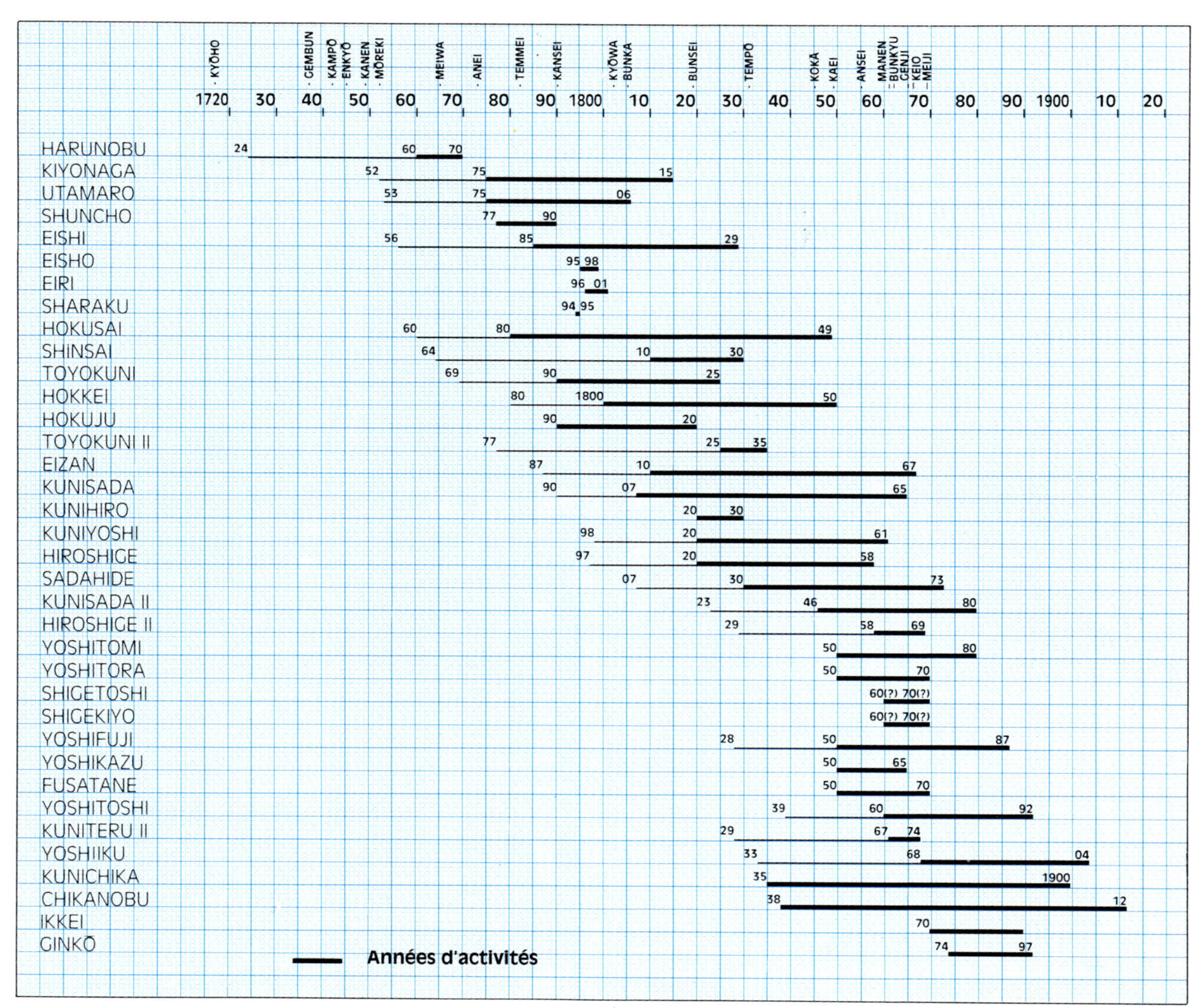

INDEX DES ARTISTES

(Les chiffres renvoient aux numéros du catalogue)

NOTE POUR L'UTILISATION DU CATALOGUE

Les artistes sont cités dans l'ordre chronologique.
Le titre est mentionné en japonais (traduit en français) lorsqu'il figure sur l'estampe.
Signature : ga (peint par) ou hitsu (dessiné par) apparaissent souvent en apposition de la signature de l'artiste.
Cachet de censure : kiwame (examiné) est utilisé dès 1840
aratame (approuvé) est utilisé dès 1790
Format : Les dimensions des estampes sont prises à la cuvette.
Les mesures données sont approximatives :
chūban : 26 × 19 cm
aiban : 34 × 22 cm
ōban : 38 × 25 cm
chū-tanzaku : 38 × 13 cm
hashira-e : 68/73 × 12/16 cm
kakemono-e : 76 × 23 cm
tate-e : estampe verticale
yoko-e : estampe horizontale

Les références bibliographiques sont volontairement sélectives et citées dans l'ordre chronologique.

Afin de faciliter la lecture du présent catalogue, nous donnons ci-après la signification de quelques mots japonais qui reviennent souvent dans nos différentes notices :

awabi : coquillage ; daimyō : baron féodal du XVIe siècle, littéralement « grand nom » ; furoshiki : carré de tissu utilisé pour envelopper des objets ; haikaï : poème en 17 syllabes, célébrant en général l'une des quatre saisons de l'année ; kabuki : théâtre qui s'est développé dès le XVIe siècle et où s'opère la synthèse de la tradition littéraire et de la tradition populaire ; kamuro : fillette de 8 à 13 ans au service d'une courtisane de haut rang ; kimono : vêtement japonais ; kokyū : sorte de violon ; koto : harpe horizontale à treize cordes ; maisons vertes : maisons de plaisir du quartier réservé de Yoshiwara, à Edo ; nishike-e : estampe polychrome ; obi : large ceinture de kimono ; samisen : instrument de musique à trois cordes, sorte de guitare ; shinzo : apprenties courtisanes ; surimono : estampe, en général de petit format, commandée pour la célébration d'un anniversaire ou d'un événement heureux.

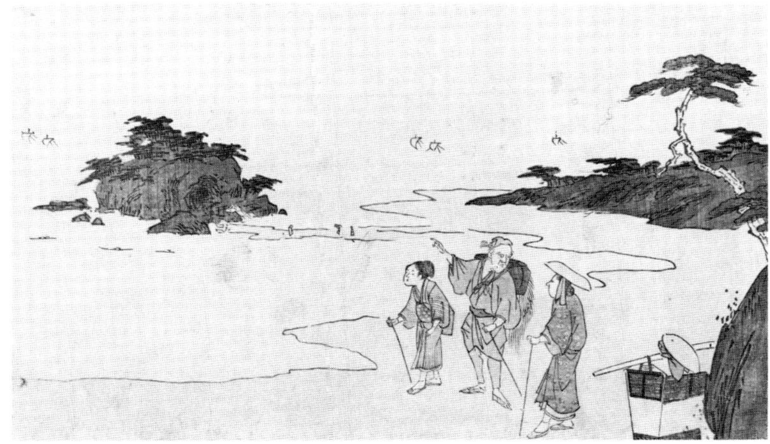

1

ANONYMES

1
Trois personnages sur la plage à Enoshima.

Non signé.
Format: H. 19,8; L. 33,9 cm. (Probablement une partie d'un surimono).

2
Deux oiseaux en vol.

Non signé.
Format: aiban; H. 31,2; L. 20,9 cm.
Ancienne collection Wakai Oyaji.

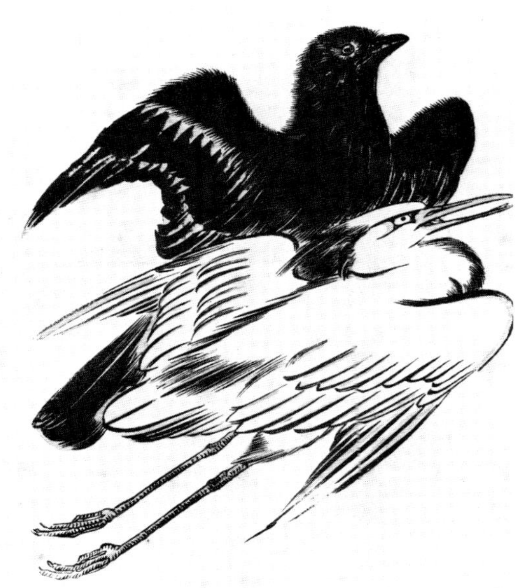

2

3
Un aigle.

Non signé.
Format: hashira-e;
H. 59,3; L. 11,3 cm.

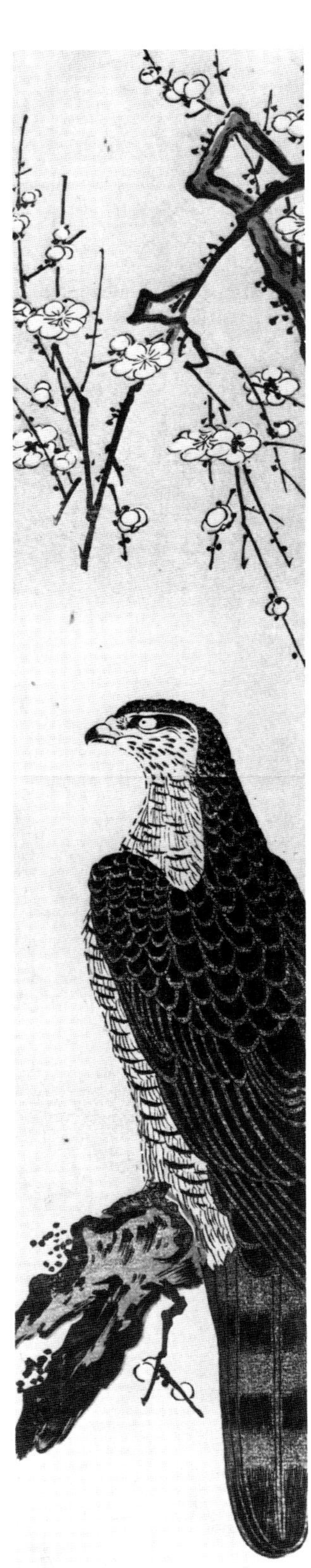

3

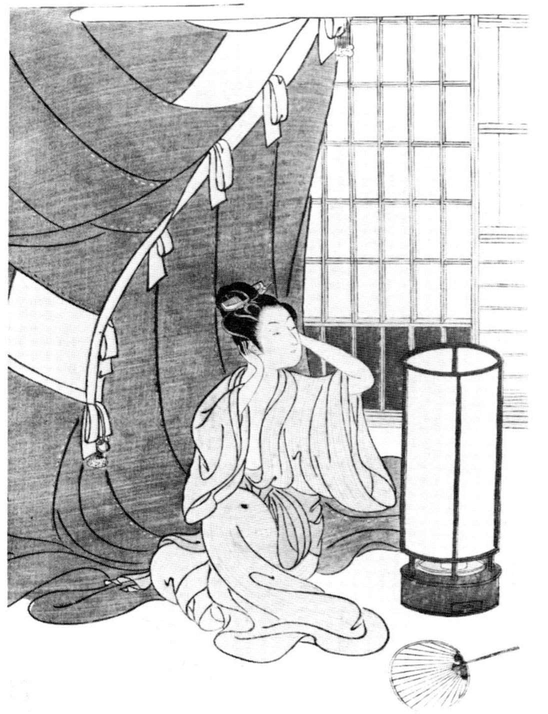

4

HARUNOBU Suzuki
(vers 1724-1770)

4
Jeune femme agenouillée devant sa moustiquaire.

Non signé.
Date: 1766.
Format: chūban;
H. 27,1; L. 18,9 cm.
Ancienne collection Wakai Oyaji.

Bibl.: Haviland I, n° 42, repr. (1er état avec inscription) - U. Taisei V, n° 366, repr. (3e état avec signature) - Gale I, n° 76, repr. (2e état) - Exp. Harunobu, Philadelphie, 1970, n° 39 (2e état) - Exp. The Ledoux Heritage, 1973, n° 18, repr. (1er état avec inscription) - U. Taikei II, n° 6, repr. coul. (2e état).

L'attitude précieuse de cette jeune femme a fait naître deux interprétations. D'après les uns, elle se bouche les oreilles pour ne pas entendre le bruit du tonnerre, pour les autres au contraire, elle écoute les pas de son amant. Ce sujet est l'illustration d'un egoyomi (calendrier du Nouvel an) dont le gouvernement se réservait le monopole mais que Harunobu exécute en cachette; ainsi s'explique la mention de la date (meiwa 3) gravée avec une extrême discrétion sur le obi, et l'absence de signature sur les deux premiers tirages. (L'exemplaire de la collection Monet est un second état.)
Harunobu eut la possibilité d'approfondir la technique de son art en travaillant pour des riches commanditaires, d'où la naissance de l'estampe «nishiki-e» aux couleurs subtiles.

5
Sotoba Komachi.

Une estampe de la suite: Fūryū Nana Komachi. Les sept Komachi à la mode.
Signature de l'artiste: Harunobu ga.
Date: vers 1767-1769.
Format: hashira-e;
H. 53,3; L. 11 cm.

Sotoba Komachi est le dernier des sept épisodes de la vie de la poétesse Ono no Komachi, qui vécut au IXe siècle à la cour impériale. Cette femme, d'une très grande beauté, fut surprise par l'âge et la misère. Harunobu la représente, idéalement jeune et ramassant du bois pour survivre.

5

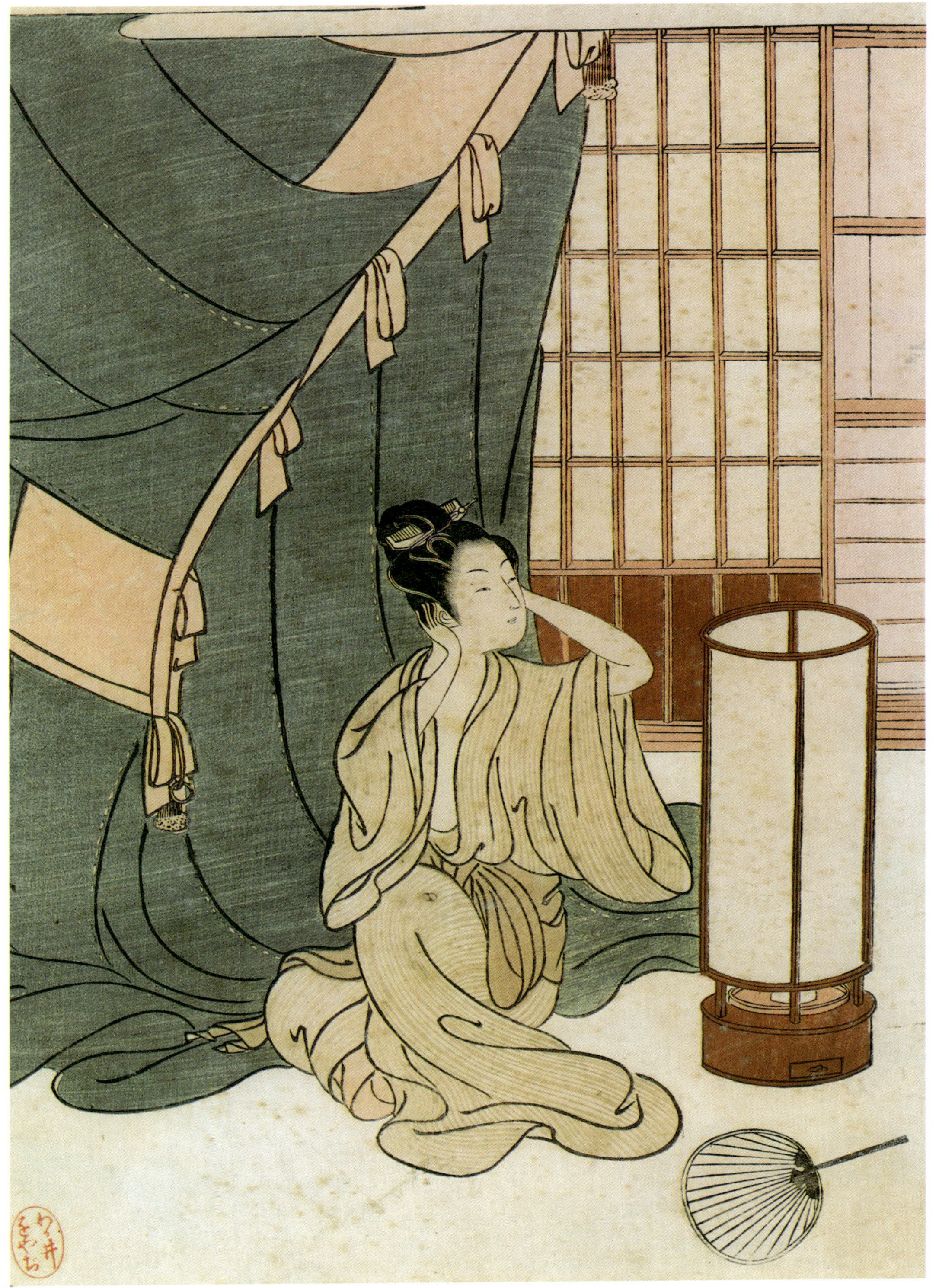

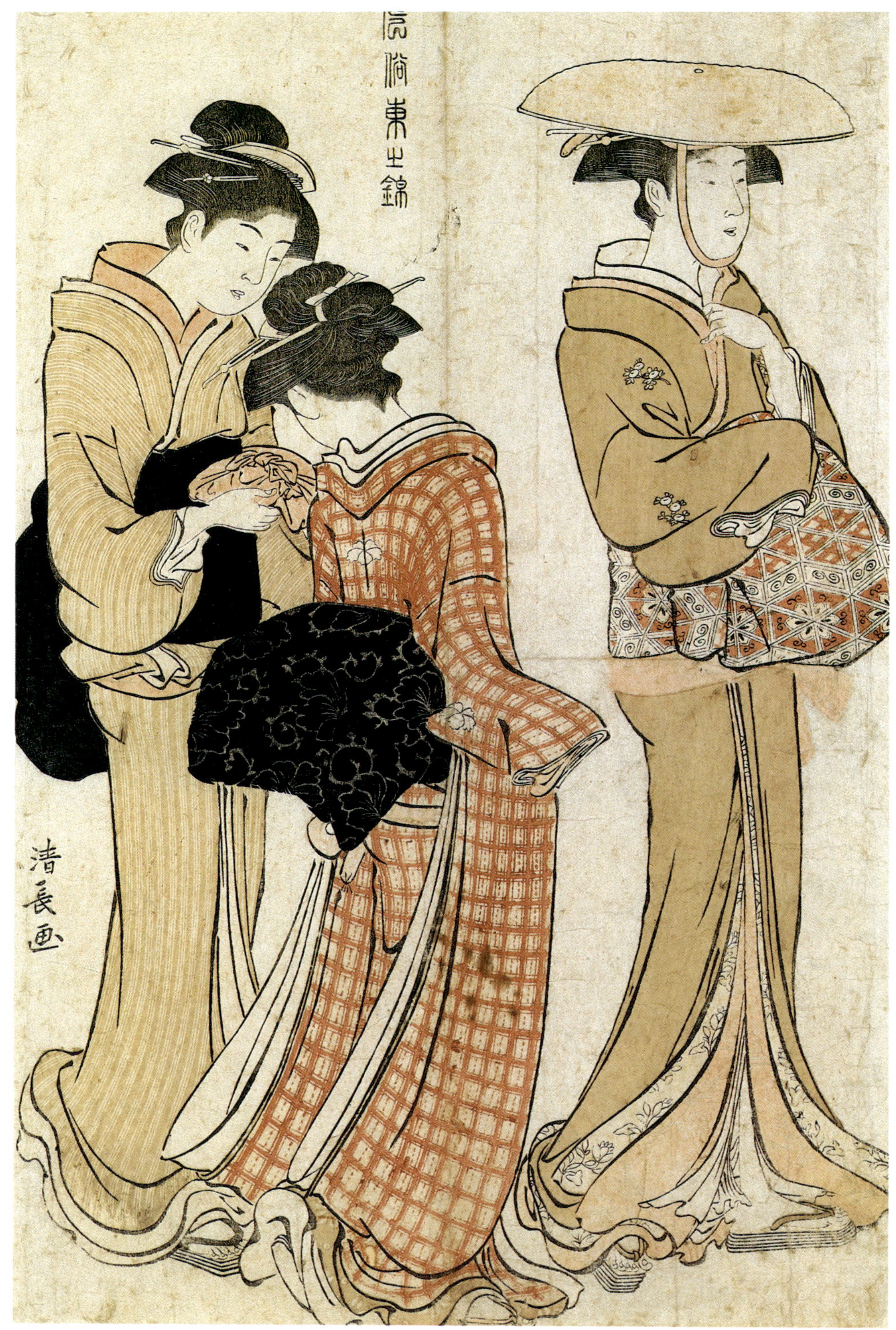
俗東之錦
清長画

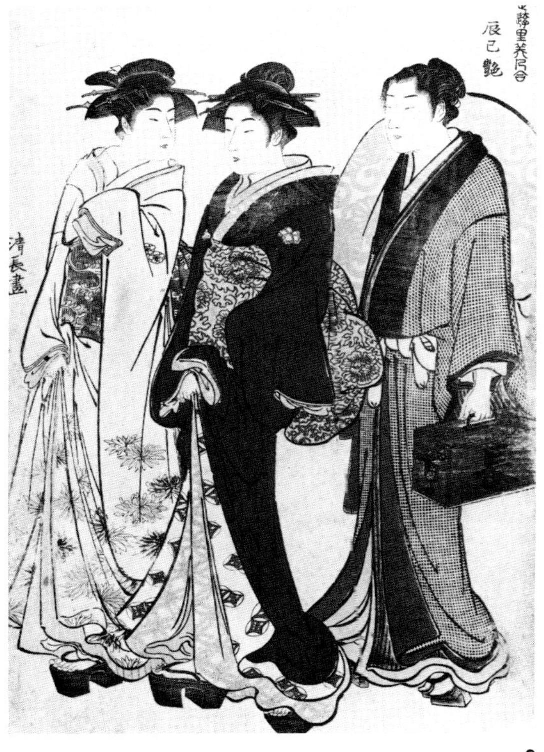

6

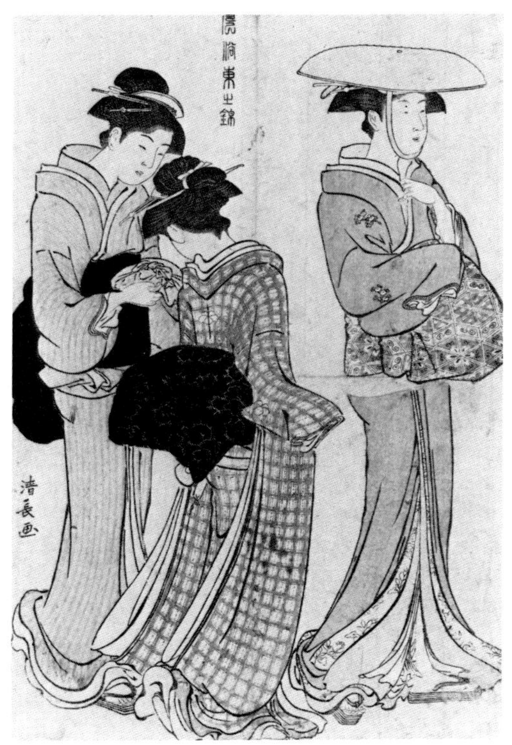

7

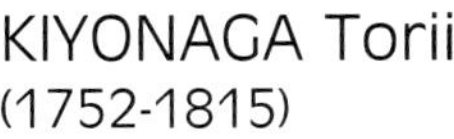

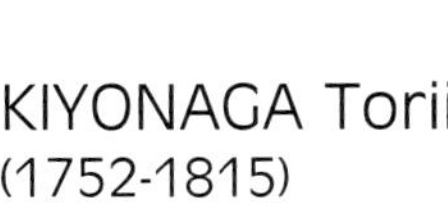

KIYONAGA Torii
(1752-1815)

6
Tatsumi no en.
Beautés du sud-est.

Une estampe de la suite:
Tōsei yūri bijin awase. Comparaison entre les beautés célèbres des Maisons vertes.
Signature de l'artiste: Kiyonaga ga.
Date: 1781.
Format: ōban tate-e;
H. 35,7; L. 24,8 cm.

Bibl.: Hirano 329, pl. LI.

Kiyonaga inaugura la représentation de courtisanes à la silhouette élancée. Deux d'entre elles accompagnées d'un batelier se rendent à quelque rendez-vous galant.

7
Jeune femme coiffée d'un large chapeau de paille. Elle est suivie d'une compagne qui porte un furoshiki *et d'une servante.*

Une estampe de la suite:
Fūzoku Azuma no nishiki. Les beautés d'Edo à la mode.
Signature de l'artiste: Kiyonaga ga.
Date: 1783.
Format: ōban tate-e;
H. 36,3; L. 23,5 cm.

Bibl.: Haviland I, n° 226, pl. X - Hirano, n° 572, pl. LV.

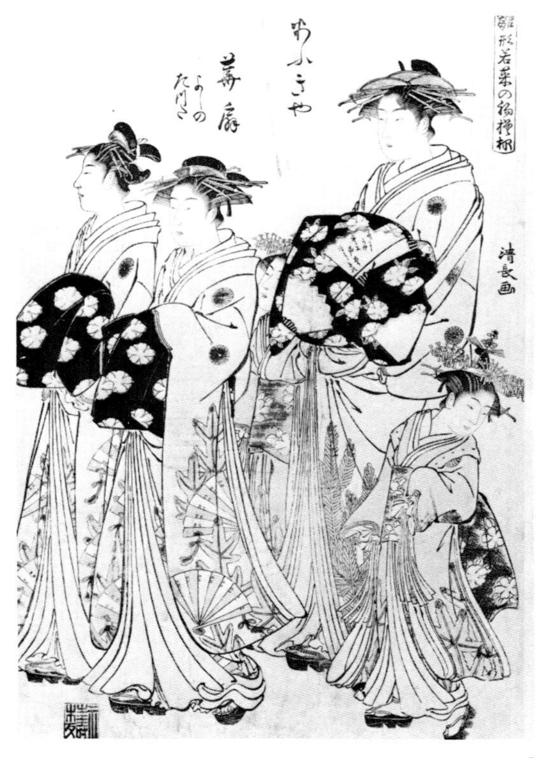

8

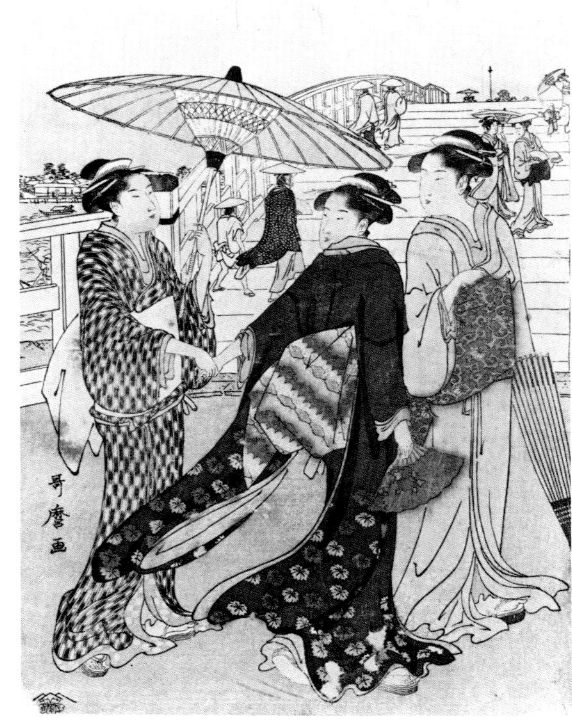

9

KIYONAGA Torii
(1752-1815)

8
Ōgiya Hanaōgi Yoshino Tatta.
La courtisane Hanaōgi de la maison Ōgiya et ses kamuro *Yoshino et Tatta se promènent, précédées de deux* shinzō.

Une estampe de la suite:
Hinagata wakana no hatsu-moyō. Modèles pour la mode: les nouveaux modèles aussi frais que les jeunes pousses.
Signature de l'artiste: Kiyonaga ga.
Marque de l'éditeur: Eijudō.
Date: 1783.
Format: ōban tate-e;
H. 36; L. 24,3 cm.

Bibl.: V. et I. 1911, n° 90, pl. XX. - Hirano, n° 431, pl. LIV.

Cette estampe est un premier tirage. Yoshino et Tatta, les deux kamuro attachées à la courtisane Hanaōgi, passeront par le grade de shinzō avant d'être promues courtisanes.

UTAMARO Kitagawa
(1753-1806)

9
Rencontres sur le pont Ryōgoku.

Signature de l'artiste: Utamaro ga.
Marque de l'éditeur:
Tsutaya Jūsaburō.
Date: vers 1789-1790.
Format: aiban; H. 29,3; L. 21,7 cm.
(feuille gauche d'un triptyque).

Bibl.: V. et I. 1912, n° 6, pl. III - Yoshida, n° 47, repr. - Shibui, p. 3, repr. - T.N.M. II, n° 1770, repr. - U. Taikei V, n° 71-72, repr. - Vever II, n° 389, repr. - U. Shūka, Boston III, n° 102-104, repr. coul.

En 1912, Vignier et Inada exposent au Musée des arts décoratifs un diptyque, dont cette planche (*Rencontres sur le pont Ryōgoku*) est la feuille de gauche. Ils estiment alors que ces deux estampes de la collection Henri Vever, ne forment pas un diptyque car elles ne se raccordent pas. On a découvert depuis que ces deux planches appartiennent à un triptyque (Musée de Boston). La méprise de Vignier et Inada s'explique par le fait que l'épreuve de Vever, comme celle de la collection Monet, est légérement rognée à droite supprimant ainsi quelques millimètres de la femme à l'ombrelle.

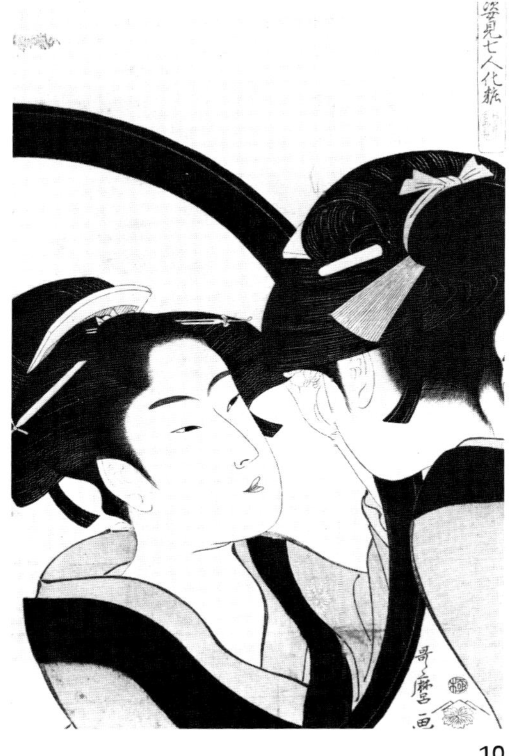

10

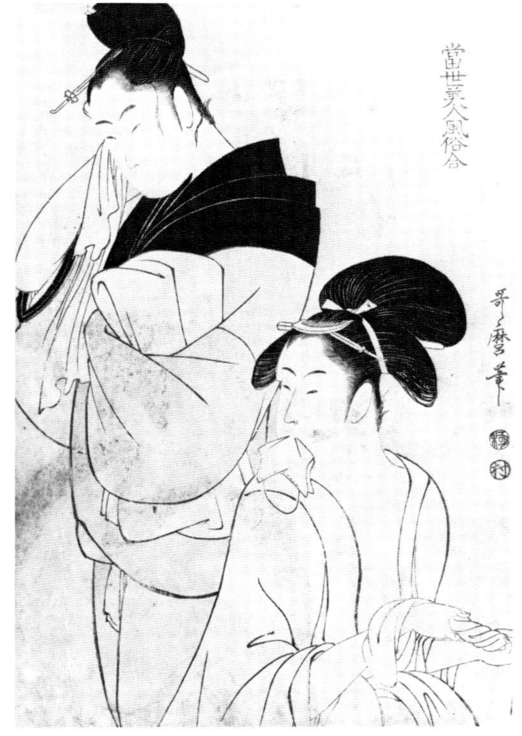

11

10

Jeune femme dont le visage se reflète dans un miroir.

Une estampe de la suite:
Sugatami shichinin keshō.
Grand miroir et sept femmes à leur toilette.
Signature de l'artiste: Utamaro ga.
Marque de l'éditeur:
Tsutaya Jūsaburō.
Cachet de censure: kiwame.
Date: vers 1791.
Format: ōban tate-e;
H. 36,7; L. 23,8 cm.
Ancienne collection Wakai Oyaji.

Bibl.: V. et I. 1912, n° 44, pl. XIX, - Yoshida, n° 69, repr. - T.N.M. II, n° 1791, repr. - U. Taikei V, n° 29, repr. coul. - Exp. Galerie Berès, n° 17, repr.

11

[Uma no koku. *L'Heure du cheval.*]

Une estampe de la suite:
Tōsei bijin fūzoku awase. Mœurs et coutumes des beautés contemporaines.
Signature de l'artiste:
Utamaro hitsu.
Marque de l'éditeur:
Murataya Jirobei.
Cachet de censure: kiwame.
Date: vers 1794-1795.
Format: ōban tate-e;
H. 36,2; L. 23,8 cm.

Bibl.: V. et I. 1912, n° 105, pl. XLVIII coul. - Yoshida, n° 257, repr. - Shibui, p. 148, repr. - T.N.M. II, n° 1856, repr. - U. Taikei V, n° 172, repr. - Exp. Galerie Berès, n° 45, repr.

Cette épreuve fanée ne porte pas le titre habituel de la série Musume hidokei. Les différentes heures dans la journée d'une femme.

Ces femmes à leur toilette symbolisent la neuvième heure du jour (11-13 heures européennes) c'est-à-dire l'heure du cheval. En effet, la journée japonaise est divisée en douze intervalles égaux de deux heures correspondant chacun à un animal du zodiaque de l'astrologie chinoise et japonaise.

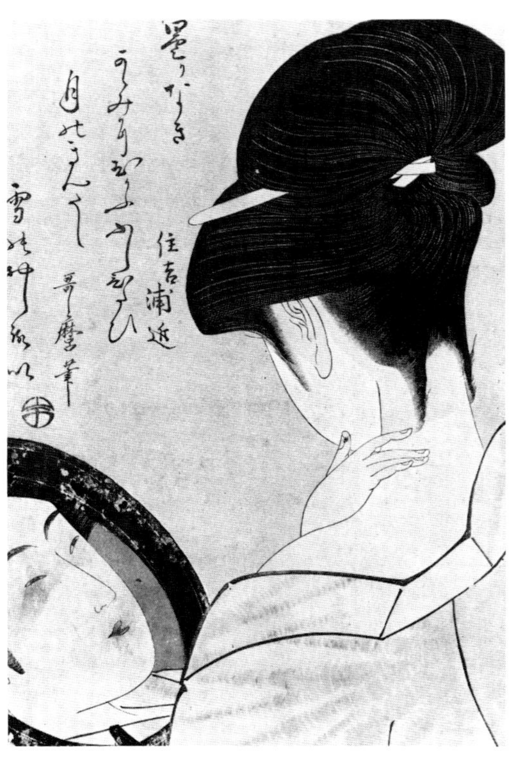

12

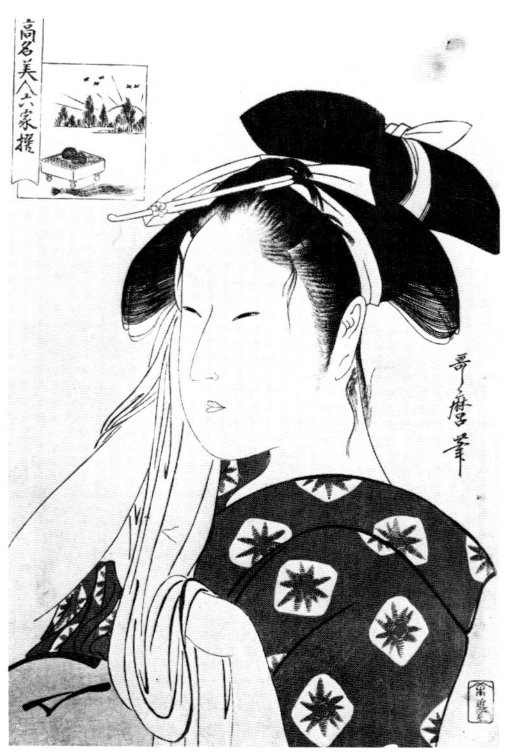

13

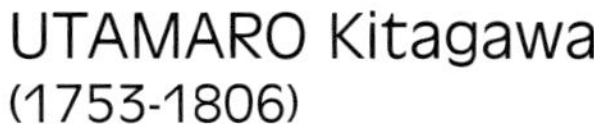

UTAMARO Kitagawa
(1753-1806)

12
Le maquillage.

Signature de l'artiste : Utamaro hitsu.
Marque de l'éditeur : Iseya Magobei.
Date : vers 1795-1796.
Format : ōban tate-e ;
H. 37,2 ; L. 24 cm.

Bibl. : V. et I. 1912, n° 121, pl. LIV - Yoshida, n° 202, repr. - Shibui, p. 59, repr. - T.N.M. II, n° 1834, repr. - U. Taikei V, n° 158, repr. - Vever II, n° 420, repr. - Exp. Galerie Berès, n° 64, repr.

Le poème de Sumiyoshi Urachika «Kumori naki kagami ni mukau Fuji-bitai tsuki no kinkushi yuki no oshiroi» célèbre les charmes de cette beauté: «Son front bombé comme le Mont Fuji, son peigne d'or en croissant de lune et son visage comme poudré de neige se reflètent dans le miroir».
Les historiens ont dénombré pas moins de quatre états de cette estampe.

13
Asahiya Goke. *La veuve Asahiya.*

Une estampe de la suite:
Kōmei bijin rokkasen.
Choix de six beautés célèbres.
Signature de l'artiste:
Utamaro hitsu.
Marque de l'éditeur:
Ōmiya Gonkurō.
Date: vers 1796.
Format: ōban tate-e;
H. 36,5; L. 24,5 cm.

Bibl.: T.N.M. II, n° 1894, repr. - Shibui, p. 56, repr. - U. Taikei V, n° 54, repr. coul.

Le titre de cette estampe figure dans le cartouche sous la forme d'un rébus: Asahiya (le soleil levant), go (jeu) et ke (cheveux). Utamaro présente une jeune femme qui s'est coupé des mèches de cheveux en signe de veuvage. On connait un tirage postérieur de cette estampe où les sourcils de la jeune femme ne sont pas rasés, où le rébus est différent et le kimono orné d'étoiles de mer.

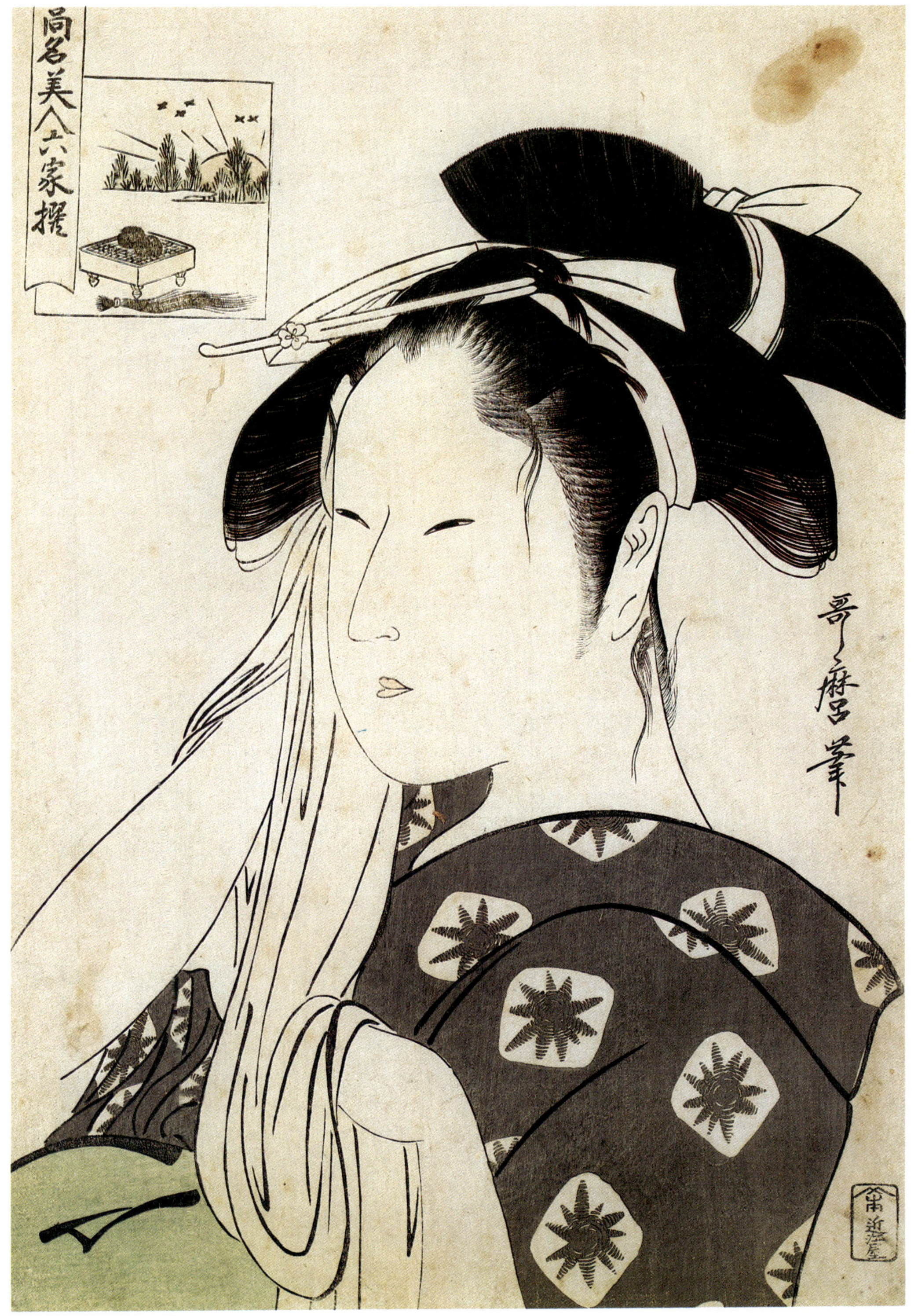
名美人六家撰
哥麿筆

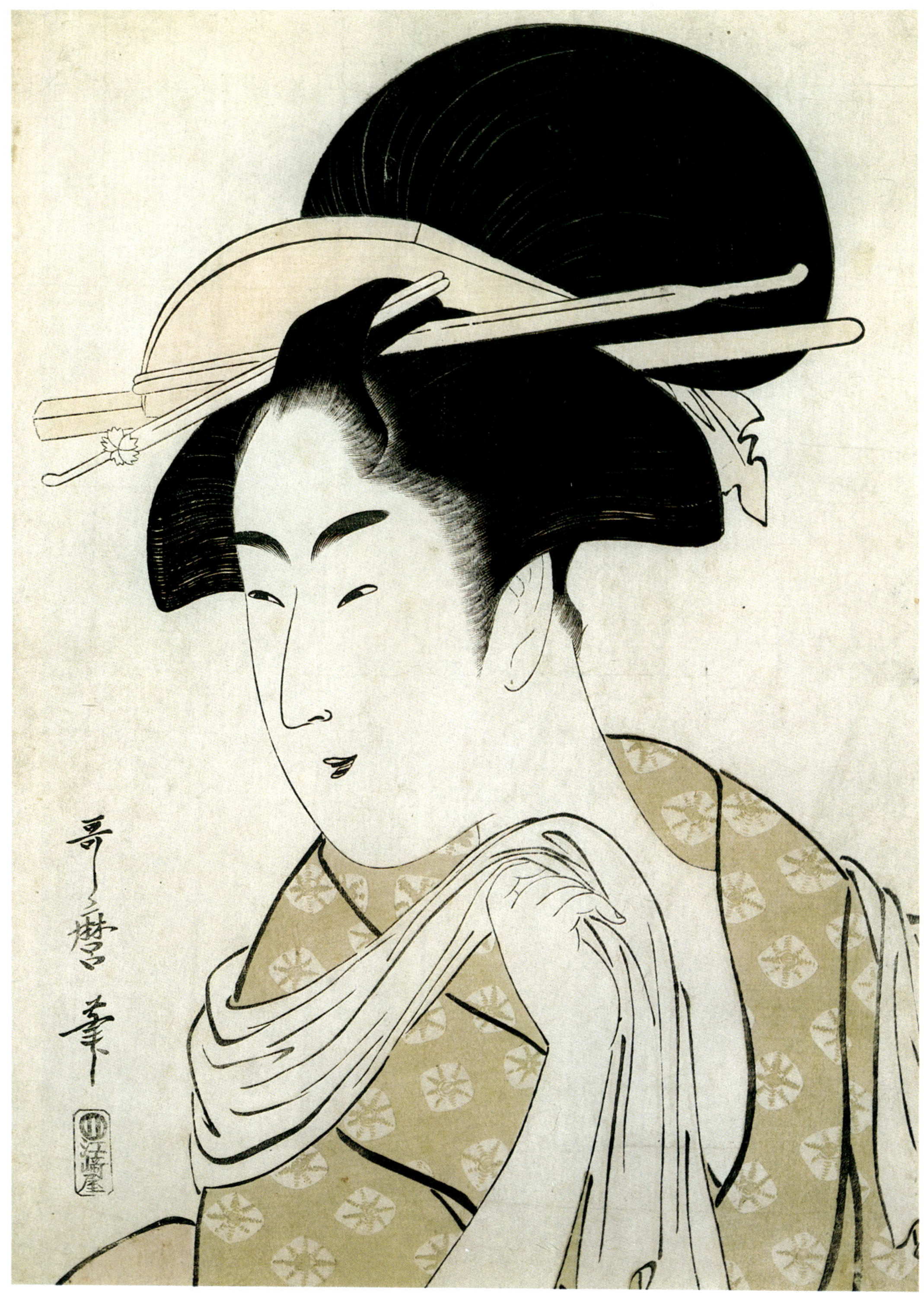
哥ゝ麿筆
江崎屋

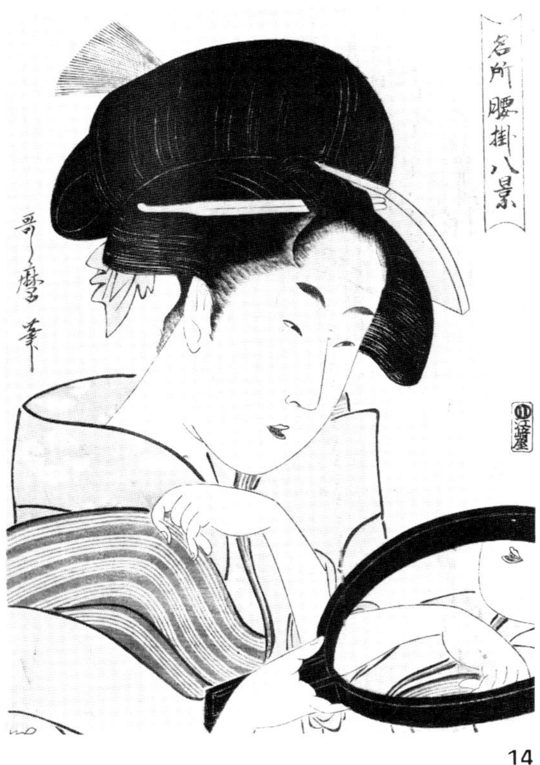

14

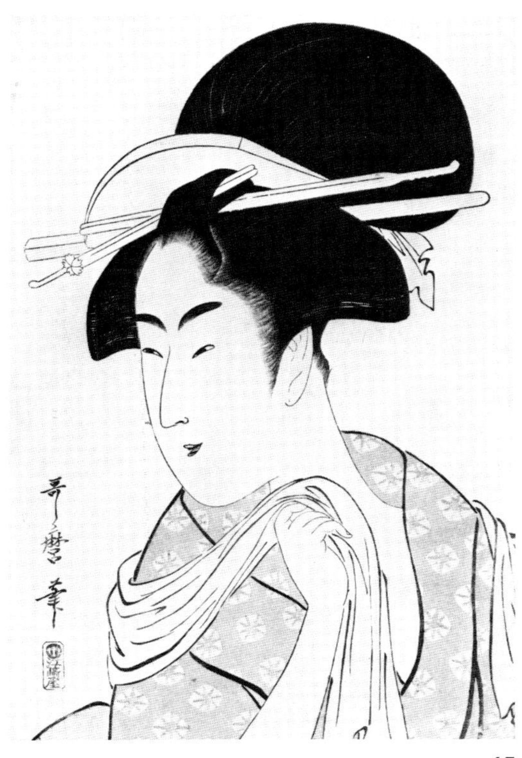

15

14
Jeune femme au miroir.
Une estampe de la suite:
Meisho koshikake hakkei. Parallèle entre huit maisons de thé et huit beautés célèbres.
Signature de l'artiste:
Utamaro hitsu.
Marque de l'éditeur:
Ezakiya Kichibei.
Date: vers 1796.
Format: ōban tate-e;
H. 35,9; L. 24,9 cm.

Bibl.: Yoshida n° 84, repr. - Shibui p. 69, repr. - U. Taikei V, p. 35, repr. coul. - Vever II, n° 463, repr. - Exp. Galerie Berès, n° 82, repr.

Cette épreuve sans cartouche ni poème haikai fait partie d'une série de onze planches dont quatre sujets doubles. Elles varient selon les reflets du miroir et les motifs des kimonos.

15
Sortie du bain.
Une estampe de la suite:
[Meisho koshikake hakkei. Parallèle entre huit maisons de thé et huit beautés célèbres.]
Signature de l'artiste:
Utamaro hitsu.
Marque de l'éditeur:
Ezakiya Kichibei.
Date: vers 1796.
Format: ōban tate-e;
H. 36; L. 25 cm.

Bibl.: Shibui, p. 69, repr. - T.N.M. II, n° 1848, repr.

Cette impression sans cartouche ni titre appartient au même groupe que l'estampe précédente.

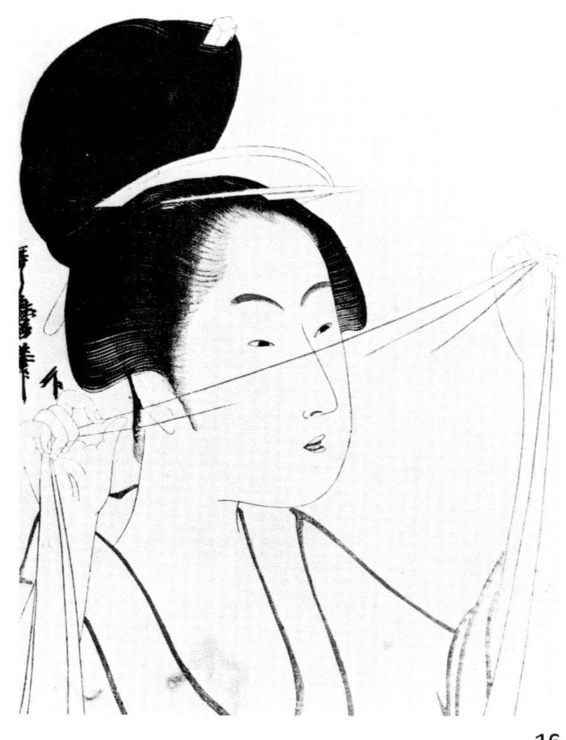

16

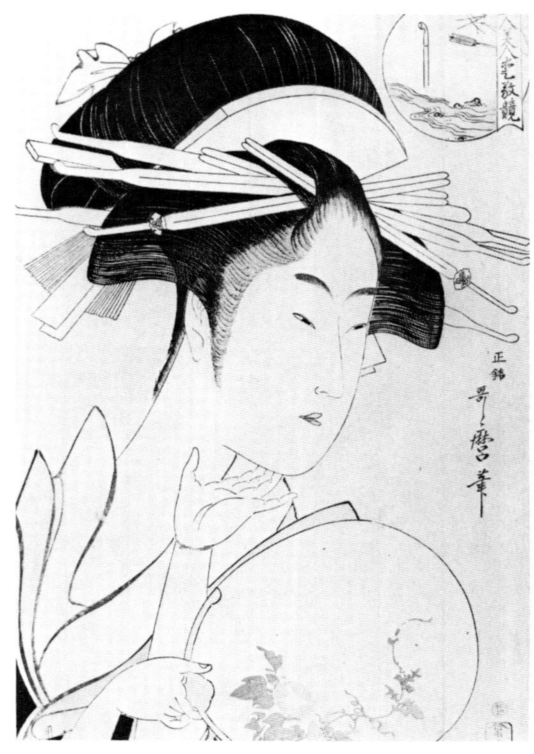

17

UTAMARO Kitagawa
(1753-1806)

16
Jeune femme au voile de gaze.
Signature de l'artiste:
Utamaro hitsu.
Marque de l'éditeur:
Yamaguchiya Chūemon.
Date: vers 1796.
Format: ōban tate-e;
H. 33,4; L. 23,6 cm.

Bibl.: V. et I. 1912, n° 117, pl. LIV - Yoshida, n° 254, repr. - Shibui, p. 71, repr. - U. Taikei V, n° 227, repr.

Estampe rognée.

17
La courtisane Kisegawa de la maison Matsuba-ya.
Une estampe de la suite:
Gonin bijin aikyō kurabe. Concours de charme entre cinq beautés.
Signature de l'artiste:
Shōmei (le vrai) Utamaro hitsu.
Marque de l'éditeur:
Ōmiya Gonkurō.
Date: vers 1796.
Format: ōban tate-e;
H. 36; L. 24,4 cm.
Ancienne collection
Hayashi Tadamasa (petit cachet rouge).

Bibl.: Yoshida, n° 403, repr. - Shibui, p. 57, repr. - T.N.M. II, n° 1926, repr. - Popper, 1972, n° 165, repr. - U. Taikei V, n° 206, repr.

Le titre de cette estampe figure dans le cartouche sous forme de rébus: Matsu-ba (aiguilles de pins), ya (flèche), kiseru (pipe) et kawa ou gawa (rivière).

La belle Kisegawa fut si souvent représentée par Utamaro que Edmond de Goncourt y vit l'existence d'un lien unissant l'artiste à son modèle favori, d'autant qu'il habitait près du Yoshiwara, quartier des Maisons vertes. Mais l'impassibilité de ce visage ne renseignera jamais sur les sentiments qui demeureront secrets.

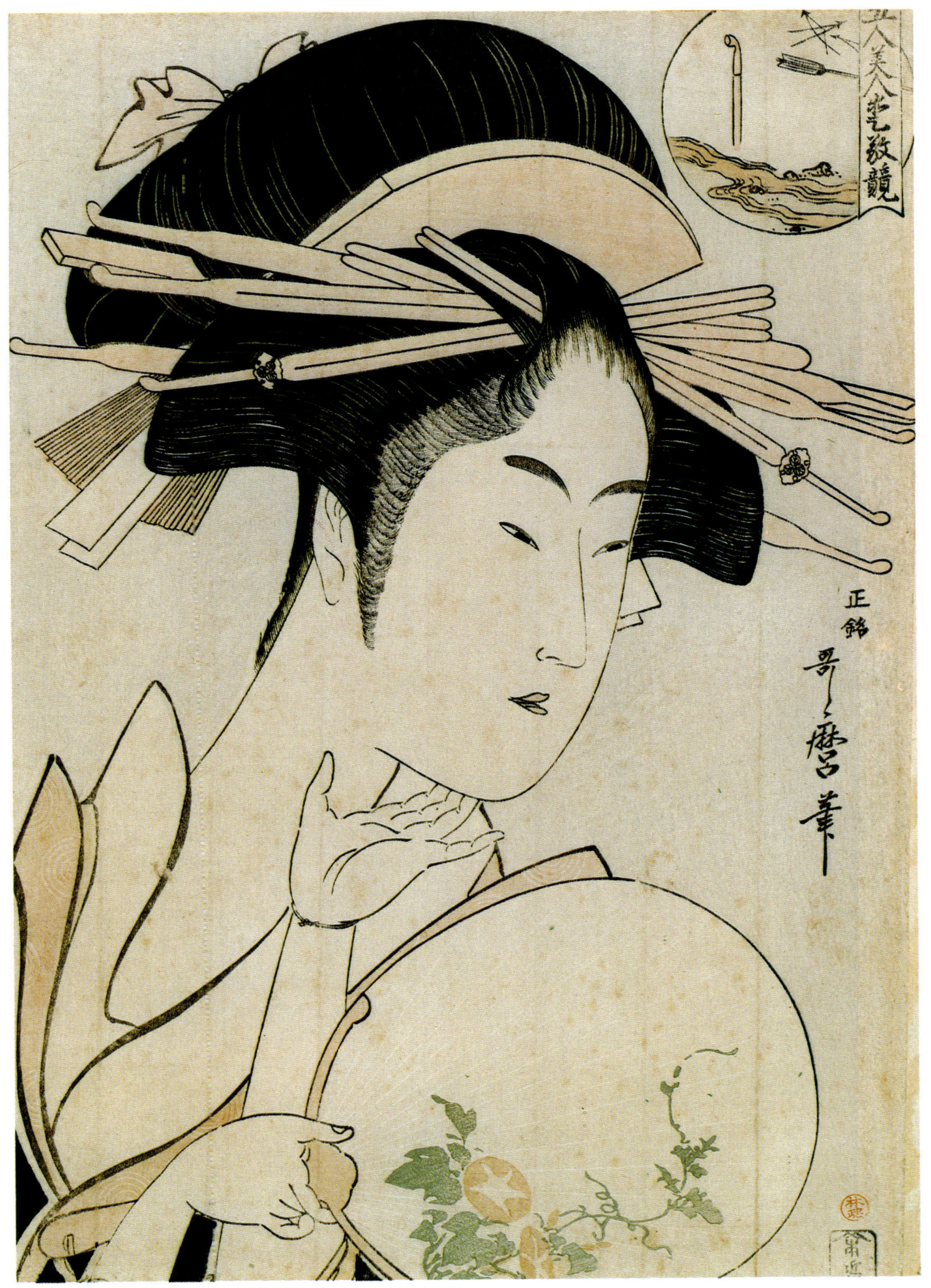
人美人愛敬競
正銘
哥麿筆

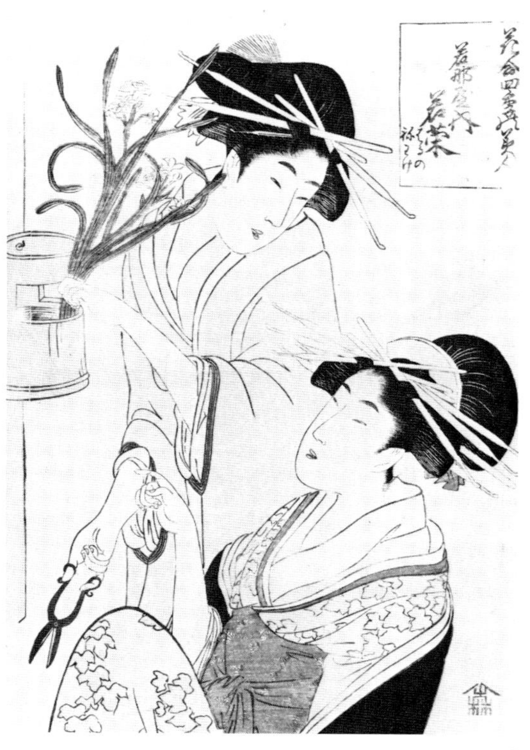

18

19

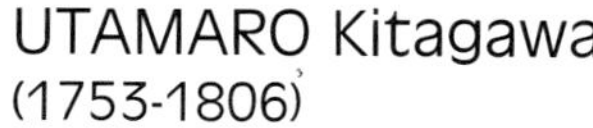

UTAMARO Kitagawa
(1753-1806)

18
Wakanaya uchi Wakana
(ou Wakakiku). *La courtisane Wakana de la maison Wakanaya.*

Une estampe de la suite:
Hana-awase shiki no bijin.
Femmes et fleurs au fil des saisons.
Non signé.
Marque de l'éditeur: Moriya Jihei.
Date: vers 1797.
Format: ōban tate-e;
H. 35,6; L. 23,9 cm.

Sur le cartouche en haut à droite figurent les noms des deux kamuro Haruno et Newake, attachées à Wakana.

19
Ryōgoku no chamise.
Une maison de thé à Ryōgoku.

Une estampe de la suite: Bijin jūyō.
Dix figures féminines.
Signature de l'artiste:
Utamaro hitsu.
Marque de l'éditeur: Yamayoshi.
Date: vers 1797.
Format: aiban; H. 31,2; L. 21,5 cm.

Bibl.: U. Shūka, Boston III, n° 62, repr. (épreuve sans titre ni marque d'éditeur).

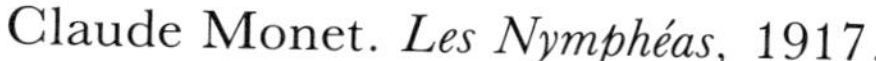

Claude Monet. *Les Nymphéas,* 1917.

ISBN-2-85047-035-X.

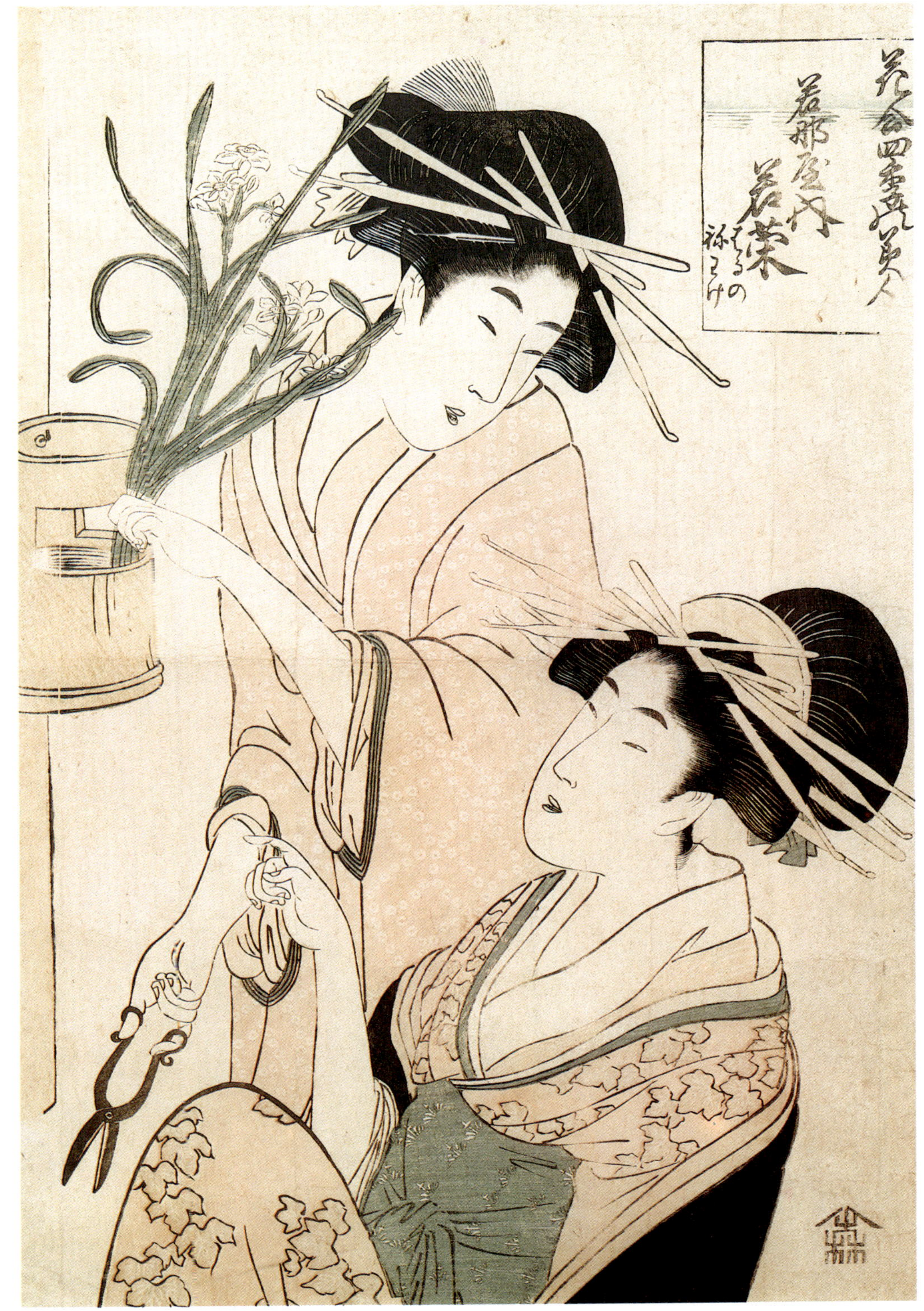

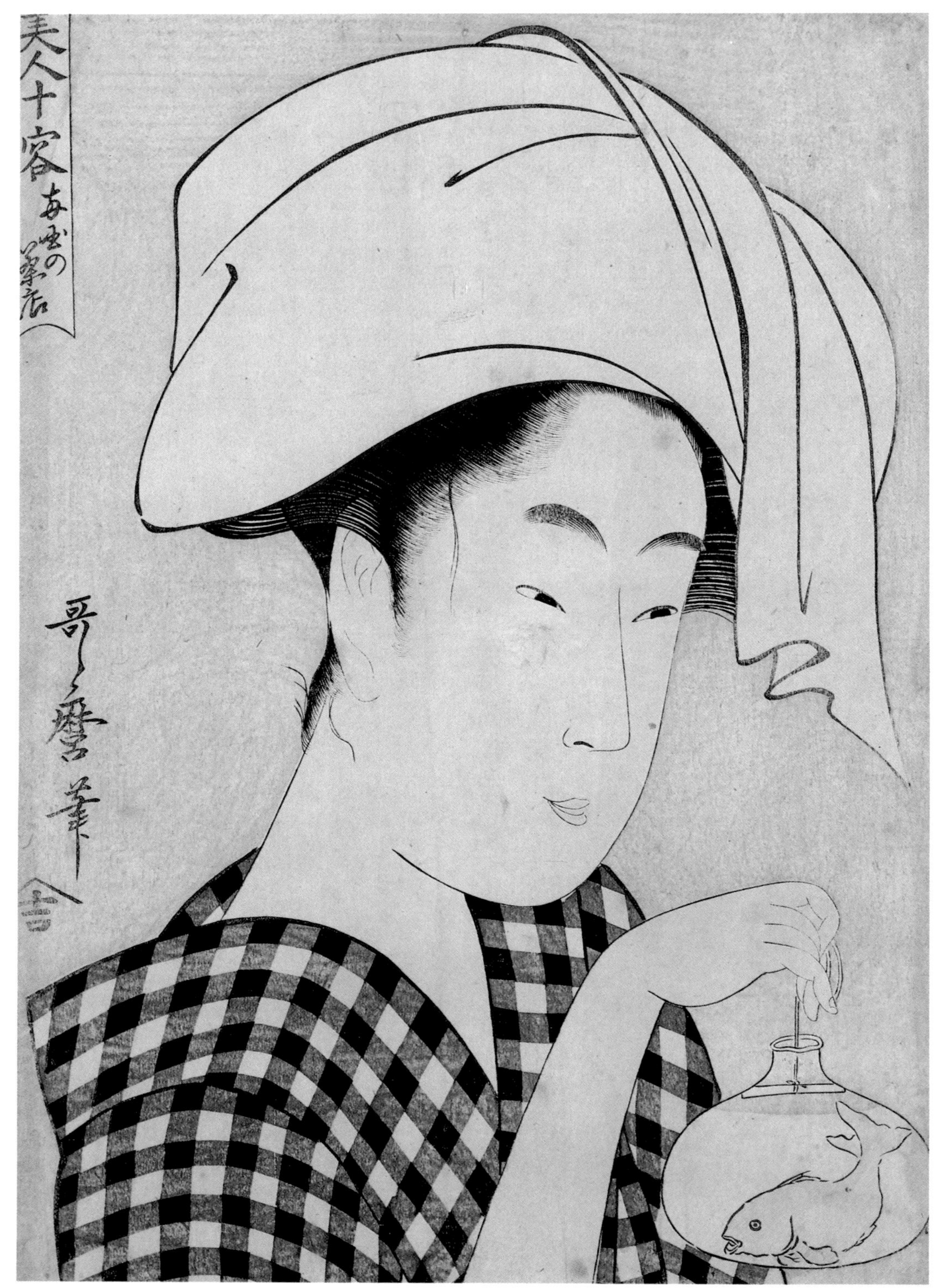

Cat. 19
(voir p. 52)

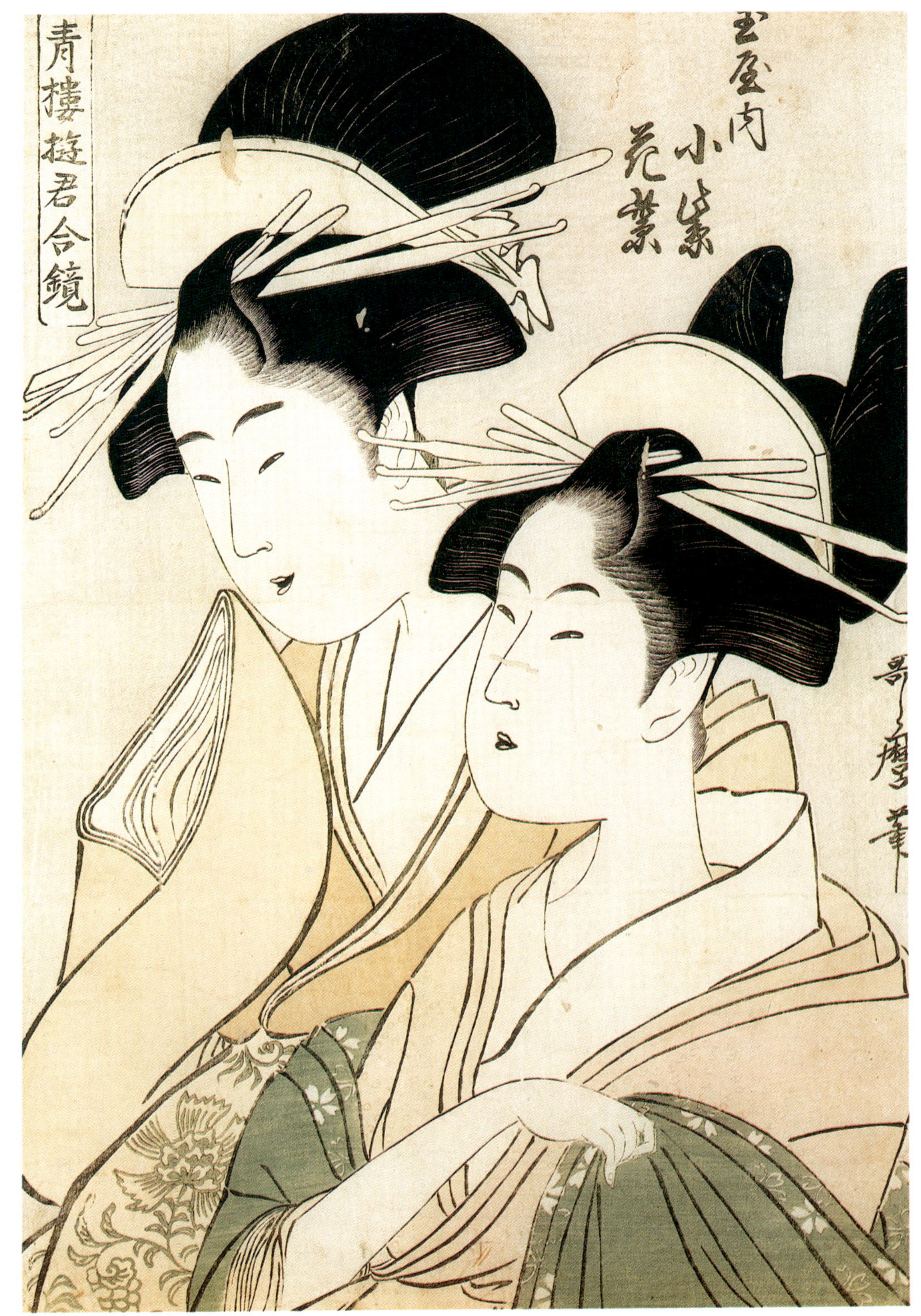

Cat. 20
(voir p. 57)

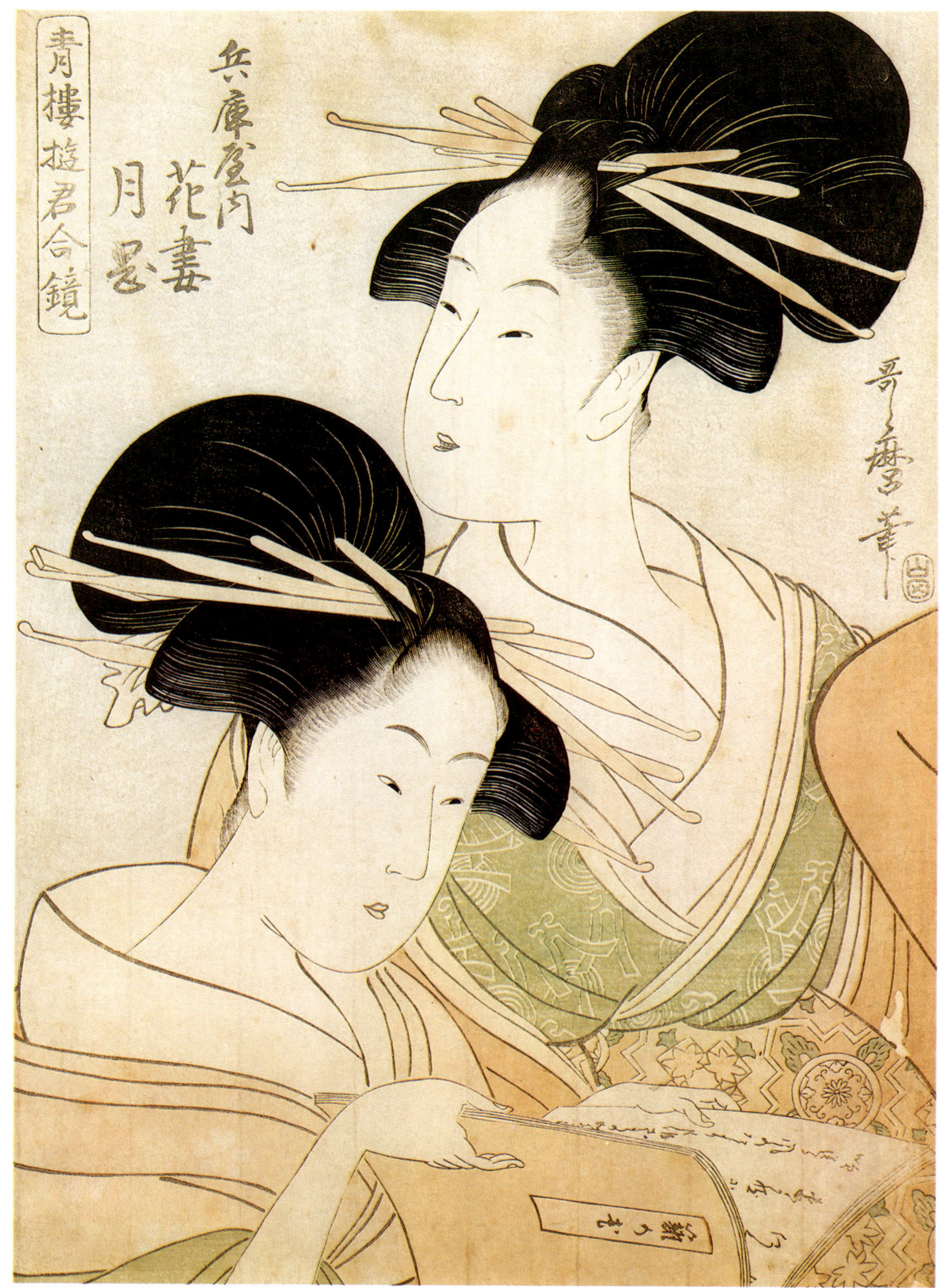
青樓遊君合鏡
兵庫屋内
花妻
月岡
哥麿筆

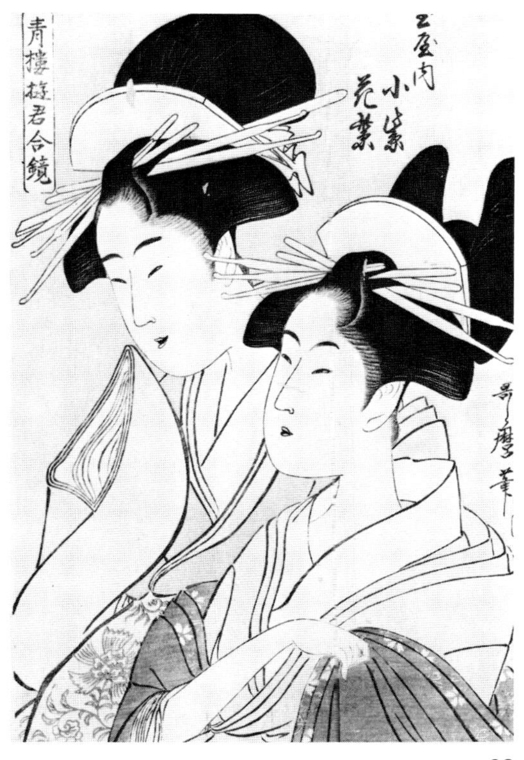

20

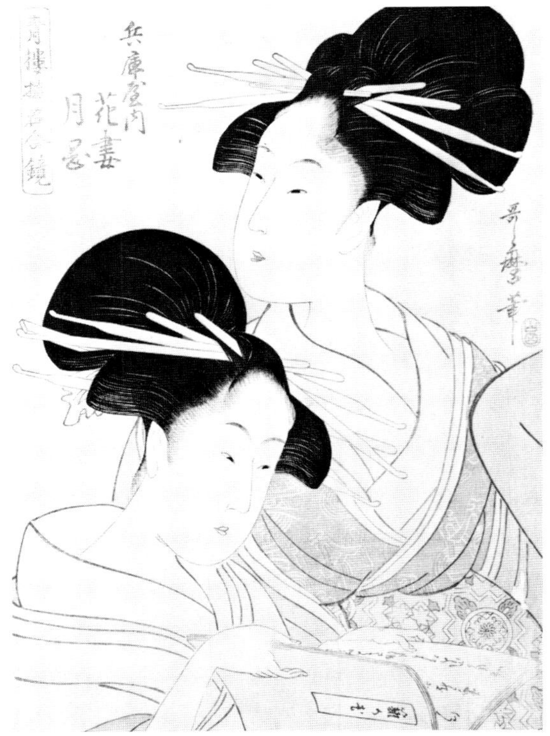

21

20

Tamaya uchi Komurasaki Hanamurasaki. *Les courtisanes Komurasaki et Hanamurasaki de la maison Tamaya.*

Une estampe de la suite:
Seirō yūkun awase kagami. Jeu de miroir entre deux courtisanes des Maisons vertes.
Signature de l'artiste:
Utamaro hitsu.
Marque de l'éditeur:
Yamadaya Sanshirō.
Date: vers 1797.
Format: ōban tate-e;
H. 36; L. 24,2 cm.

Bibl.: U. Shūka, Boston III, n° 150, repr. coul.

21

Hyōgaya uchi Hanatsuma Tsukioka. *Les courtisanes Hanatsuma et Tsukioka de la maison Hyōgoya.*

Une estampe de la suite:
Seirō yūkun awase kagami. Jeu de miroir entre deux courtisanes des Maisons vertes.
Signature de l'artiste:
Utamaro hitsu.
Marque de l'éditeur:
Yamadaya Sanshirō.
Date: vers 1797.
Format: ōban tate-e;
H. 36; L. 25,2 cm.

Bibl.: Shibui, p. 115, repr.

Parmi les arts auxquels devaient s'exercer les courtisanes des Maisons vertes, la musique était privilégiée. L'une d'elles consulte un recueil de koto.

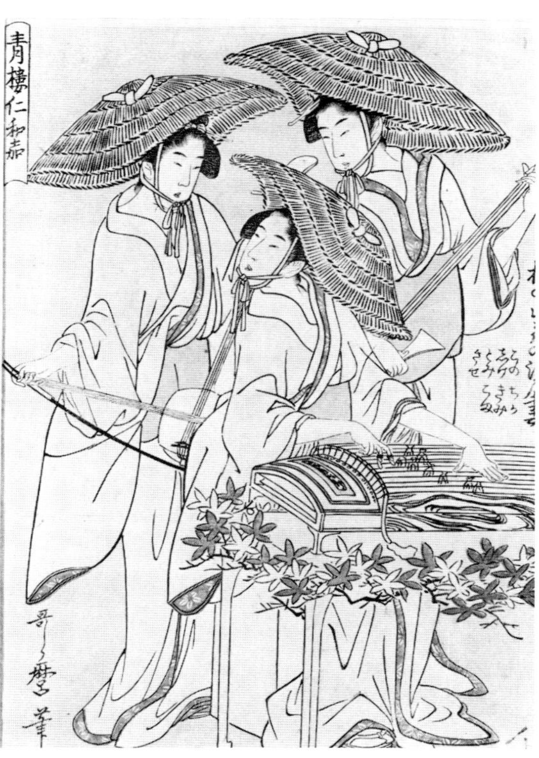

22

23

UTAMARO Kitagawa
(1753-1806)

22
Trois musiciennes.
Une estampe de la suite: Seirō Niwaka.
Le festival Niwaka dans le quartier des Maisons vertes.
Signature de l'artiste:
Utamaro hitsu.
Marque de l'éditeur:
Yamaguchiya Chūsuke.
Date: vers 1799.
Format: aiban; H. 31,2; L. 21,8 cm.

Le jour de la fête du Niwaka célébrée durant le 8e mois, les geisha organisaient des représentations improvisées dans les rues du Yoshiwara. Sur cette estampe, trois geisha sont déguisées en musiciennes, l'une joue du koto, l'autre du kokyū, la dernière du samisen.
Les noms de sept geisha figurent sur la droite de l'estampe.

23
Yamauba et Kintarō avec un jouet.
Signature de l'artiste:
Utamaro hitsu.
Marque de l'éditeur:
Tsutaya Jūsaburō.
Cachet de censure: kiwame.
Date: vers 1799.
Format: ōban tate-e;
H. 36,6; L. 23,5 cm.
Ancienne collection Wakai Oyaji.

Bibl.: Shibui, p. 209, repr. - T.N.M. II, n° 1943, repr. - Vever II, n° 489, repr.

Edmond de Goncourt conte très bien dans son livre *Outamaro* la légende de «ce marmot… à la musculature d'un jeune hercule, à la peau toute rouge, qui jouait avec un ours. Interrogé par Yorimitsu, l'enfant alla chercher sa mère, la femme habillée de feuillage et de sa terrible chevelure noire, qui en langage noble, en langage de la cour, déclara qu'elle ne voulait pas se faire connaître. Aussi est-elle désignée sous le nom de Yama-ouwa (mère de montagne)» (pp. 58-59). Utamaro s'est plu maintes fois à représenter Yamauba sous son aspect le plus maternel, mais elle peut prendre chez d'autres artistes l'allure d'une vieille sorcière avec des cheveux en forme de serpents hideux. De même, si Kintoki à la carnation rouge (symbole de l'endurance) se livre chez Utamaro aux jeux de l'enfance, il est souvent peint réalisant quelque exploit: le déracinement d'un arbre, la capture d'une carpe gigantesque.

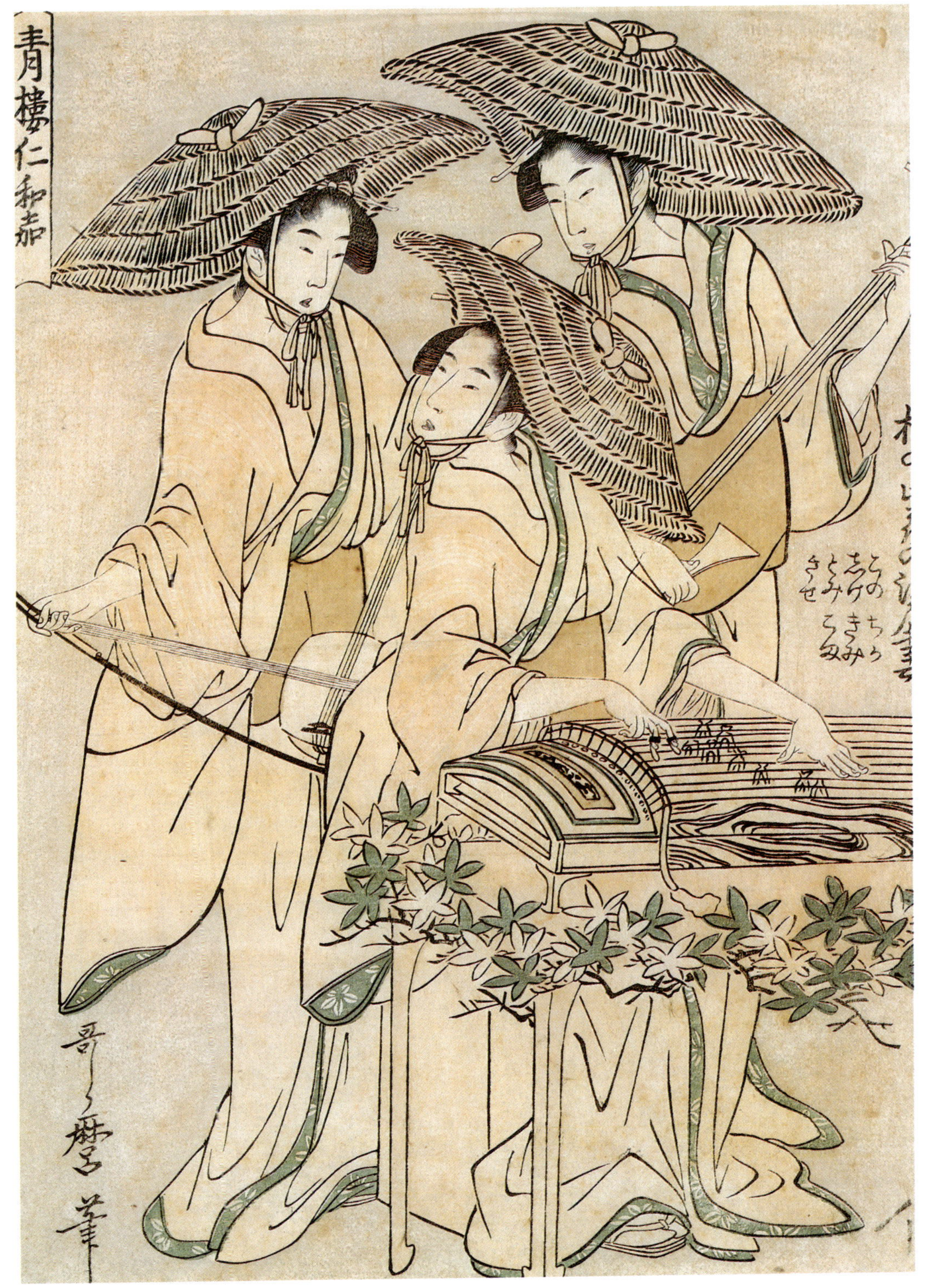
青樓仁和嘉

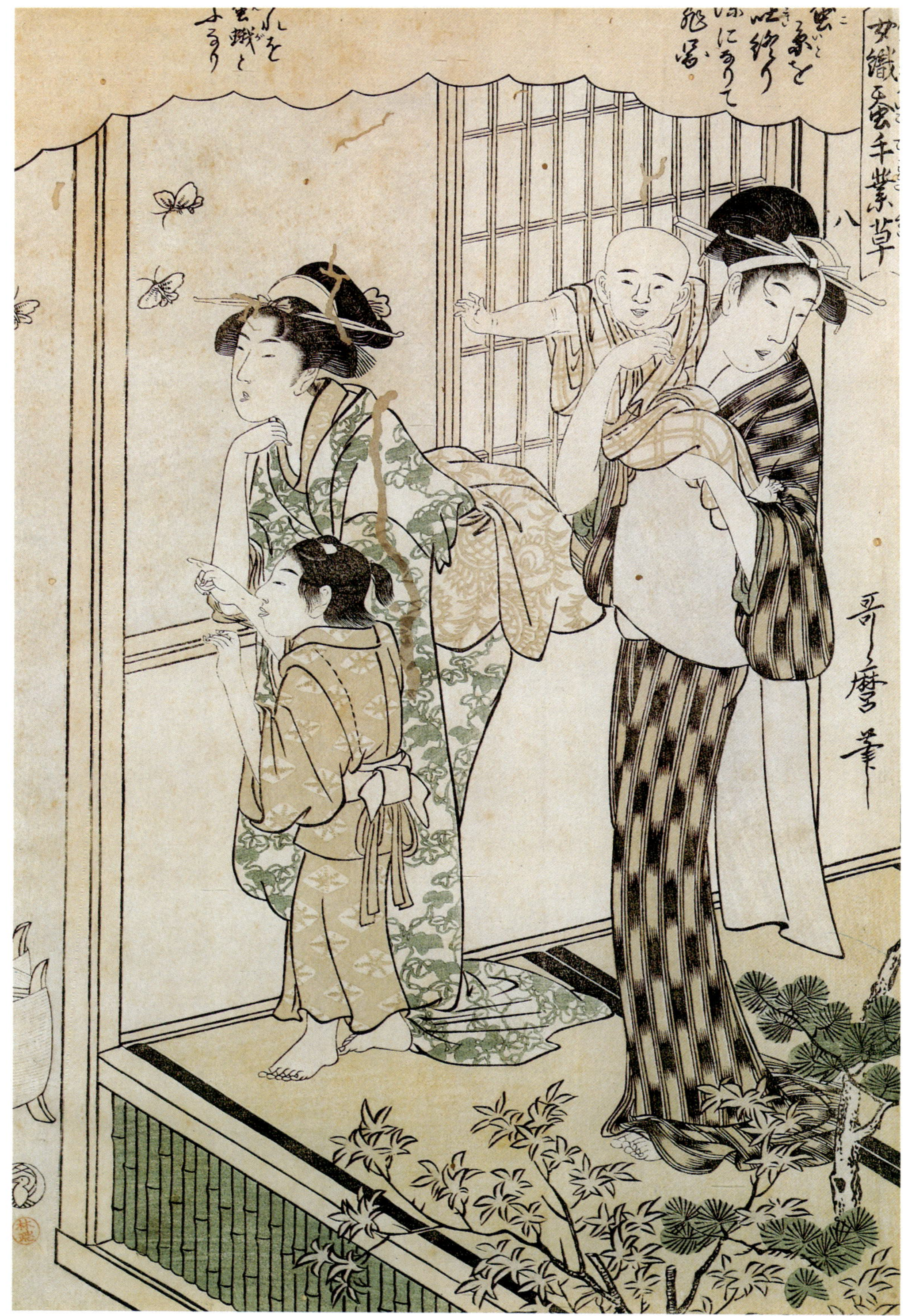
女織蚕手業草
八
哥麿筆

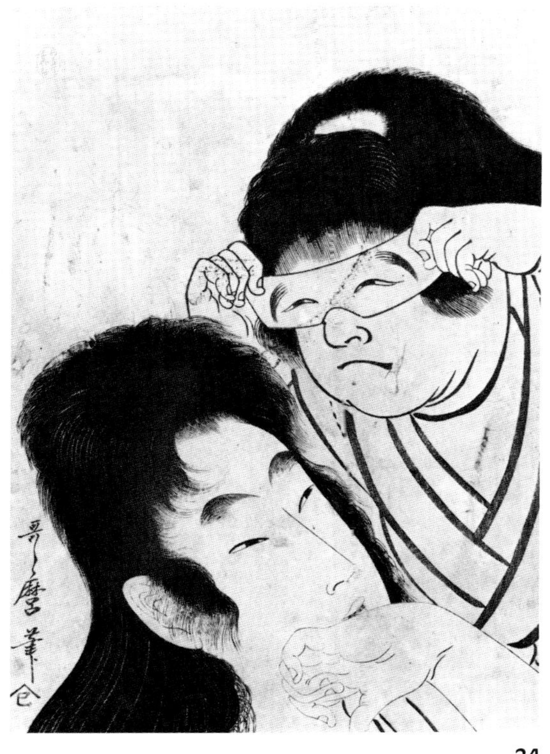

24

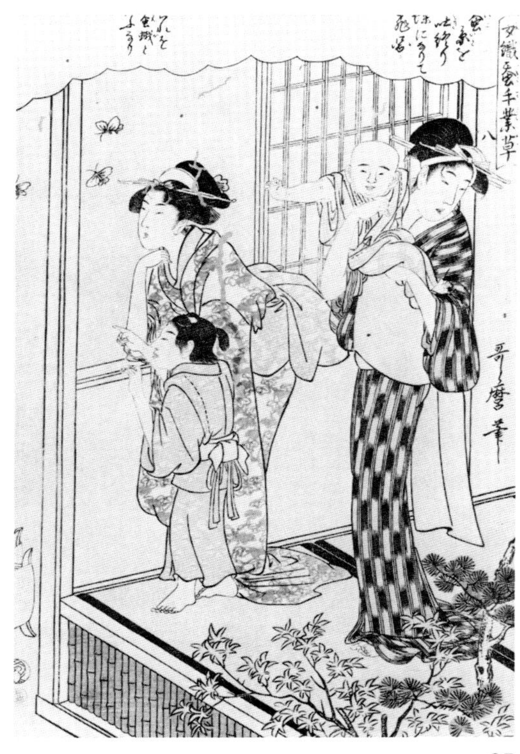

25

24
Yamauba et Kintarō masqué.
Signature de l'artiste:
Utamaro hitsu.
Marque de l'éditeur:
Nishimuraya Yohachi.
Date: vers 1799.
Format: ōban tate-e;
H. 34,6; L. 24,2 cm.
Ancienne collection Wakai Oyaji.

25
L'Envol des papillons.
Une estampe de la suite:
Joshoku kaiko tewaza-gusa.
Le ver à soie cultivé par des femmes.
Signature de l'artiste:
Utamaro hitsu.
Marque de l'éditeur:
Tsuruya Kiemon.
Date: vers 1799.
Format: ōban tate-e;
H. 36,7; L. 24,2 cm.
Ancienne collection
Hayashi Tadamasa (petit cachet rouge).

Bibl.: Shibui, p. 138, repr. - Scheiwe, n° 168-178, repr.

Cette suite de douze planches retrace les différentes étapes de la culture du ver à soie dont le Japon s'était fait une spécialité depuis des temps très anciens. Ce travail minutieux, relevant de la compétence des femmes, comporte d'abord l'éclosion des vers, nourris de feuilles de mûrier, la fabrication des cocons, et leur transformation en chrysalide. Après d'infinies précautions, commence l'opération du dévidage, suivie de celle de la filature.

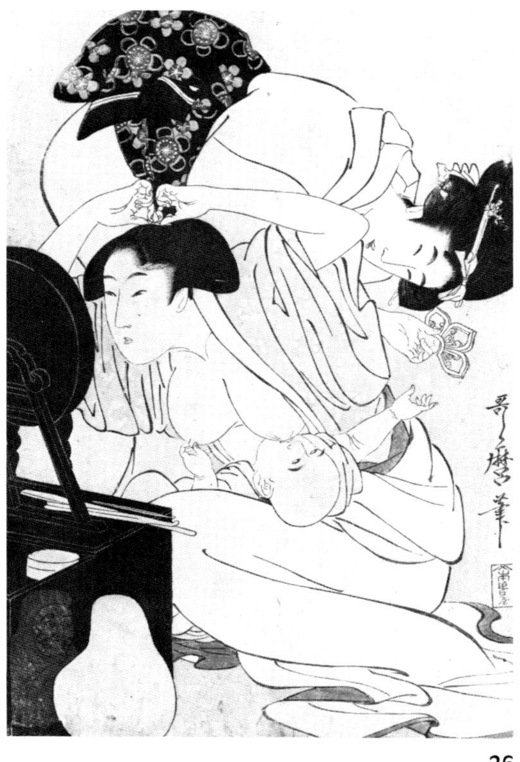

26

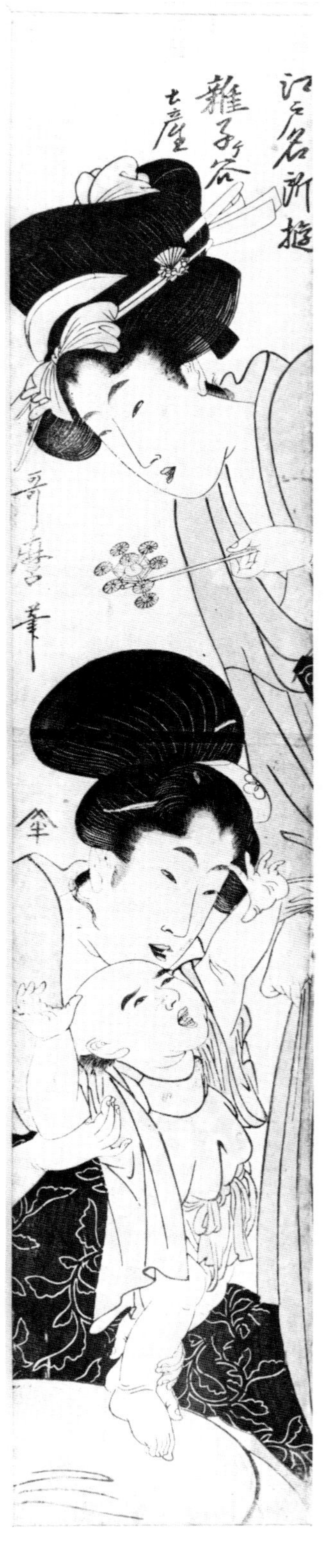

27

UTAMARO Kitagawa
(1753-1806)

26
Une jeune femme se coiffe et donne le sein à son enfant distrait.

Signature de l'artiste: Utamaro hitsu.
Marque de l'éditeur:
Ōmiya Gonkurō.
Date: vers 1800.
Format: ōban tate-e;
H. 37,5; L. 23,8 cm.

Bibl.: V. et I., 1912, n° 158, pl. LXVIII - Yoshida, n° 681, repr. - Shibui, p. 196, repr. - Exp. coll. Sakai, 1971, n° 108, repr.

27
Zōshigaya miyage.
Souvenir de Zōshigaya.

Une estampe de la suite:
Edo Meisho asobi.
Jeux dans les endroits célèbres d'Edo.
Signature de l'artiste:
Utamaro hitsu.
Marque de l'éditeur: Yamahan.
Date: vers 1800.
Format: hashira-e;
H. 60,4; L. 11,4 cm.

Bibl.: Cat. British Museum, n° 1916.

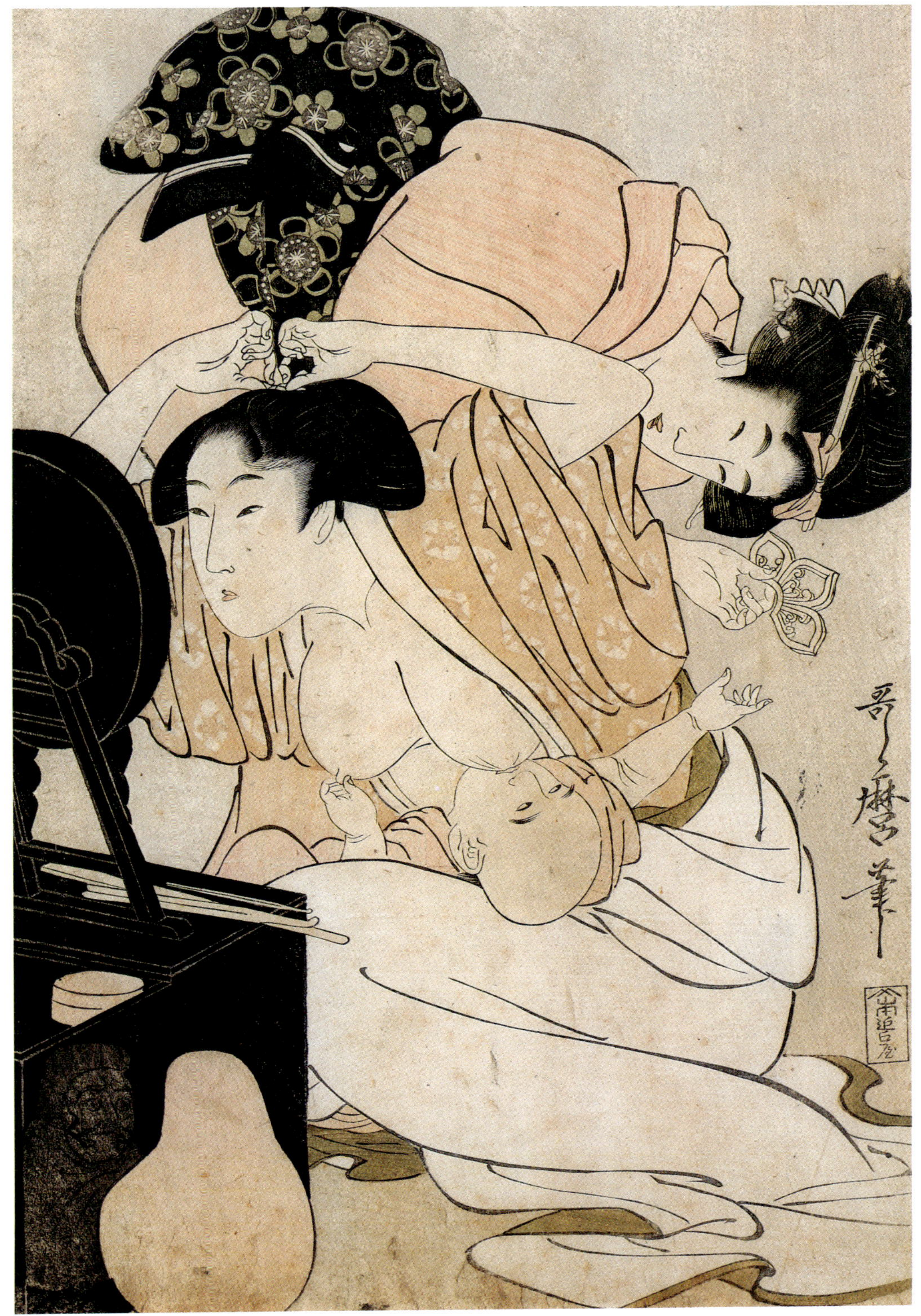

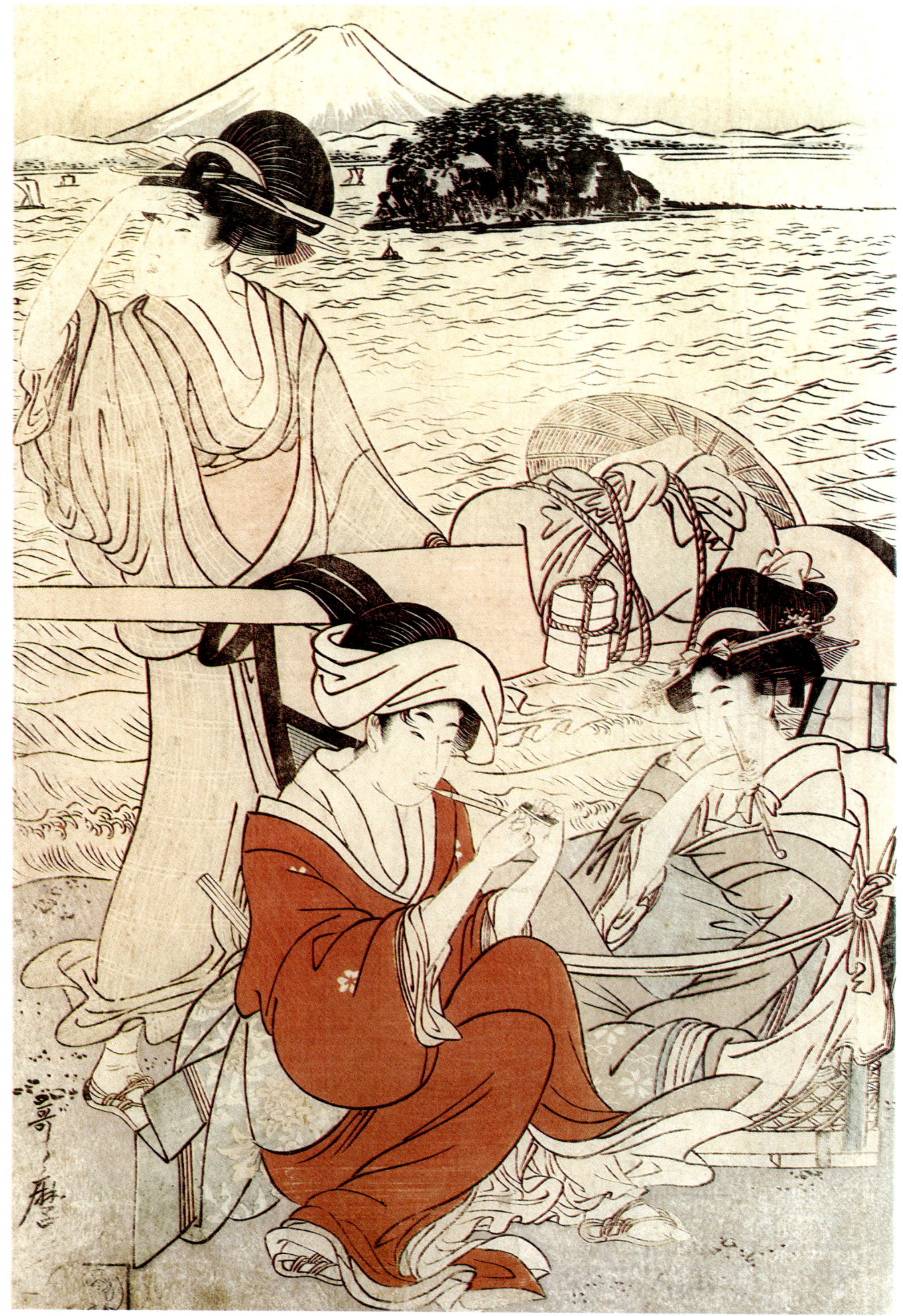

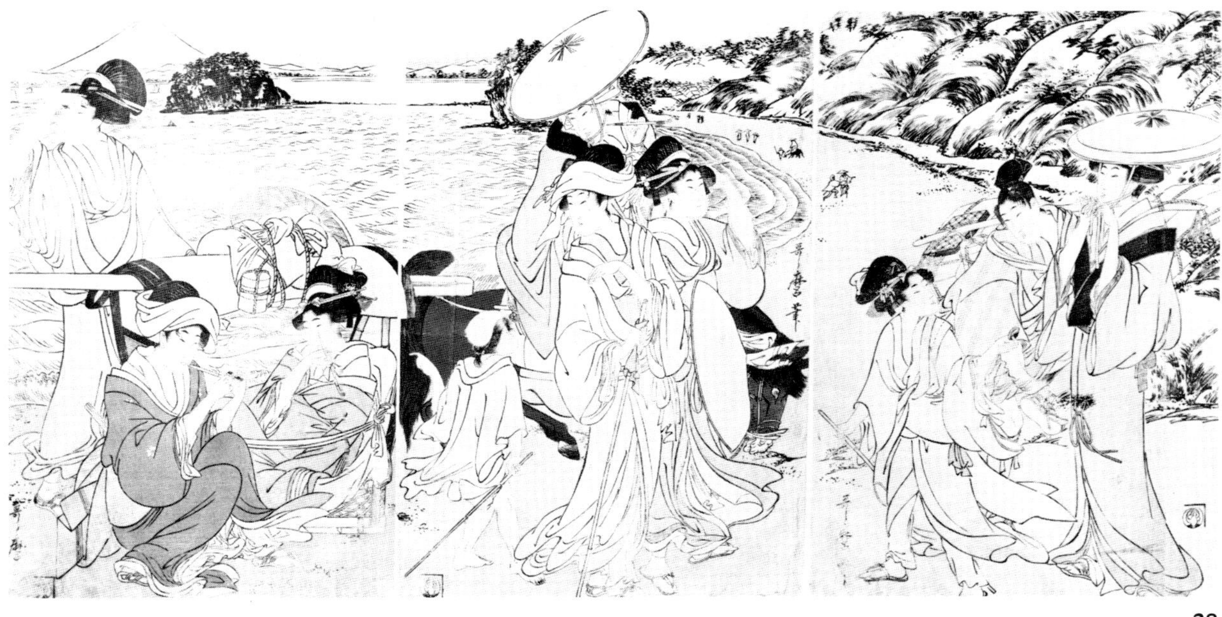

28

28
Promenade à Enoshima.

Signature de l'artiste:
Utamaro hitsu (sur chaque feuille).
Marque de l'éditeur:
Tsuruya Kinsuke (sur chaque feuille).
Date: vers 1801.
Format: ōban triptyque;
H. 36,3; L. 73,6 cm.
Bibl.: U. Shūka XI, n° 145-147, repr. coul.

Jeunes femmes réunies sur une plage de la baie de Sagami, venues en palanquin, à cheval, ou à pied. Leur cachant en partie le lointain Fuji, l'île d'Enoshima, couverte de pins, est un lieu de culte et de pélerinage célèbre. On y trouve une grotte qui, d'après la légende, était autrefois habitée par un dragon marin dévoreur d'enfants. Benten, déesse de l'érudition et de la chance, fit surgir cette île des profondeurs et descendit dans la grotte pour épouser le dragon, qui en oublia les enfants. Il n'est pas impossible que cette légende trouve son origine dans un évènement sismique très ancien, comme c'est le cas pour certains mythes méditerranéens.

29
Chōjiya uchi Karakoto.
La courtisane Karakoto de la maison Chōjiya.

D'un ensemble d'estampes avec pour thème les courtisanes.
Signature de l'artiste:
Utamaro hitsu.
Marque de l'éditeur:
Yamashiroya Tōemon.
Date: vers 1802.
Format: ōban tate-e;
H. 35,6; L. 24,3 cm.
Bibl.: Yoshida, n° 468, repr. - U. Shūka XI, n° 142, repr. coul.

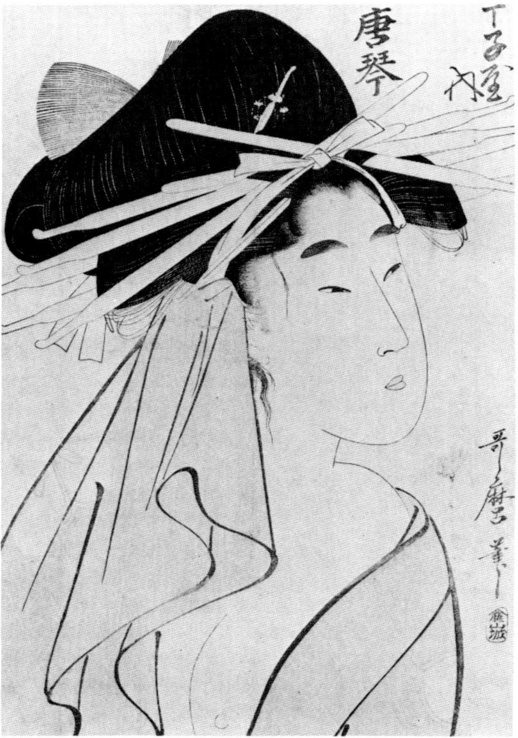

29

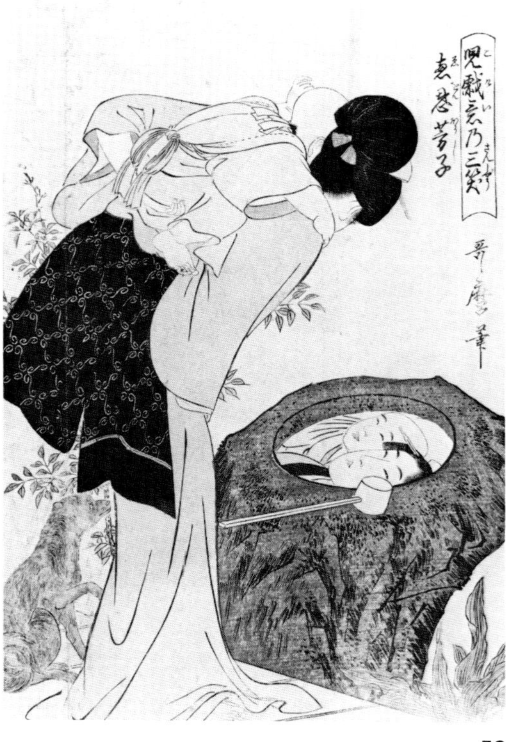

30

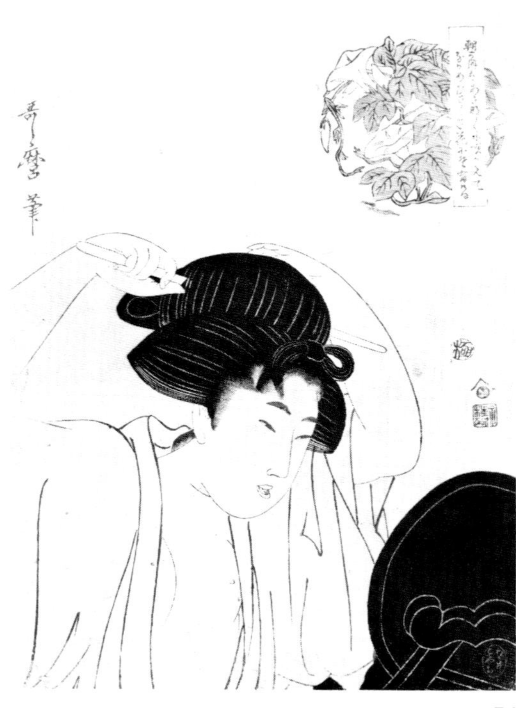

31

UTAMARO Kitagawa
(1753-1806)

30
Eon Hōshi
(nom d'un prêtre chinois)
Une estampe de la suite: Kokei no sanshō. Les trois rieurs de Kokei.
Signature de l'artiste:
Utamaro hitsu.
Marque de l'éditeur:
Murataya Jirobei.
Date: vers 1802.
Format: ōban tate-e;
H. 35,7; L. 23,8 cm.
Ancienne collection Wakai Oyaji.

Bibl.: V. et I. 1912, n° 185, pl. LXXXII - Yoshida, n° 590, repr. - Shibui, p. 149, repr.

Edmond de Goncourt décrit avec justesse et émotion ce groupe «mère-enfant» et en particulier ce sujet: «une mère a son enfant sur son dos, penché en avant par-dessus son épaule, et tous deux regardent dans l'eau du creux d'un tronc d'arbre, et leurs deux figures paraissent se réunir, se rapprocher, s'embrasser presque, dans le reflètement de ce miroir de nature» *Outamaro* (pp. 57-58). Le titre de l'estampe et de la suite rappelle une anecdote chinoise souvent illustrée: le prêtre Eon Hōshi, retiré dans une île, ou dans la montagne, avait juré devant deux amis lettrés de n'en plus sortir. Ces derniers pour le mettre à l'épreuve, lui firent boire du saké ou l'entraînèrent dans une discussion passionnante et, dans les deux versions lui firent oublier son serment solennel. Tous les trois en rirent de bon cœur.

31
Femme à sa toilette.
Signature de l'artiste:
Utamaro hitsu.
Marque de l'éditeur et sceau:
Nishimuraya Yohachi.
Cachet de censure: kiwame.
Date: vers 1802.
Format: aiban; H. 34; L. 22,6 cm.
Ancienne collection Wakai Oyaji.

Bibl. : Exp. Utamaro 1971, n° 65, repr.

En haut à droite, le cartouche en forme de volubilis et le poème: Asagao wa asana asana ni sakikaete nagame hisahiki hana nizo arikeru (le volubilis est une fleur dont le charme ne s'éteint pas, il renaît chaque matin).

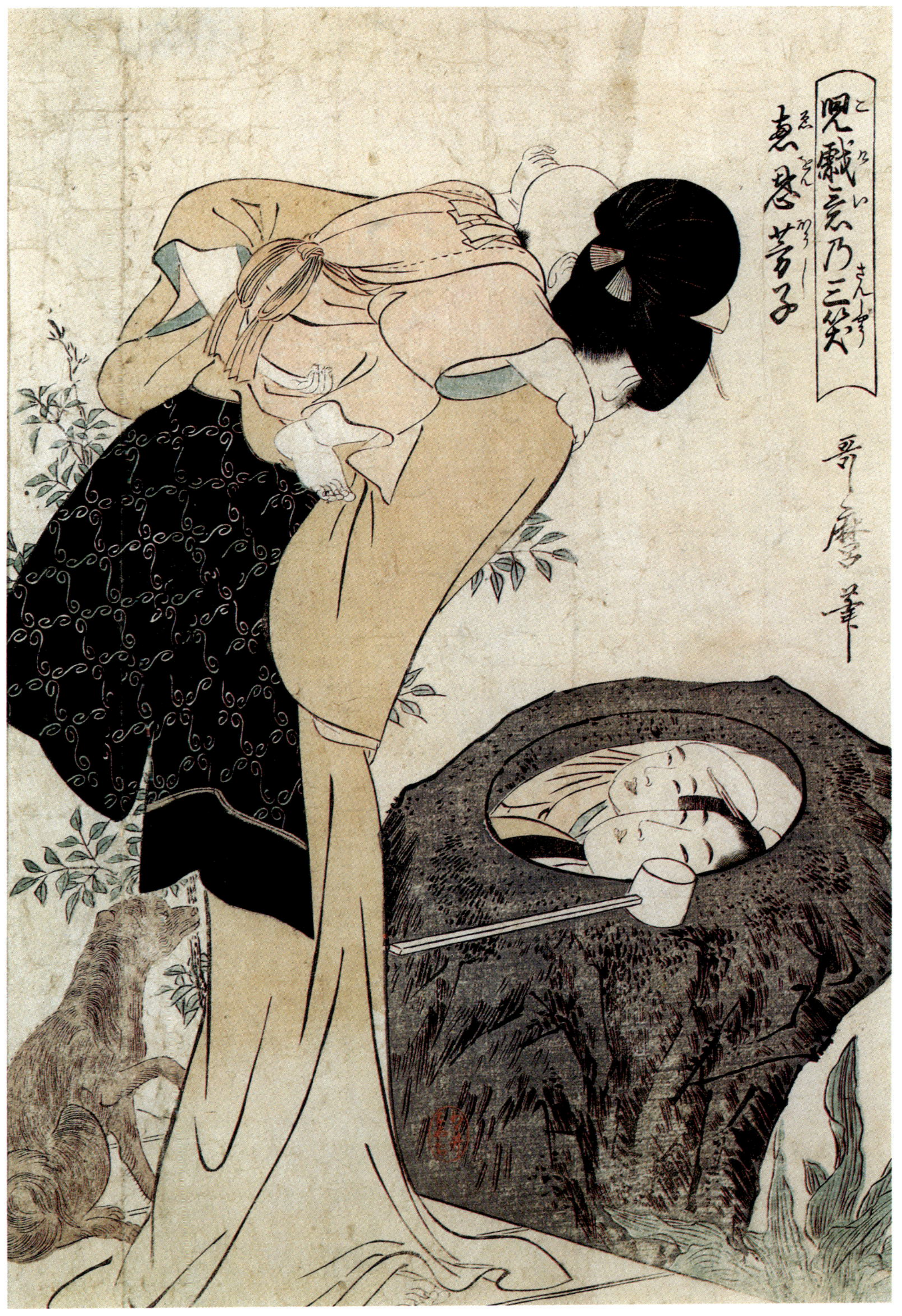

児戯意乃三笑
哥麿筆

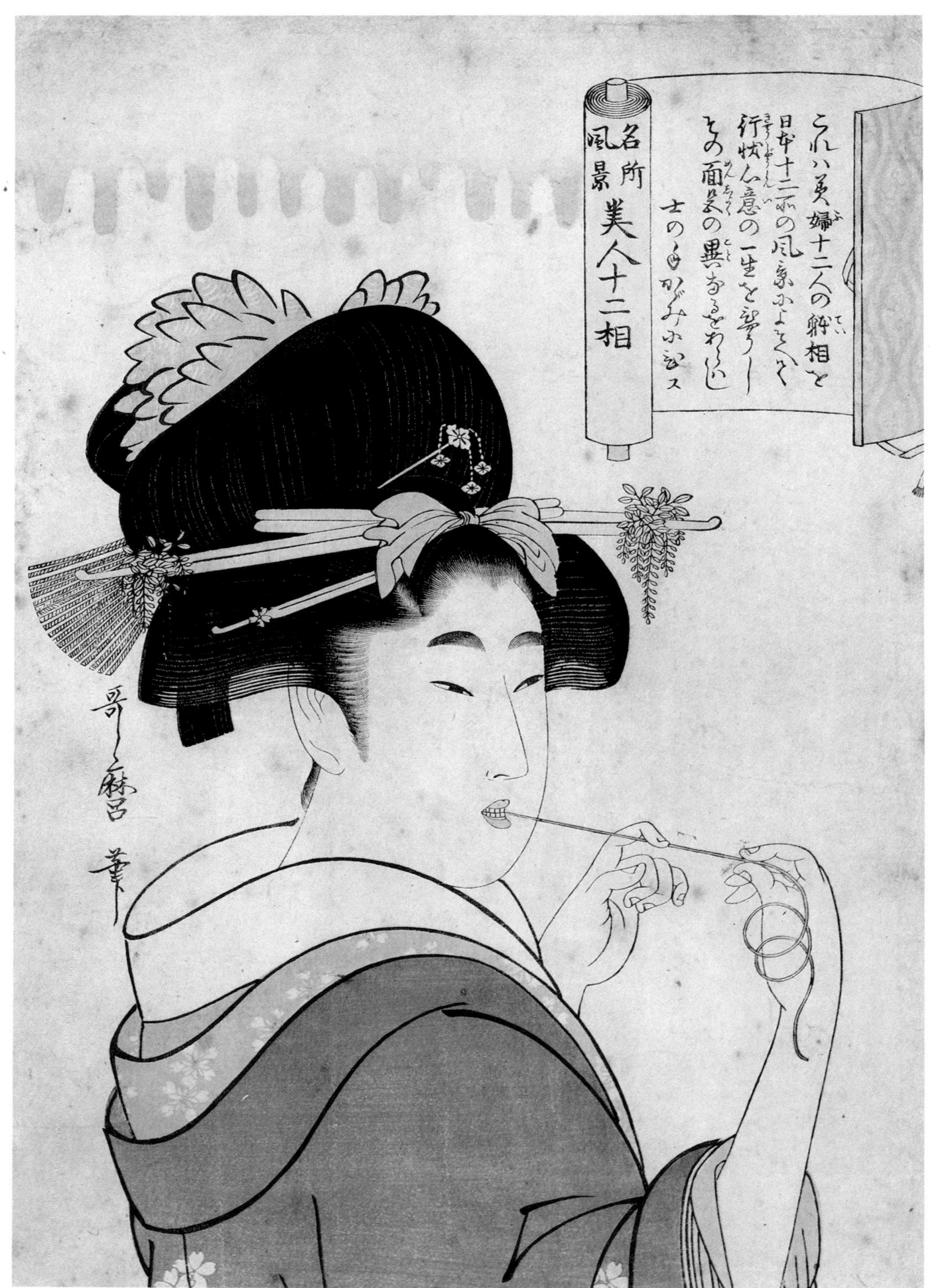
名所風景 美人十二相
哥麿筆

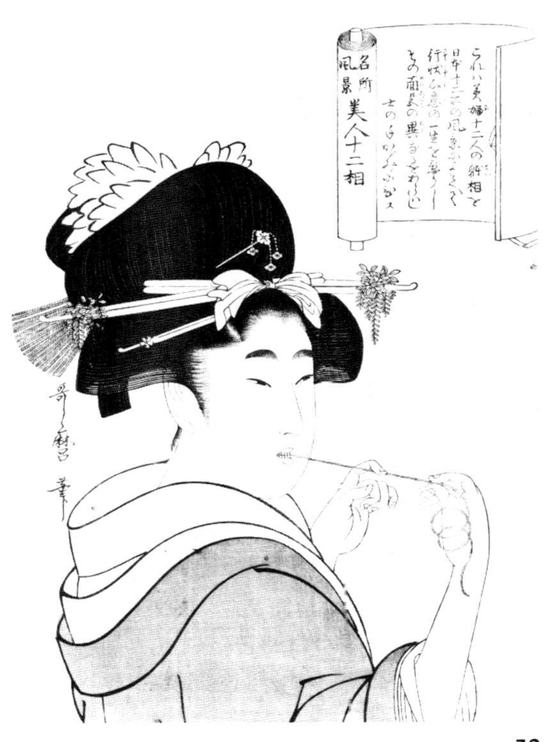

32

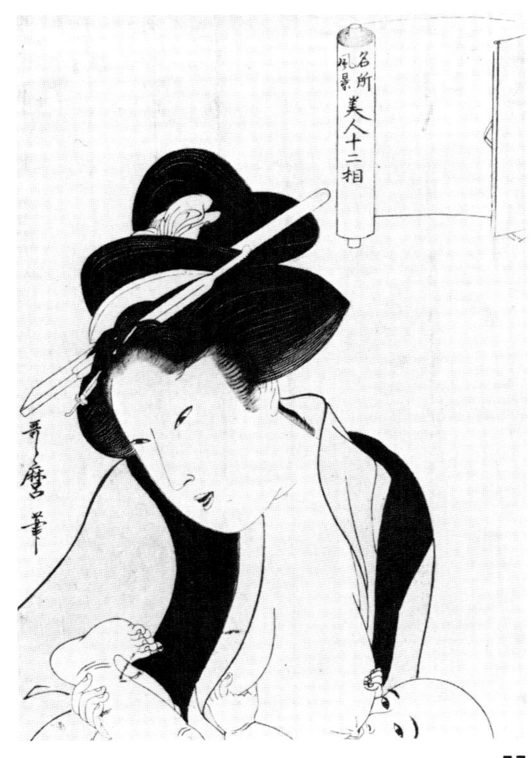

33

32
La couturière.

Une estampe de la suite: Meisho fūkei bijin jūni sō. Douze beautés comparées à des paysages célèbres.
Signature de l'artiste:
Utamaro hitsu.
Date: vers 1803.
Format: ōban tate-e;
H. 37; L. 25,9 cm.

Bibl. : Yoshida, n° 633, repr. - Shibui, p. 119, repr. T.N.M. II, n° 2026, repr.

Cette série a pour dessein de montrer les différentes attitudes de ces beautés ainsi que l'indique l'inscription du rouleau.

33
Mère allaitant son enfant.

Une estampe de la suite: Meisho fūkei bijin jūni sō. Douze beautés comparées à des paysages célèbres.
Signature de l'artiste:
Utamaro hitsu.
Date: vers 1803.
Format: ōban tate-e;
H. 36,6; L. 24,5 cm.

Bibl.: Yoshida, n° 635, repr. - Shibui, p. 119, repr.

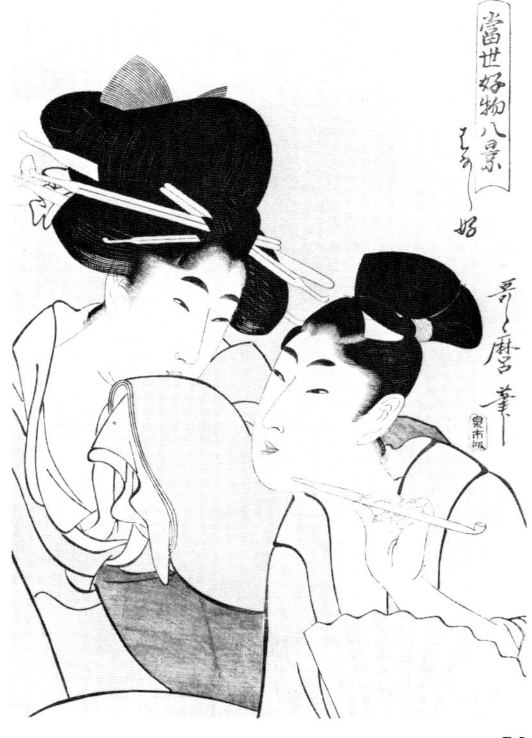

34

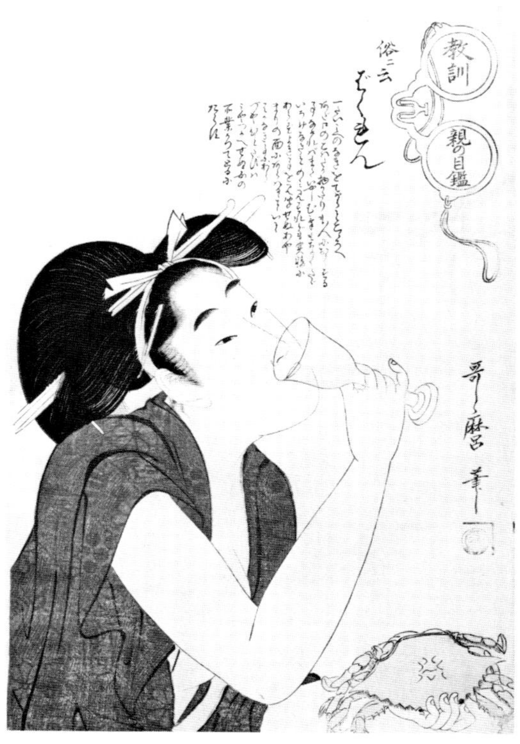

35

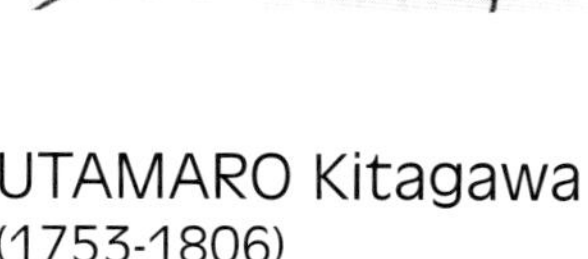

UTAMARO Kitagawa
(1753-1806)

34
Hanashi-zuki. *Le plaisir de la conversation.*

Une estampe de la suite:
Tōsei Kōbutsu hakkei. Huit attitudes contemporaines.
Signature de l'artiste:
Utamaro hitsu.
Marque de l'éditeur:
Izumiya Ichibei.
Date: vers 1803.
Format: ōban tate-e;
H. 37,6; L. 25,4 cm.

Bibl.: Shibui, p. 107, repr. -
Hajek, n° 24, pl. 23 coul.

35
Bakuren.
Une femme impertinente.

Une estampe de la suite:
Kyōkun oya no megane. Education vue à travers les lunettes des parents.
Signature de l'artiste:
Utamaro hitsu.
Marque de l'éditeur:
Tsuruya Kinsuke.
Date: vers 1803.
Format: ōban tate-e;
H. 36,6; L. 25,1 cm.

Bibl.: Yoshida, n° 567, repr. -
Shibui, p. 55, repr. -
U. Taikei VI, n° 7, repr. coul.

Cette jeune personne dévoyée a oublié, sous l'effet de la boisson, les bonnes manières que ses parents lui ont inculquées. Dépoitraillée, elle continue de boire alors qu'elle est déjà ivre et s'apprête à décortiquer un crabe.

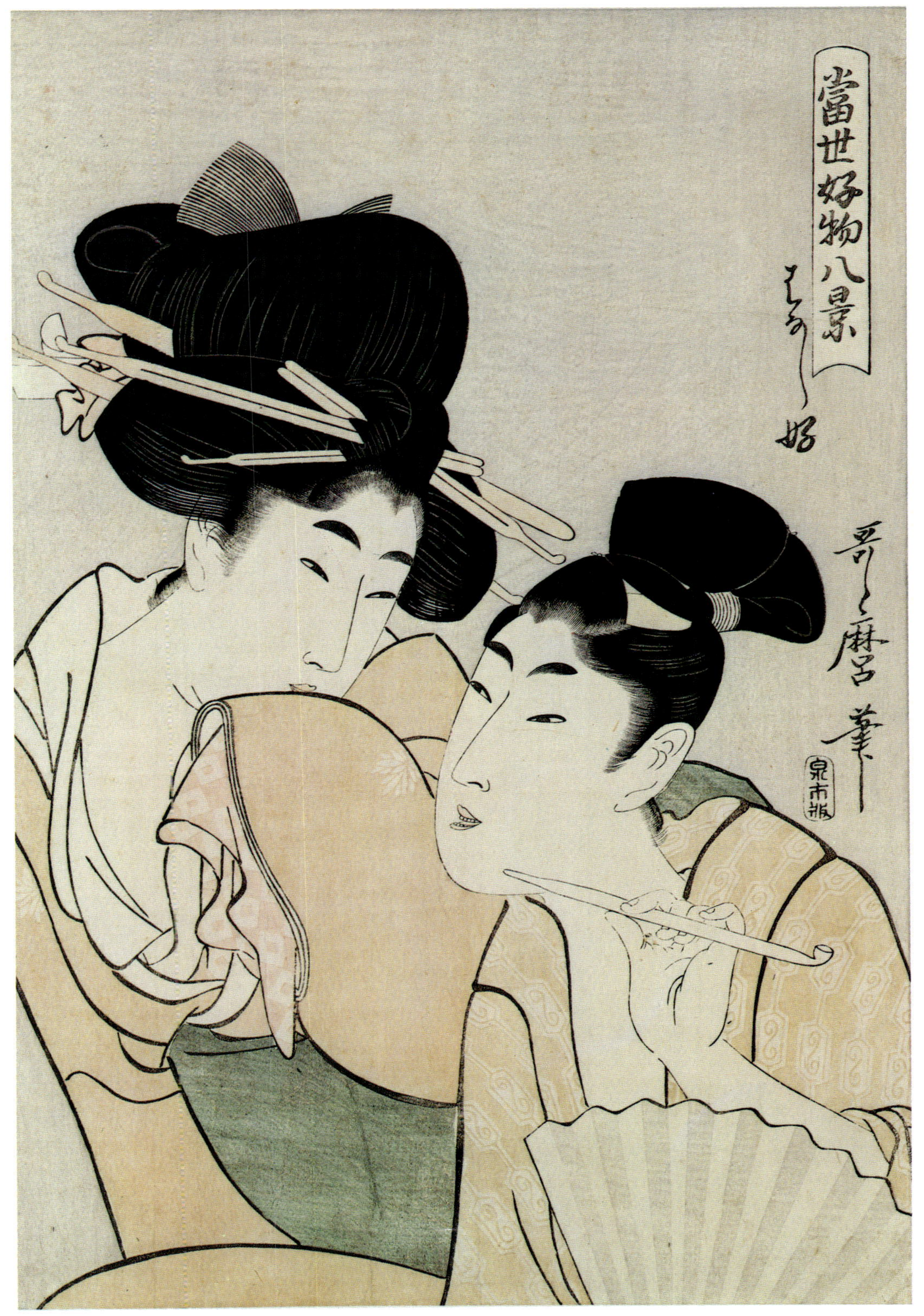
當世好物八景
哥麿筆
泉市版

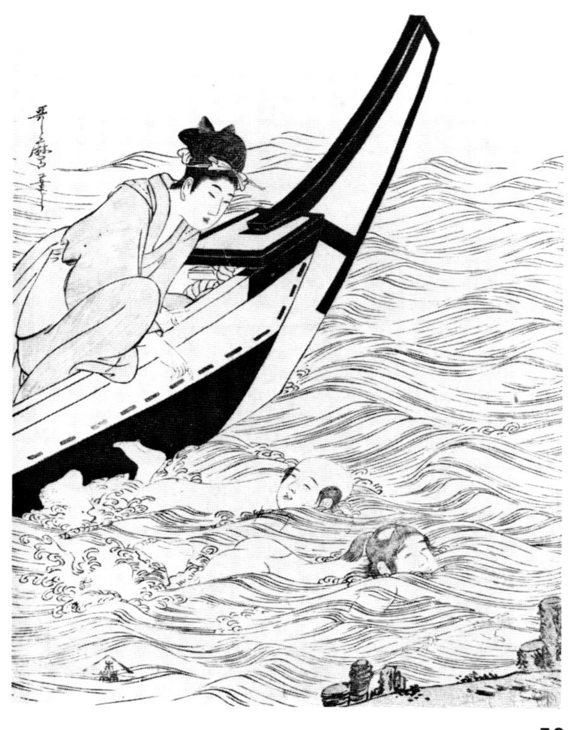

36

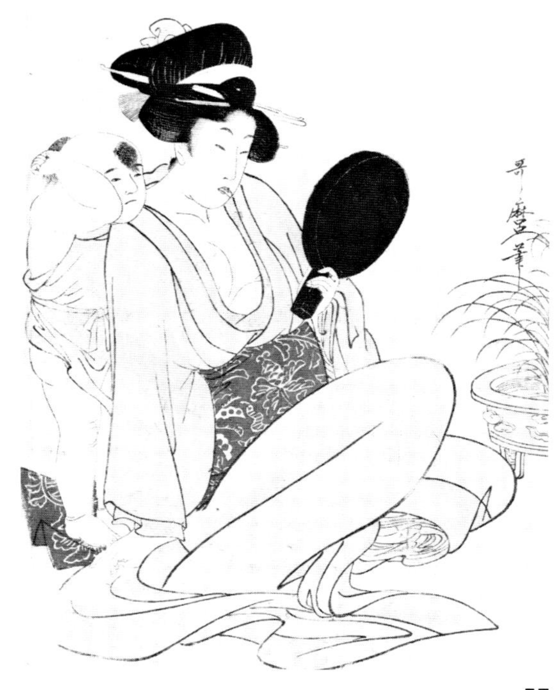

37

UTAMARO Kitagawa
(1753-1806)

36
Femme dans une barque surveillant la baignade des enfants.
Signature de l'artiste:
Utamaro hitsu.
Marque de l'éditeur: Moriya Jihei.
Date: vers 1803.
Format: aiban; H. 31,3; L. 22,5 cm.
(Feuille centrale d'un triptyque.)
Ancienne collection
Hayashi Tadamasa (petit cachet rouge).

Bibl.: Shibui, p. 36, repr.

37
Jeu complice dans un miroir.
Signature de l'artiste:
Utamaro hitsu.
Date : vers 1803.
Format: ōban tate-e;
H. 35,2; L. 24,6 cm.

Bibl.: Yoshida, n° 571, repr. - Shibui, p. 201, repr. - T.N.M. II, n° 2000, repr.

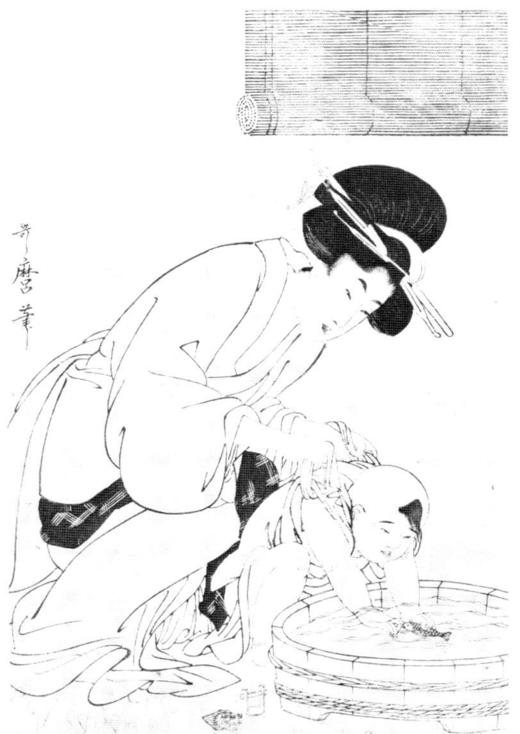

38

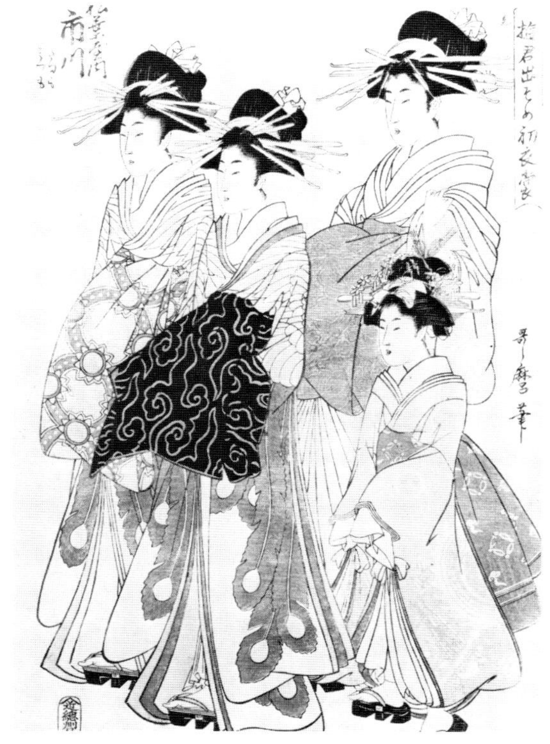

39

38
Une mère attentive au jeu de son enfant.
Signature de l'artiste: Utamaro hitsu.
Marque de l'éditeur: Izumiya Ichibei.
Date: vers 1803.
Format: ōban tate-e; H. 36,1; L. 24,1 cm.

39
Matsubaya uchi Ichikawa.
La courtisane Ichikawa de la maison Matsubaya.
Une estampe de la suite: Yūkun dezome hatsu ishō. La première sortie des courtisanes dans leurs nouveaux kimonos.
Signature de l'artiste: Utamaro hitsu.
Marque de l'éditeur: Sōshūya Yohei.
Date: vers 1804.
Format: ōban tate-e; H. 36; L. 25,7 cm.

40

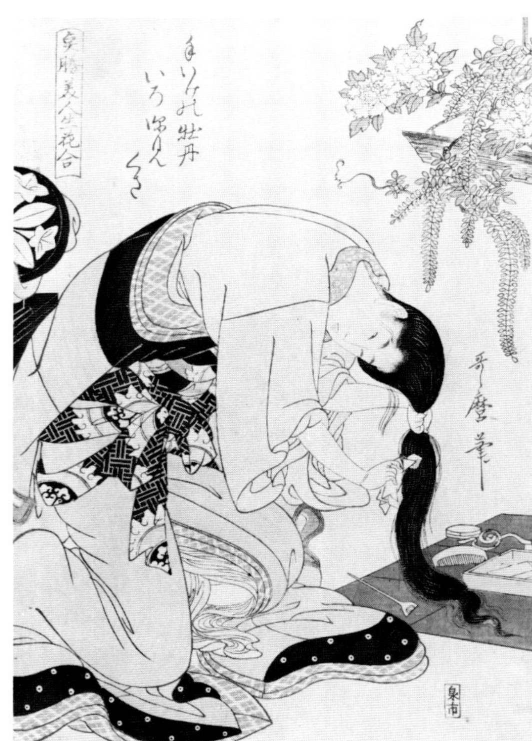

41

UTAMARO Kitagawa
(1753-1806)

40
Jeunes femmes désignant un hibou à un enfant.

Signature de l'artiste:
Utamaro hitsu.
Marque de l'éditeur:
Wakasaya Yoichi.
Cachet de censure: kiwame.
Date: vers 1804.
Format: ōban tate-e;
H. 36,5; L. 23,8 cm.

Bibl.: Shibui, p. 104, repr.

Une mère désigne à son enfant un hibou, emblème de l'ingratitude. Une croyance populaire attribue à ce rapace l'instinct de dévorer sa propre mère. D'une manière symbolique et moralisatrice, Utamaro évoque ici un épisode de l'éducation japonaise.

41
Jeune femme se lissant les cheveux devant un ikebana *de pivoines et de glycines.*

Une estampe de la suite: Tenshō bijin ikebana awase. Beautés comparées à des arrangements floraux.
Signature de l'artiste:
Utamaro hitsu.
Marque de l'éditeur:
Izumiya Ichibei.
Date : vers 1804.
Format: ōban tate-e;
H. 36,1; L. 24,5 cm.

Bibl.: Exp. Coll. Sakai 1971, n° 91, repr.

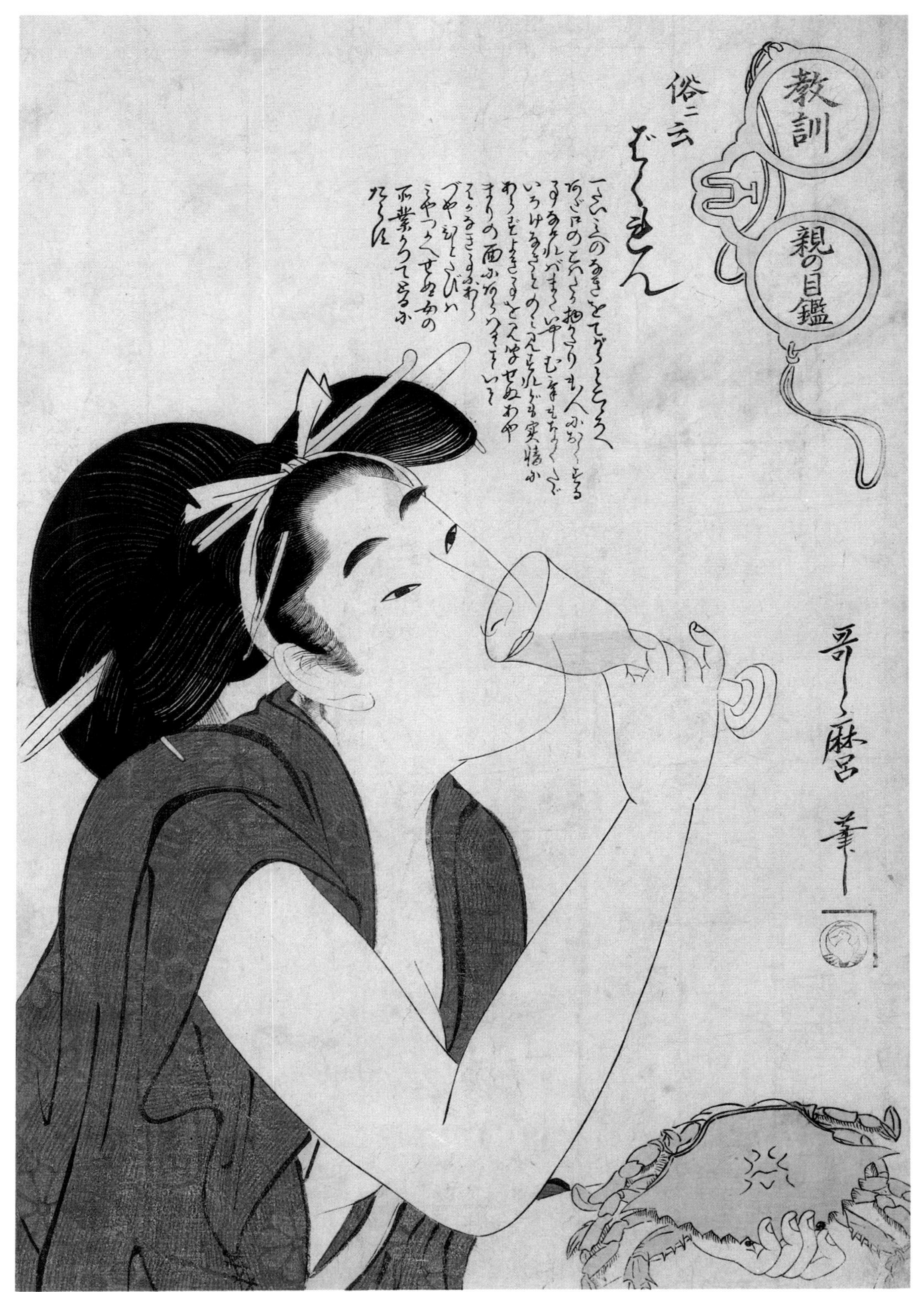

Cat. 35
(voir p. 70)

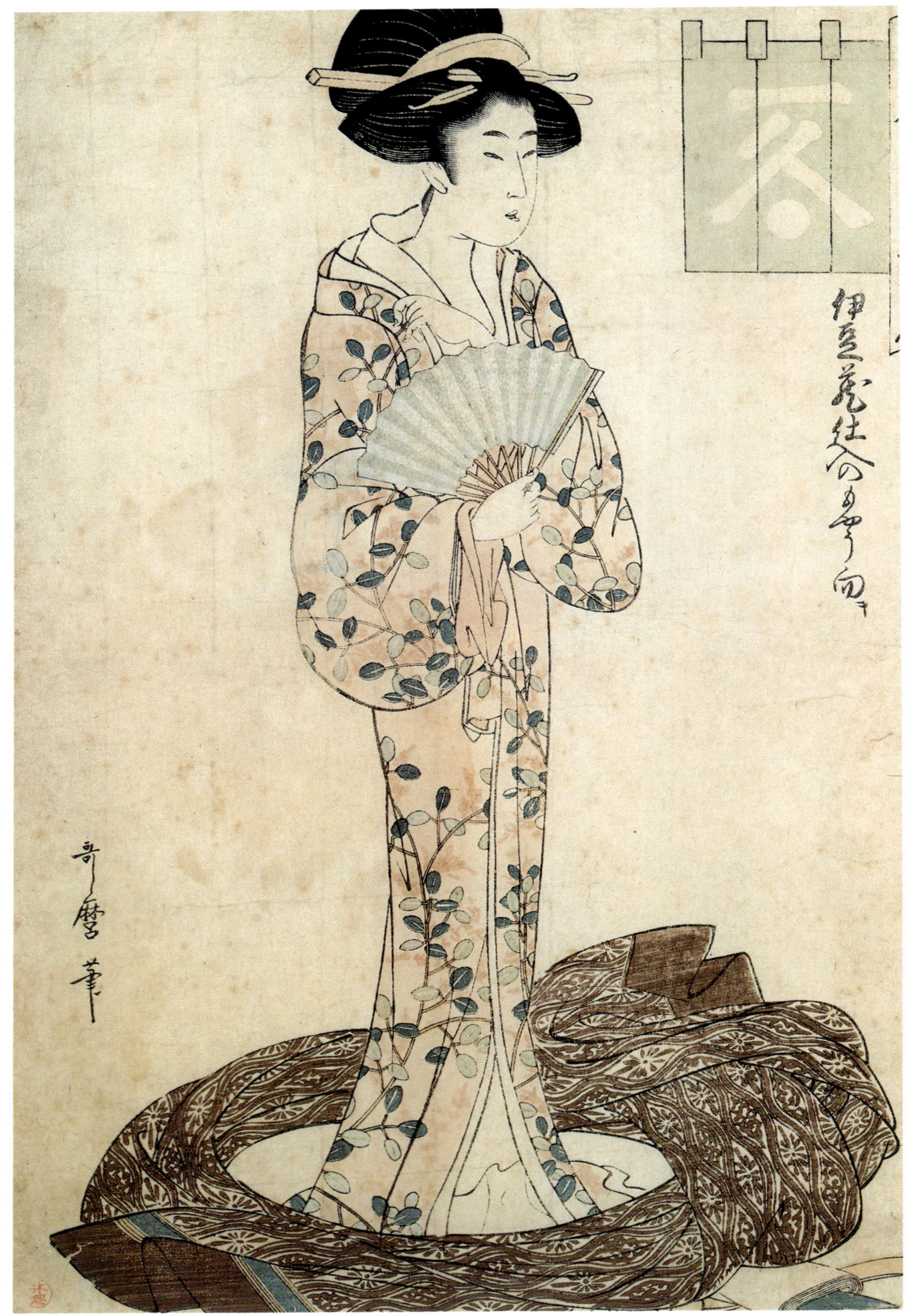
哥麿筆

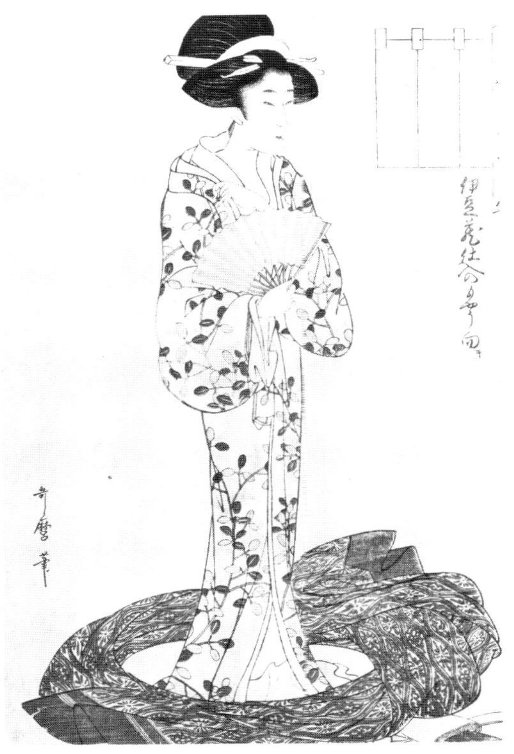

42

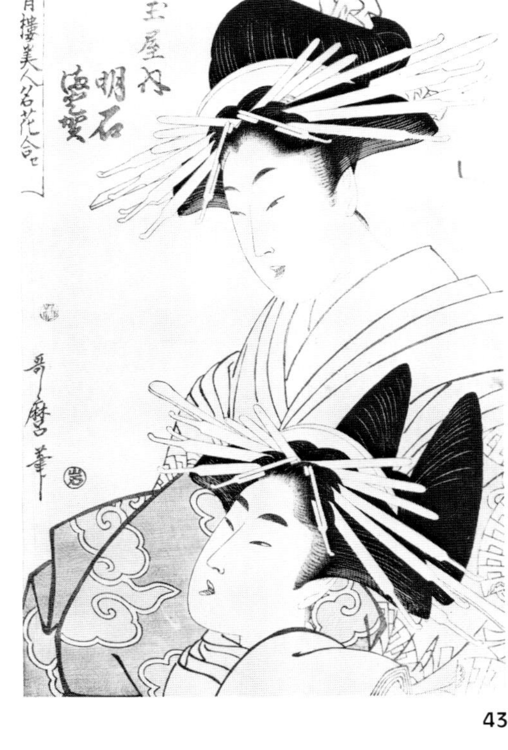

43

42
Femme à l'éventail.

Une estampe de la suite: Natsu ishō tōsei bijin. Beautés du temps présent en robes d'été.
Signature de l'artiste: Utamaro hitsu.
Date: vers 1805.
Format: ōban tate-e; H. 36; L. 23,7 cm.
Ancienne collection Hayashi Tadamasa (petit cachet rouge).

Bibl.: V. et I. 1912, n° 248, pl. CXII - Yoshida, n° 711, repr. - T.N.M. II, n° 2033, repr. - Shibui, p. 152, repr.

Cette jeune femme, debout au centre d'un cercle formé par son obi à terre, est le sujet d'une réclame destinée à la maison Izukura renommée pour ses soieries. D'autres artistes tel Kuniyoshi ont exécutés des «estampes publicitaires».

43
Tamaya uchi Akashi Matoka. *Les courtisanes Akashi et Matoka de la maison Tamaya.*

Une estampe de la suite: Seirō bijin meika awase. Belles du Yoshiwara comparées à des fleurs.
Signature de l'artiste: Utamaro hitsu.
Marque de l'éditeur: Iwatoya Kisaburō.
Cachet de censure: kiwame.
Date: vers 1805.
Format: ōban tate-e; H. 36,6; L. 24,4 cm.

Bibl.: Yoshida, n° 733, repr. - Shibui, p. 96, repr.

UTAMARO Kitagawa
(1753-1806)

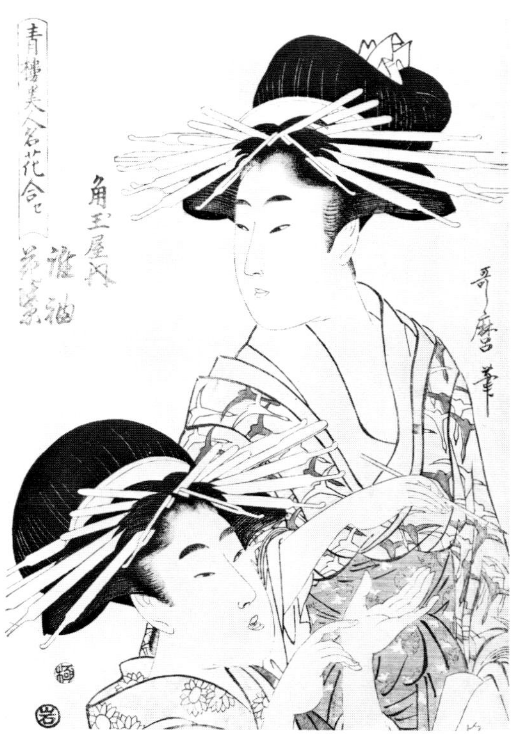

44

44

Kadotamaya uchi Tagasode Hanamurasaki. *Les courtisanes Tagasode et Hanamurasaki de la maison Kadotamaya.*

Une estampe de la suite: Seirō bijin meika awase. Belles du Yoshiwara comparées à des fleurs.
Signature de l'artiste:
Utamaro hitsu.
Marque de l'éditeur:
Iwatoya Kisaburō.
Cachet de censure: kiwame.
Date: vers 1805.
Format: ōban tate-e;
H. 36,6; L. 26 cm.

45

Jeunes filles sur la plage de Futamigaura.

Signature de l'artiste:
Utamaro hitsu (sur les trois feuilles).
Marque de l'éditeur:
Wakasaya Yoichi (exceptée sur la feuille centrale).
Date: vers 1805.
Format: ōban triptyque;
H. 37,6; L. 75 cm.

Bibl.: V. et I. 1912, n° 108 - Shibui, p. 34, repr. - U. Taikei V, n° 11-13, repr. coul. - Exp. coll. Sakai, 1971, n° 72, repr.

«Dans un endroit célèbre par ses levers de soleil, à Isé, près de ces deux rochers sortant de la mer, reliés par un câble en paille, près de ces rochers sacrés, appelés Miôto-Iwa (rochers du couple) et regardés comme l'emblème d'un mari et d'une femme, et auxquels les jeunes mariés viennent adresser des prières pour le bonheur de leur mariage et la naissance d'enfants, une société de femmes sur la plage s'amusent à ôter leurs chaussures et à marcher pieds nus dans le flot, leurs longues robes relevées des deux mains». E. de Goncourt, *Outamaro* pp. 22-23.

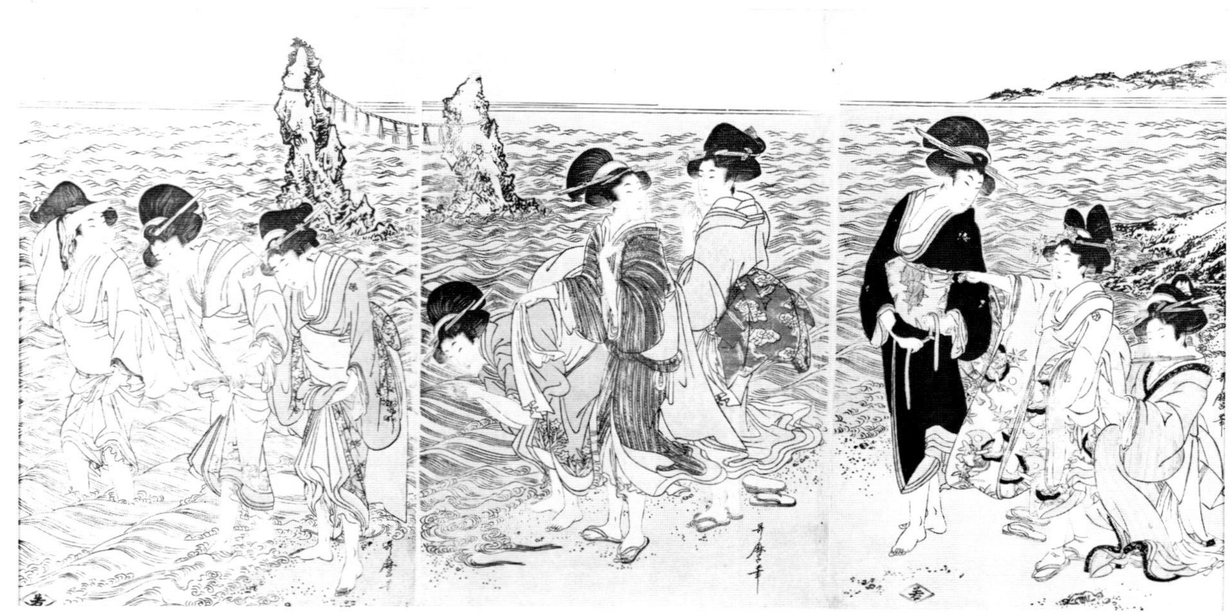

45

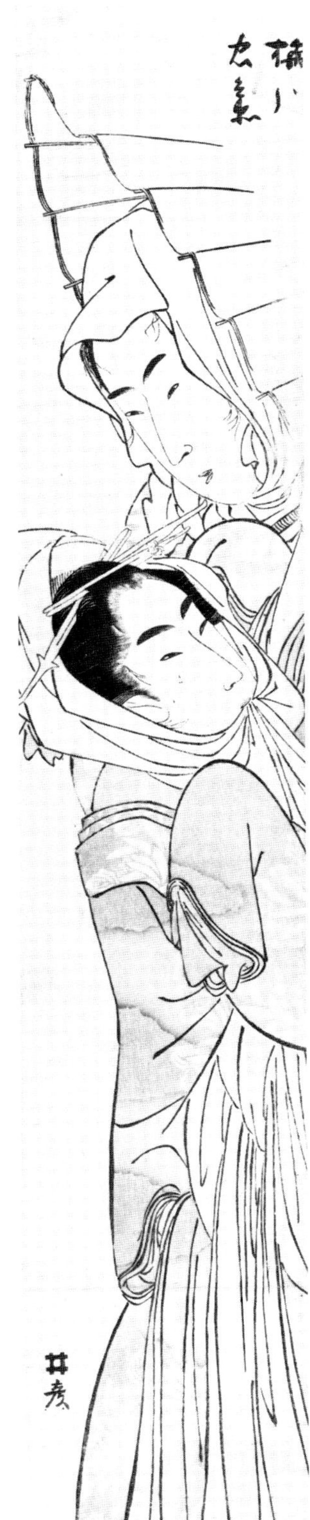

46

UTAMARO Kitagawa
(attribué à) (1753-1806)

46
Umegawa Chūbei. *Les amants Umegawa et Chūbei.*

Non signé.
Marque de l'éditeur:
Enshūya Hikobei.
Format: hashira-e;
H. 57,3; L. 10,3 cm.

Chūbei, fils d'un riche marchand, tombe amoureux de la belle courtisane Umegawa qui habite dans une Maison verte du quartier de Shimmachi à Osaka. N'ayant pas la somme nécessaire pour acheter la liberté de sa maîtresse, il finit par payer avec de l'argent qui ne lui appartient pas. Utamaro représente ici l'épisode célèbre de la fuite des deux amants.
Cette histoire, qui s'achève sur le suicide de Chūbei et d'Umegawa, est le thème d'une pièce de Kabuki intitulée «Koi Hikyadu Yamato Ōrai» (Le messager de l'amour sur la route de Yamato).

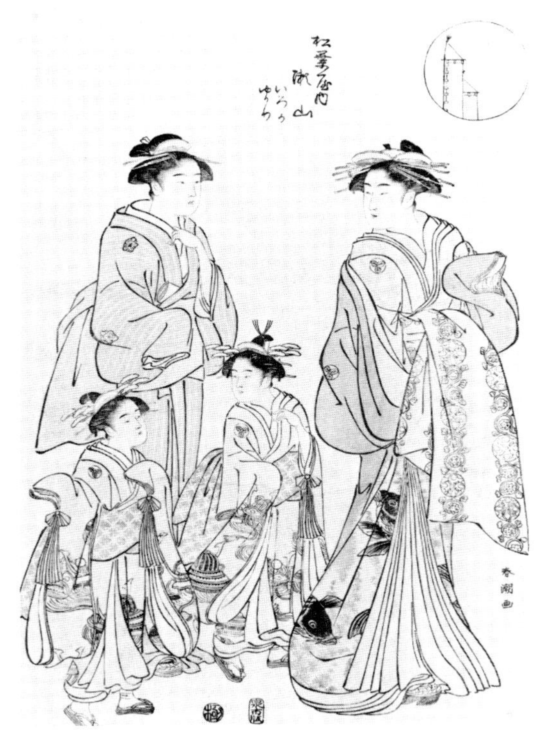

47

SUNCHŌ Katsukawa
(actif 1770-1790)

47
Matsubaya uchi Seyama Iroka Yuraki. *La courtisane Seyama se promène, suivie d'une* shinzō *et de deux* kamuro *Iroka et Yuraki.*

Une estampe d'une suite consacrée aux cinq festivals annuels. (un objet symbolisant chacun des festivals est représenté dans un cartouche rond).
Signature de l'artiste: Shunchō ga.
Marque de l'éditeur:
Izumiya Ichibei.
Cachet de censure: kiwame.
Format: ōban tate-e;
H. 35,7; L. 23,6 cm.
Ancienne collection
Hayashi Tadamasa (petit cachet rouge).

Shunchō représente la courtisane Seyama et ses deux kamuro le jour du festival des garçons (Tango ou Ayame no sekku), célébré le 5e jour du 5e mois. Elles portent des kimonos décorés de carpes et de motifs symbolisant cette fête. A cette occasion, les familles ayant des garçons de moins de sept ans pavoisent leurs maisons de carpes en papier que le vent gonfle et agite. Les parents expriment ainsi le souhait de voir leur fils courageux et persévérant devant les obstacles de la vie telle la carpe remontant le courant.

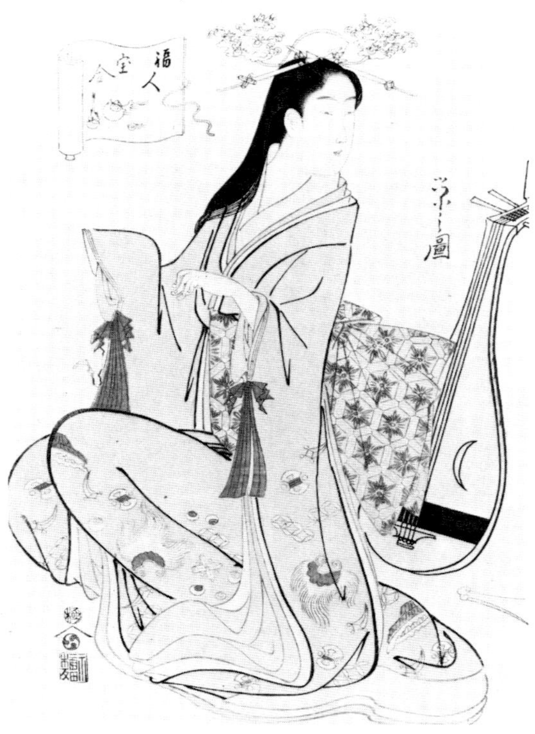

48

EISHI Hosoda
(1756-1829)

48
Benten (Benzaiten)
Une estampe de la suite:
Fukujin Takara awase.
Les Trésors des gens heureux.
Signature de l'artiste: Eishi zu.
Marque de l'éditeur: Eijudō,
sceau Eijudo.
Cachet de censure: kiwame.
Date: 1795.
Format: ōban tate-e;
H. 34,8; L. 24,4 cm.

Bibl.: Ficke, 2e vente, 1925, n° 190, repr. - Brandt, n° 195, pl. 73.

Eishi évoque Benten, la protectrice des Beaux-Arts, déesse de l'érudition et de la chance, sous les traits d'une courtisane raffinée. Seule femme du panthéon des sept dieux du bonheur, elle est souvent représentée comme ici avec un biwa (luth).

49
Un divertissement musical.
Signature de l'artiste: Eishi zu.
Marque de l'éditeur: Eijudō,
sceau Eijudō.
Cachet de censure: kiwame.
Date: 1796.
Format: ōban triptyque;
H. 35; L. 70,9 cm.

Bibl.: T.N.M. II, n° 2203-2205, repr. - U. Taikei VI, n° 143-145, repr. - Brandt, n° 241, pl. 212, - U. Shūka XI, n° 155-157, repr. coul.

Ce groupe de musiciennes sur une barque en forme de paon offre un aperçu des instruments à cordes, à vent et à percussion utilisés au Japon au XVIIIe siècle. Sur la droite de l'estampe une jeune femme debout joue du hichiriki (flageolet) devant elle une autre joue du taiko (grand tambour). Au centre, protégée par une ombrelle, une femme joue de la flûte traversière, sa compagne assise à ses pieds pince les cordes de son koto (harpe horizontale). Sur la gauche, une femme assise joue du shō (harmonica), une autre, debout derrière elle frappe sur un tsuzumi (petit tambour tendu de peau de renard). Il existe un autre triptyque d'Eishi dont le sujet est très proche de cette estampe.

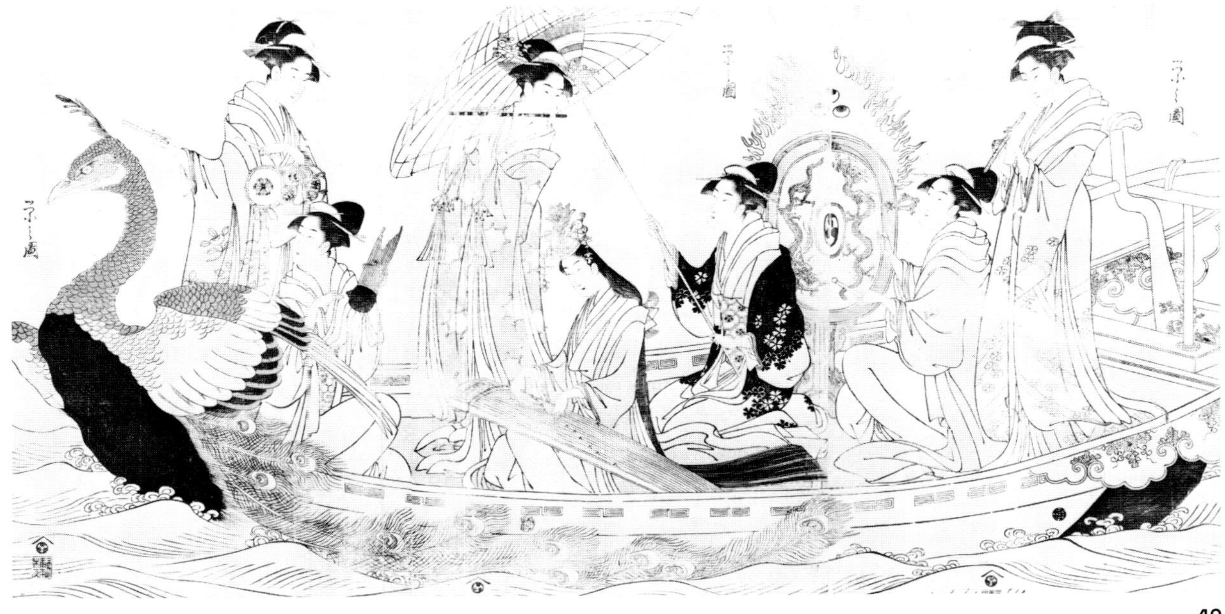

49

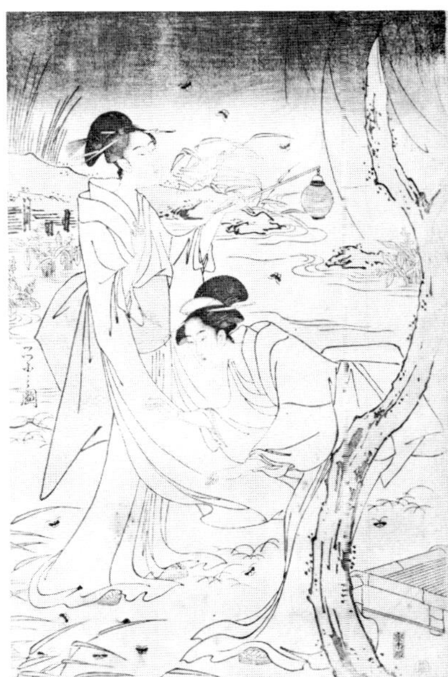

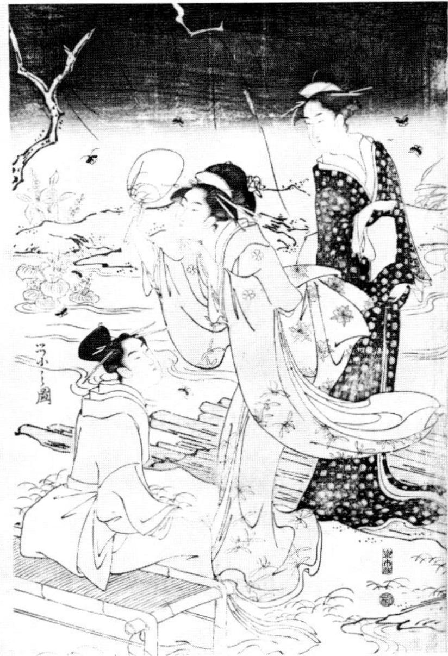

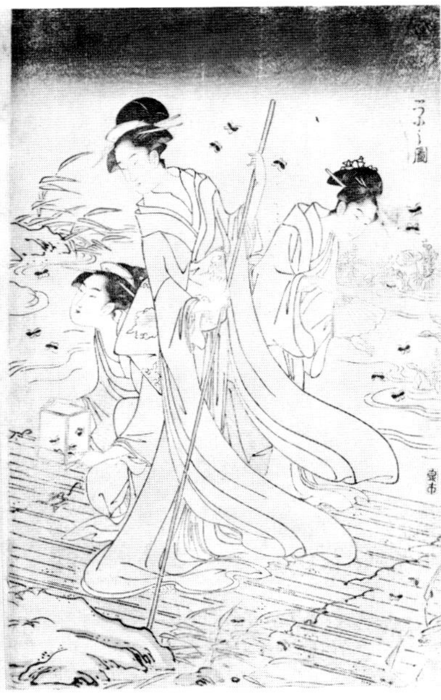

50

50

La chasse aux lucioles à la tombée de la nuit.

Signature de l'artiste: Eishi zu. Marque de l'éditeur: Izumiya Ichibei. Cachet de censure: kiwame. Date: 1796-1797. Ancienne collection Hayashi Tadamasa (petit cachet rouge).

Bibl.: Haviland, 1re vente, n° 322, pl. XIII - T.N.M. II, n° 2221, repr. (feuille gauche) - Brandt, n° 278, pl. 214, - Lane, n° 145, repr. (feuille centrale).

Un groupe de précieuses montées sur un radeau chasse des lucioles par une nuit d'été le long d'un cours d'eau. Après avoir attrapé ces coléoptères, elles les enferment dans des cages faites de bambou. Eishi décrit dans cette composition élégante une des distractions des gens d'Edo.

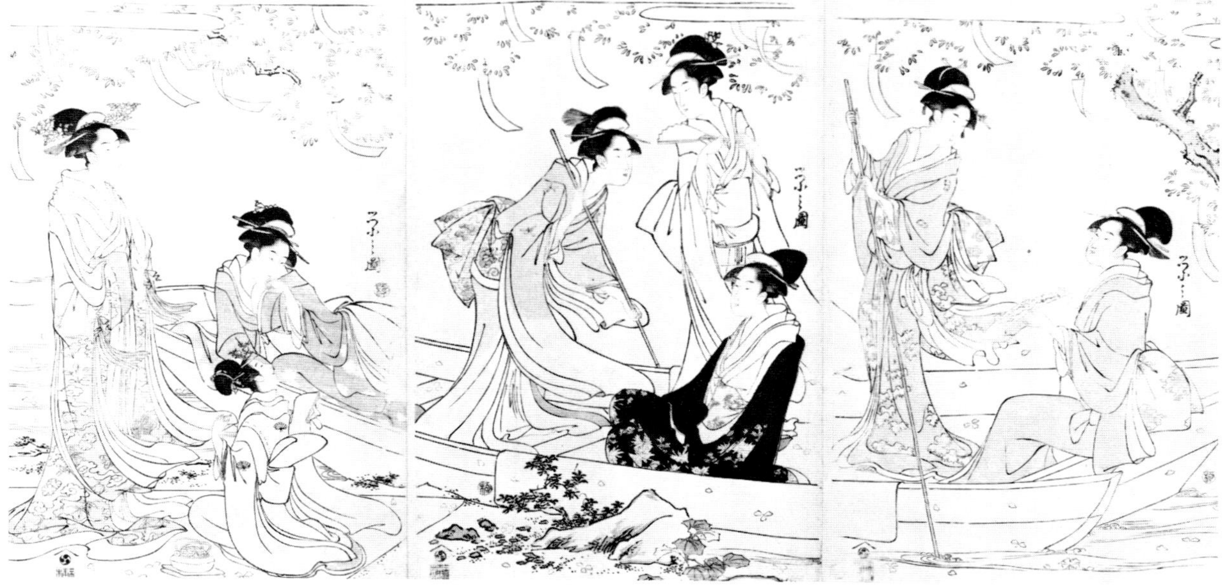

51

EISHI Hosoda (1756-1829)

51
Promenade en barque sous les cerisiers en fleurs.

Signature de l'artiste: Eishi zu.
Marque de l'éditeur: Eijudō, sceau Eijudō.
Cachet de censure: kiwame.
Date: 1796-1797.
Format: ōban triptyque;
H. 36,3; L. 76 cm.

Bibl.: Ficke, 2e vente, 1925, n° 194, repr. - Haviland, XVIIIe vente, n° 159, - Brandt, n° 279, pl. 215.

Ces jeunes femmes sur une barque admirent les cerisiers en fleur. L'une d'entre elles, assise à droite, tient entre ses mains un tanzaku (bande de papier épais) sur lequel est inscrit un poème de circonstance. Elle s'apprête sans doute à le suspendre à une branche fleurie, comme il est de tradition. Aujourd'hui encore, au mois d'avril, les Japonais se déplacent volontiers, même très loin, pour «hanami» (aller voir les cerisiers en fleur). Ces sakura (cerisiers) sont cultivés uniquement pour leurs fleurs, et sont le thème de nombreux poèmes et chansons enfantines et populaires.

52
La courtisane Renzan de la maison Gaku-Tawaraya et ses deux kamuro *Chidori et Tatta.*

Signature de l'artiste: Eishi ga.
Marque de l'éditeur:
Izumiya Ichibei.
Cachet de censure: kiwame.
Format: ōban tate-e;
H. 36,5; L. 23,7 cm.
Ancienne collection
Hayashi Tadamasa (petit cachet rouge).

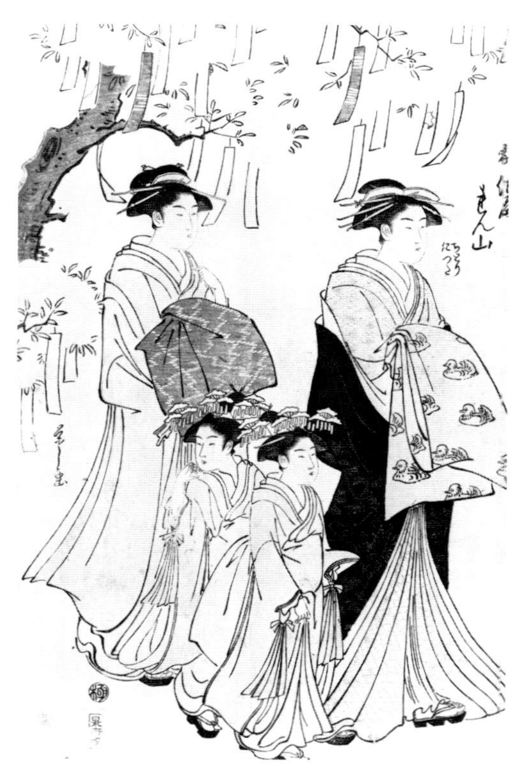

52

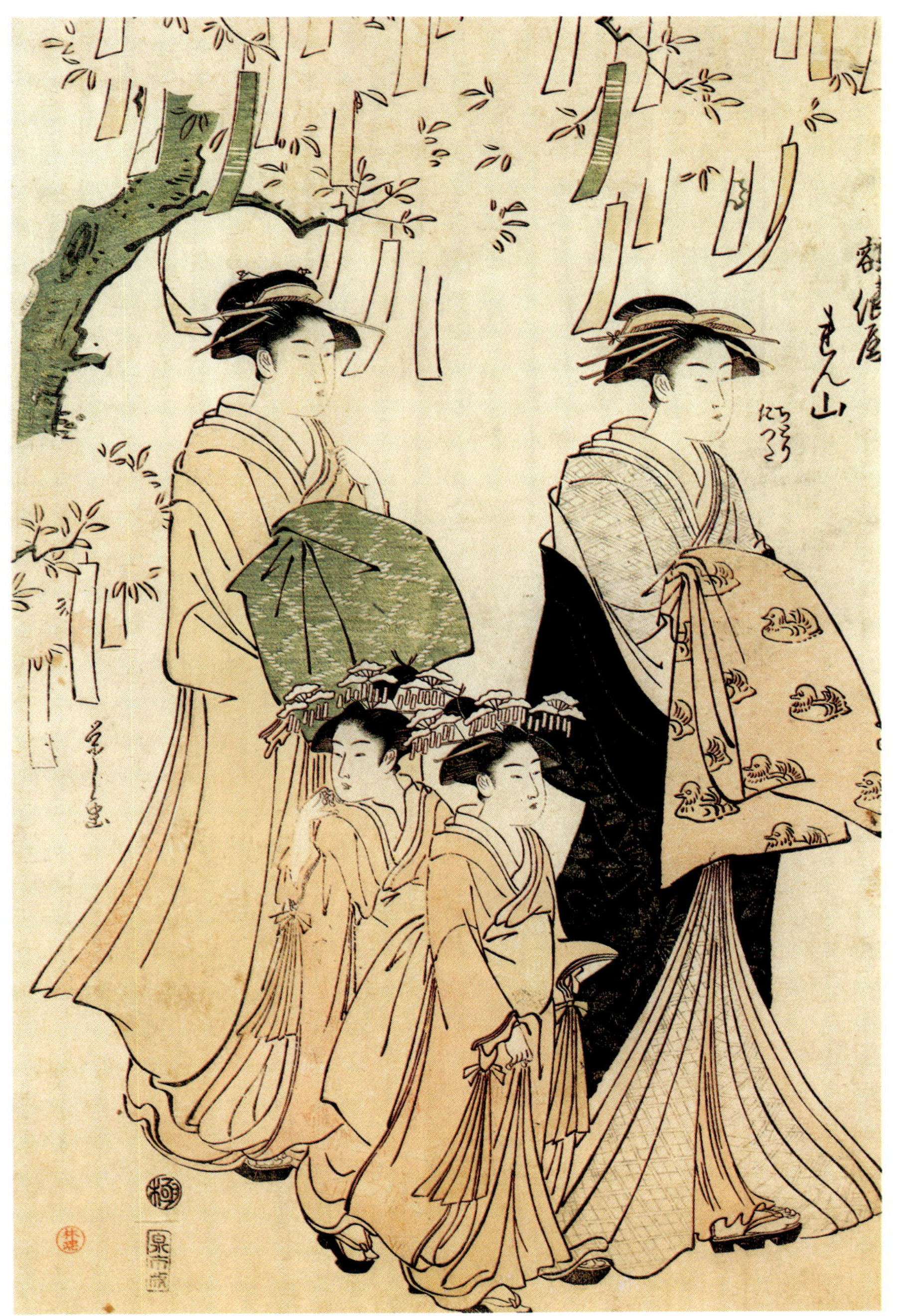

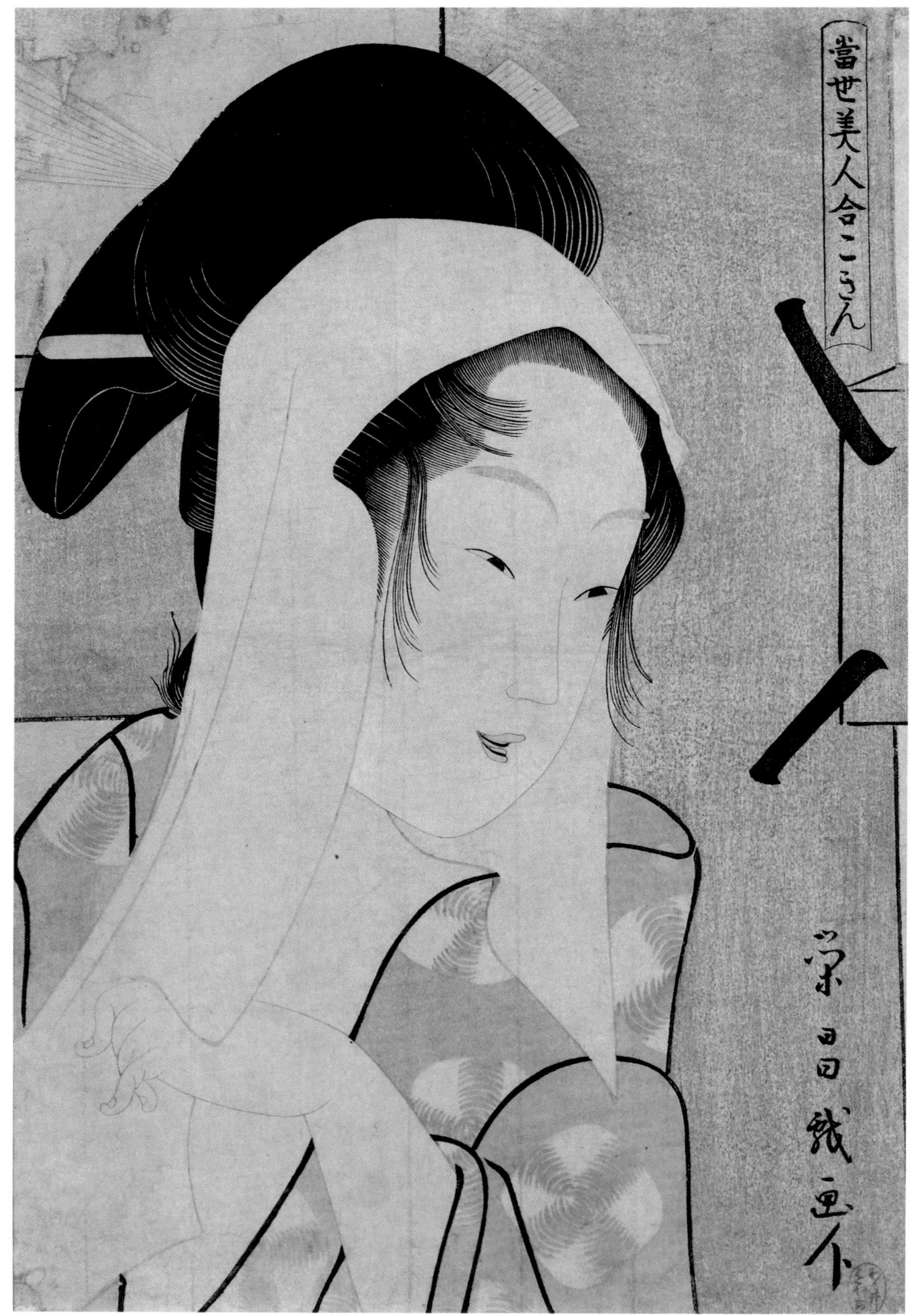
當世美人合ここらん

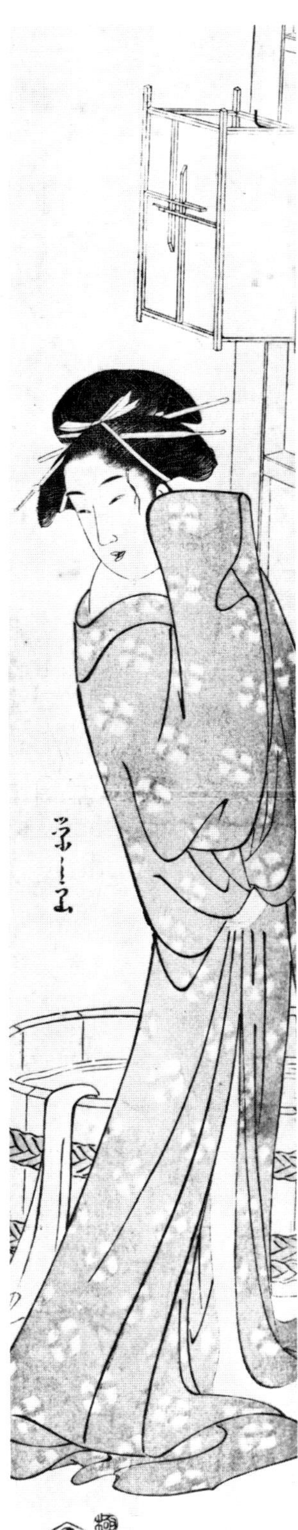

53

53

Jeune femme sortant du bain.

Signature de l'artiste: Eishi ga.
Marque de l'éditeur: Eijudō;
sceau: Eijudō.
Cachet de censure : kiwame.
Format: hashira-e;
H. 57,3; L. 10,6 cm.

EISHŌ Hosoda
(actif vers 1790)

54

Portrait en buste de Kokin.

Une estampe de la suite:
Tōsei bijin awase.
Galerie des beautés d'aujourd'hui.
Signature de l'artiste: Eishō giga
(dessiné pour le plaisir).
Marque de l'éditeur:
Yamaguchiya Chūsuke.
Date: 1796.
Format: ōban tate-e;
H. 36,9; L. 24,5 cm.
Ancienne collection Wakai Oyaji.

Bibl.: V. et I. 1913, n° 46, pl. XV - Haviland, 1re vente, n° 331, pl. VIII - Vever II, n° 561, repr. - Brandt, 393 n° A 33, repr.

Ce très beau portrait représente une yotaka (prostituée de bas rang) adossée à la charpente d'un pont. Elle porte sur la tête un tenugui blanc qui dissimule sa coiffure en désordre. Ces prostituées, surnommées poétiquement par Edmond de Goncourt «oiseaux de nuit», raccolaient auprès des entrepôts et des ponts. Eishi a exécuté un autre portrait identique à celui-ci; seul le décor est différent (cf. V. et I. 1913, n° 47).

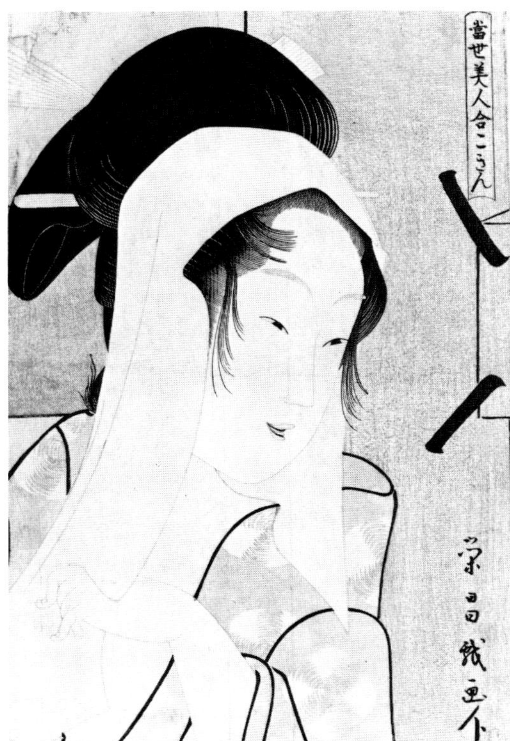

54

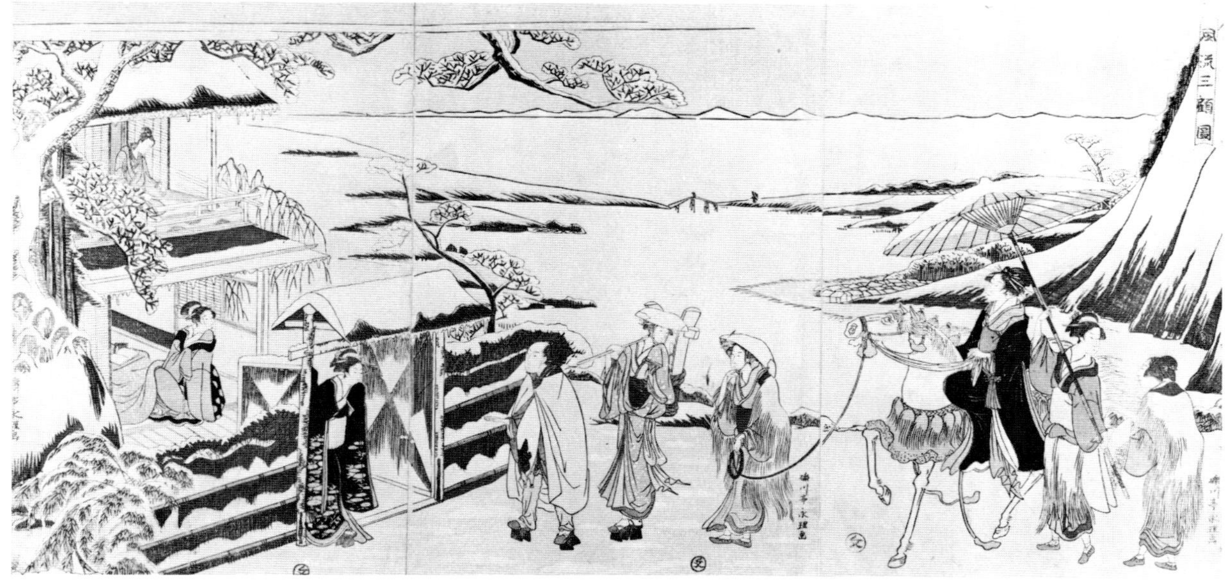

55

EIRI Rekisentei
(actif vers 1790)

55
Fūryū sando-zu. *Les trois visites.*
Signature de l'artiste:
Rekisentei Eiri ga.
Marque de l'éditeur:
Maruya Bun'emon.
Format: ōban triptyque;
H. 36,5; L. 75,3 cm.
Bibl.: Exp. coll. Von Siebold, 1976, n° 197, repr.

Par le choix du titre de cette estampe, Eiri fait allusion à un événement historique qui s'est passé en Chine à l'époque des «Trois Royaumes». Liu Bei, fondateur en 221 de l'Empire des Shu-Han (Sichuan), désirant avoir pour conseiller le sage Zhuge Liang, avait dû se rendre par trois fois dans sa retraite montagnarde avant d'arriver à convaincre ce dernier.

SHARAKU Tōshūsai
(actif 1794-1795)

56
Ichikawa Omezō dans le rôle du Yakko Ippei.
Signature de l'artiste:
Tōshūsai Sharaku ga.
Marque de l'éditeur:
Tsutaya Jūsaburō.
Inscription manuscrite:
Ichikawa Omezō.
Date: Kansei 6 (1794) 5ᵉ mois.
Format: ōban tate-e;
H. 35,5; L. 23,8 cm.
Ancienne collection Wakai Oyaji.
Bibl.: Kurth, n° 20h, pl. 41 - V. et I., 1911, n° 279 et 279 bis, pl. LXXII - H. et L. n° 20, repr. - T.N.M. II, n° 2367, repr. - Suzuki, 1968, n° 21, repr. coul. - U. Taikei VII, n° 20, repr. coul. - Vever II, n° 602, repr. - Lane, n° 583, repr. - Exp. Galerie Berès, n° 21, repr.

Cette estampe est plus connue sous le nom de aka juban (la chemise rouge). C'est une des scènes de la pièce intitulée Koinyōbō Somewake Tazuna, où Ippei combat seul contre un groupe de brigands.

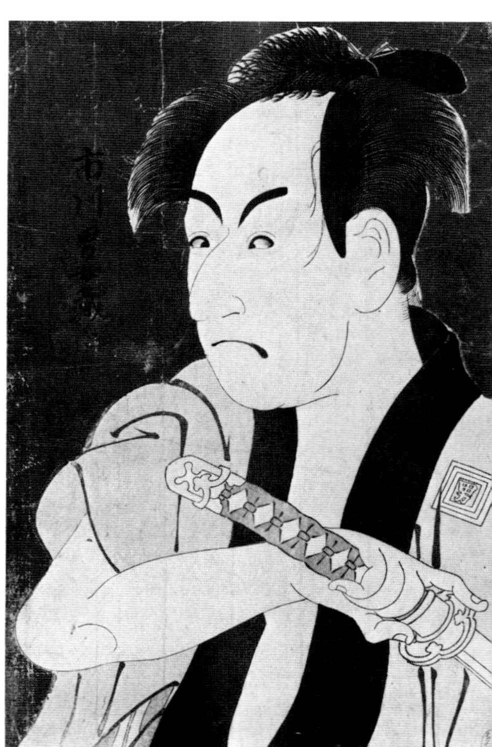

5

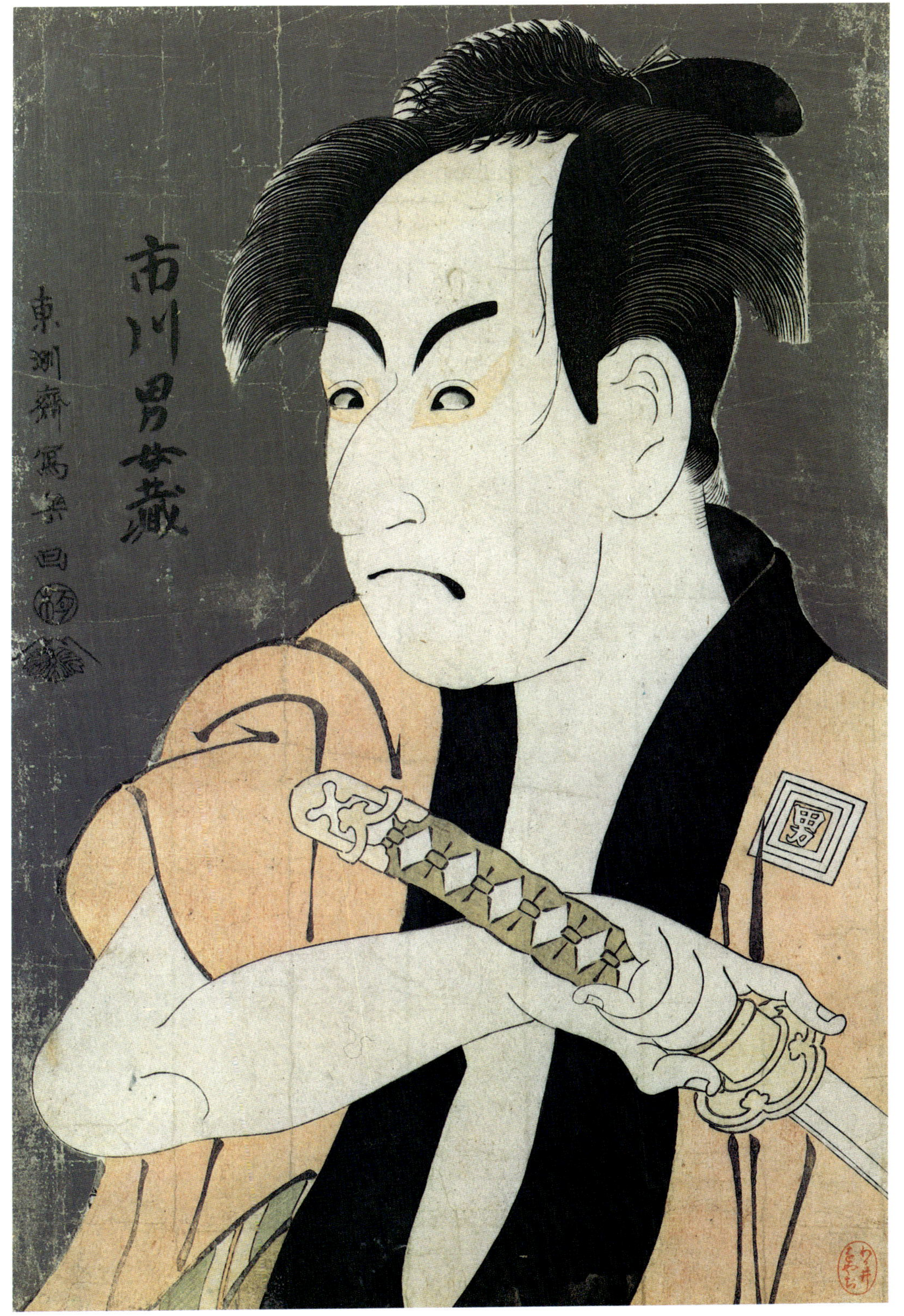
市川男女蔵
東洲齋寫樂畫

SHARAKU Tōshūsai
(actif 1794-1795)

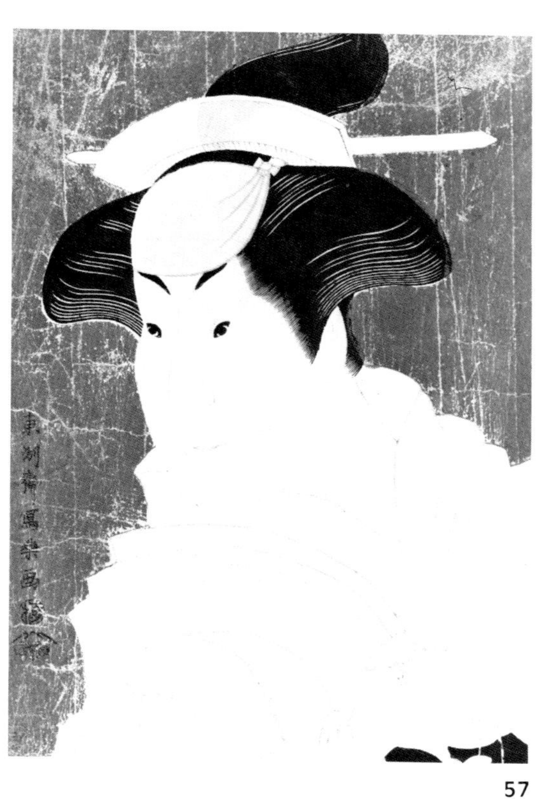

57

57
Iwai Hanshirō IV dans le rôle de Shigenoi.

Signature de l'artiste:
Tōshūsai Sharaku ga.
Marque de l'éditeur:
Tsutaya Jūsaburō.
Cachet de censure: kiwame.
Format: ōban tate-e;
H. 32,3; L. 22 cm.
Ancienne collection Wakai Oyaji.

Bibl.: Kurth, n° 20s, pl. 51 -
V. et I., 1911, n° 269, pl. LXVIII -
H. et L., n° 14, repr. -
T.N.M. II, n° 2362, repr. -
Suzuki, 1968, n°25, repr. coul. -
U. Taikei VII, n° 23, repr. coul. -
Lane, n° 580, repr. -
Exp. Galerie Berès, n° 26, repr.

Iwai Hanshirō IV interprète ici le rôle de Shigenoi, l'un des principaux personnages féminins de la pièce intitulée «Koinyōbō Somewake Tazuna», représentée pour la première fois le 5 mai 1794. Cet acteur fut un des onnagata (acteur de Kabuki spécialisé dans les rôles féminins) les plus en vogue à l'époque.

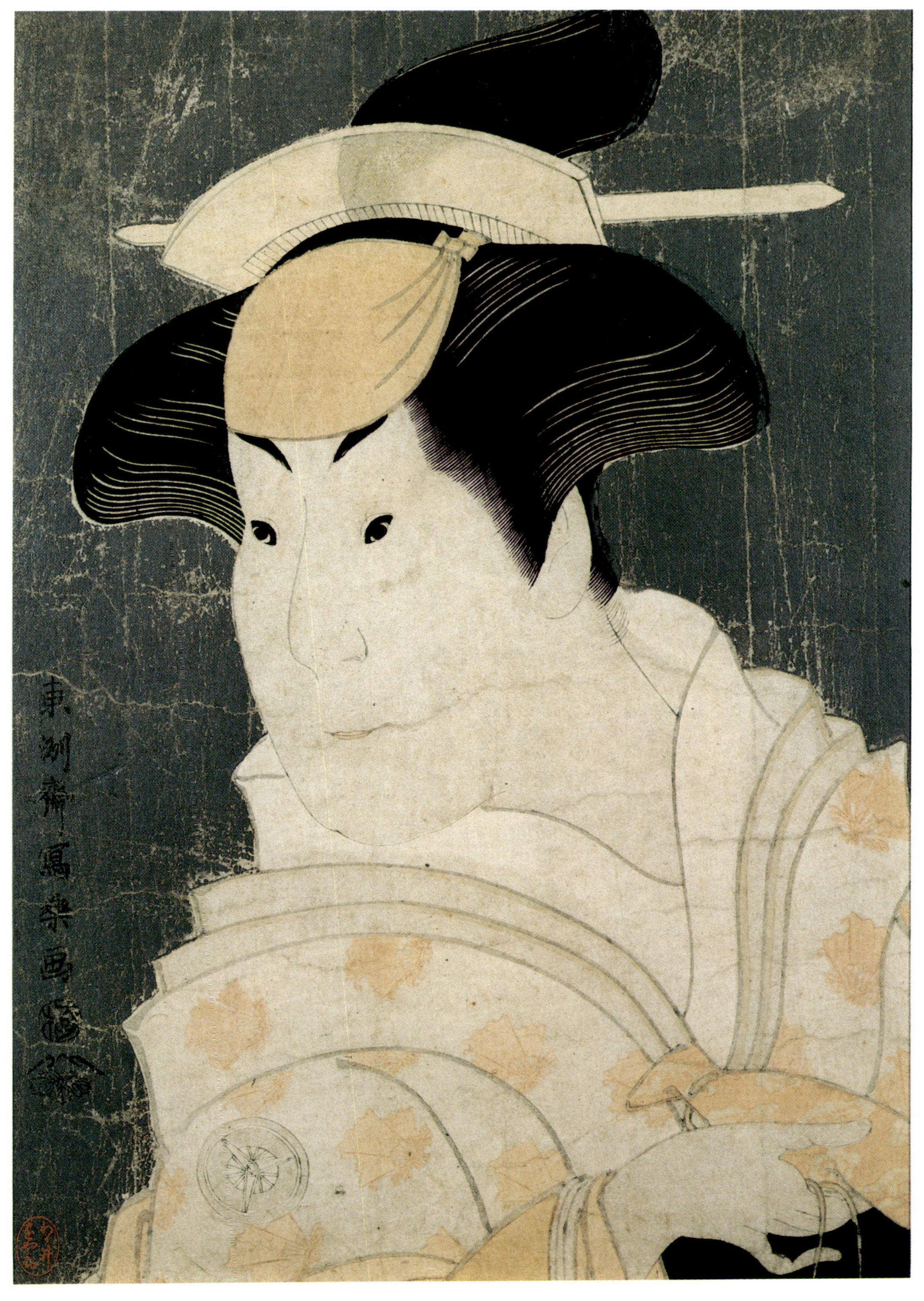
東洲齋寫楽画

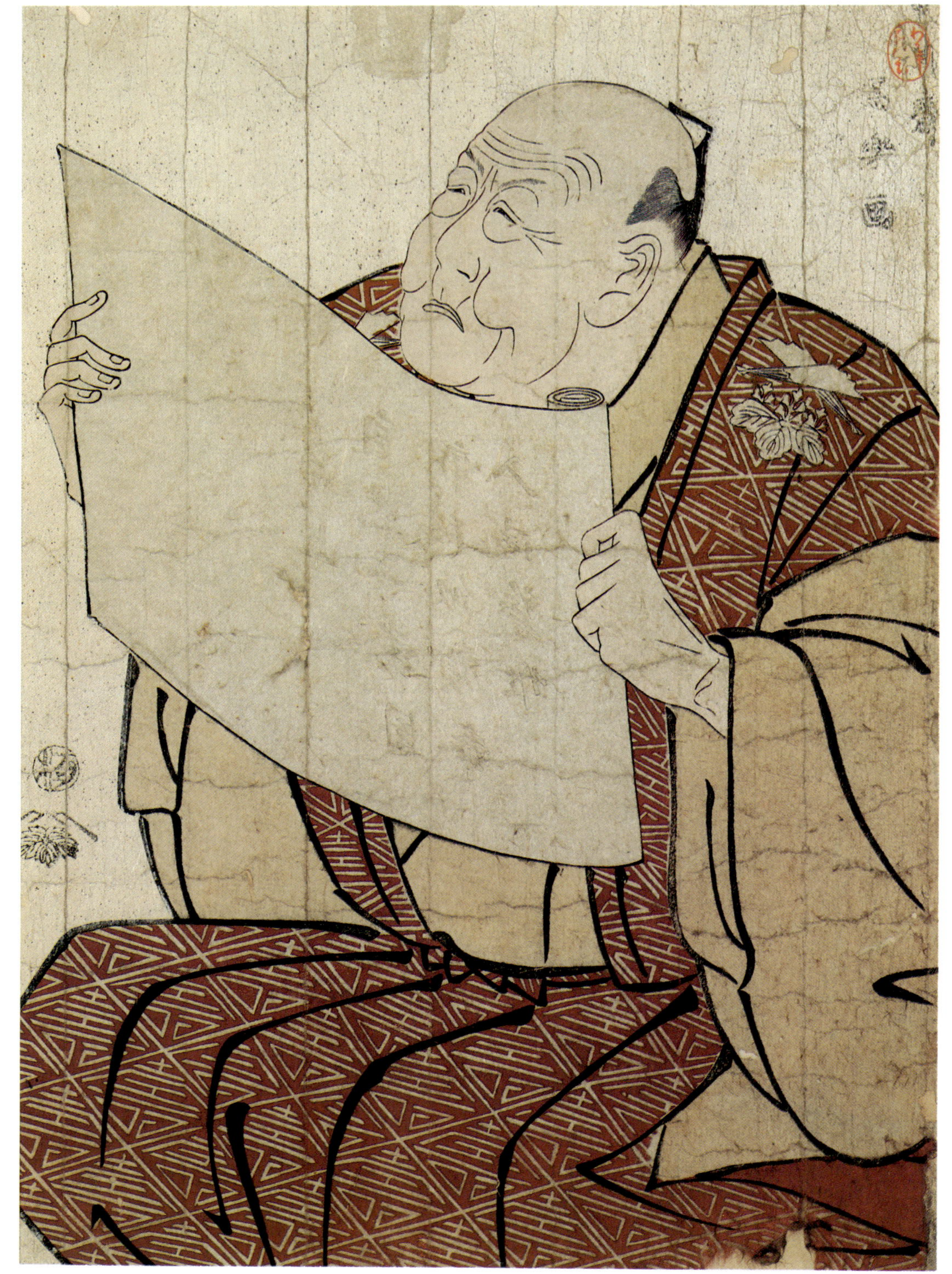

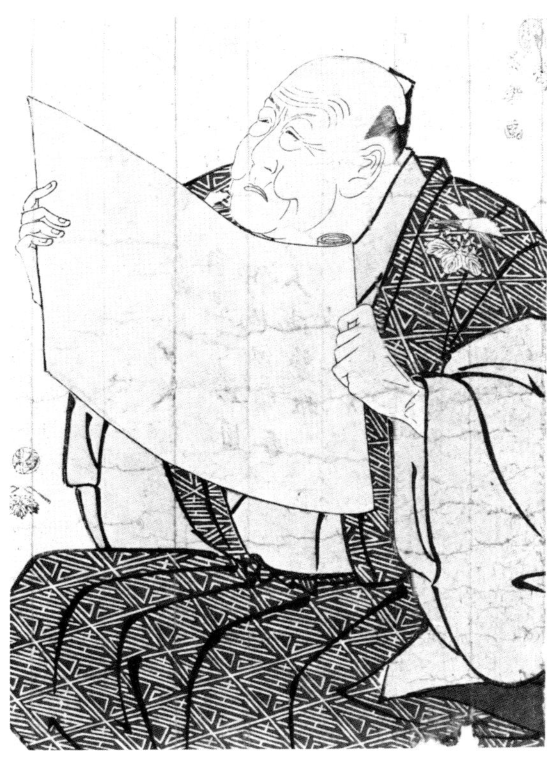

58

58

Le présentateur du théâtre Miyako-za.

Signature de l'artiste:
Tōshūsai Sharaku ga.
Marque de l'éditeur:
Tsutaya Jūsaburō.
Cachet de censure: kiwame.
Date: Kansei 6 (1794) 7e mois.
Format: ōban tate-e;
H. 32,3; L. 22,7 cm.
Ancienne collection Wakai Oyaji.

Bibl.: V. et I., 1911, n° 290, pl. LXXVIII - H. et L., n° 1, repr. - T.N.M. II, n° 2370, repr. - Suzuki, 1968, n° 1, repr. coul. - U. Taikei VII, n° 29, repr. coul. - Exp. Galerie Berès, n° 28, repr. coul.

Ce présentateur tient un rouleau sur lequel est inscrit «Nous allons maintenant soumettre à votre approbation une deuxième série de portraits pas encore publiés». Une des interprétations de ce texte suggère que Sharaku aurait choisi d'annoncer, par jeu de substitution, qu'il abandonnait les portraits en buste pour les portraits en pied.

HOKUSAI Katsushika
(1760-1849)

Fugaku sanjūrokkei.
Les trente-six vues du Mont Fuji.

Ces estampes appartiennent à la célèbre série d'Hokusai, qui à l'origine devait compter trente-six planches de format ōban yoko-e et dont il porta finalement le nombre à quarante-six. Le premier tirage, publié par l'éditeur Nishimuraya Eijudō entre 1829 et 1833, se distingue par l'emploi de cernes bleus, remplacés dans les tirages ultérieurs par des contours noirs. En 1896, Edmond de Goncourt relevait déjà l'importance de cette suite d'Hokusai pour Monet et ses amis: «Cette série en largeur, aux couleurs un peu crues, mais ambitieuses de se rapprocher des colorations de la nature sous tous les aspects de la lumière,

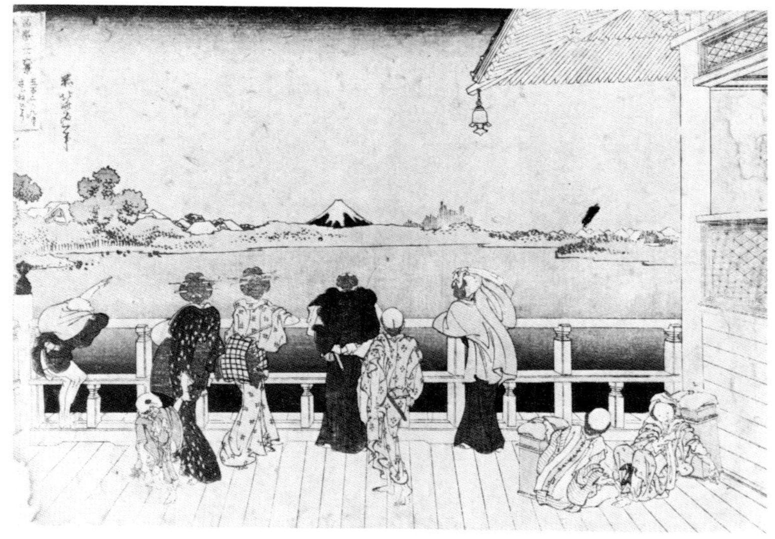

59

59
Gohyaku Rakanji Sazaidō.
Le pavillon Sazai du temple des Cinq Cents Rakan (ou Arhats).
Une estampe de la suite:
Fugaku sanjūrokkei.
Les trente-six vues du Mont Fuji.
Signature de l'artiste:
Zen Hokusai Iitsu hitsu.
Format: ōban yoko-e;
H. 23,9; L. 34,3 cm.

Bibl.: Goncourt, n° 32, p. 167 - V. et I., 1913, n° 270, pl. LXXXI - T.N.M. III, n° 3764, repr. - Kondō et Terry, n° 7, repr. coul. - U. Taikei XIII, n° 23, repr. coul. - Lane, n° 390, repr. - Exp. Marais, n° 165, fig. 165.

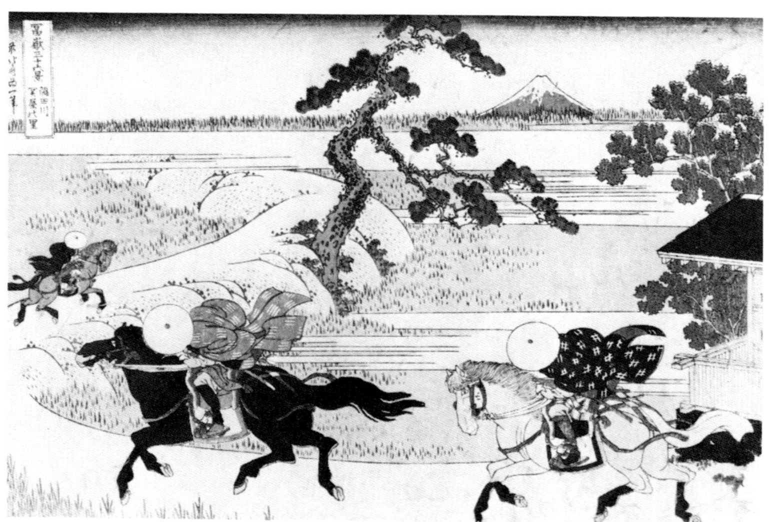

60

60
Sumida-gawa Sekiya no sato.
Le village de Sekiya au bord du fleuve Sumida.
Une estampe de la suite:
Fugaku sanjūrokkei.
Les trente-six vues du Mont Fuji.
Signature de l'artiste:
Zen Hokusai Iitsu hitsu.
Format: ōban yoko-e;
H. 23,8; L. 35,3 cm.

Bibl.: Goncourt, n° 46, p. 169 - V. et I., 1913, n° 284, pl. LXXXIV - T.N.M. III, n° 3773, repr. - Kondō et Terry, n° 13, repr. coul. - U. Taikei XIII, n° 32, repr. coul. - Lane, n° 399, repr. - Exp. Marais, n° 175, fig. 176.

est l'album inspirateur du paysage des impressionnistes de l'heure présente». (Goncourt, *Hokousai*, p. 162). La présence de neuf estampes de cet ensemble dans la collection de Monet justifie l'observation de l'écrivain.

61
Buyō Tsukuda-jima.
L'île de Tsukuda dans la province de Musashi (Edo).
Une estampe de la suite:
Fugaku sanjūrokkei.
Les trente-six vues du Mont Fuji.
Signature de l'artiste:
Zen Hokusai Iitsu hitsu.
Format: ōban yoko-e;
H. 24,9; L. 37,2 cm.

Bibl.: Goncourt, n° 38, p. 168 - V. et I., 1913, n° 276, pl. LXXXII - T.N.M. III, n° 3760, repr. - Kondō et Terry, n° 16, repr. coul. - U. Taikei XIII, n° 12, repr. coul. - Lane, n° 379, repr. - Exp. Marais, n° 156, fig. 181.

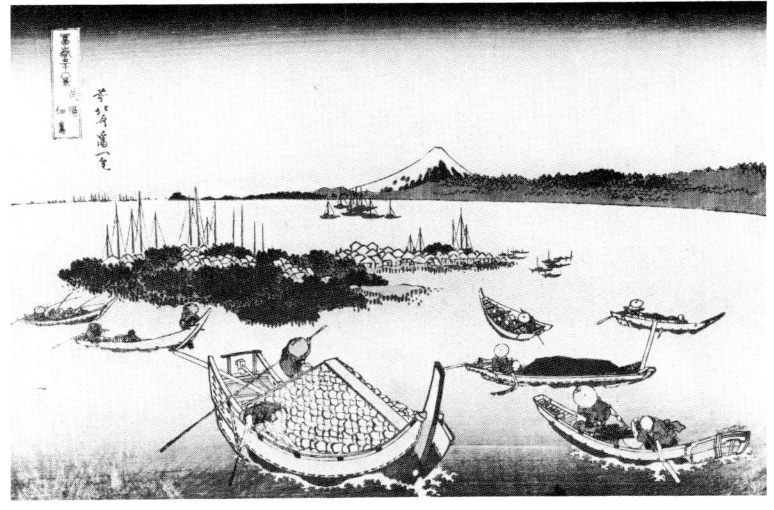

61

62
Kanagawa-oki nami-ura. *Sous la vague au large de Kanagawa.*
Une estampe de la suite:
Fugaku sanjūrokkei.
Les trente-six vues du Mont Fuji.
Signature de l'artiste:
Hokusai aratame Iitsu hitsu.
Format: ōban yoko-e;
H. 24,1; L. 36,2 cm.

Bibl.: Goncourt, n° 20, p. 166 - V. et I., 1913, n° 258, pl. LXXIII - T.N.M. III, n° 3786, repr. - Kondō et Terry, n° 21, repr. coul. - Gale II, n° 230, repr. - U. Taikei XIII, n° 1, repr. coul. - Vever III, n° 707, repr. coul. - Lane, n° 168, repr. coul. - Exp. Marais, n° 149, fig. 174.

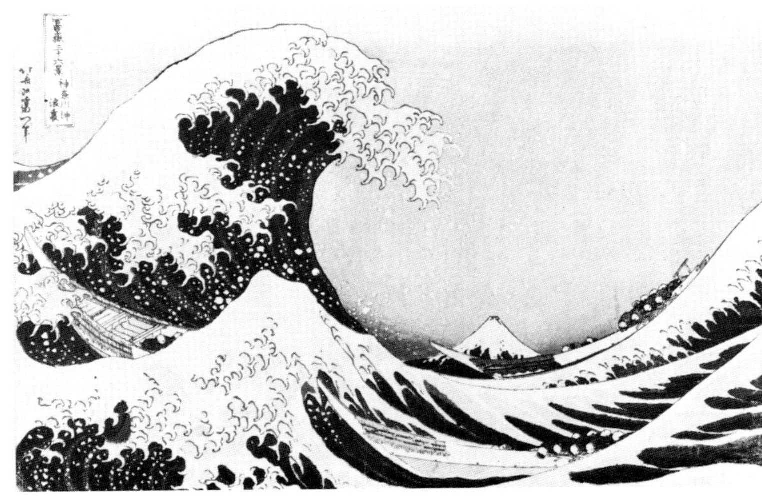

62

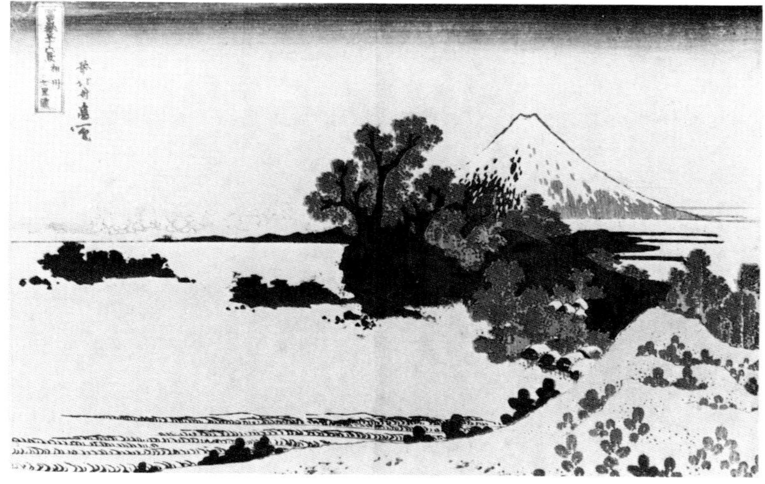
63

63
Sōshū Shichiri-ga-hama. *Shichiri-ga-hama dans la province de Sagami.*
Une estampe de la suite:
Fugaku sanjūrokkei.
Les trente-six vues du Mont Fuji.
Signature de l'artiste:
Zen Hokusai Iitsu hitsu.
Format: ōban yoko-e;
H. 23,8; L. 35,8 cm.

Bibl.: Goncourt, n° 27, p. 167 - V. et I., 1913, n° 265, pl. LXXX - T.N.M. III, n° 3789, repr. - Kondō et Terry, n° 24, repr. coul. - Gale II, n° 232, repr. - U. Taikei XIII, n° 13, repr. coul. - Vever III, n° 708, repr. - Lane, n° 380, repr. - Exp. Marais, n° 157, fig. 164.

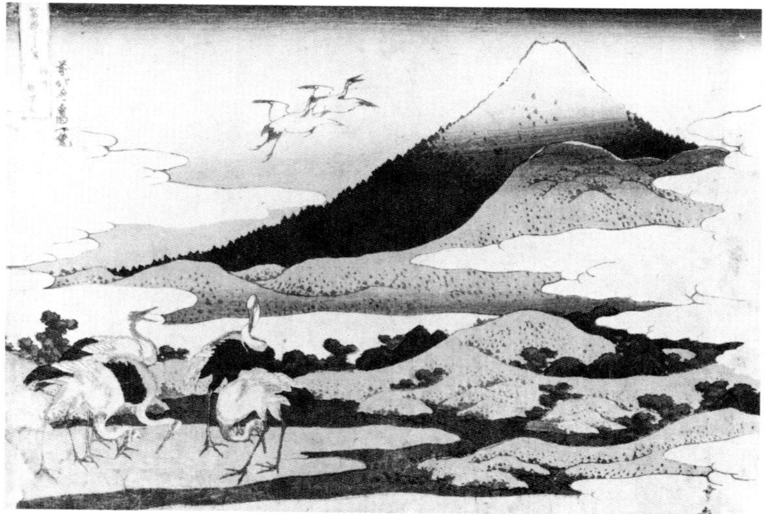
64

64
Sōshū Umezawa hidari.
Le manoir Umezawa dans la province de Sagami.
Une estampe de la suite:
Fugaku sanjūrokkei.
Les trente-six vues du Mont Fuji.
Signature de l'artiste:
Zen Hokusai Iitsu hitsu.
Format: ōban yoko-e;
H. 23,6; L. 35,2 cm.

Bibl.: Goncourt, n° 29, p. 167 - V. et I., 1913, n° 267, pl. LXXX - T.N.M. III, n° 3792, repr. - Kondō et Terry, n° 27, repr. coul. - Gale II, n° 234, repr. - U. Taikei XIII, n° 14, repr. coul. - Vever III, n° 710, repr. - Lane, n° 381, repr. - Exp. Marais, n° 158, fig. 171.

65
Gaifū kaisei.
Beau temps par vent du sud.
Une estampe de la suite:
Fugaku sanjūrokkei.
Les trente-six vues du Mont Fuji.
Signature de l'artiste:
Hokusai aratame Iitsu hitsu.
Format: ōban yoko-e;
H. 24,7; L. 36 cm.

Bibl.: Goncourt, n° 8, pp. 163-164 - V. et I., 1913, n° 244, pl. LXXV - T.N.M. III, n° 3769, repr. - Kondō et Terry, n° 33, repr. coul. - U. Taikei XIII, n° 2, repr. coul. - Vever III, n° 714, repr. - Lane, n° 166, repr. coul. - Exp. Marais, n° 154, fig. 159.

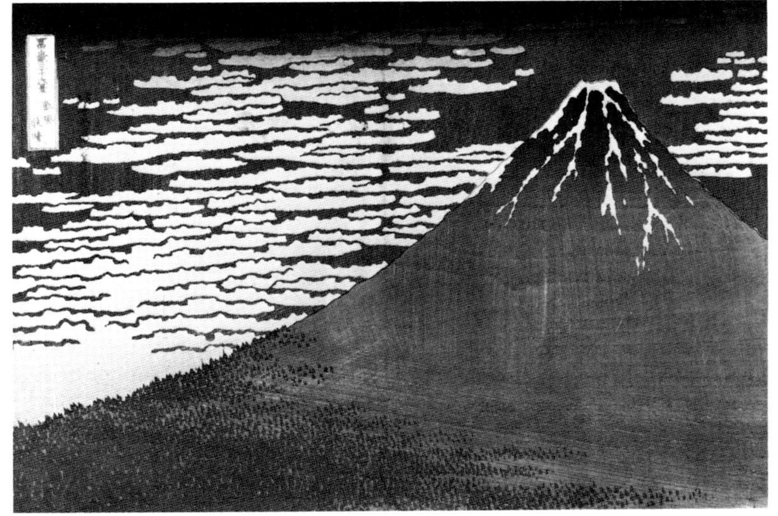

65

66
Sunshū Ejiri.
Ejiri dans la province de Suruga.
Une estampe de la suite:
Fugaku sanjūrokkei.
Les trente-six vues du Mont Fuji.
Signature de l'artiste:
Zen Hokusai Iitsu hitsu.
Format: ōban yoko-e;
H. 23,6; L. 36,8 cm.

Bibl.: Goncourt, n° 1, p. 162 - V. et I., 1913, n° 237, pl. LXXIV - T.N.M. III, n° 3776, repr. - Kondō et Terry, n° 35, repr. coul. - U. Taikei XIII, n° 18, repr. coul. - Lane, n° 385, repr. - Exp. Marais, n° 173, fig. 175.

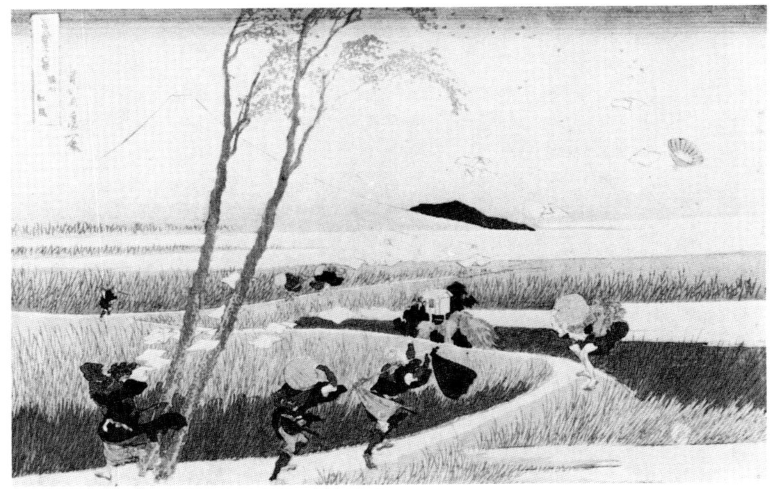

66

HOKUSAI Katsushika
(1760-1849)

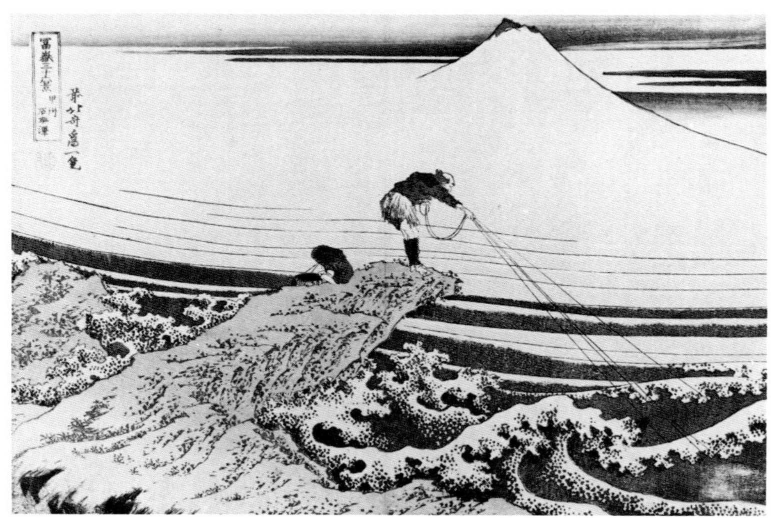

67

67

Kōshū Kajikazawa. *Kajikazawa dans la province de Kai.*

Une estampe de la suite:
Fugaku sanjūrokkei.
Les trente-six vues du Mont Fuji.
Signature de l'artiste:
Zen Hokusai Iitsu hitsu.
Format: ōban yoko-e;
H. 21,5; L. 37,2 cm.

Bibl.: Gòncourt, n° 34, p. 168 -
V. et I., 1913, n° 272, pl. LXXXI -
T.N.M. III, n° 3777, repr. -
Kondō et Terry, n° 45, repr. coul. -
U. Taikei XIII, n° 15, repr. coul. -
Lane, n° 169, repr. coul. -
Exp. Marais, n° 159, fig. 179.

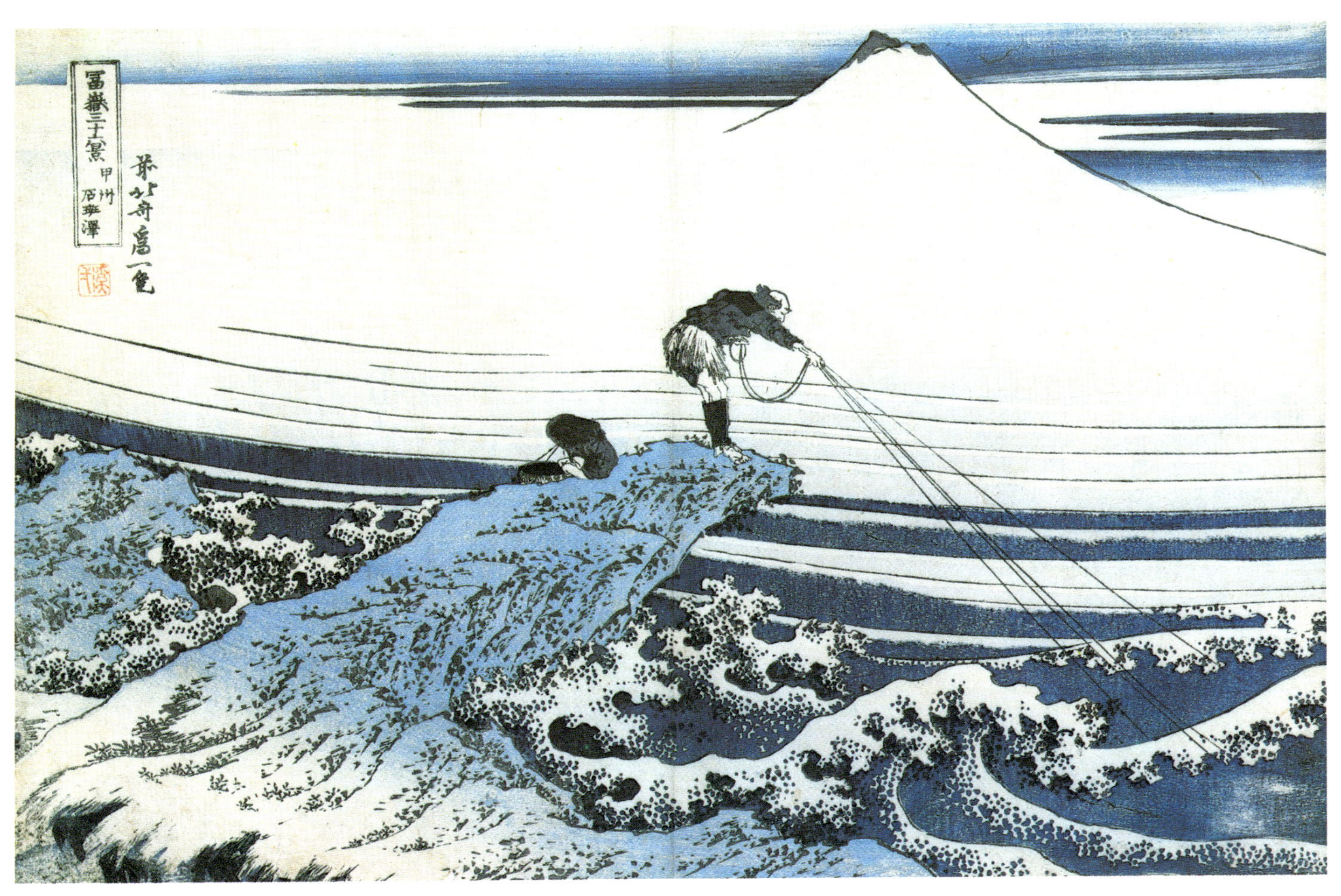
冨嶽三十六景
甲州石班澤

Grandes fleurs.

Cette série comprend onze estampes de format ōban yoko-e, éditée par Nishimuraya Eijudō en 1830 et 1831.

Monet, ce passionné d'horticulture qui importait des fleurs du Japon tels l'iris, la pivoine et l'azalée, portait un intérêt tout particulier à cette suite comme l'atteste cette lettre adressée à Maurice Joyant: «Je vous remercie d'avoir pensé à moi pour les fleurs d'Hokusai... Vous ne me parlez pas des coquelicots et c'est là l'important, car j'ai déjà les iris, les chrysanthèmes, les pivoines et les volubilis». (*Wildenstein*, Tome III, lettre n° 1322).

HOKUSAI Katsushika
(1760-1849)

68
Volubilis et rainette.
Une estampe de la suite:
Grandes fleurs.
Signature de l'artiste:
Zen Hokusai Iitsu hitsu.
Marque de l'éditeur: Eijudō.
Cachet de censure: kiwame.
Format: ōban yoko-e;
H. 23,7; L. 33,4 cm.
Ancienne collection Hayashi Tadamasa (petit cachet rouge).

Bibl.: Goncourt, p. 190 - V. et I., 1913, n° 304, pl. LXXXIX - T.N.M. III, n° 3810, repr. - Gale II, n° 208, repr. - U. Taikei VIII, n° 204, repr. - Vever III, n° 698, repr.

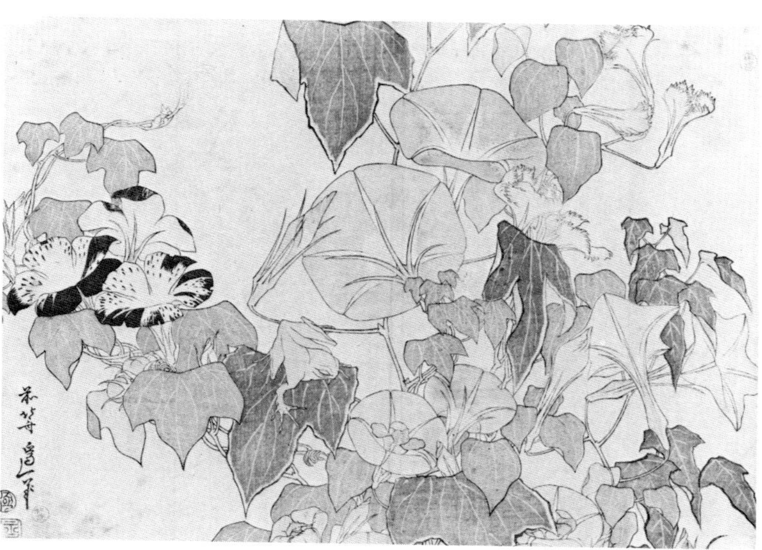

68

69
Chrysanthèmes et abeille.
Une estampe de la suite:
Grandes fleurs.
Signature de l'artiste:
Zen Hokusai Iitsu hitsu.
Marque de l'éditeur: Eijudō.
Cachet de censure: kiwame.
Format: ōban yoko-e;
H. 23,9; L. 37 cm.

Bibl.: Goncourt, p. 190 - T.N.M. III, n° 3812, repr. - Gale II,n° 210, repr.

69

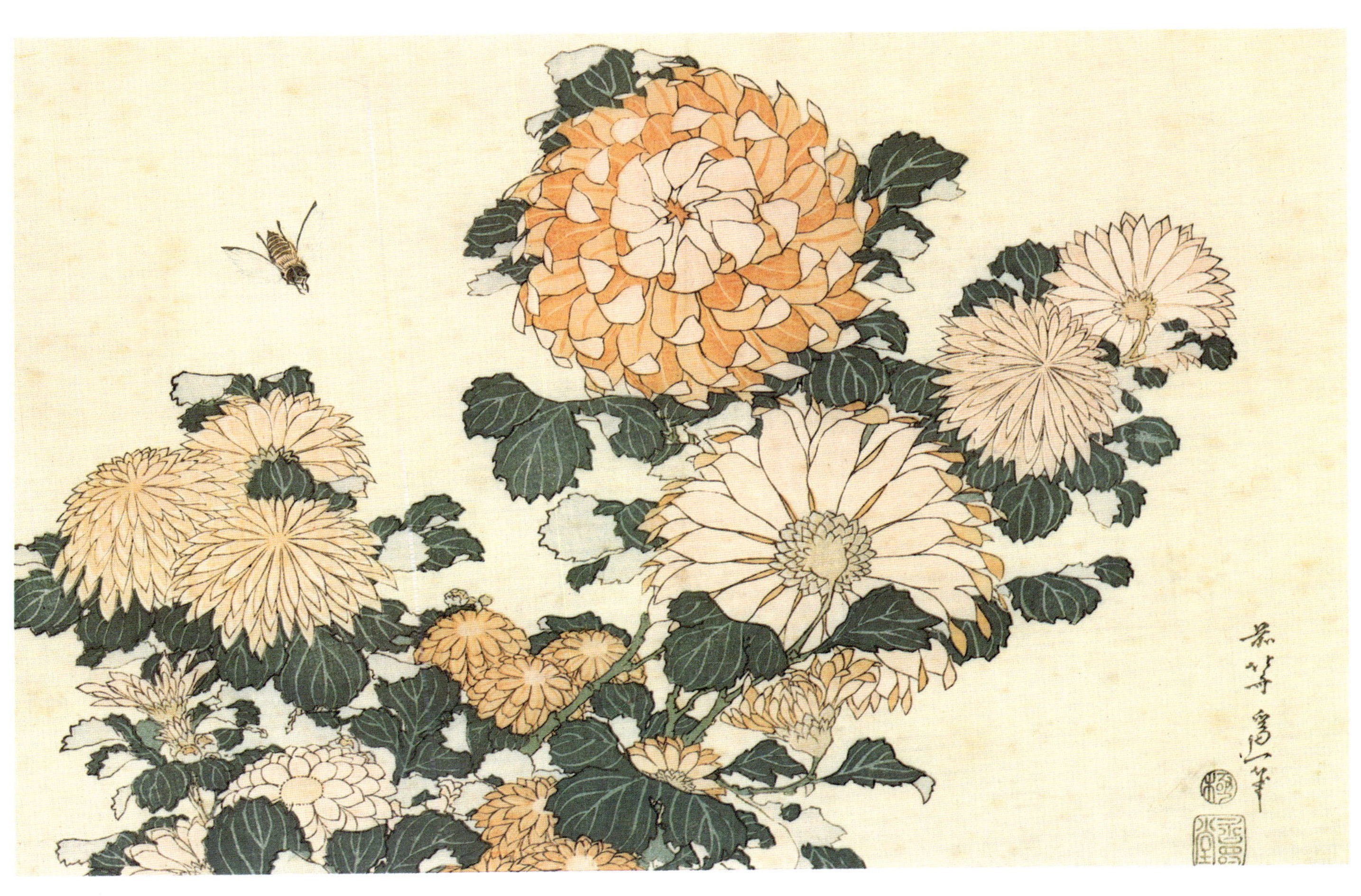

HOKUSAI Katsushika
(1760-1849)

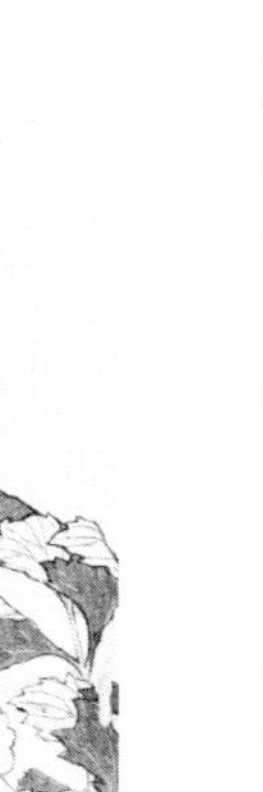

70

70
Pivoines et papillon.
Une estampe de la suite: Grandes fleurs.
Signature de l'artiste: Zen Hokusai Iitsu hitsu.
Marque de l'éditeur: Eijudō.
Cachet de censure: kiwame.
Format: ōban yoko-e;
H. 24; L. 36,5 cm.

Bibl.: Goncourt, p. 190 - V. et I., 1913, n° 303, pl. LXXXVII - T.N.M. III, n° 3813, repr. - Gale II, n° 211, repr. - Vever III, n° 695, repr. - Lane, n° 416, repr. - Exp. Marais, n° 191, fig. 201.

Shokoku Meikyō Kiran.
Vues étonnantes des ponts célèbres à travers toutes les provinces.

Nishimuraya Eijudō publie cette suite de onze estampes de format ōban yoko-e en 1831-1832.

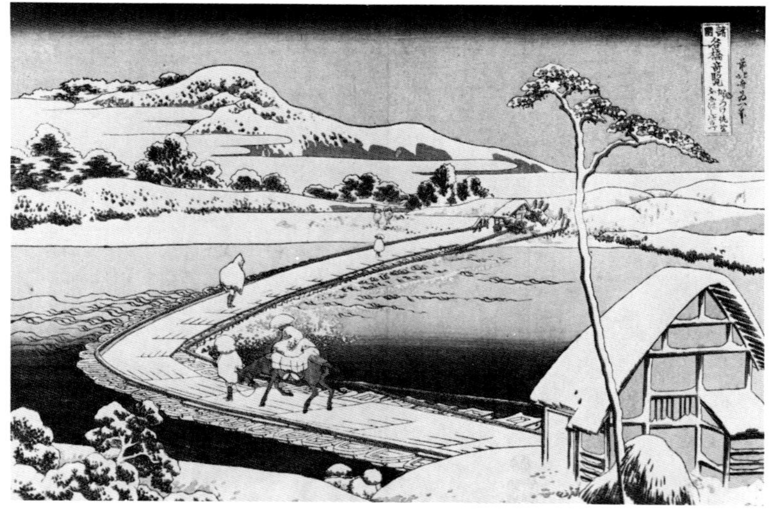

71

71
Kōzuke Sano funabashi no kozu.
Reconstitution du ponton de Sano dans la province de Kōzuke.
Une estampe de la suite: Shokoku Meikyō Kiran. Vues étonnantes des ponts célèbres à travers toutes les provinces.
Signature de l'artiste: Zen Hokusai Iitsu hitsu.
Marque de l'éditeur: Eijudō.
Cachet de censure: kiwame.
Format: ōban yoko-e;
H. 24,5; L. 37 cm.

Bibl.: Goncourt, n° 2, p. 172 - T.N.M. III, n° 3804, repr. - Gale II, n° 217, repr. - U. Taikei VIII, n° 36, repr. coul. - Vever III, n° 720, repr. - Lane, n° 417, repr. - Exp. Marais, n° 206, fig. 212.

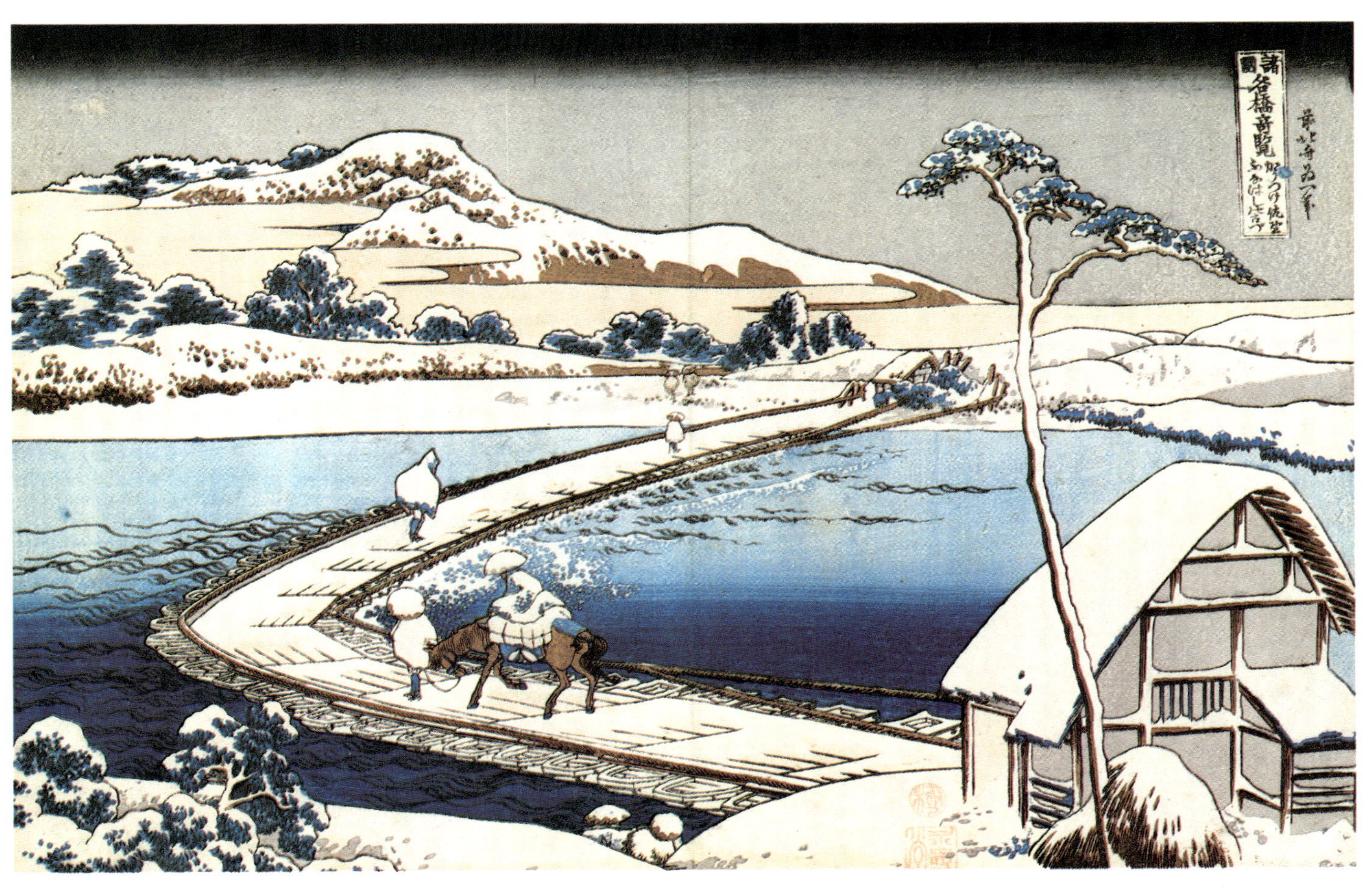
諸國名橋奇覧

HOKUSAI Katsushika
(1760-1849)

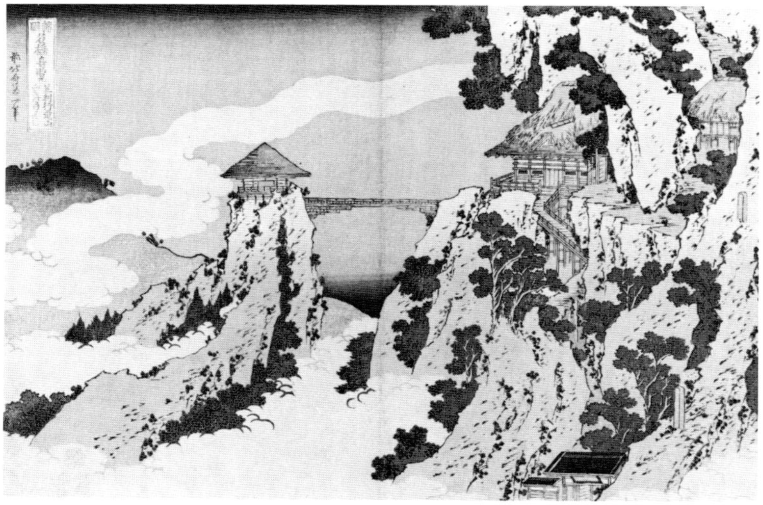

72

72

Ashikaga Gyōdōzan Kumo-no-kakehashi. *Couronne de nuages sur le pont du mont Gyōdō, Ashikaga.*

Une estampe de la suite: Shokoku Meikyō Kiran. Vues étonnantes des ponts célèbres à travers toutes les provinces.
Signature de l'artiste: Zen Hokusai Iitsu hitsu.
Marque de l'éditeur: Eijudō.
Cachet de censure: kiwame.
Format: ōban yoko-e;
H. 24,2; L. 36,2 cm.

Bibl.: Goncourt, n° 3, p. 172 - U. Taikei VIII, n° 35, repr. coul. - Lane, n° 418, repr. - Exp. Marais, n° 200, fig. 211.

Shokoku Taki Meguri
Tournée des cascades de toutes les provinces.

Trois estampes de format ōban tate-e parmi une série de huit, éditées pour la première fois par Nishimuraya Eijudō dans les années 1831-1832.

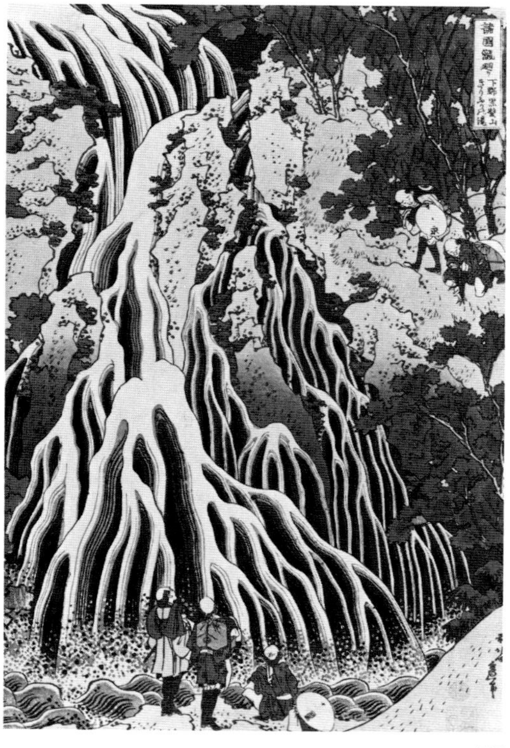

73

73

Shimotsuke Kurokami-yama, Kirifuri-no-taki. *Cascade de Kirifuri au mont Kurokami dans la province de Shimotsuke.*

Une estampe de la suite: Shokoku Taki Meguri. Tournée des cascades de toutes les provinces.
Signature de l'artiste: Zen Hokusai Iitsu hitsu.
Marque de l'éditeur: Eijudō.
Cachet de censure: kiwame.
Format: ōban tate-e;
H. 36,5; L. 24,2 cm.

Bibl.: Goncourt, n° 1, p. 170 - V. et I., 1913, n° 292, pl. LXXXVI - T.N.M. III, n° 3880, repr. - Gale II, n° 240, repr. coul. - U. Taikei VIII, n° 45, repr. coul. - Lane, n° 422, repr. - Exp. Marais, n° 182, fig. 194.

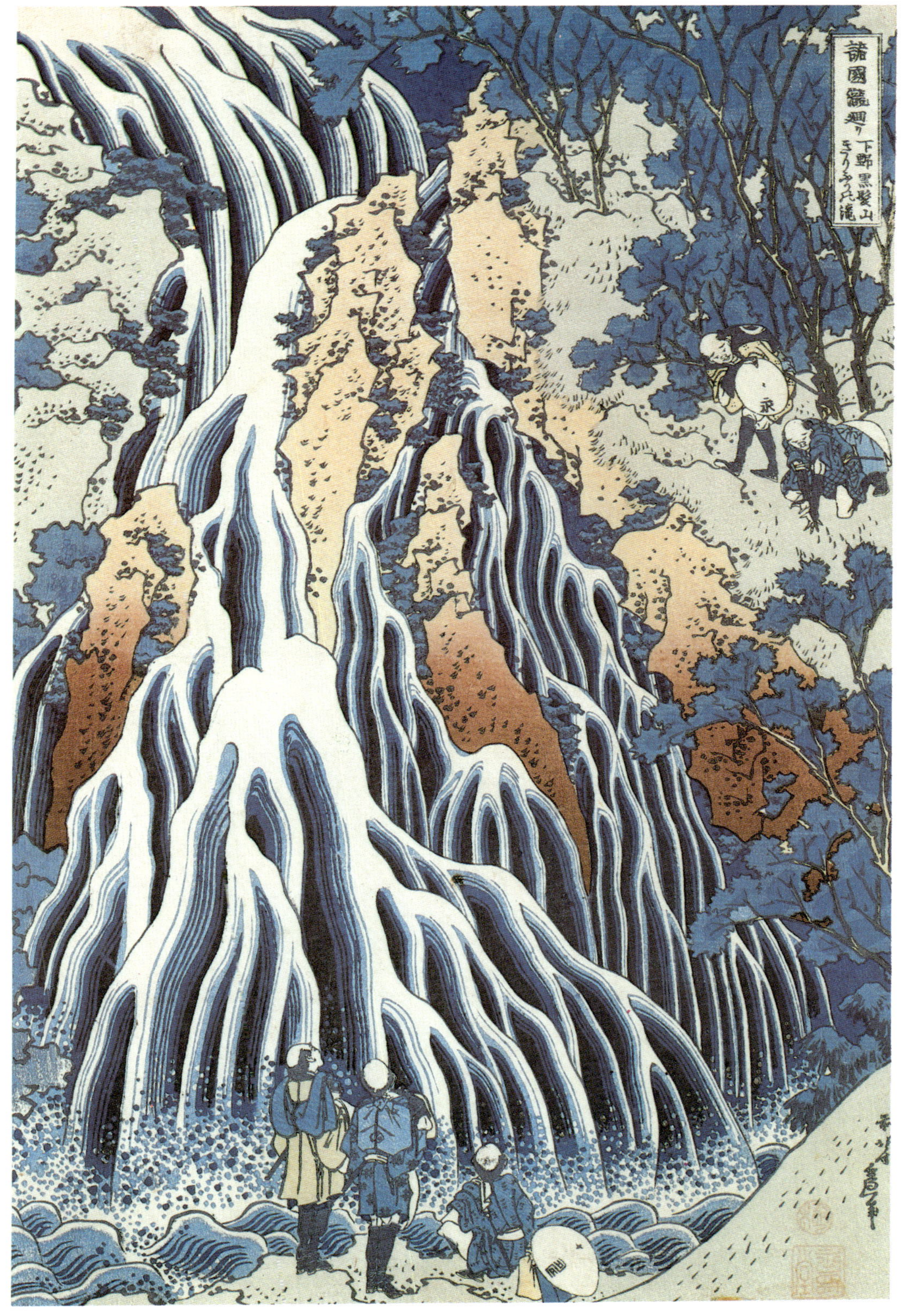
諸國瀧廻り
下野黒髪山
きりふりの滝

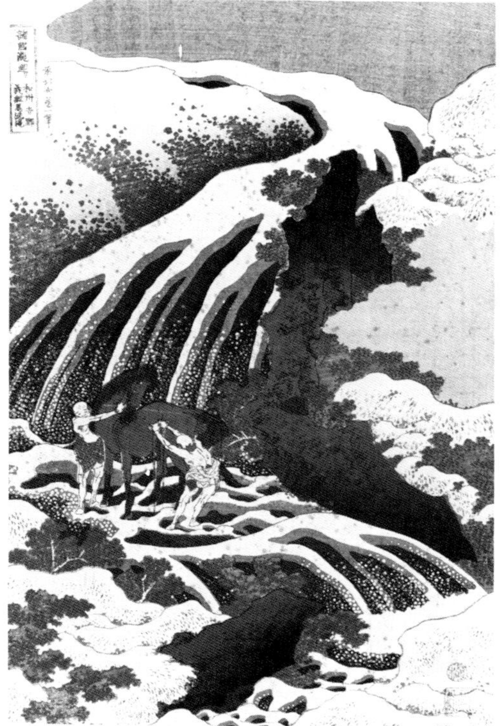

74

HOKUSAI Katsushika
(1760-1849)

74
Washū Yoshino, Yoshitsune Umaarai-no-taki. *Cascade où Yoshitsune baigna son cheval à Yoshino dans la province de Kii.*

Une estampe de la suite: Shokoku Taki Meguri. Tournée des cascades de toutes les provinces.
Signature de l'artiste: Zen Hokusai Iitsu hitsu.
Marque de l'éditeur: Eijudō.
Cachet de censure: kiwame.
Format: ōban tate-e;
H. 37,2; L. 23,7 cm.

Bibl.: Goncourt, n° 4, p. 170 -
T.N.M. III, n° 3875, repr. -
U. Taikei VIII, n° 178, repr. -
Lane, n° 423, repr. -
Exp. Marais, n° 178, fig. 189.

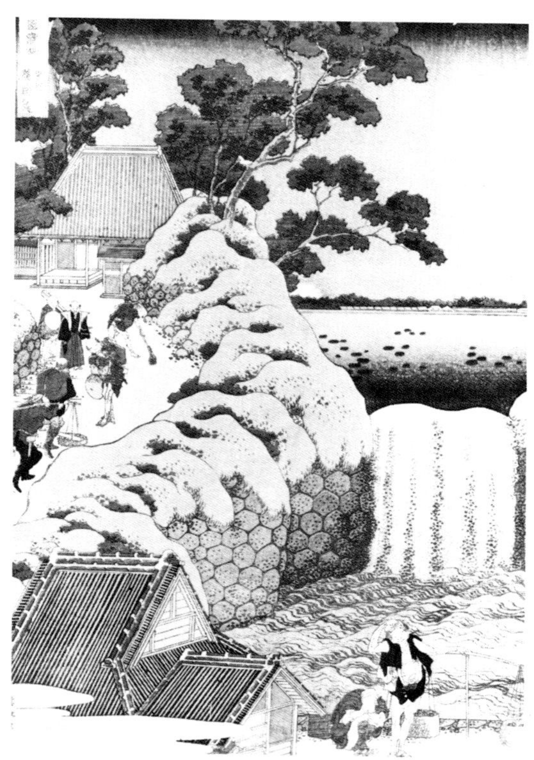

75

75
Tōto, Aoigaoka-no-taki.
La cascade de Aoigaoka à Edo.

Une estampe de la suite: Shokoku Taki Meguri. Tournée des cascades de toutes les provinces.
Signature de l'artiste: Zen Hokusai Iitsu hitsu.
Marque de l'éditeur: Eijudō.
Cachet de censure: kiwame.
Format: ōban tate-e;
H. 34,5; L. 23,3 cm.

Bibl.: Goncourt, n° 6, p. 171 -
T.N.M. III, n° 3882, repr. -
Gale II, n° 239, repr. -
U. Taikei VIII, n° 46, repr. coul. -
Exp. Marais, n° 179, fig. 195.

Setsugekka.
Neige, lune et fleurs.

Une des trois estampes de cette suite publiée par Nishimuraya Eijudō en 1832. Les deux autres représentant «La pleine lune sur le fleuve Yodo» et des «Cerisiers en fleur sur le mont Yoshino».

76
Sumida.
Le fleuve Sumida.

Une estampe de la suite: Setsugekka. Neige, lune et fleurs.
Signature de l'artiste:
Zen Hokusai Iitsu hitsu.
Format: ōban yoko-e;
H. 23,2; L. 34,8 cm.

Bibl.: Goncourt, n° 1, p. 242 - T.N.M. III, n° 3819, repr. - U. Taikei VIII, n° 155, repr. - Lane, n° 426, repr. - Exp. Marais, n° 210, fig. 219.

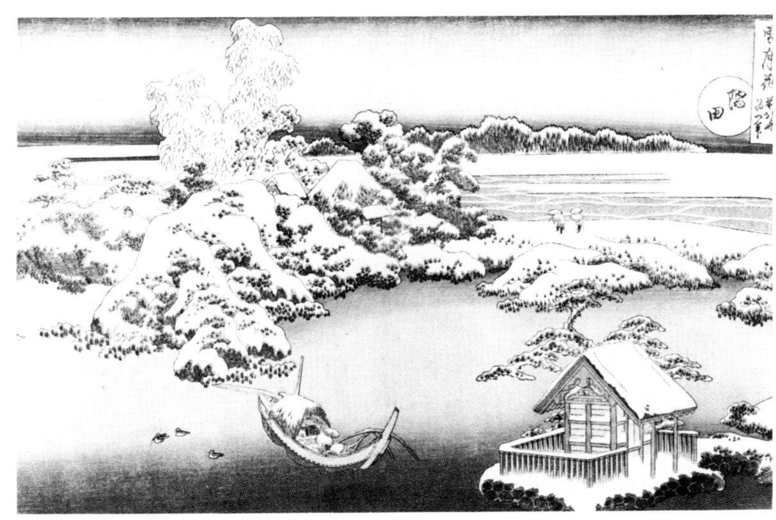

76

Ryūkyū Hakkei.
Les huit vues des îles Ryūkyū.

Une estampe d'une série de huit, éditée en 1833 par Moriya Jihei. Cet archipel situé dans la mer de Chine entre l'île de Kyūshū et Taiwan, était alors indépendant et payait un impôt à la fois à la Chine et au Japon. L'histoire moderne a mis en relief le nom d'Okinawa, qui n'est que l'une des trois îles les plus importantes.

77
Rinkai kosei.
Musique du lac à Rinkai.

Une estampe de la suite: Ryūkyū Hakkei. Les huit vues des îles Ryūkyū.
Signature de l'artiste:
Zen Hokusai Iitsu hitsu.
Format: ōban yoko-e;
H. 24,6; L. 35,7 cm.

Bibl.: U. Taikei VIII, n° 40, repr. coul. - Lane, n° 436, repr. - Exp. Marais, n° 214, fig. 223.

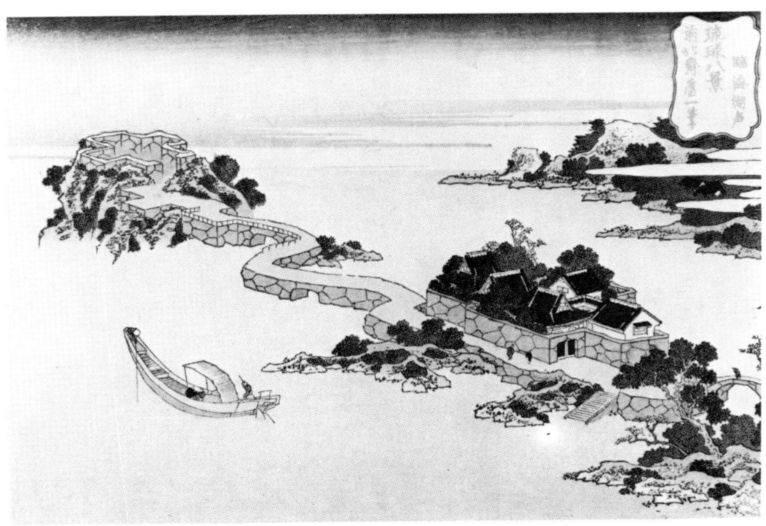

77

HOKUSAI Katsushika
(1760-1849)

Hyakunin Isshu uba-ga-etoki.
Cent poèmes expliqués par la nourrice.

Hyakunin Isshu est une anthologie poétique du début du XIIIe siècle compilée par Fujiwara no Teika en 1235. Très populaire au temps d'Hokusai, elle servit de prétexte à un jeu de cartes, «Uta-garuta», où les participants devaient reconstituer les poèmes, sur un mode comparable à celui du «Jeu des familles». Publiées par Nishimuraya Eijudō et Iseya Sanjirō vers 1839, ces vingt-sept estampes constituent la dernière série connue dessinée par Hokusai. Le choix du titre rappelle que les cent poèmes constituaient effectivement une nourriture littéraire de base pour les Japonais et un support pédagogique. On admet qu'il permit aussi au peintre, puisqu'il faisait référence aux interprétations d'une nourrice, de se libérer des contraintes de la simple illustration.

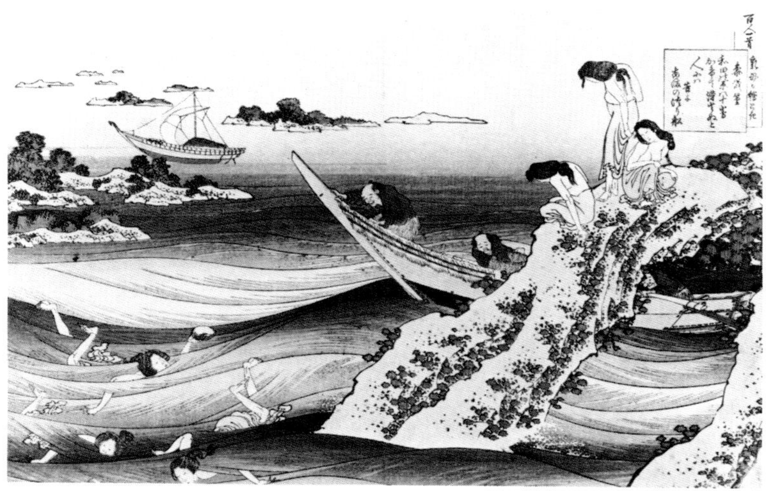

78

78
Poème de Sangi Takamura.
Une estampe de la suite: Hyakunin Isshu uba-ga-etoki. Cent poèmes expliqués par la nourrice.
Signature de l'artiste:
Zen Hokusai Manji.
Format: ōban yoko-e;
H. 23,4; L. 35,8 cm.

Bibl.: Goncourt, n° 11, p. 239 - V. et I., 1913, n° 347, pl. CVII coul. - T.N.M. III, n° 3886, repr. - U. Taikei VIII, n° 173, repr. - Vever III, n° 735, repr. - Lane, n° 437, repr.

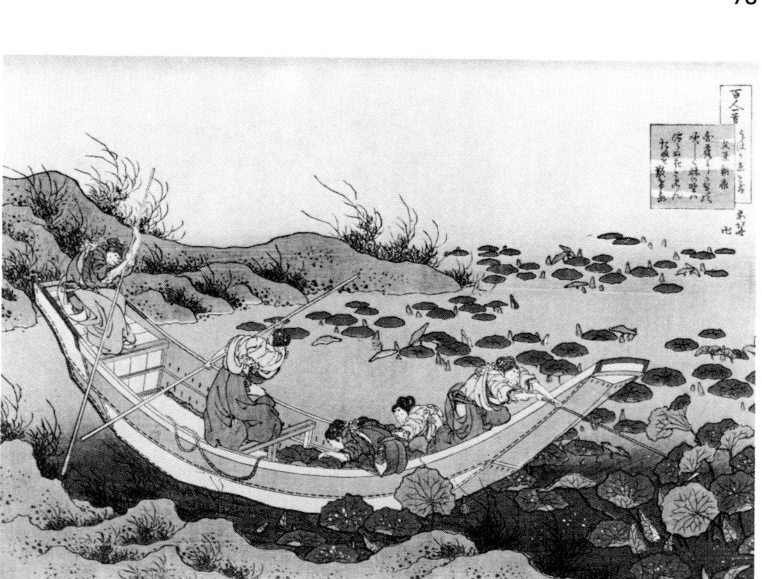

79

79
Poème de Bunya no Asayasu.
Une estampe de la suite: Hyakunin Isshu uba-ga-etoki. Cent poèmes expliqués par la nourrice.
Signature de l'artiste:
Zen Hokusai Manji.
Format: ōban yoko-e;
H. 25,2; L. 35,8 cm.

Bibl.: Goncourt, n° 37, p. 241 - U. Taikei VIII, n° 164, repr. - Vever III, n° 738, repr. - Exp. Marais, n° 227, fig. 246.

80
Un faucon en vol.

Signature de l'artiste: Sōbō ryokaku. Zen Hokusai aratame Gakyō rōjin Manji.
Format: uchiwa-e;
H. 19,7; L. 27,5 cm.
Ancienne collection Wakai Oyaji.

Bibl.: U. Taikei VIII, n° 212, repr. - Exp. Marais, n° 186, fig. 197.

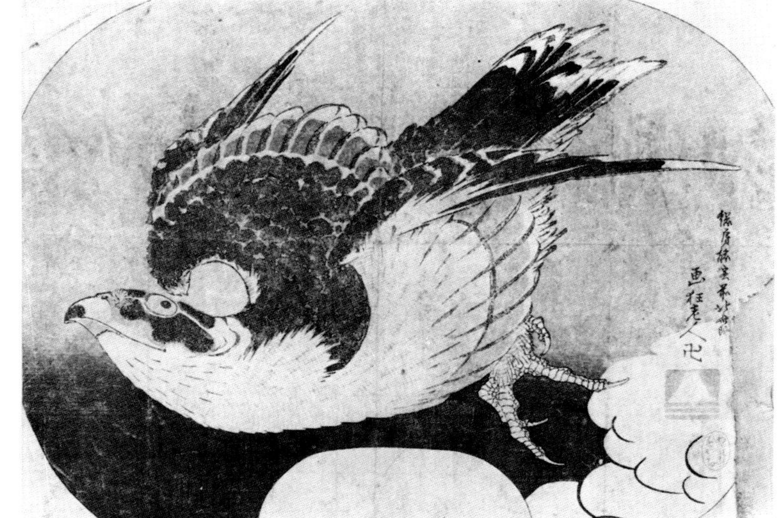

80

SHINSAI Ryūryūkyo
(attribué à)
(vers 1764-1830)

81
Susaki (nom du site).

Non signé.
Format: ōban yoko-e;
H. 22,8; L. 34,3 cm.
Ancienne collection Wakai Oyaji.

Shinsai s'est inspiré pour cette vue de Susaki des gravures hollandaises importées au Japon dès le XVIIIe siècle. Il a traité son sujet d'une manière occidentale en situant son paysage dans une perspective linéaire. Ces estampes, influencées par l'art européen, portent le nom de «uki-e».

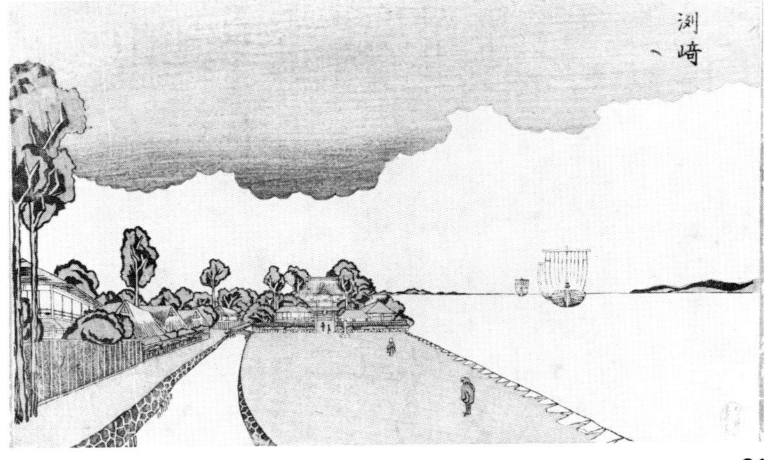

81

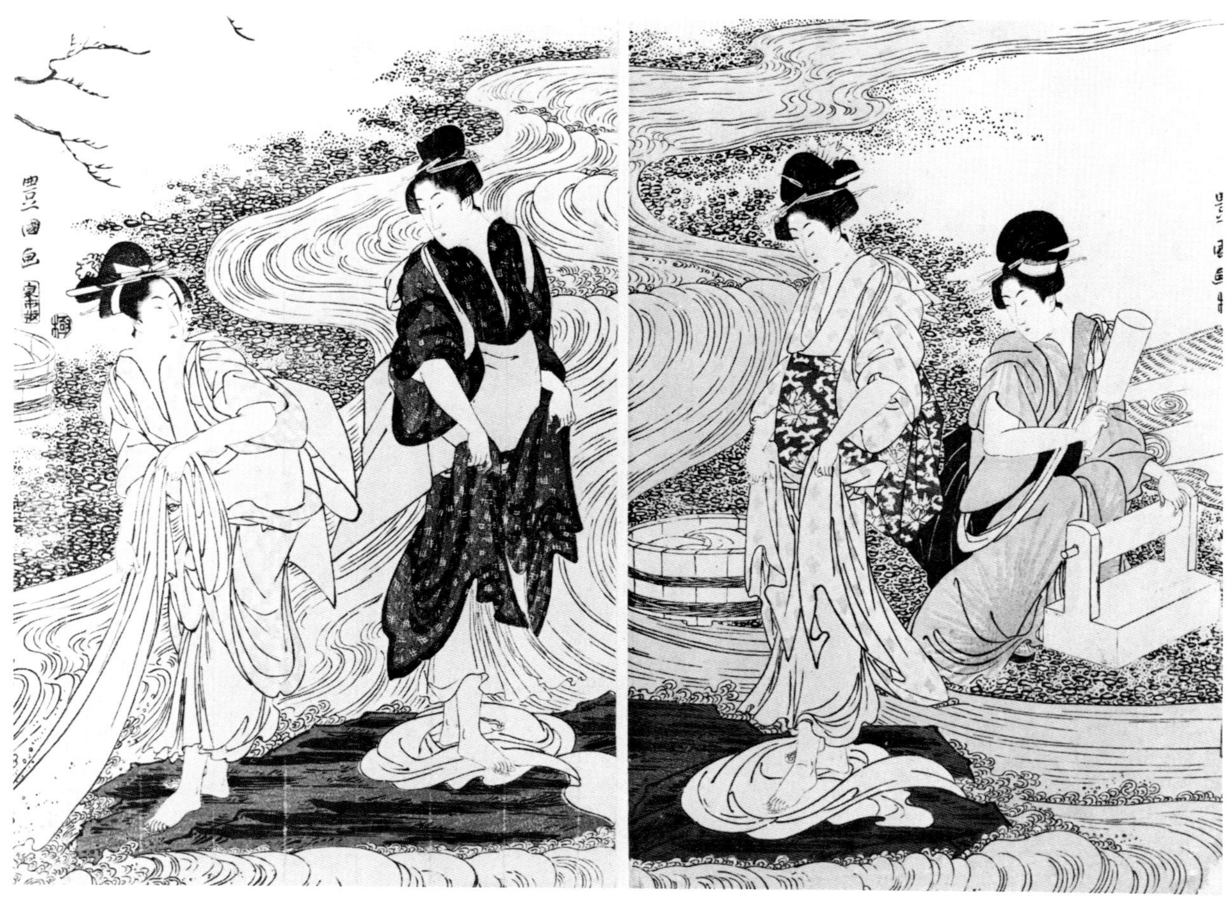

82

TOYOKUNI Utagawa
(1769-1825)

82
La rivière de cristal où l'on bat le linge pour lui donner de l'éclat.
Signature de l'artiste: Toyokuni ga.
Marque de l'éditeur:
Izumiya Ichibei.
Cachet de censure: kiwame.
Format: ōban diptyque;
H. 35,5; L. 48,2 cm (il manque la feuille gauche de ce triptyque).
Bibl.: V. et I., 1914, n° 87, pl. XXIV - U. Taisei X, n° 47, repr.

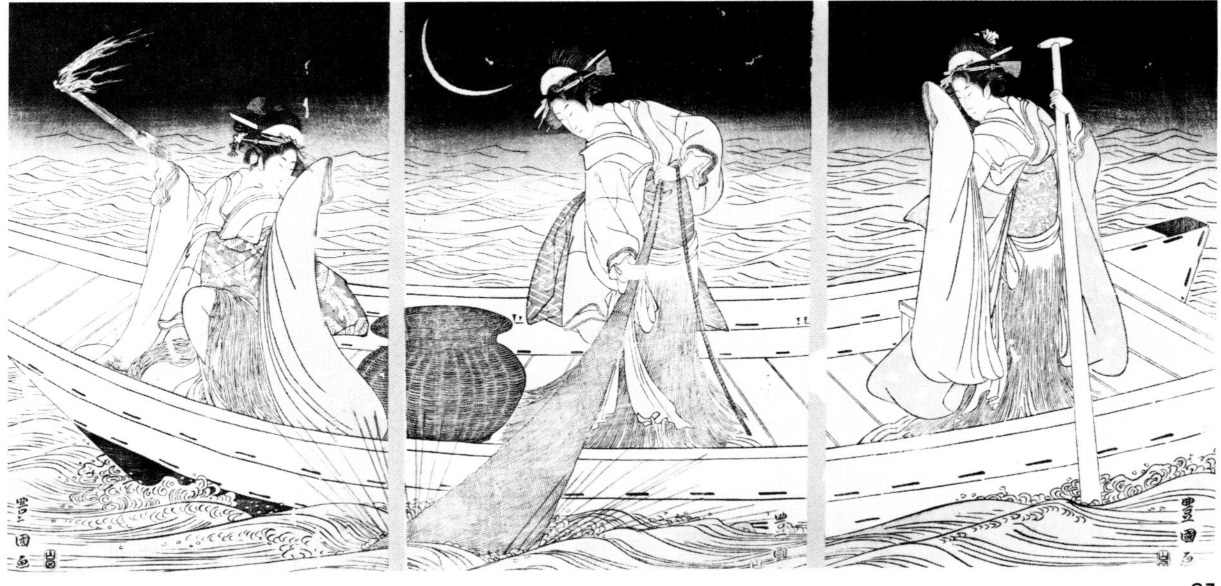

83

83

Trois femmes sur une barque pêchent au lamparo.

Signature de l'artiste: Toyokuni ga.
Marque de l'éditeur:
Yamadaya Sanshirō.
Format: ōban triptyque;
H. 36,3; L. 76 cm.

84

Matsusuke fū.

Le style d'Onoe Matsusuke II.

Une estampe de la suite: Ukiyo butaikō.
Le parfum de la scène du Monde flottant.
Signature de l'artiste: Toyokuni ga.
Marque de l'éditeur:
Tsumuraya Saburobēi.
Format: ōban tate-e;
H. 35,8; L. 23,7 cm.

Cet acteur, figurant sur l'éventail dans un rôle d'onnagata (acteur de kabuki interprétant les rôles féminins) adopte le nom d'Onoe Matsusuke II de 1809 à 1814, ce qui permet de dater cette estampe avec précision. Une jeune admiratrice assise au premier plan cherche à l'imiter dans un de ses rôles favoris.

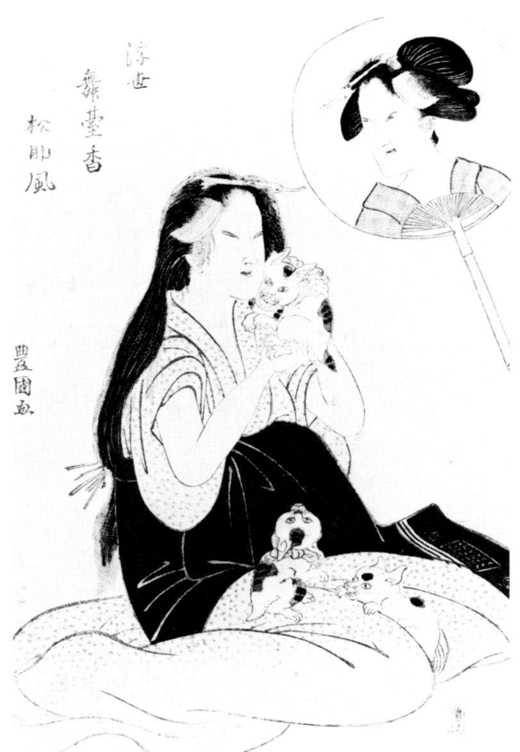

84

HOKKEI Totoya
(1780-1850)

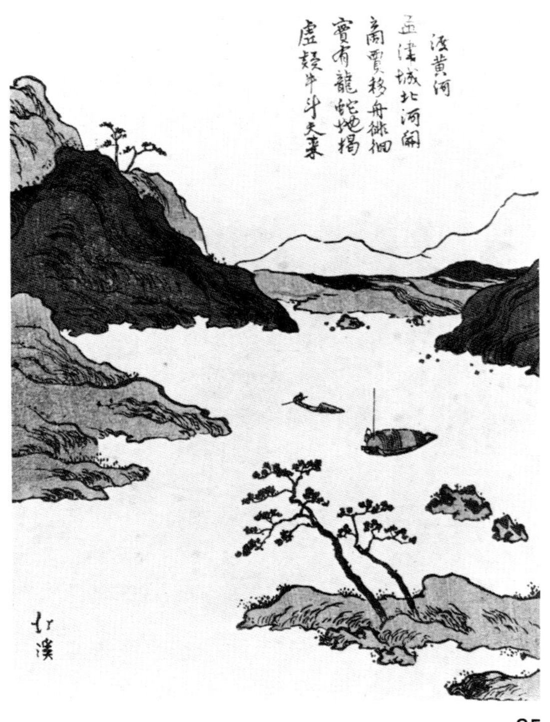

85

85

Paysage chinois.

Signature de l'artiste: Hokkei.
Format: chūban;
H. 24,5; L. 17,3 cm.

Un poème de style chinois est inscrit en haut à droite de l'estampe. Il a pour thème la rivière jaune Hwang Ho.

HOKUJU Shōtei
(actif 1790-1820)

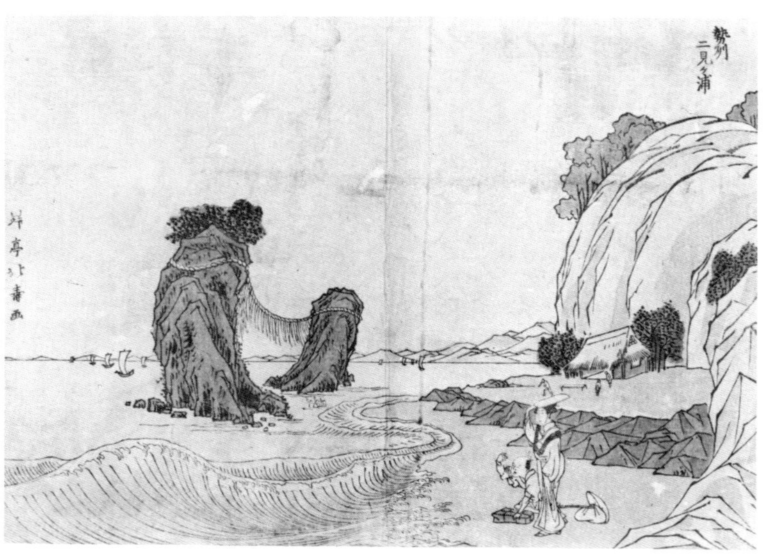

86

86

Seishū Futami-ga-ura.
La baie de Fusatami dans la province d'Ise.

Signature de l'artiste:
Shōtei Hokuju ga.
Format: ōban yoko-e;
H. 24,8; L. 35,2 cm.

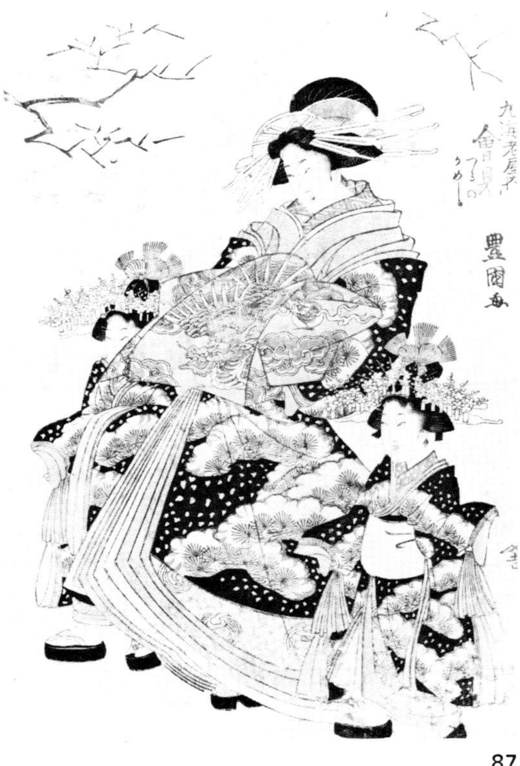

87

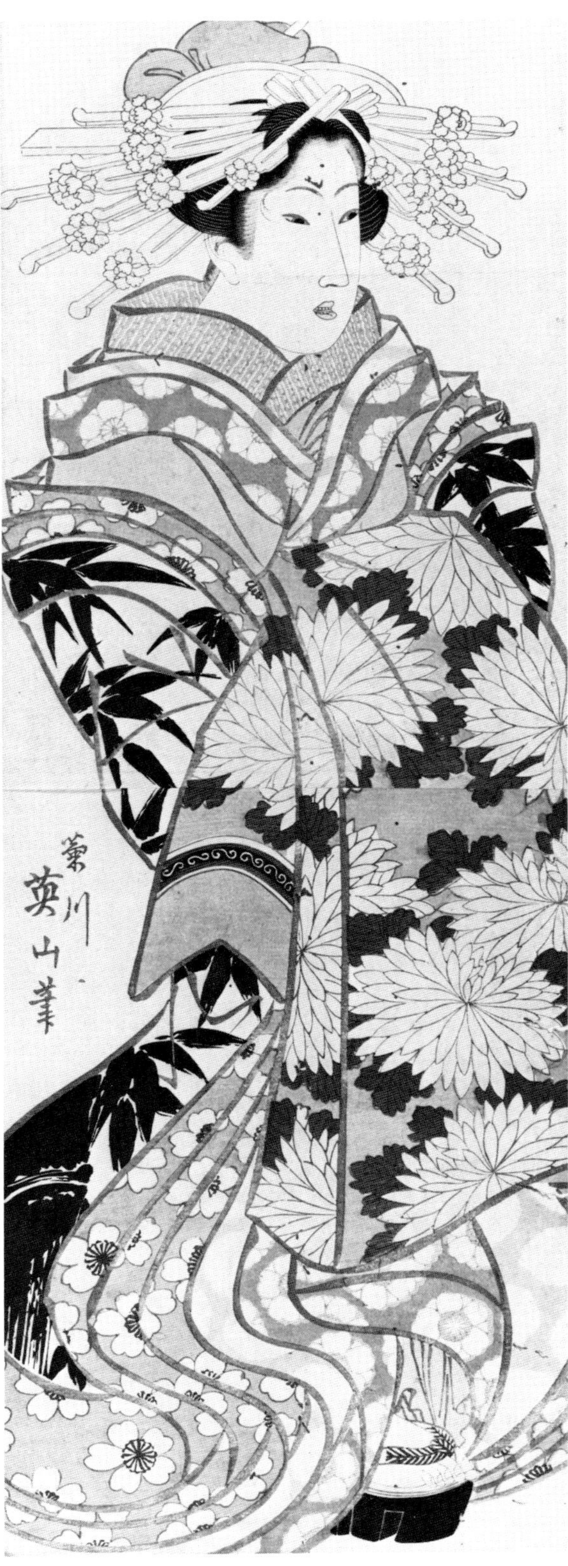

88

TOYOKUNI II Utagawa
(1777-1835)

87
Maruebi-ya uchi Aimi Tsuruno Kameshi.
La courtisane Aimi de la maison Maruebi-ya flâne en compagnie de ses deux kamuro Tsuruno et Kameshi.

Signature de l'artiste: Toyokuni ga.
Marque de l'éditeur:
Yorozuya Kichibei.
Format: ōban tate-e;
H. 36,5; L. 24,5 cm.

EIZAN Kikugawa
(1787-1867)

88
Courtisane en robe d'apparat.

Signature de l'artiste:
Kikugawa Eizan hitsu.
Format: hashira-e;
H. 69,1; L. 23,7 cm.

KUNISADA Utagawa
(1780-1865)

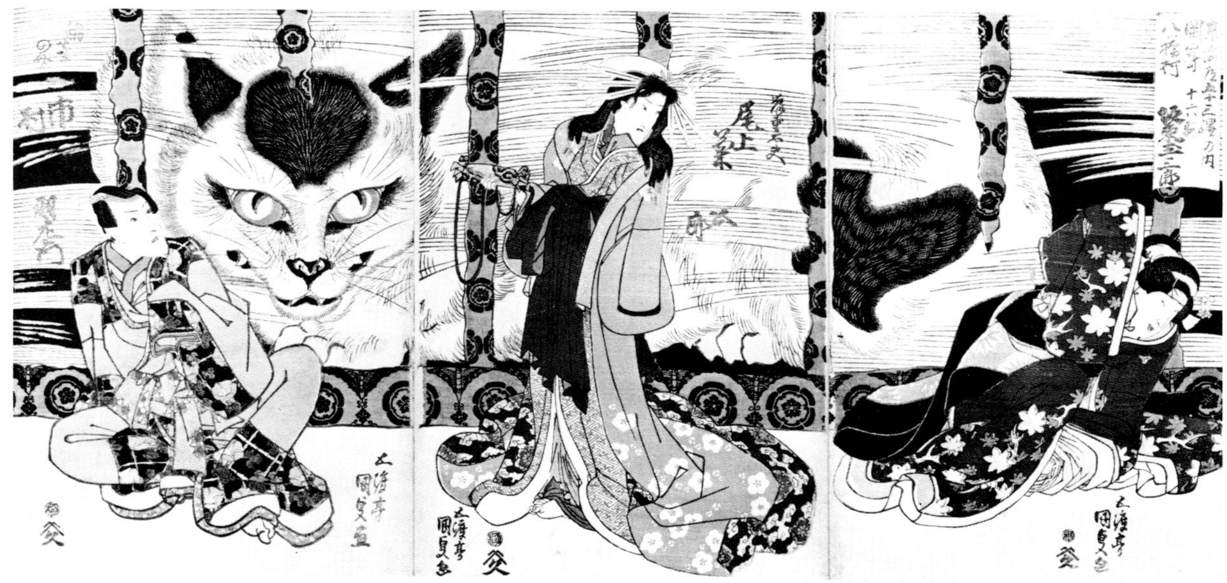

89

89
Le village de Yatsuhashi à Okazaki.

Une estampe de la suite: Tōkaidō gojūsan eki no uchi. Parmi les cinquante-trois stations du Tōkaidō (la 39e station).
Signature de l'artiste: Gototei Kunisada ga.
Marque de l'éditeur: Yamamotoya Heikichi.
Cachet de censure: kiwame.
Date: 1835.
Format: ōban triptyque;
H. 36,7; L. 77,4 cm.

Kunisada illustre ici une scène de la pièce Ume no Haru gojūsan eki, représentée pour la première fois en février 1835 au théâtre kabuki d'Ichimura. Plusieurs apparitions de fantômes interviennent dans cette histoire dont celle d'Okabe, à l'arrière-plan sur cette estampe, métamorphosée en chat. Elle cherche à effrayer Izayoi (l'acteur Bandō Tamasaburō), Usugumo Dayū (Onoe Kikugorō) et Inaba-no-suke (Ichimura Uzaemon).

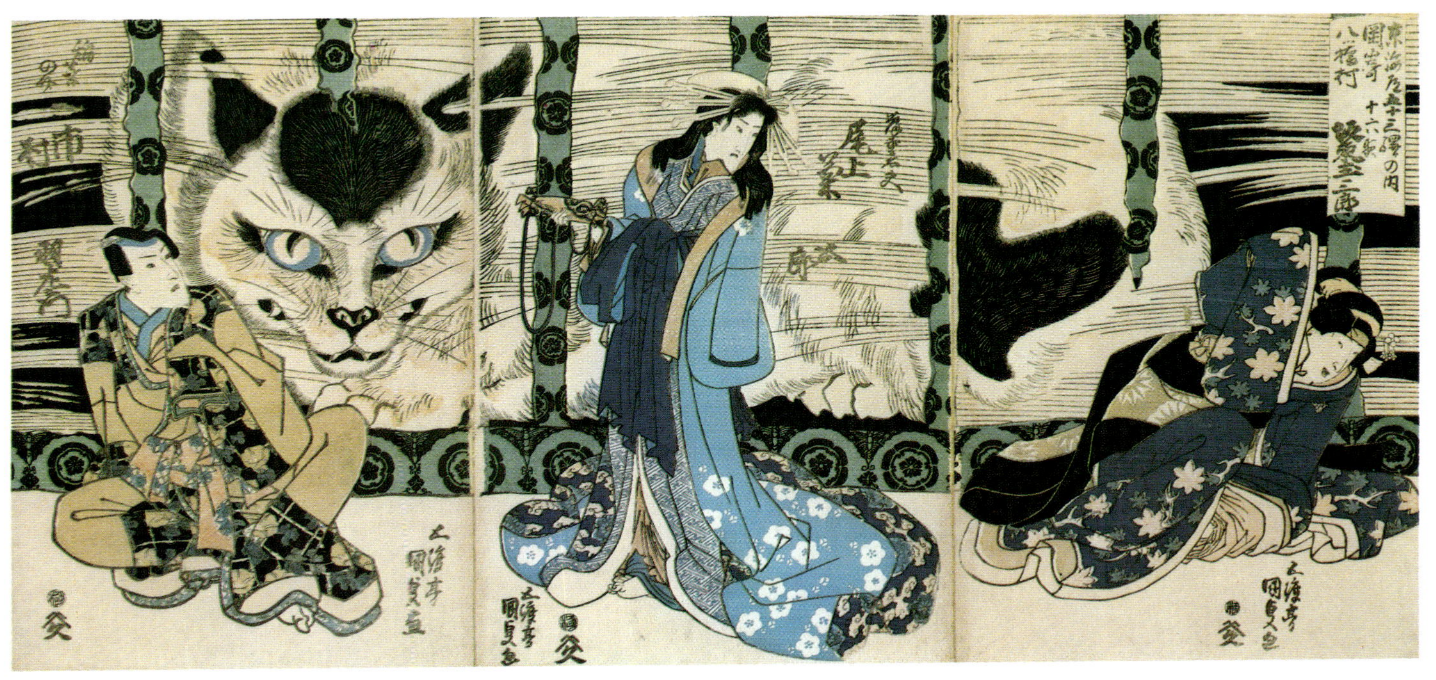

KUNISADA Utagawa
(1780-1865)

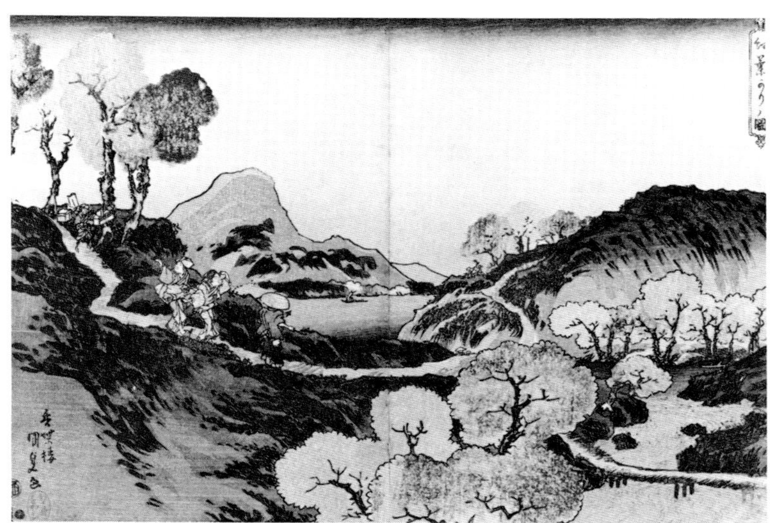

90

90
Kōyō-gari no zu.
Personnages contemplant les érables.

Signature de l'artiste:
Kōchōrō Kunisada ga.
Marque de l'éditeur:
Yamaguchiya Tōbei.
Cachet de censure: kiwame.
Format: ōban yoko-e;
H. 23,7; L. 34,7.
Ancienne collection Wakai Oyaji.

Bibl.: V. et I., 1914, n° 127, pl. XXXVI coul.

Si le mois d'avril est l'époque des cerisiers en fleur, le mois d'octobre est celle des érables rouges. Kunisada représente ici un groupe de personnages en contemplation devant ces momiji (érables) aux couleurs automnales.

91
Seishū awabi-tori no zu.
La pêche aux coquillages dans la province d'Ise.

Signature de l'artiste:
Kōchōrō Kunisada ga.
Marque de l'éditeur:
Yamaguchiya Tōbei.
Cachet de censure: kiwame.
Format: ōban yoko-e;
H. 24,1; L. 36,4 cm.

Bibl.: T.N.M. III n° 2723, repr.

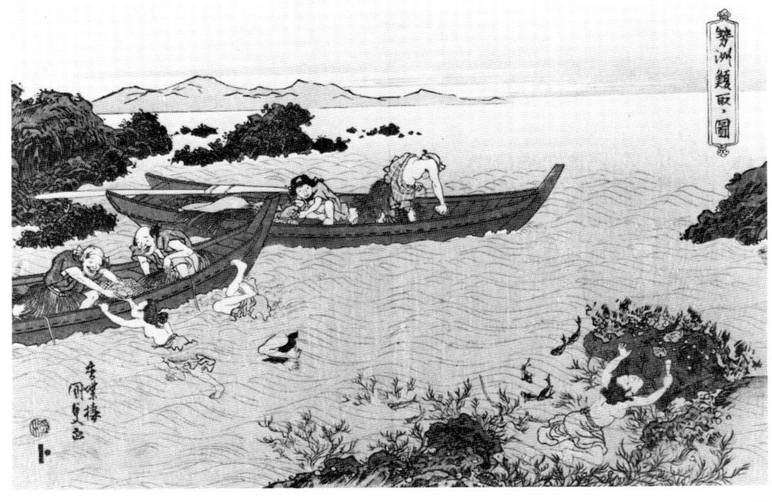

91

92
Fuyu. *Hiver.*

Une estampe de la suite: Shiki no uchi.
Les quatre saisons.
Signature de l'artiste:
Kōchōrō Kunisada ga.
Marque de l'éditeur:
Kawaguchiya Uhei.
Cachet de censure: kiwame.
Format: ōban tate-e;
H. 35; L. 23,8 cm.

Kunisada trace un portrait émouvant d'une yotaka (prostituée de bas rang) par une froide soirée d'hiver. Vêtue d'un kimono noir et d'un tenugui blanc qu'elle retient entre ses dents, elle avance dans la neige accompagnée d'un chien. Une estampe de Toyokuni (le maître de Kunisada), datée de 1810, représente pratiquement le même sujet.

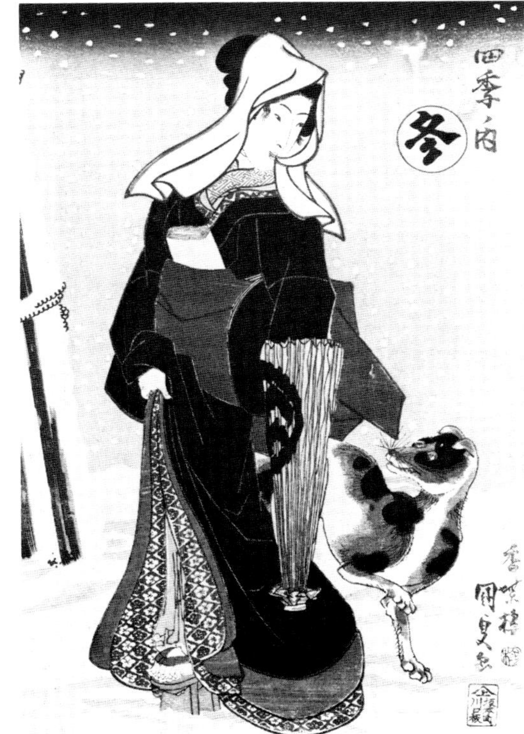

92

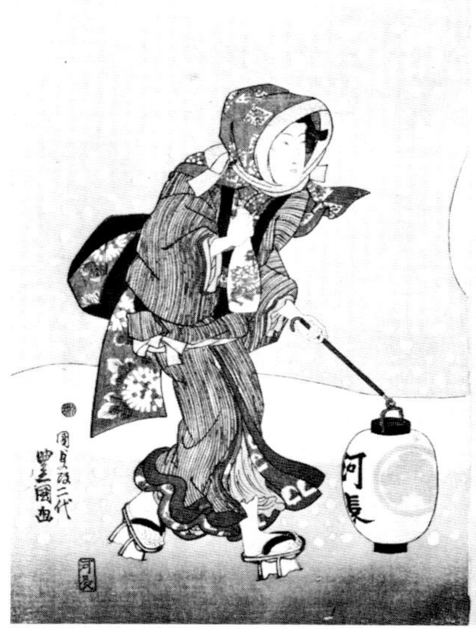
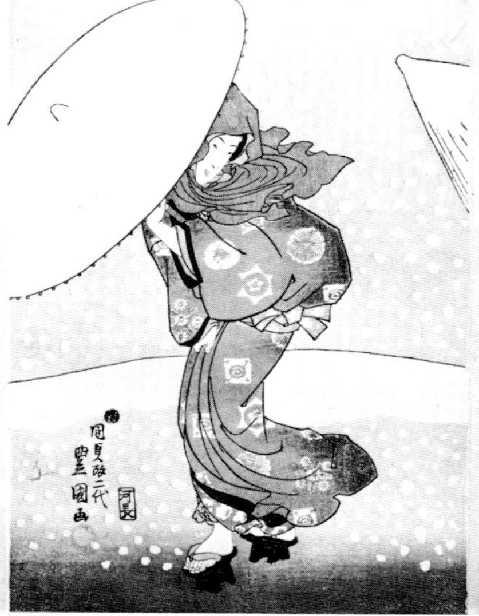
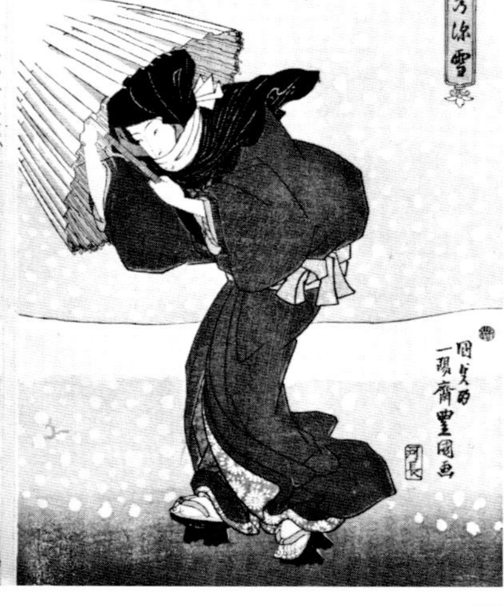

93

KUNISADA Utagawa
(1780-1865)

93
Seibo no miyuki. *Neige abondante à la fin de l'année.*

Signature de l'artiste:
Kunisada aratame Ichiyōsai Toyokuni ga (I. Toyokuni appelé précédemment Kunisada) à droite et Kunisada aratame Nidai Toyokuni ga (Toyokuni II appelé précédemment Kunisada) au centre et à gauche.
Marque de l'éditeur: Kawachō.
Cachet de censure:
Muramatsu (1843-1847).

Format: ōban triptyque;
H. 36; L. 76,7 cm.

Bibl.: Suzuki et Oka, *The Decadents*, n° 4-6, repr. coul.

On connaît quatre états de cette planche. Sur l'exemplaire reproduit dans le livre *The Decadents* de petites touches noires remplacent les flocons de neige blancs qui tombent ici à l'arrière-plan.

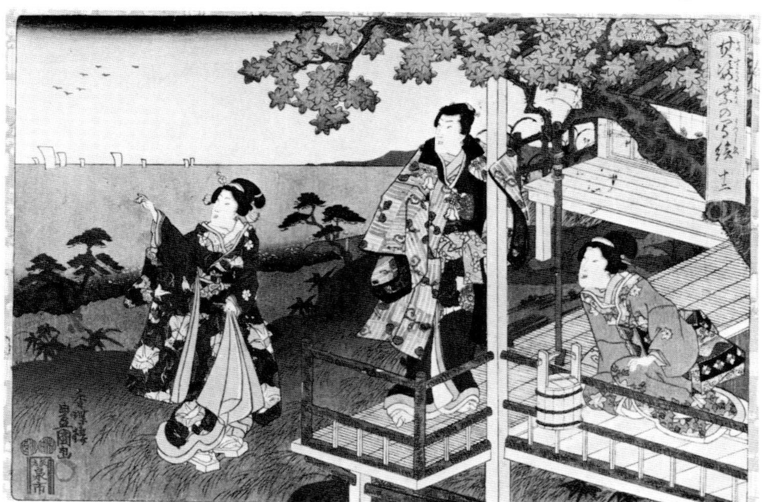

94

94
Le Prince Genji en exil à Akashi.

Une estampe de la suite: Sono sugata yukari no utsushi-e. Peintures qui nous rappellent le prince Genji. (Une des très nombreures séries du Genji.)
Signature de l'artiste:
Kōchōrō Toyokuni ga;
sceau: Toshidama.
Marque de l'éditeur:
Izumiya Ichibei.
Cachets de censure:
Murata et Yonera (1847-1852).
Format: ōban yoko-e;
H. 23,2; L. 35,2 cm.

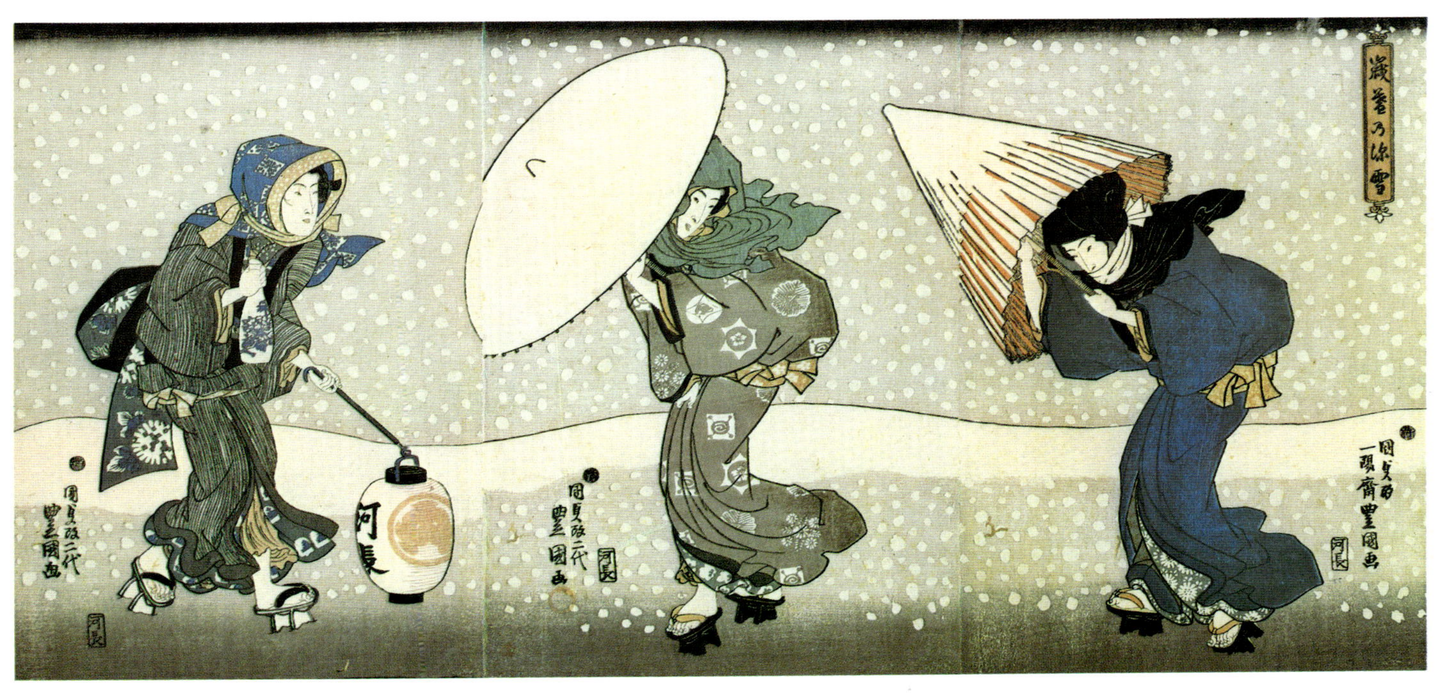
河長

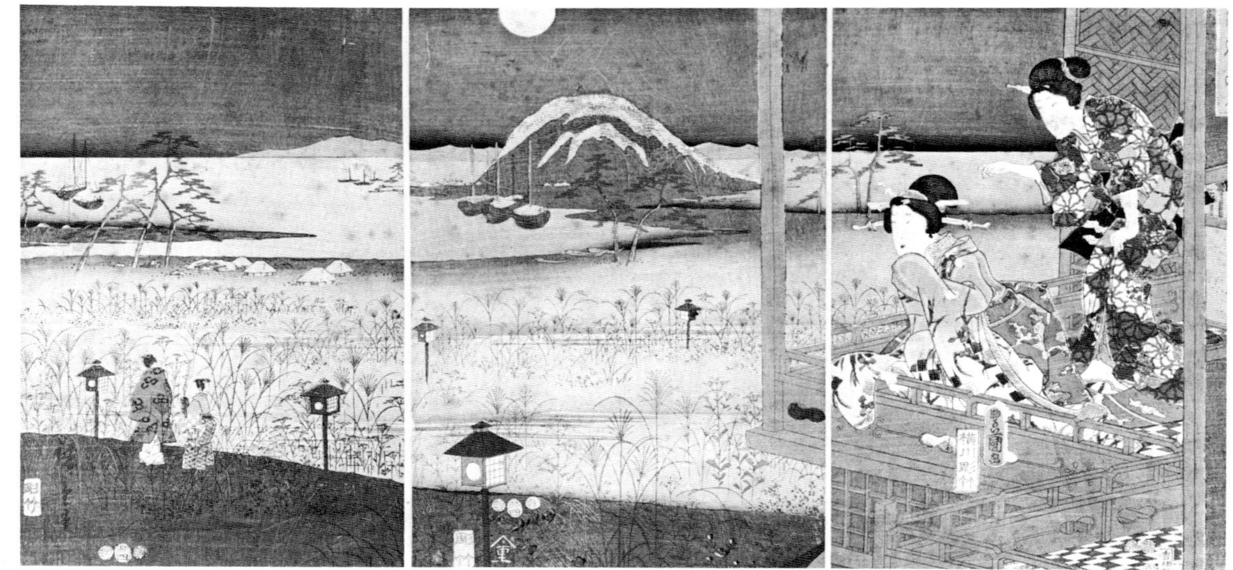

95

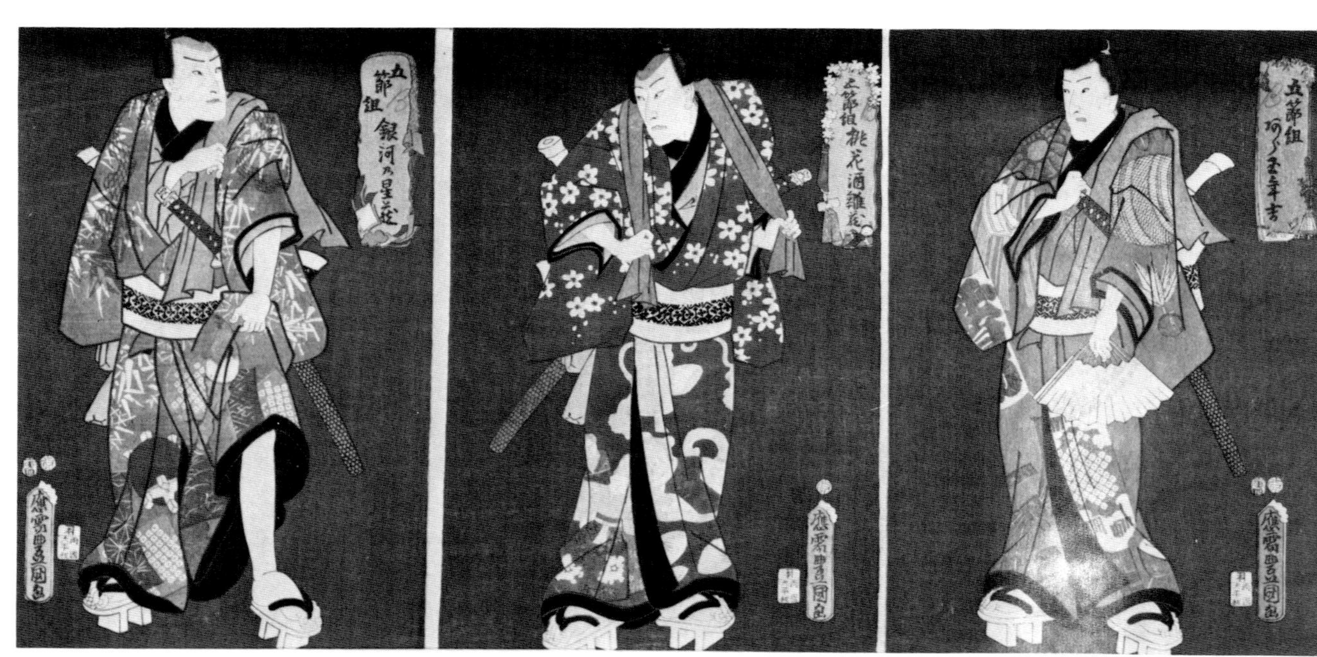

95
Akashi. *(Désigne à la fois le site et le nom de la femme assise à droite).*

Une estampe de la suite: Fūryū Genji. Elégante série représentant le Prince Genji.
Signature de l'artiste: Toyokuni ga (Kunisada I) et Hiroshige hitsu; sceau: Ichiryūsai.
Marque de l'éditeur: Jōshūya Jūzō.
Marque du graveur: Horitake.
Cachets de censure: Kinugasa et Murata.
Date: Année du bœuf (1853), 4e mois.
Format: ōban triptyque; H. 30,6; L. 65,2 cm.

Cette estampe est un exemple de la collaboration des deux artistes. Hiroshige a dessiné le paysage d'Akashi et Kunisada les deux femmes sur la véranda.

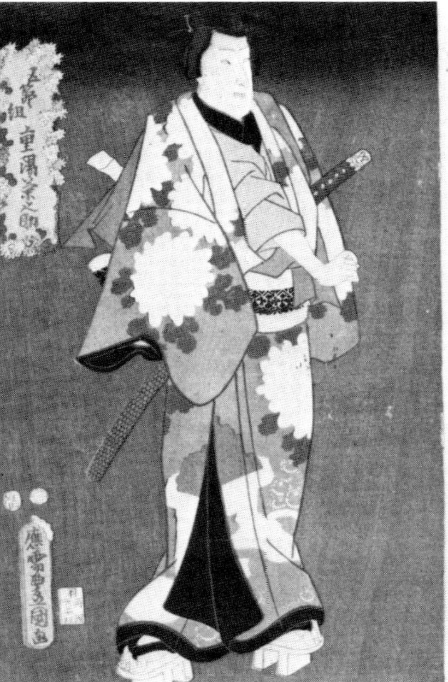
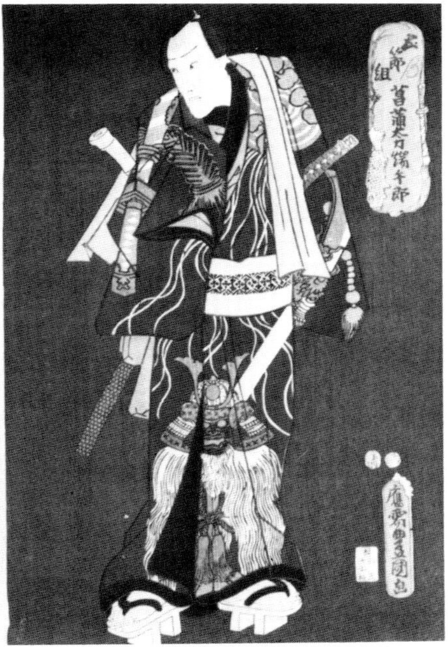
96

KUNISADA Utagawa
(1780-1865)

96
Les acteurs Shōbutachi Tangorō, Chōyō Kikunosuke, Aratama Toshikichi, Momo-no-hanazake Hinazō et Ginga no Hoshizō. (De droite à gauche).

Une estampe de la suite: Go-sekku gumi. Les cinq festivals.
Signature de l'artiste: Motome ni ōjite (sur commande) Toyokuni ga.
Marque de l'éditeur: Daikokuya Heikichi.
Cachet de censure: aratame.
Date: tigre (1854), 4e mois.
Format: ōban pentaptyque; H. 34,7; L. 121.5 cm.

Ces cinq acteurs très populaires à l'époque ont adopté des noms qui font allusion aux différents festivals de l'année japonaise (Go-sekku). Ainsi, S. Tangorō personnifie la fête des garçons (voir n° 47), C. Kikunosuke celle de chōyō (voir n° 103), A. Toshikichi celle de la Nouvelle année, M. Hinazō celle des poupées (en mars) et G. Hoshizō celle de tanabata (en juillet).

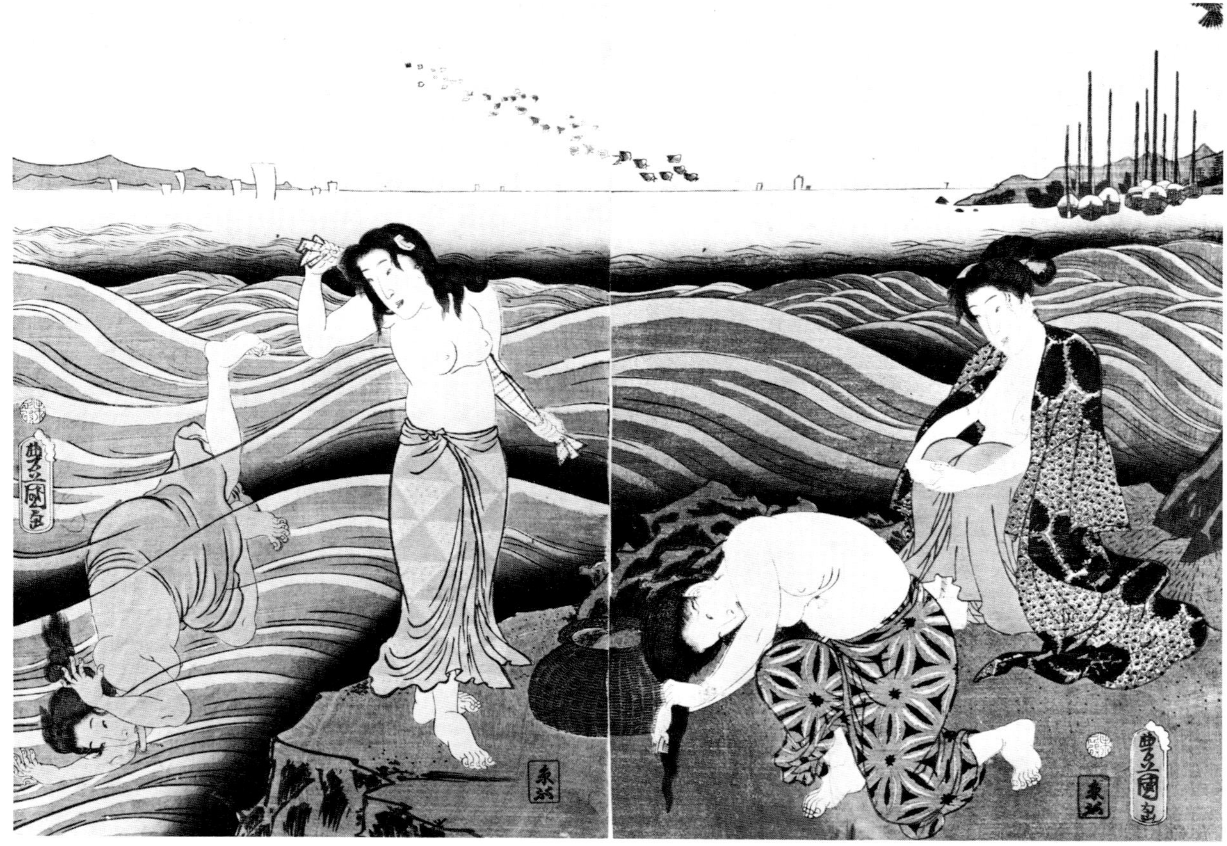

97

KUNISADA Utagawa
(1780-1865)

97
Les pêcheuses d'awabi.

Une estampe de la suite: Mitsuuji Iso Asobi. Les divertissements du Prince Mitsuuji au bord de la mer.
Signature de l'artiste: Toyokuni ga.
Cachet de censure et date: année de la chèvre (1859) 1er mois.
Format: ōban diptyque;
H. 49; L. 34,3 cm (il manque la feuille droite de ce triptyque).

Bibl.: U. Taisei, XII, n° 203, repr. - Exp. Beauties in Edo, n° 111, repr.
Voir n° 191.

98
Les pêcheuses d'Ise.

Une estampe de la suite: Ise no ama Naga-awabi tsukuru no zu. Les pêcheuses d'Ise réunissant des longs coquillages.
Signature de l'artiste:
Konomi ni makasete
(par préférence) Toyokuni ga.
Marque de l'éditeur:
Kagaya Kichiemon.
Cachet de censure avec date:
Année du singe (1860) 5e mois.
Format: ōban triptyque;
H. 35,8; L. 73,1 cm.

Bibl.: U. Taisei, XII, n° 205, repr.

Ces jeunes femmes coupent l'intérieur des coquillages en lamelles, puis les font sécher. Elles serviront de décorations pour la Nouvelle Année.

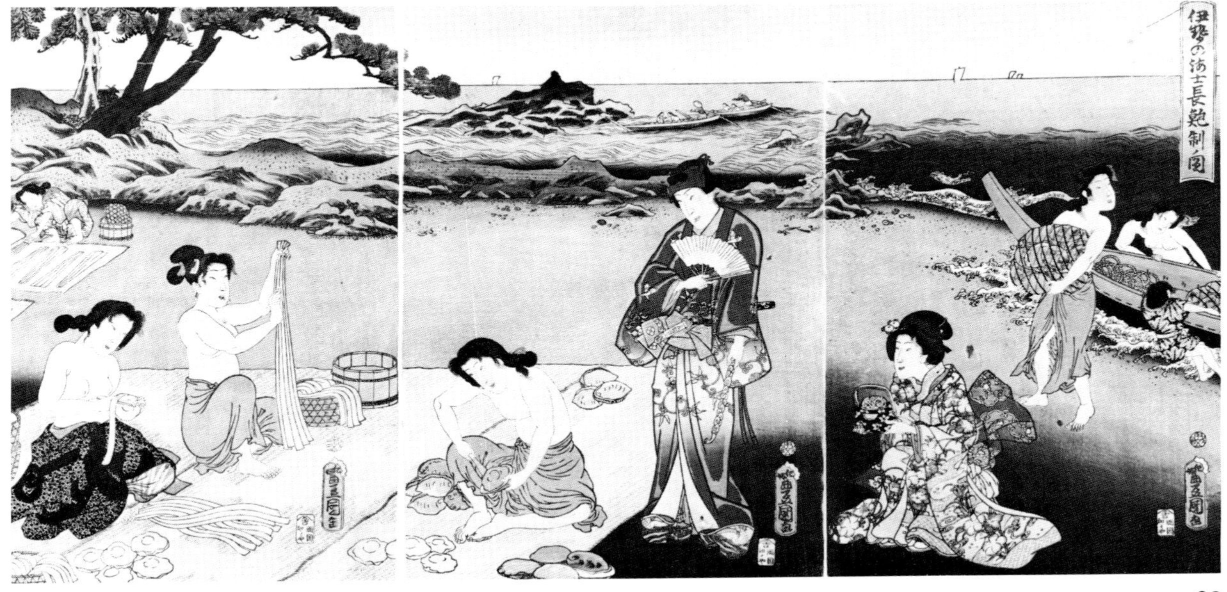

98

KUNIHIRO Utagawa
(actif vers 1820)

99
Kono Tokoro Haya-gawari. *Pour cette scène un changement rapide.*

Cette série comprend quatre estampes représentant Gennosuke II dans sept rôles différents.
Signature de l'artiste: Kunihiro ga.
Marque de l'éditeur: Tenki.
Cachet de censure: Sō aratame.
Format: ōban tate-e;
H. 34,7; L. 22,6 cm.

Sawamura Gennosuke II interprète ici les rôles d'Hisamatsu et de sa maîtresse Osome. Cet acteur utilise le pseudonyme de Sawamura Gennosuke II de 1817 à 1831.

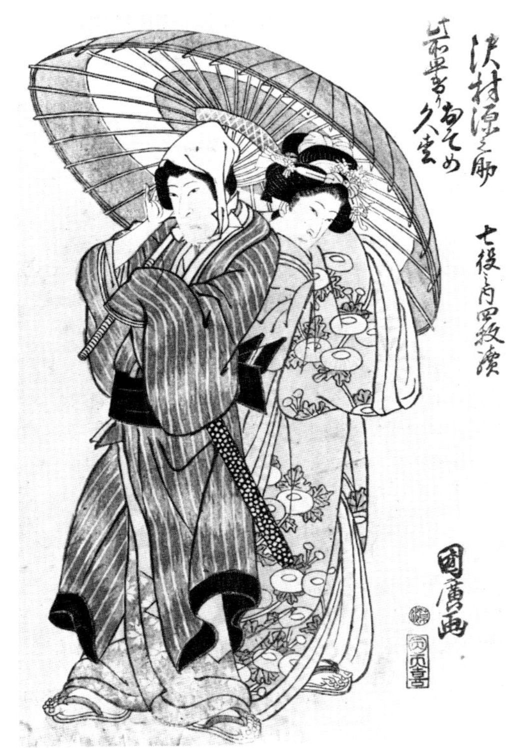

99

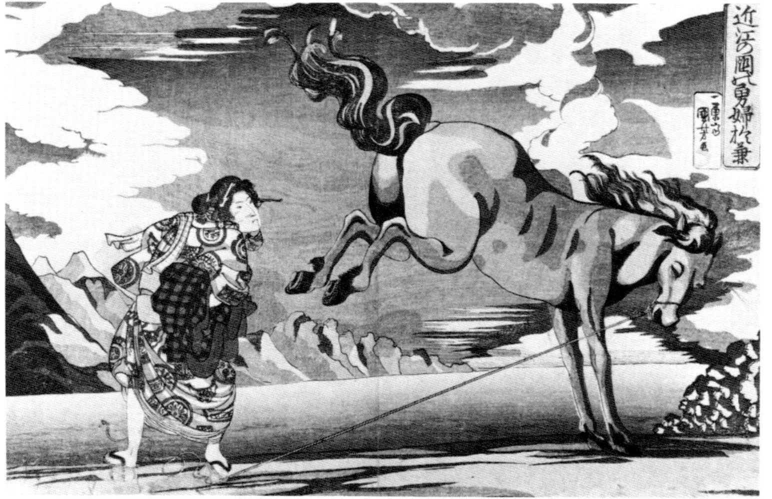

100

100
Ōmi-no-kumi no yūfu O-Kane.
L'héroïque O-Kane de la province d'Ōmi.

Signature de l'artiste: Ichiyūsai Kuniyoshi ga; sceau: Toshidama.
Marque de l'éditeur: Kinhodō.
Cachet de censure: kiwame.
Date: vers 1830.
Format: ōban yoko-e;
H. 22,8; L. 34,3 cm.

Bibl.: T.N.M. III, n° 3049, repr. - Lane, n° 190, repr. coul.

Kuniyoshi s'est plu à représenter Ō-Kane matant à la seule force de son pied, un cheval qui rue. Cette scène a pour cadre le lac Biwa, où vécut cette femme à la force légendaire.

KUNIYOSHI Utagawa
(1798-1861)

101
Neige à Tsukahara dans l'île de Sado.

Une estampe de la suite:
Kōso goichidai ryakuzu. Histoire de la vie du moine Nichiren.
Signature de l'artiste: Ichiyūsai Kuniyoshi hitsu; sceau (Kuniyoshi crée pour la série une marque semblable à celle de cette secte).
Date: vers 1835.
Format: ōban yoko-e;
H. 20,4; L. 33,6 cm.

Bibl.: V. et I., 1914, n° 140, pl. XLII - T.N.M. III, n° 3030, repr. - Lane, n° 531, repr.

Kuniyoshi raconte avec émotion un épisode de la vie du bonze Nichiren (1222-1282), fondateur de la secte bouddhique Nichiren-shū.
Le peintre, lui-même membre de cette communauté religieuse, fut sans doute très touché par l'exil imposé à Nichiren à la suite de la parution d'un ouvrage politique *Ankoku-ron* (Livre pour assurer la paix de l'Etat) qui eut le don d'irriter les autorités. Kuniyoshi nous le dépeint, accablé, fuyant sous la neige dans un isolement tragique.

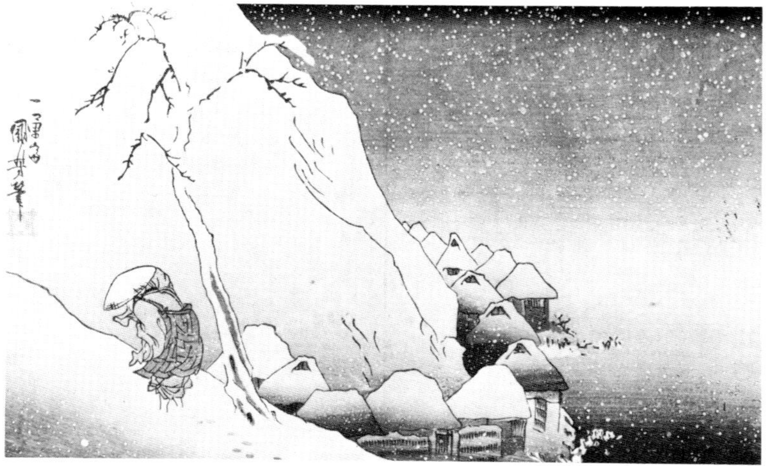

101

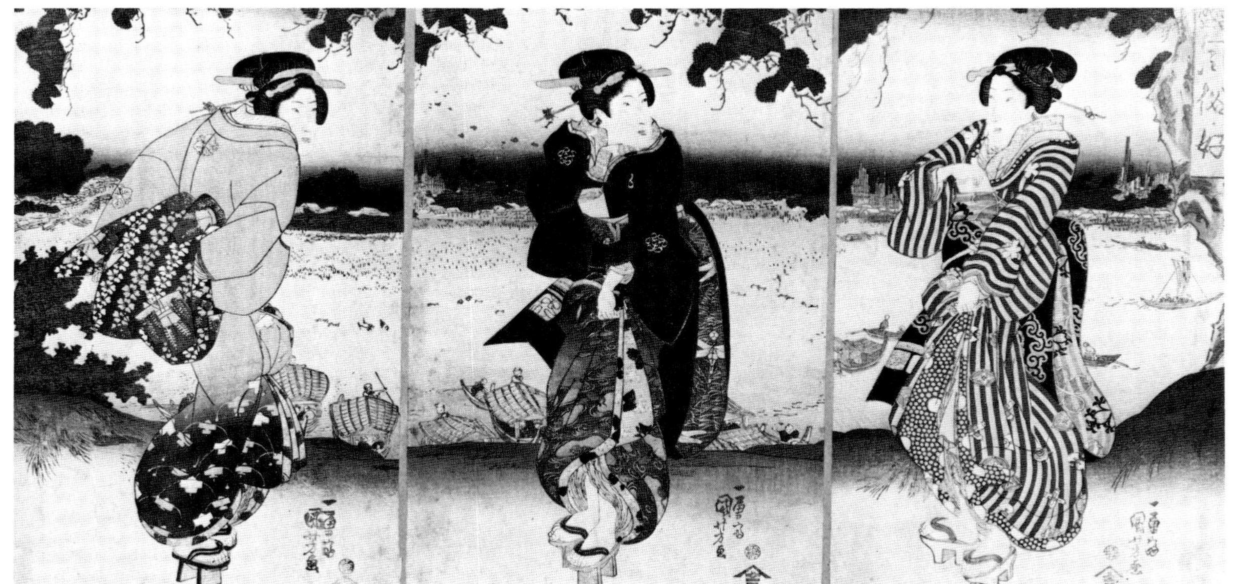

102

102
Tōsei fūzoku-gonomi.
Goût moderne pour les habits.
Signature de l'artiste:
Ichiyūsai Kuniyoshi ga.
Marque de l'éditeur:
Enomoto Kichibei.
Cachet de censure: kiwame.
Format: ōban triptyque;
H. 35,6; L. 71,6 cm.

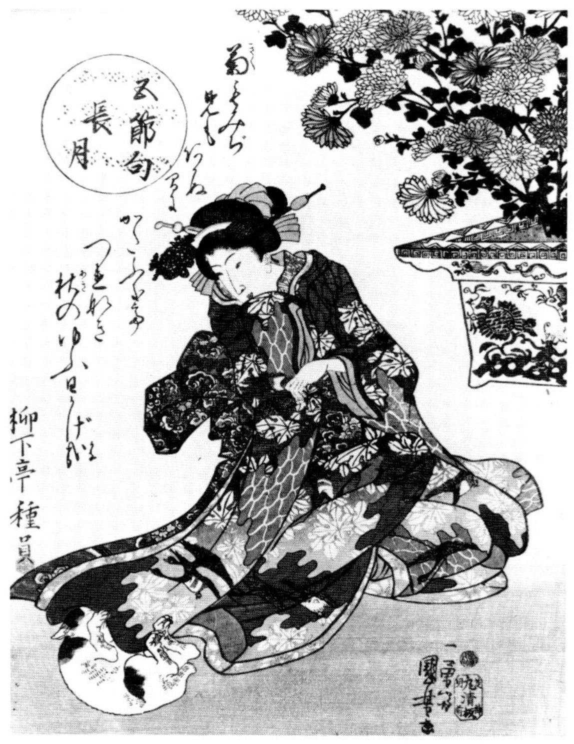

103

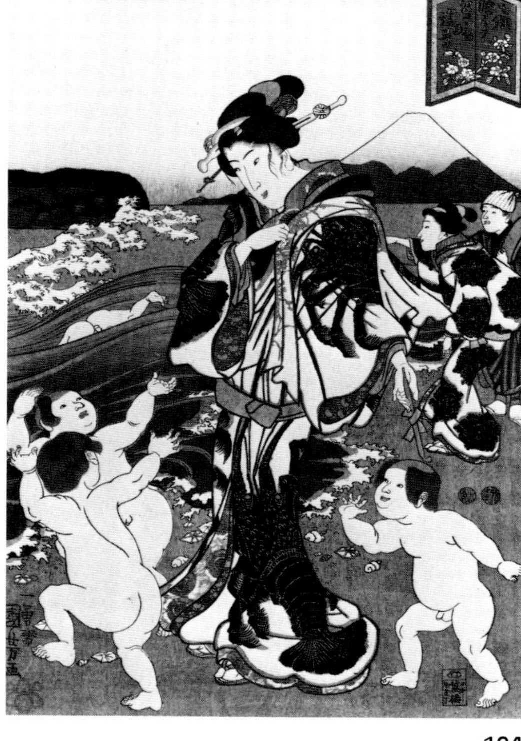

104

KUNIYOSHI Utagawa (1798-1861)

103
Nagatsuki. *Septembre.*

Une estampe de la suite: Go-sekku. Les cinq festivals.
Signature de l'artiste: Ichiyūsai Kuniyoshi ga.
Marque de l'éditeur: Maruya Seijirō.
Cachet de censure: Muramatsu (1843-1847).
Poème de Ryukatei Tanekazu sur le thème de l'automne.
Format: ōban tate-e;
H. 33,2; L. 24,7 cm.

Le Chōyō-no sekku, festival de l'automne, est annoncé par le poème et le bouquet de chrysanthèmes. Cette fête, l'une des cinq ponctuant l'année japonaise, a lieu le 9e jour du 9e mois lunaire (9 septembre). On y boit du kiku-sake, sur lequel flotte des pétales de chrysanthèmes, cette boisson est une eau de jouvence selon une légende chinoise.

104
Shichiri-ga-hama yori Enoshima no enkei.
Enoshima vue depuis Shichiri.

Signature de l'artiste: Ichiyūsai Kuniyoshi ga;
sceau: Yoshikiri-in.
Marque de l'éditeur: Tsutaume.
Cachets de censure: Murata et Yonera (1847-1852).
Format: ōban tate-e;
H. 34,8; L. 23,7 cm
(feuille droite d'un triptyque).

Femmes et enfants ramassant des coquillages et des ebi (langoustes) sur la plage des Sept-lieues.

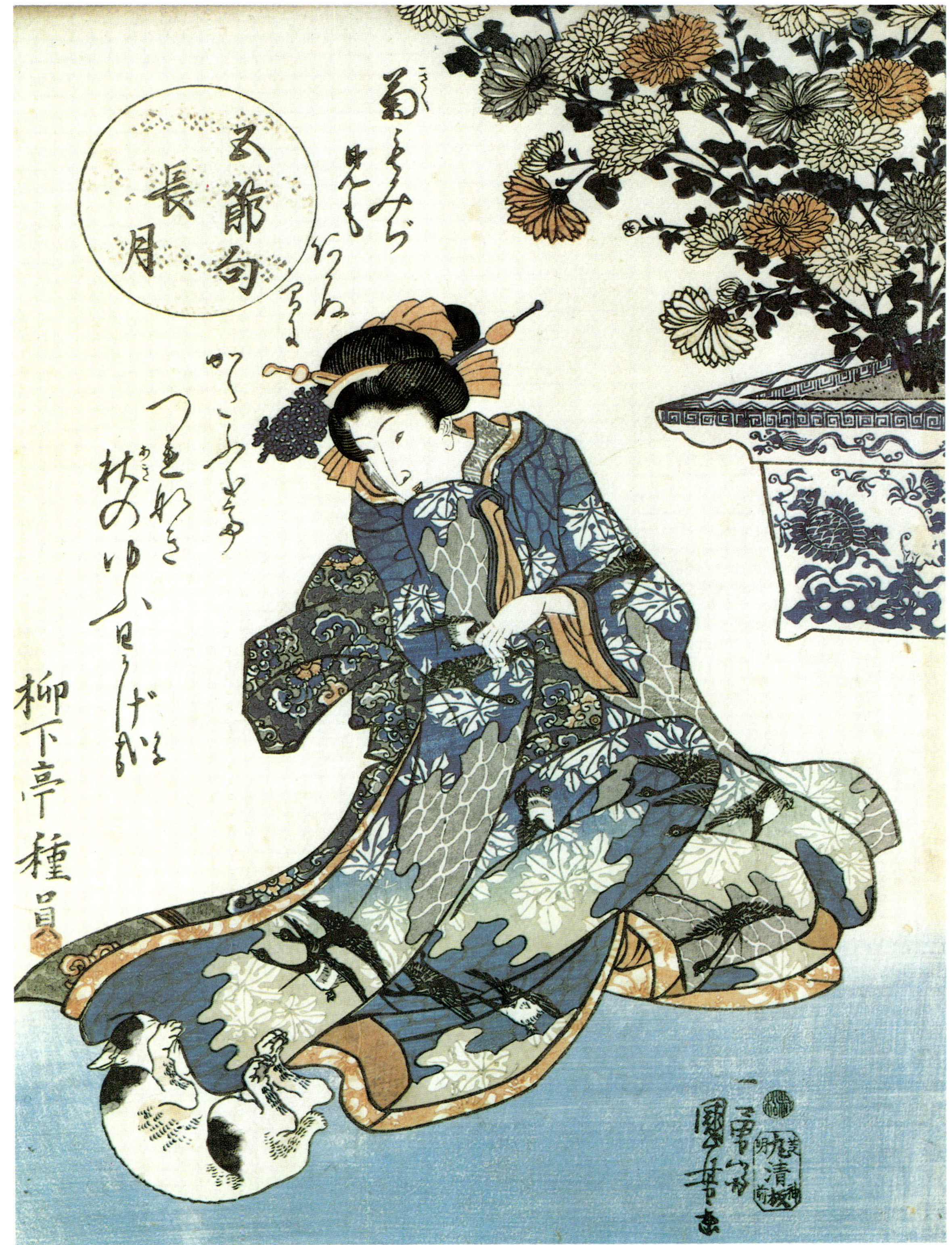
五節句
長月
柳下亭種員

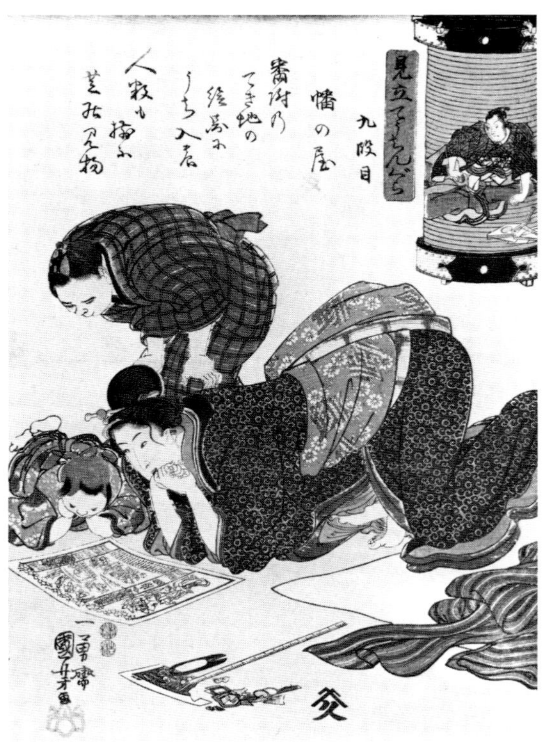

105

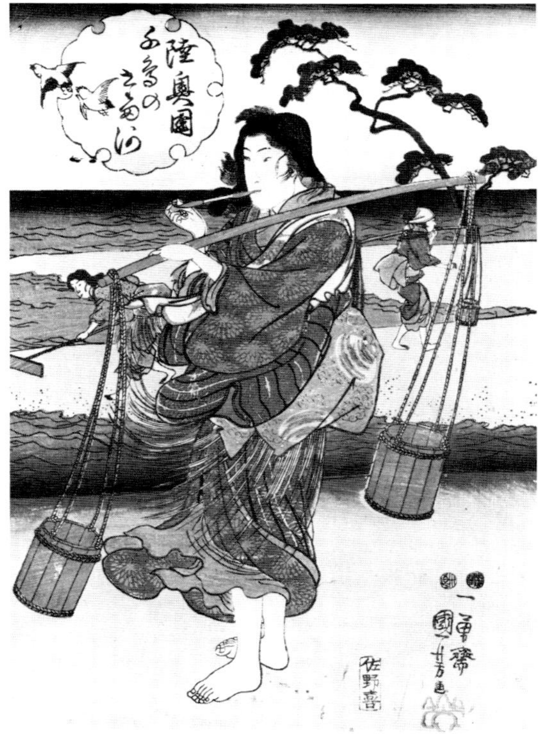

106

KUNIYOSHI Utagawa
(1798-1861)

105
Acte IX.

Une estampe de la suite:
Mitate Chōchingura. Allusion au Chūshingura avec un jeu de mot sur la lanterne.
Signature de l'artiste:
Ichiyūsai Kuniyoshi ga;
sceau: Yoshikiri-in.
Marque de l'éditeur:
Yamamotoya Heikichi.
Cachets de censure:
Muramatsu et Yoshimura (1847-1852).
Poème de Hatanoya.
Format: ōban tate-e;
H. 35,5; L. 24,8 cm.

Bibl.: U. Taisei, XI, n° 464, repr.

Le Chūshingura est la pièce la plus célèbre du théâtre Kabuki. Elle raconte en douze actes l'histoire de la vengeance de quarante-sept rōnin (samourai sans maître). Au IXe acte, deux rōnin reçoivent le plan de la maison du traître Moronao. Kuniyoshi représente une femme et deux enfants penchés sur un banzuke (programme de théâtre) qui évoque le plan de la maison de Moronao.

106
Mutsu no kuni chidori no Tamagawa.
La rivière de cristal à Chidori dans la province de Mutsu.

Signature de l'artiste:
Ichiyūsai Kuniyoshi ga;
sceau: Yoshikiri-in.
Marque de l'éditeur: Sanoya Kihei.
Cachets de censure: Murata et Yonera (1847-1852).
Format: ōban tate-e;
H. 36,2; L. 24,8 cm. (Une feuille d'un triptyque).

Les porteuses d'eau salée comme les pêcheuses d'awabi apportent une note pittoresque et populaire à l'estampe japonaise. Cette activité féminine permet à Kuniyoshi de peindre un aspect enfin différent de la courtisane richement parée et artistement coiffée. Cette porteuse séduit par son allure libre, les cheveux au vent et la pipe à la bouche. Le vol des chidori (pluviers), oiseaux symbolisant une vie passionnée et orageuse, traverse le cartouche et accompagne sa marche.

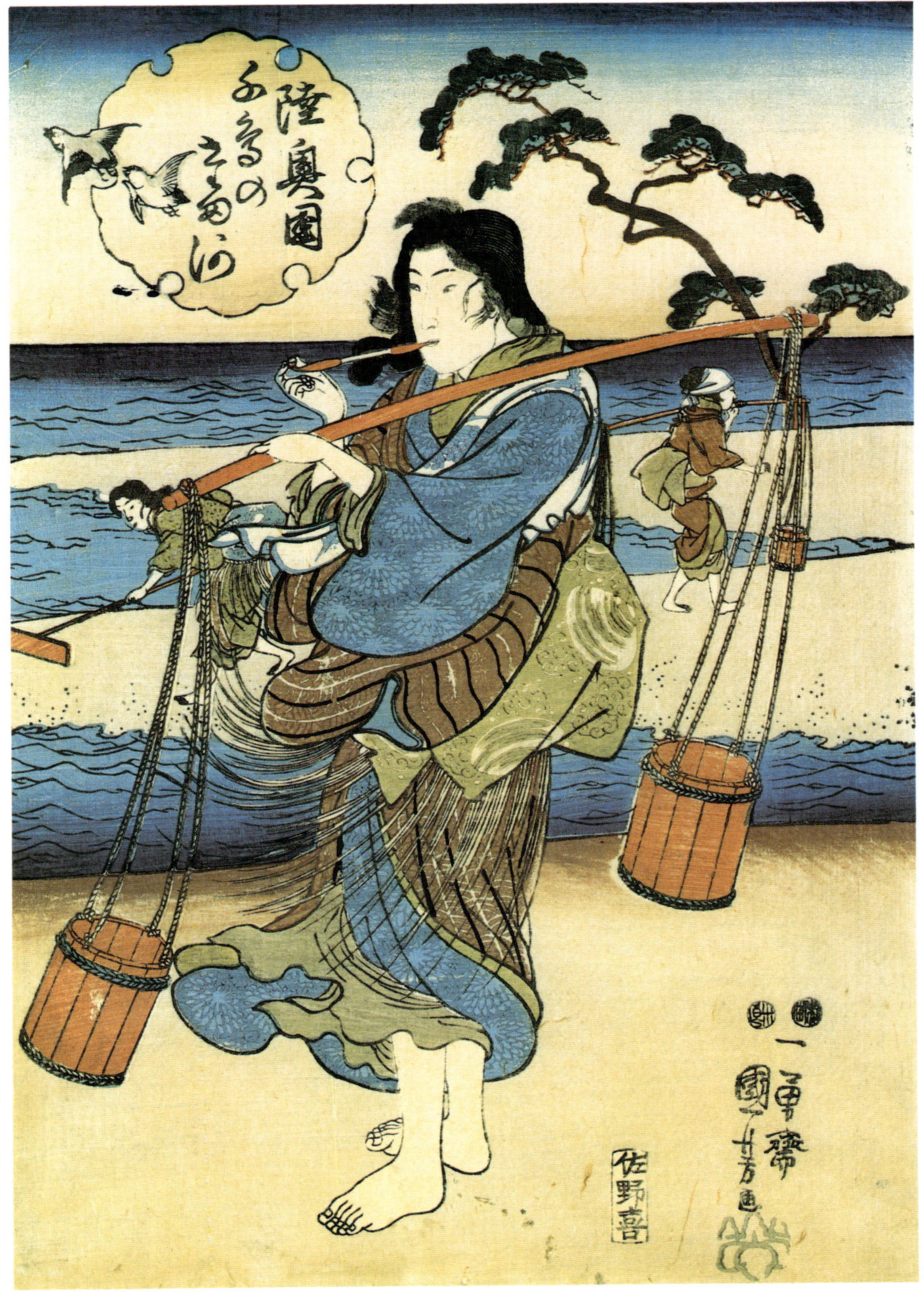
陸奥國
一勇齋
國芳画
佐野喜

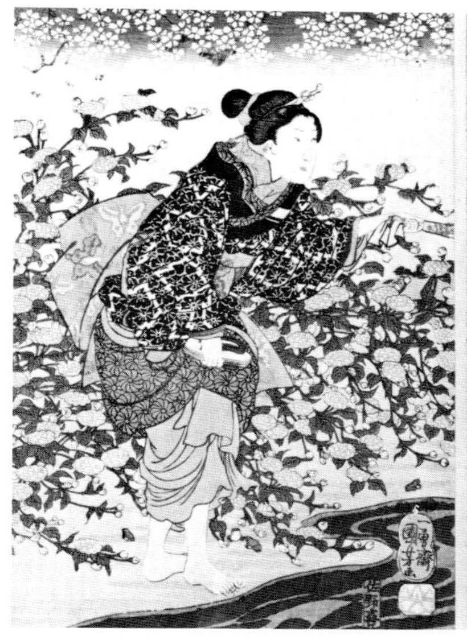
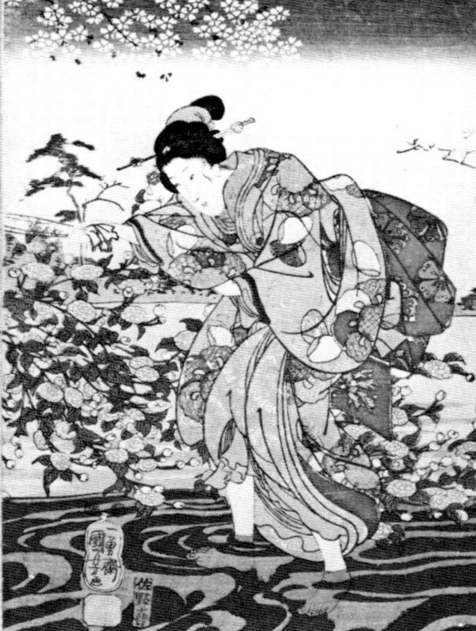
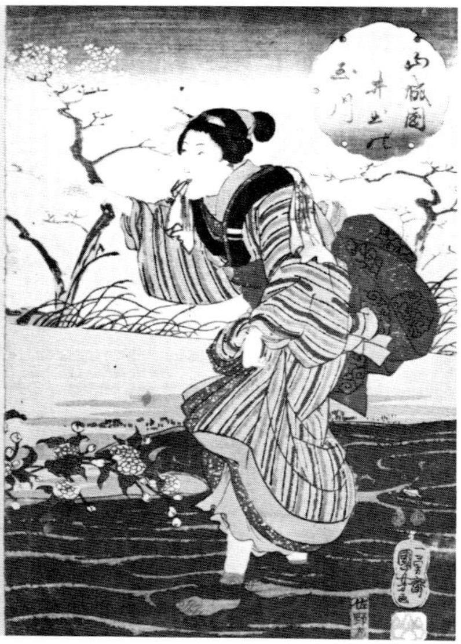

107

KUNIYOSHI Utagawa
(1798-1861)

107
Yamashiro no kuni Ide no Tamagawa. *La rivière de cristal à Ide dans la province de Yamashiro.*
Signature de l'artiste:
Ichiyūsai Kuniyoshi ga;
sceau: Yoshikiri-in.
Marque de l'éditeur: Sanoya Kihei.
Cachets de censure:
Hama et Kinugasa (1847-1852).
Format: ōban triptyque;
H. 33,9; L. 74,4 cm.

Trois femmes, semblables au voyageur du poème ancien qui ne pouvait passer cette rivière sans y arrêter son cheval, la traversent pour admirer la floraison des yamabuki (roses jaunes).
Cette estampe, de même que la précédente, appartient à une série consacrée aux six rivières de cristal.

108
Sumidagawa no asagiri. *Brume du matin sur la rivière Sumida.*
Signature de l'artiste:
Ichiyūsai Kuniyoshi ga;
sceau: Yoshikiri-in.
Marque de l'éditeur:
Enshūya Matabei.
Cachets de censure:
Hama et Kinugasa (1847-1852).
Format: ōban diptyque;
H. 36,4; L. 49,2 cm (probablement les feuilles droite et centrale d'un triptyque).

109
Kōetsu Kawanakajima dai-kassen. *La célèbre bataille de Kawanakajima qui opposa Takeda Shingen à Uesugi Kenshin* (en 1547).
Signature de l'artiste:
Ichiyūsai Kuniyoshi ga;
sceau: Yoshikiri-in.
Marque de l'éditeur:
Yamaguchiya Tōbei.
Cachets de censure:
Murata et Kinugasa.
Date: année du rat (1852), 6e mois.
Format: ōban triptyque;
H. 34,7; L. 71,8 cm.

Bibl.: U. Taisei XI, n° 588, repr.

Kuniyoshi a souvent représenté des sujets historiques ou légendaires qui offrent aujourd'hui un intérêt tout particulier pour l'étude du Japon ancien.
Ici il dépeint une des nombreuses batailles qui opposèrent Kenshin, daimyō de la province d'Echigo au général Shingen de la province de Kai.

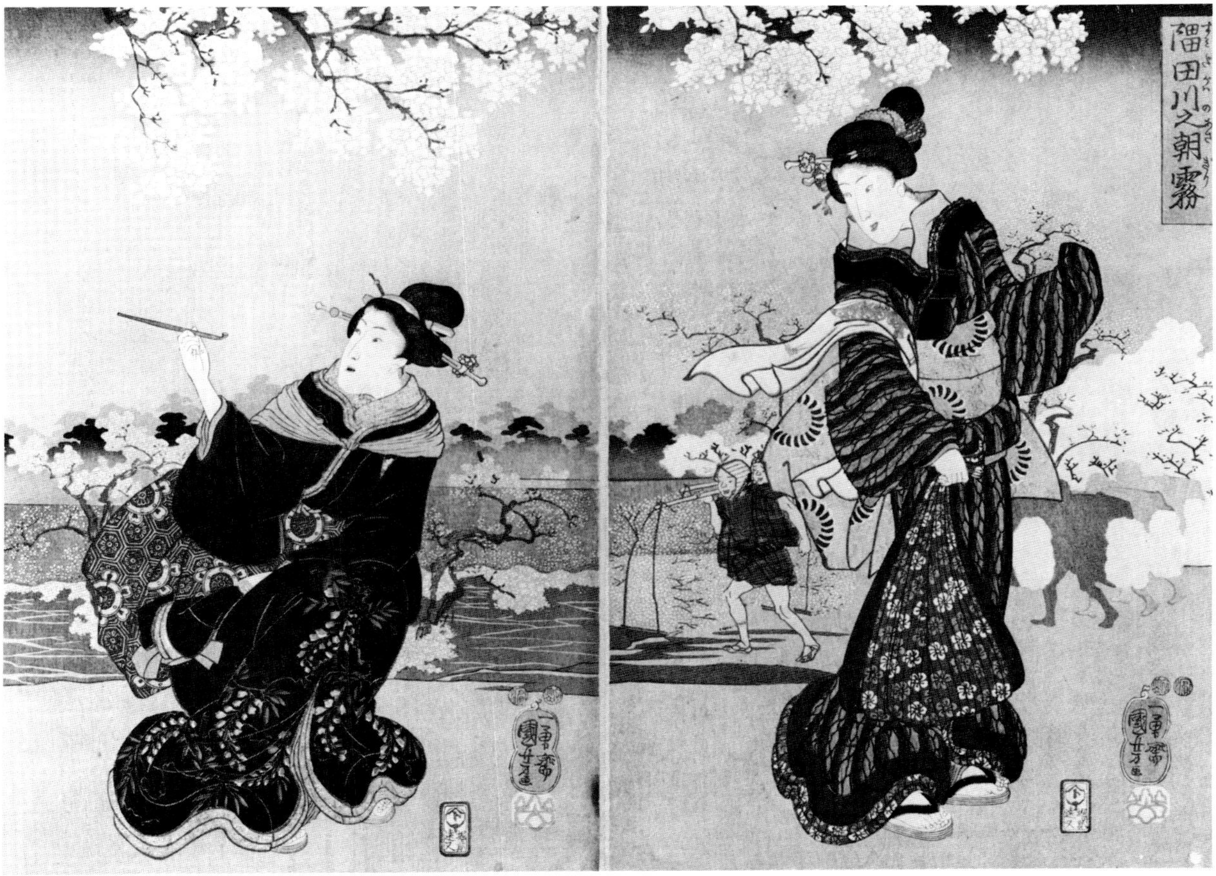

108

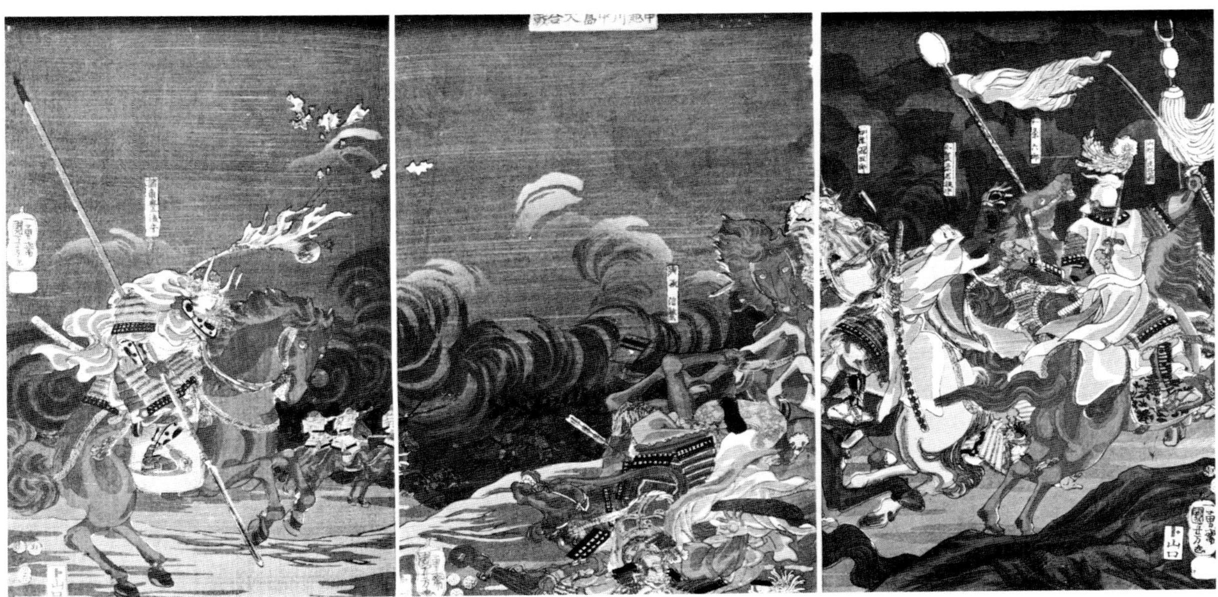

109

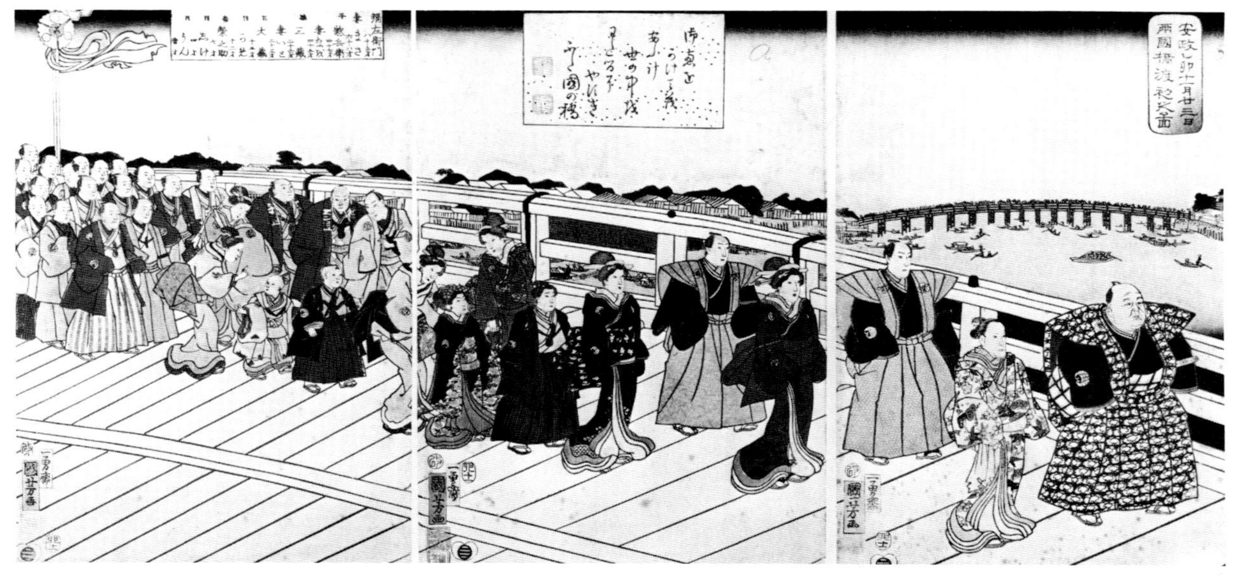

110

KUNIYOSHI Utagawa
(1798-1861)

110
Ryōgoku-bashi watarizome no zu.
La première traversée du pont Ryōgoku (le 23 novembre 1855).

Signature de l'artiste: Ichiyūsai Kuniyoshi ga; sceau: Utagawa et Kuniyoshi (au centre) et Kuniyoshi (à gauche).
Marque de l'éditeur: Ibaya Sensaburō.
Cachet de censure: aratame.
Date: année du lièvre (1855), 11e mois.
Format: ōban triptyque;
H. 34,7; L. 74,7 cm.

A l'occasion de la réouverture du pont Ryōgoku sur la Sumida (à Edo), Kuniyoshi a représenté le traditionnel cortège familial avec l'ancêtre à sa tête. Dans le cartouche en haut à gauche figure une description des personnages du plus vieux au plus jeune.

111
Miyamoto Musashi tuant les loups dans la montagne, dans la province de Sagami. Sekiguchi Yatarō est assis à droite.

Signature de l'artiste: Ichiyūsai Kuniyoshi ga, sceau: Yoshikiri-in.
Marque de l'éditeur: Kiya Sōjirō.
Date: année du coq (1861), 4e mois.
Format: ōban triptyque;
H. 34,9; L. 73,3 cm.

Kuniyoshi met en scène Miyamoto Musashi (1582-1645), célèbre pour son invention d'un type de combat à deux sabres. Il est attaqué ici par une harde de loups affamés. Cet épisode nocturne éclairé par un feu de bois qui contribue à l'effet dramatique, a pour spectateur le placide Sekiguchi Yatarō.

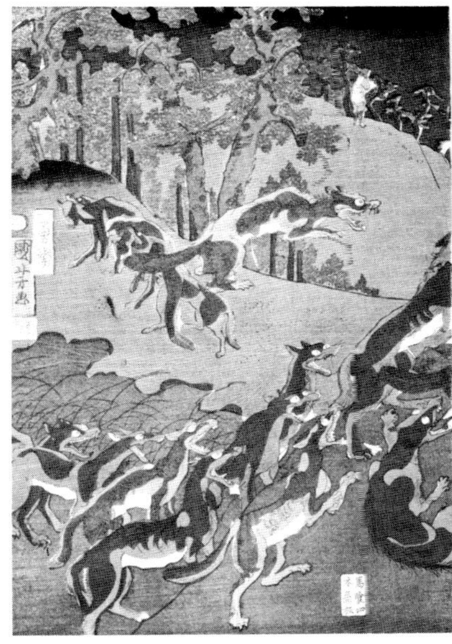
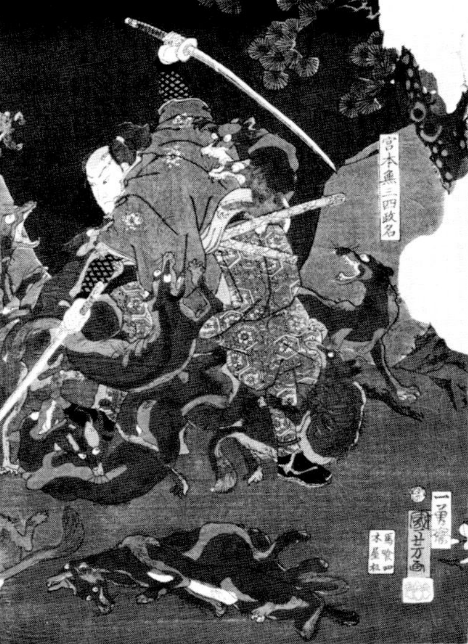
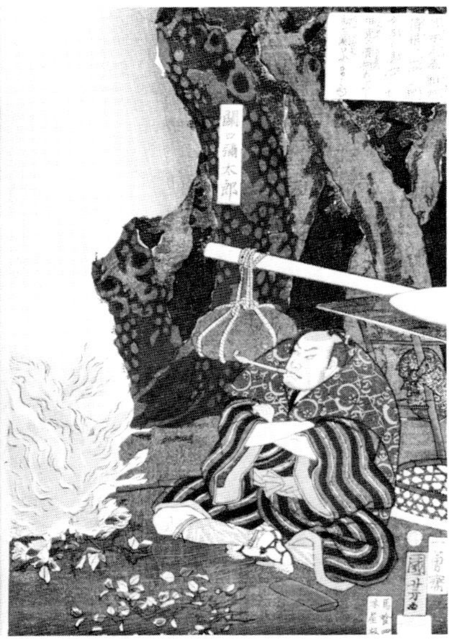

111

HIROSHIGE Utagawa
(1797-1858)

Shokoku Mu-Tamagawa.
Les six rivières de cristal dans les provinces.

Six rivières étaient alors célèbres au Japon pour la beauté de leurs sites et la limpidité de leurs eaux, d'où leurs noms de «Tama» (cristal). La rivière de cristal à Noda appartient à une suite de six planches de format ōban yoko-e, éditée par Tsutaya vers la fin des années 1830.

112
Noda no Tamagawa, Mutsu.
La rivière de cristal à Noda dans la province de Mutsu.

Une estampe de la suite: Shokoku Mu-Tamagawa. Les six rivières de cristal dans les provinces.
Signature de l'artiste: Hiroshige ga; sceau: Ichiryūsai
Format: ōban yoko-e;
H. 22; L. 34,3 cm.

Bibl.: Strange, p. 176.

Le poème est de Bonzo Nōin, il est tiré de l'anthologie Shin-Kokinshū IV.

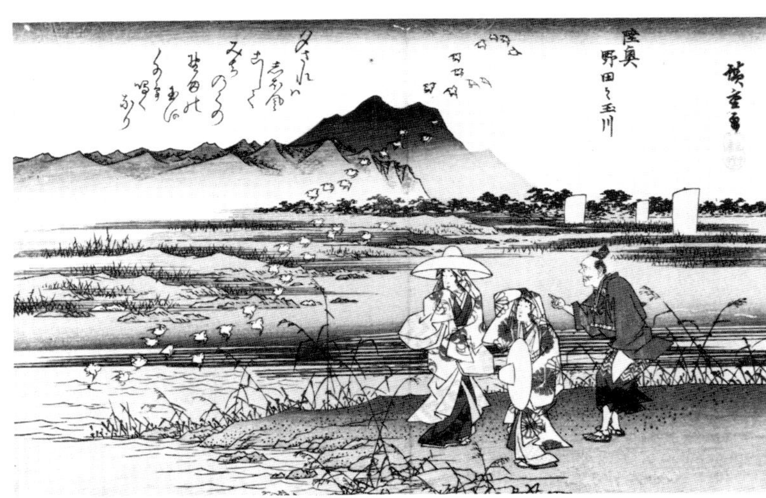

112

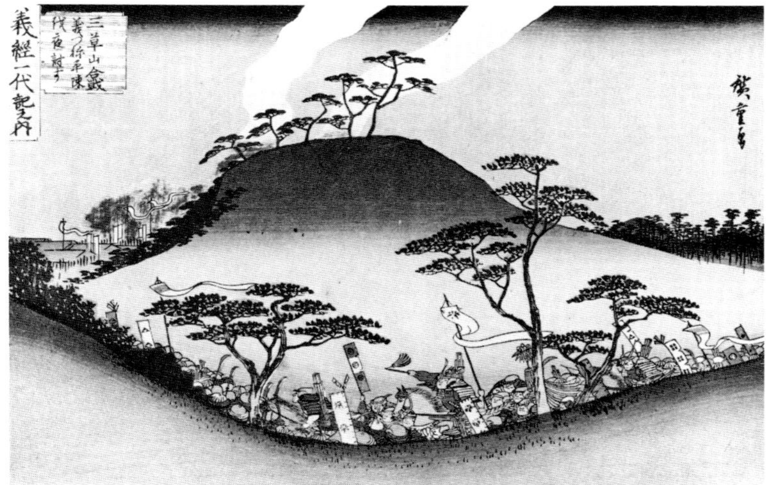

113

HIROSHIGE Utagawa
(1797-1858)

Yoshitsune Ichidai-ki no uchi.
La biographie de Yoshitsune.

Hiroshige retrace dans cette suite les divers épisodes de la vie de Minamoto no Yoshitsune (1159-1189). Ce guerrier est resté célèbre pour ses campagnes victorieuses contre le clan des Taira. Sa popularité suscita la jalousie de son frère Yoritomo: il dut fuir et se suicida par seppuku (hara-kiri) pour éviter de se rendre.

113
Mikusayama Kassen.
La bataille de Mikusayama.

Une estampe de la suite:
Yoshitsune Ichidai-ki no uchi.
La biographie de Yoshitsune.
Signature de l'artiste:
Hiroshige hitsu.
Format: ōban yoko-e;
H. 22,2; L. 34,8 cm.

Bibl.: Suzuki, n° 133, repr.

Hiroshige représente ici une bataille nocturne qui opposa Yoshitsune à Heichin.

Tōkaidō gojūsan tsugi no uchi.
Les cinquante-trois relais du Tōkaidō

Hiroshige entreprit un voyage sur la route du Tōkaidō en été 1832. A l'époque, cinquante-trois étapes s'échelonnaient sur cette route reliant Edo (Tōkyō) à Kyōto, capitale impériale, à travers les provinces de la côte Est de Honshū, principale île du Japon. Cette route était alors une des plus fréquentées du pays, et ses sites inspirèrent de nombreux artistes et écrivains comme Jippensha Ikku dans son roman «Hizakurige». A la suite de son périple, durant lequel il avait fait de nombreux croquis, Hiroshige dessina une série de cinquante-cinq estampes de format ōban yoko-e, éditée par Hoeidō Takenouchi et Senkakudō Tsuruki de 1833 à 1834. Cette publication obtiendra un succès immense.

114
Yui, Satta-mine.
La passe de Satta à Yui.

Une estampe de la suite:
Tōkaidō gojūsan tsugi no uchi.
Les cinquante-trois relais du Tōkaidō (la 17e station).
Signature de l'artiste: Hiroshige ga.
Marque de l'éditeur: Hoeidō.
Format: ōban yoko-e;
H. 22,6; L. 35,3 cm.

Bibl.: V. et I., 1914, n° 216, pl. LIX - Strange, n° 17, p. 138, repr. - T.N.M. III, n° 3220, repr. - Suzuki, n° 276, repr. - U. Taikei XIV, n° 17, repr. coul. - Vever III, n° 893, repr. - Lane, n° 86, repr.

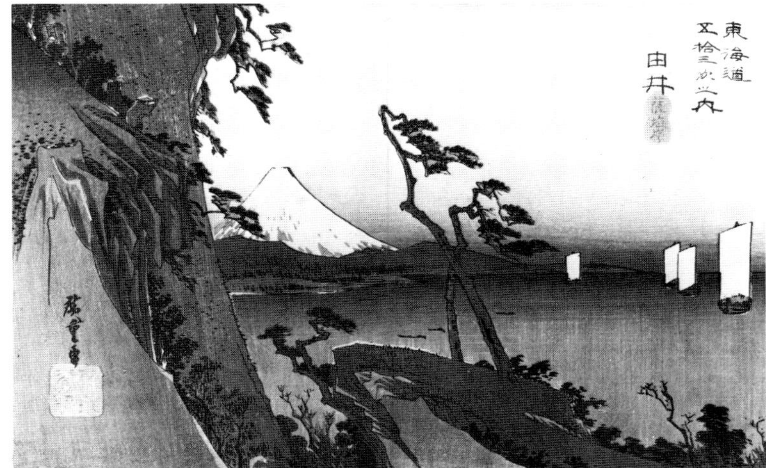

114

115
Kanaya, Ōi-gawa engan.
Rive lointaine du fleuve Ōi.
Une estampe de la suite:
Tōkaidō gojūsan tsugi no uchi.
Les cinquante-trois relais du Tōkaidō (la 25e station).
Signature de l'artiste: Hiroshige ga.
Marque de l'éditeur:
Takenouchi (Hoeidō).
Format: ōban yoko-e;
H. 20,2; L. 32,8 cm.

Bibl.: Strange, n° 25, p. 138 - T.N.M. III, n° 3228, repr. - Suzuki, n° 285, repr. - U. Taikei XIV, n° 25, repr. coul. - Lane, n° 94, repr.

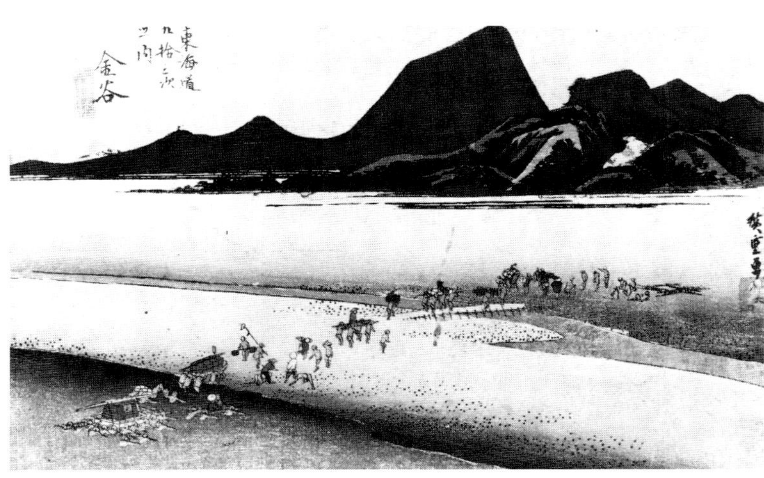

115

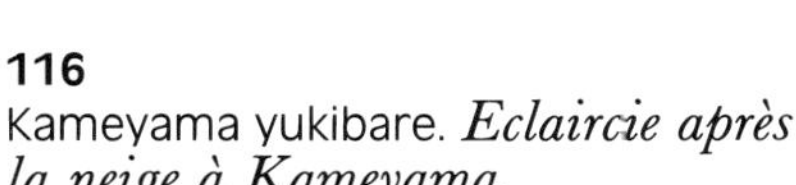
116
Kameyama yukibare. *Eclaircie après la neige à Kameyama.*
Une estampe de la suite:
Tōkaidō gojūsan tsugi no uchi.
Les cinquante-trois relais du Tōkaidō (la 47e station).
Signature de l'artiste: Hiroshige ga.
Marque de l'éditeur: Hoeidō.
Format: ōban yoko-e;
H. 21,1; L. 32,7 cm.
Bibl.: V. et I., 1914, n° 227, pl. LX - Strange, n° 47, p. 141 - T.N.M. III, n° 3250, repr. - Gale II, n° 267, repr. - Suzuki, n° 308, repr. - U. Taikei XIV, n° 47, repr. coul. - Vever III, n° 899, repr. - Lane, n° 116, repr.

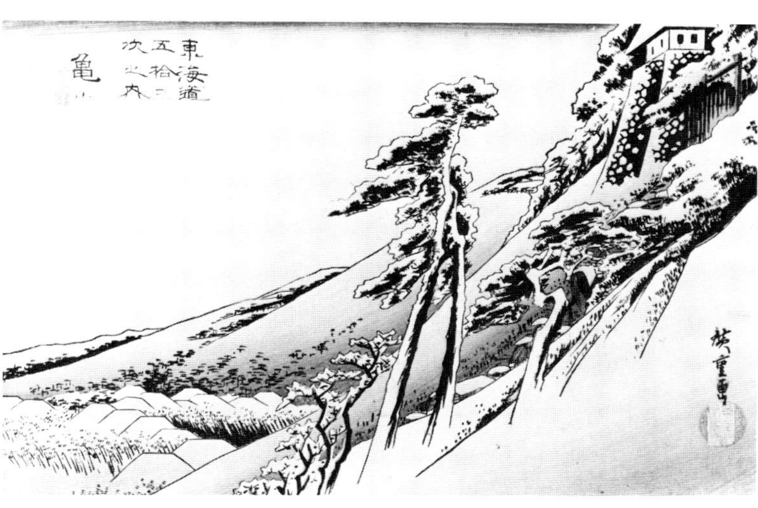

116

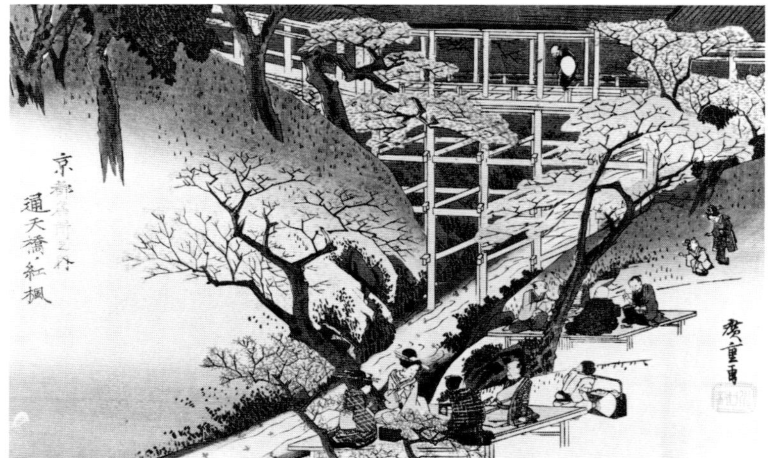

117

117
Tsūten-kyō no kōfū. *Les érables rouges au pont Tsūten.*

Une estampe de la suite:
Kyōto Meisho no uchi. Les endroits célèbres de Kyōto.
Signature de l'artiste: Hiroshige ga.
Marque de l'éditeur:
Kawaguchi Han.
Format: ōban yoko-e;
H. 20,7; L. 33,5 cm.

Bibl.: Strange, p. 174 - T.N.M. III, n° 3567, repr. - Tamba, n° 292, repr. - Suzuki, n° 331, repr. - U. Taikei XI, n° 150, repr. - Vever III, n° 876, repr.

HIROSHIGE Utagawa
(1797-1858)

Kyōto Meisho no uchi.
Les endroits célèbres de Kyōto.

Une estampe de cette série comportant dix planches de format ōban yoko-e, publiée par Eisendō vers 1834.

Kisokaidō Rokujūkyū tsugi no uchi.
Les soixante-neuf relais de la route de Kiso.

Cette suite de soixante-dix estampes, publiées vers 1830 par Hoeidō et Kinjudō, fut exécutée par Hiroshige (pour 46 estampes) et Eisen (pour 24 estampes). Les deux artistes ont représenté ici les nombreuses stations qui jalonnent la route reliant Edo (Tōkyō) à Kyōto par les montagnes comme le fit Hiroshige pour le Tōkaidō.

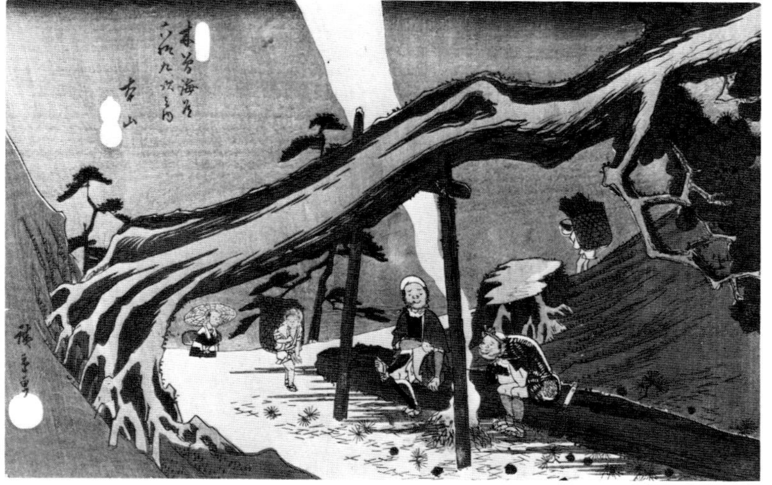

118

118
Motoyama.

Une estampe de la suite:
Kisokaidō Rokujūkyū tsugi no uchi.
Les soixante-neuf relais de la route de Kiso (la 33e station).
Signature de l'artiste:
Hiroshige ga; sceau: Ichiryūsai.
Marque de l'éditeur: Kinjudō.
Format: ōban yoko-e;
H. 22,8; L. 35,3 cm.

Bibl.: Strange, n° 33, p. 166. - T.N.M. III, n° 3341, repr. - Tamba, n° 308, repr. - Suzuki, n° 370, repr. - U. Taikei XV, n° 33, repr. coul. - Lane, n° 159, repr.

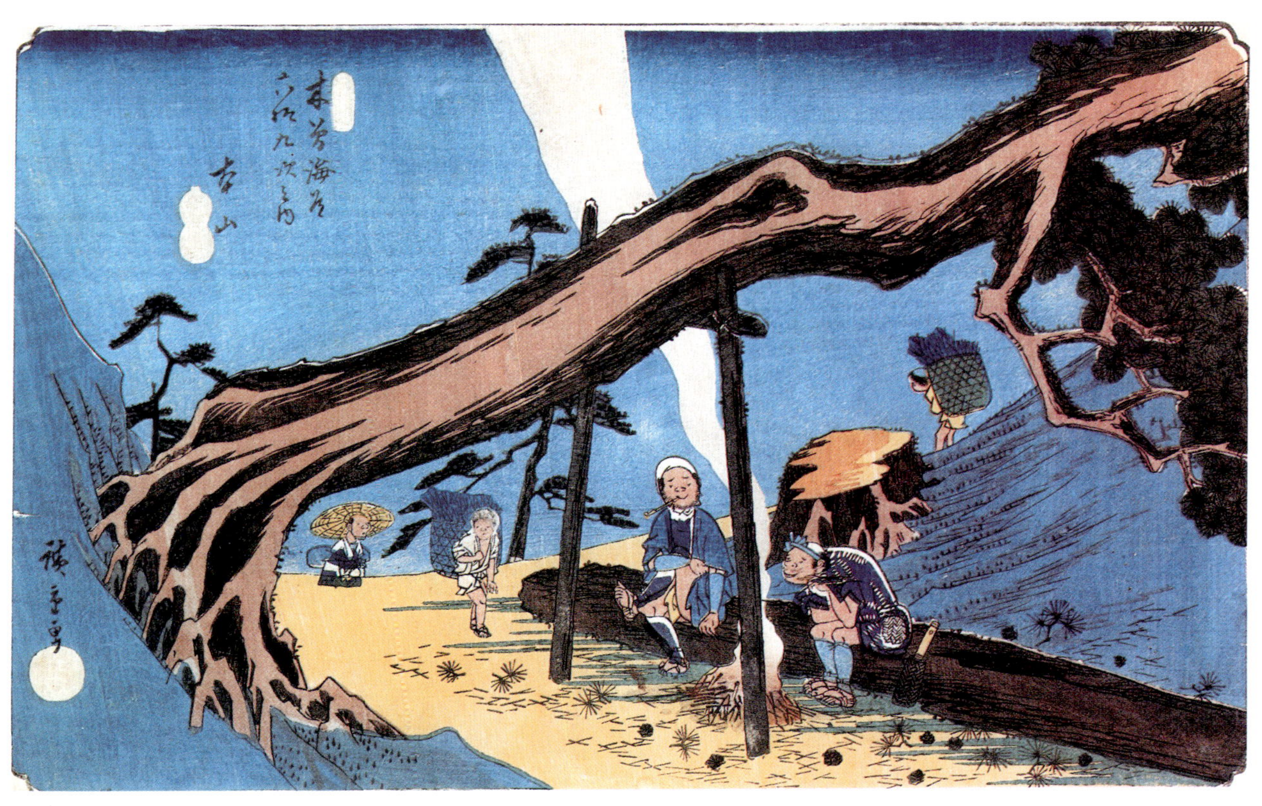

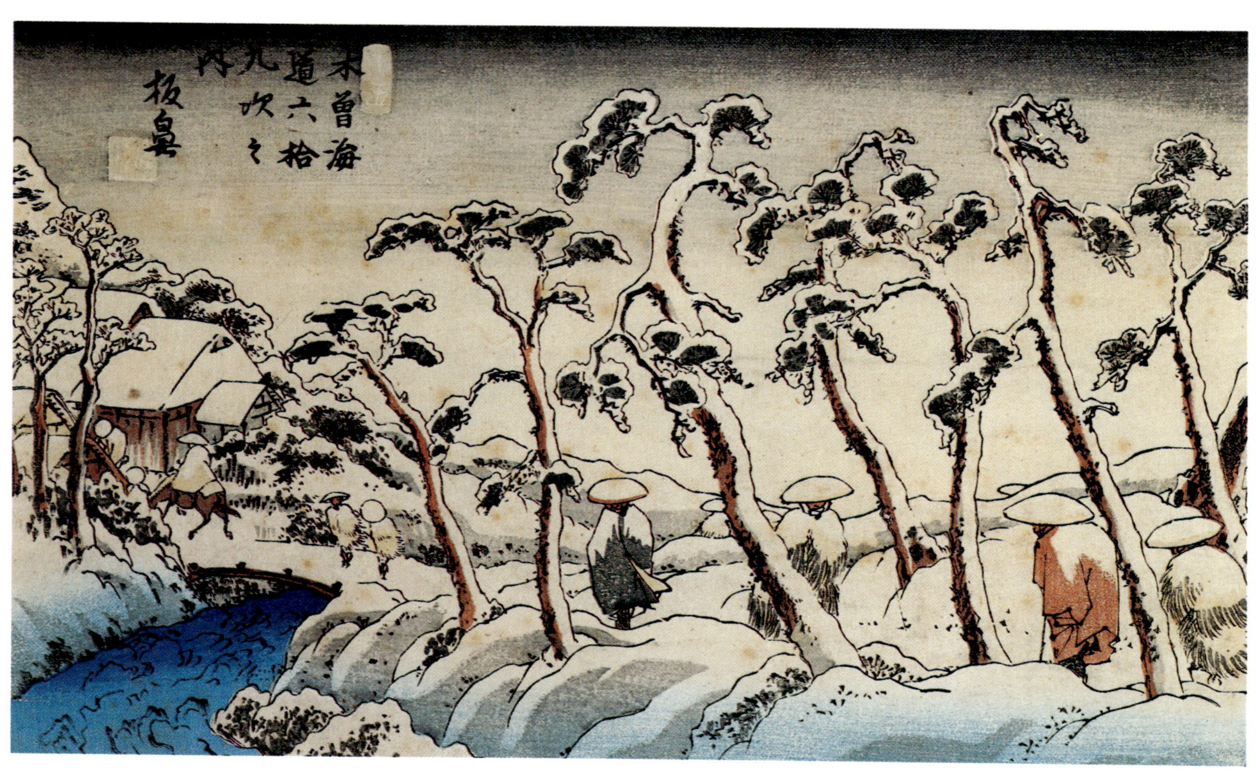
木曽海道六拾九次之内
板鼻

119
Itahana

Une estampe de la suite.
Kisokaidō Rokujūkyū tsugi no uchi.
Les soixante-neuf relais de la route de Kiso (la 15e station).
Non signé.
Marque de l'éditeur:
Iseri (Kinjudō).
Format: ōban yoko-e;
H. 20,6; L. 33,5 cm.
Bibl.: Strange n° 15, p. 164 - Suzuki, n° 352, repr. - U. Taikei XV, n° 15, repr. coul. - Vever III, n° 804, repr. coul. - Lane, n° 141, repr.

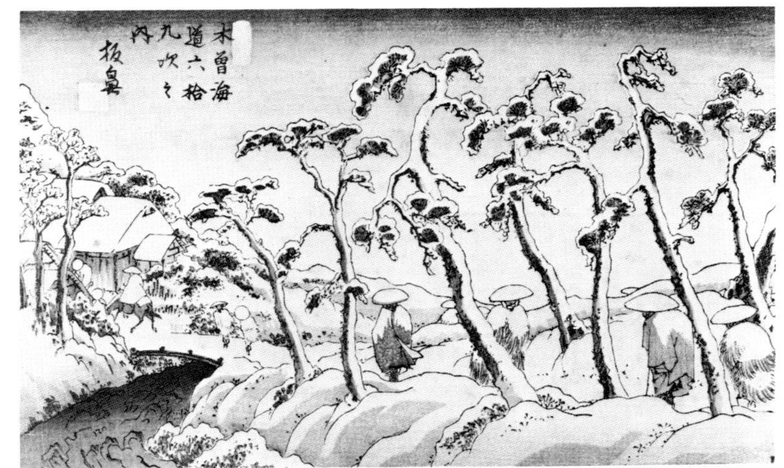

119

Suite des poissons

Hiroshige consacra deux séries d'estampes aux poissons. Ces quatre planches appartiennent à la seconde, qui comporte dix gravures de format ōban yoko-e. Elle fut publiée par Yamadaya Shōbei (Yama-Shō) et Maruya Jinpachi (Maru-Jin) vers 1840.

120
Carpe.

Une estampe de la suite:
Des poisssons.
Signature de l'artiste:
Hiroshige hitsu; sceau: Ichiryūsai.
Marque de l'éditeur:
Maruya Jinpachi (Maru-Jin).
Format: ōban yoko-e;
H. 22,7; L. 34,7 cm.

Bibl.: V. et I., 1914, n° 265, pl. LXIX - T.N.M. III, n° 3557, repr. - Tamba, n° 424, repr. - Suzuki, n° 193, repr. - U. Taikei XI, n° 12, repr. coul. - Lane, n° 344, repr.

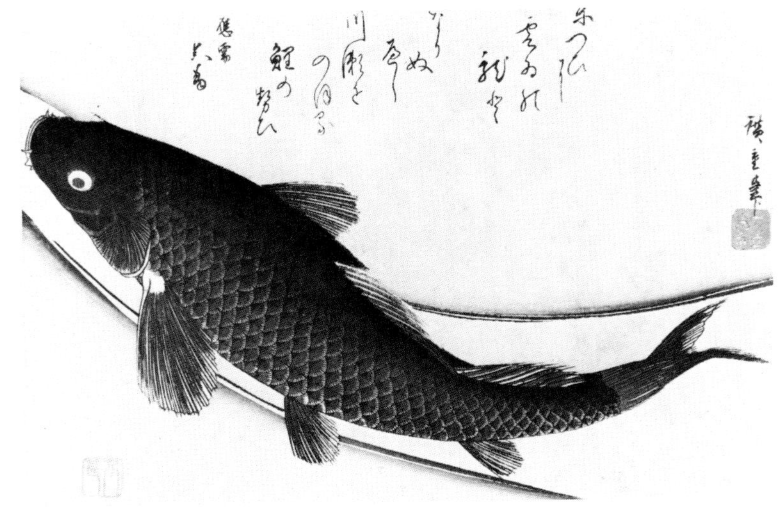
120

HIROSHIGE Utagawa
(1797-1858)

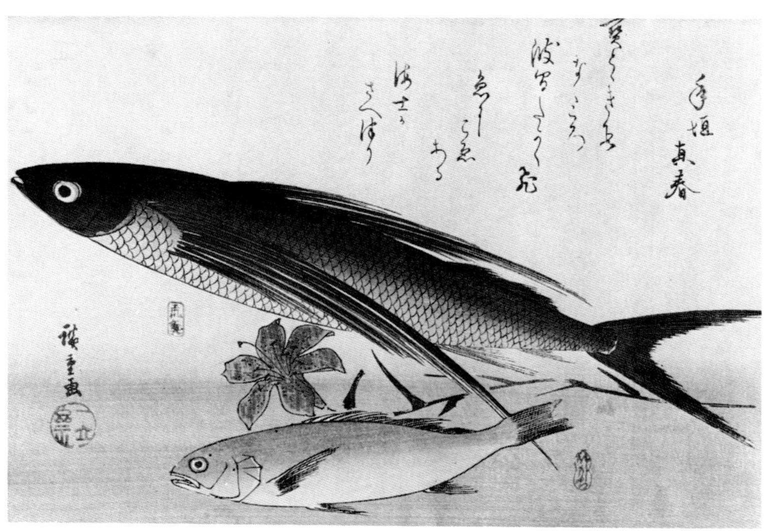

121

121
Tobiuo *(poisson volant)*
et Ishimochi.

Une estampe de la suite:
Des poissons.
Signature de l'artiste:
Hiroshige ga; sceau: Ichiryūsai.
Format: ōban yoko-e;
H. 24,7; L. 35,3 cm.

Bibl.: Tamba, n° 422, repr. -
Frabetti et Kondō, n° 34, repr.

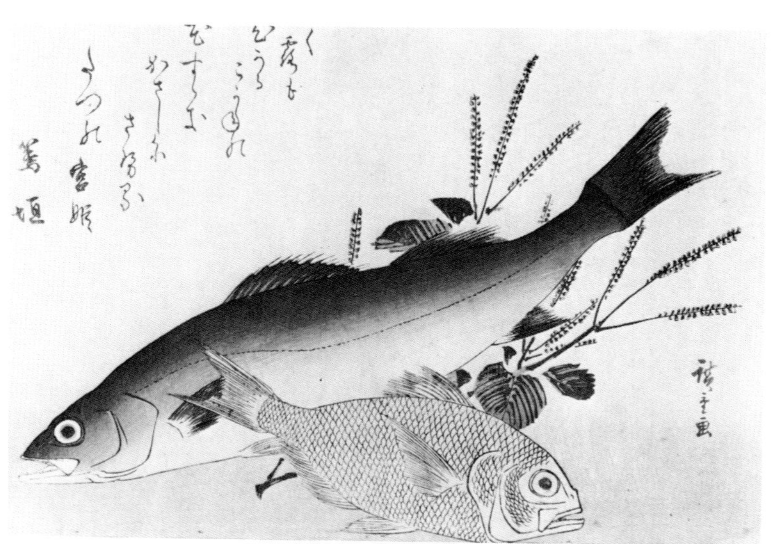

122

122
Suzuki, lateolabrax Japonicus et Kinmedai couchés sur un rameau de shiso.

Une estampe de la suite:
Des poissons.
Signature de l'artiste: Hiroshige ga.
Format: ōban yoko-e;
H. 23,3; L. 33,6 cm.

Bibl.: Vever III, n° 886, repr. -
Frabetti et Kondō, n° 37, repr.

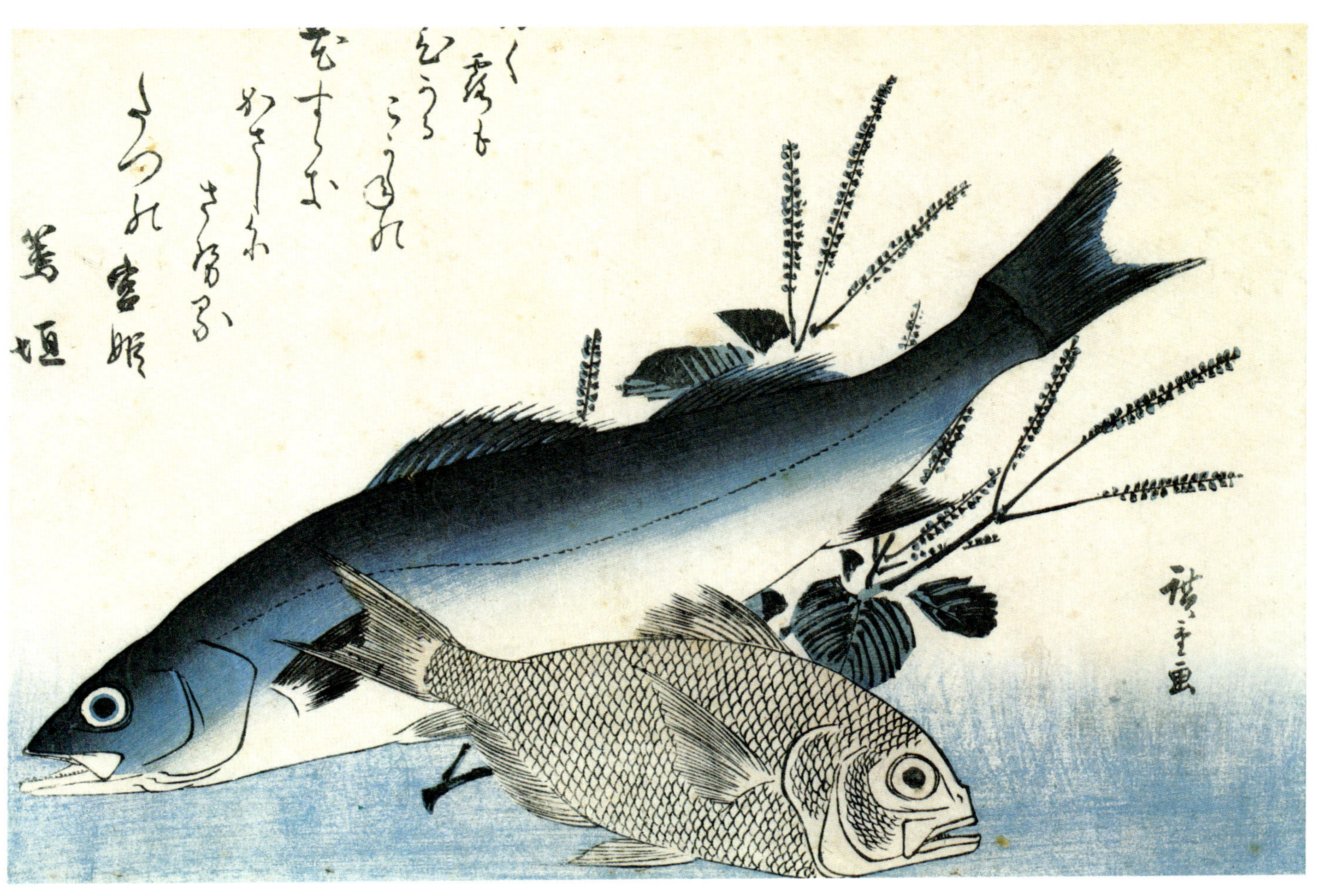

HIROSHIGE Utagawa
(1797-1858)

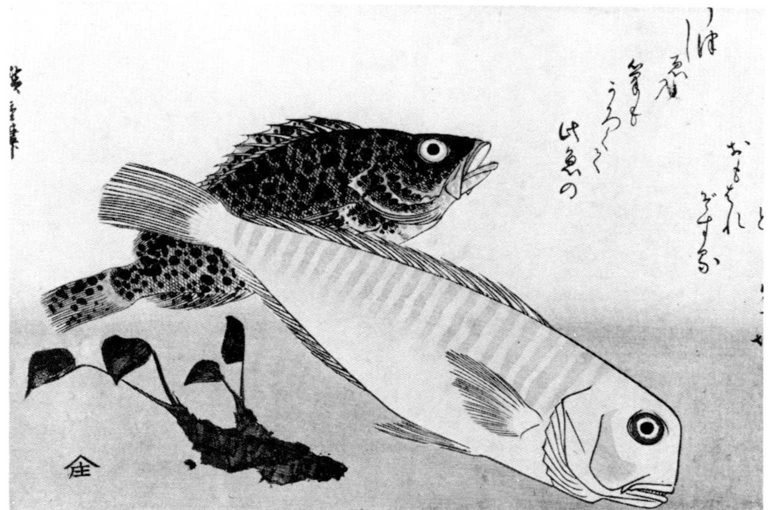

123

123
Amadai et Mouo.

Une estampe de la suite:
Des poissons.
Signature de l'artiste:
Hiroshige hitsu.
Marque de l'éditeur:
Yamadaya Shōbei.
Format: ōban yoko-e;
H. 23,7; L. 34,3 cm.

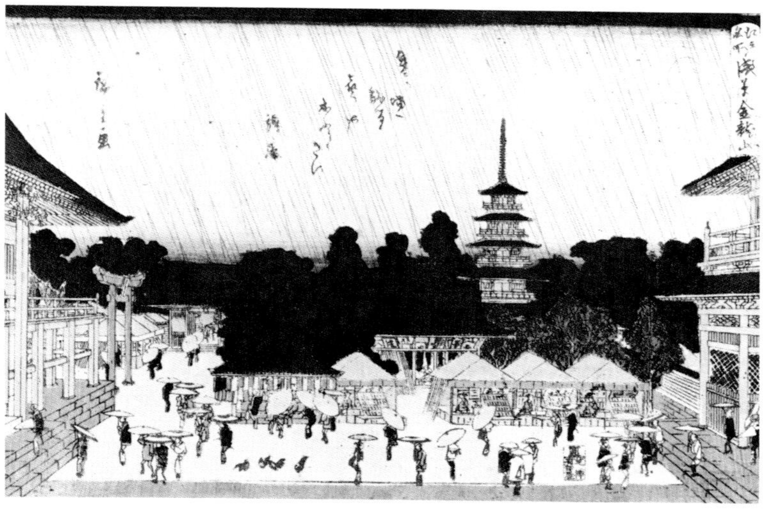

124

124
Asakusa Kinryūzan.
Le temple de Kinryūzan à Asakusa.

Une estampe de la suite: Edo Meisho.
Endroits célèbres d'Edo.
Signature de l'artiste: Hiroshige ga.
Format: ōban yoko-e;
H. 21,9; L. 33,8 cm.

Bibl.: Suzuki, nº 151, repr.

Ce temple bouddhique, dédié à Kannon, la déesse de la miséricorde, existe toujours à Asakusa (quartier de Tōkyō). Entouré aujourd'hui de nombreuses boutiques de souvenirs et d'un parc d'attractions, il reçoit encore de nombreux visiteurs.

125
Tsukudajima Fukagawa.
L'île de Tsukuda et le quartier de Fukagawa.

Une estampe de la suite: Tōto Meisho. Endroits célèbres d'Edo.
Signature de l'artiste: Hiroshige ga; sceau: Ichiryūsai.
Marque de l'éditeur: Masu-Gin (Masudaya Ginjirō).
Cachet de censure: Hama (1847-1852).
Format: ōban yoko-e;
H. 20,7; L. 33,8 cm.

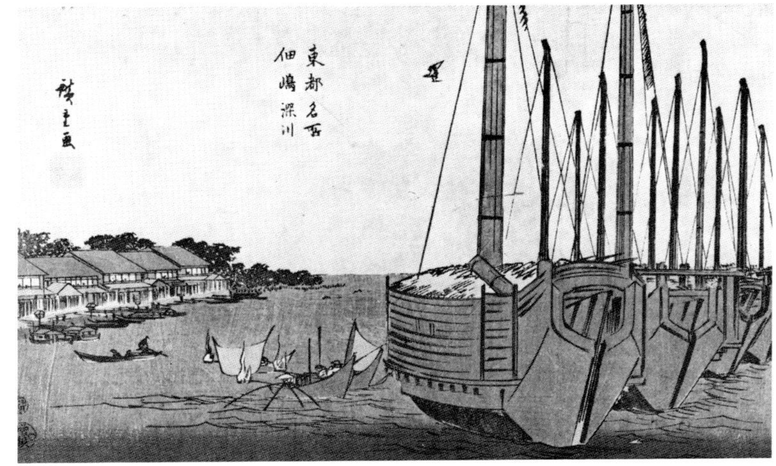

125

126
Tsukudajima Fukagawa.
L'île de Tsukuda et le quartier de Fukagawa sous la pleine lune.

Une estampe de la suite: Tōto Meisho. Endroits célèbres d'Edo.
Signature de l'artiste: Hiroshige ga; sceau: Ichiryūsai.
Marque de l'éditeur: Masu-Gin (Masudaya Ginjirō).
Cachet de censure: Hama (1847-1852).
Format: ōban yoko-e;
H. 20,7; L. 33,8 cm.
Ancienne collection Wakai Oyaji.

Cette vue du fleuve Sumida offre un exemple des différences que l'on rencontre souvent entre deux tirages d'une même planche. Les effets nocturne (avec lune) ou diurne (voir n° 125) sont obtenus à l'aide d'un jeu de couleurs différent.

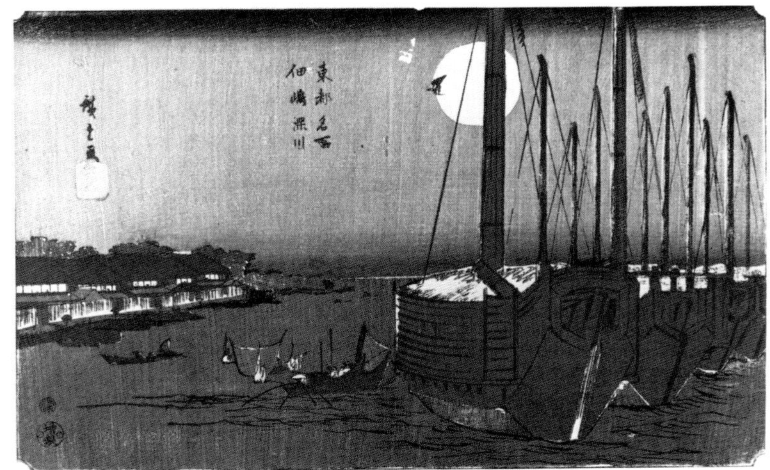

126

HIROSHIGE Utagawa
(1797-1858)

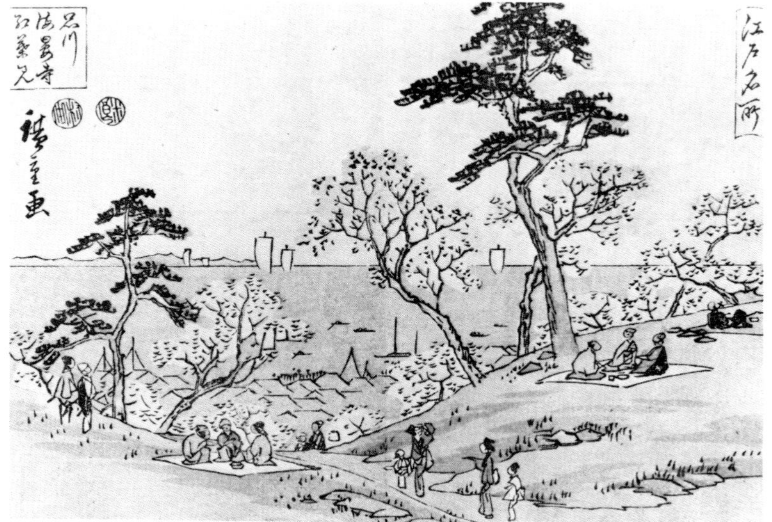

127

127
Shinagawa Kaianji kōyō-mi.
Pique-nique au temple Kaian à Shinagawa pour admirer les érables rouges.

Une estampe de la suite: Edo Meisho.
Endroits célèbres d'Edo.
Signature de l'artiste: Hiroshige ga.
Cachets de censure:
Yonera et Murata (1847-1852).
Format: chūban;
H. 14,3; L. 20,5 cm.

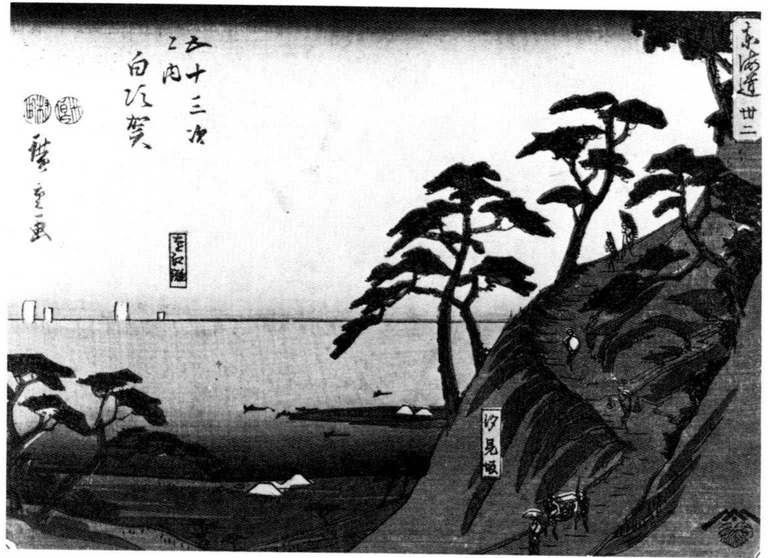

128

128
Gojūsan-tsugi no uchi Shirasuka.
Shirasuka, une des cinquante-trois stations.

Une estampe de la suite: Tōkaidō
(la 32e station).
Signature de l'artiste: Hiroshige ga.
Marque de l'éditeur: Kōeidō.
(Tsutaya Kichizō).
Cachets de censure:
Yonera et Murata (1847-1852)
Format: chūban;
H. 16,2; L. 22,2 cm.

129
Gojūsan-tsugi no uchi Akasaka.
Akasaka, une des cinquante-trois stations.

Une estampe de la suite :
Tōkaidō (la 36e station).
Signature de l'artiste : Hiroshige ga.
Marque de l'éditeur : Kōeidō (Tsutaya Kichizō).
Cachets de censure:
Yonera et Murata (1847-1852).
Format: chūban;
H. 16,5; L. 22,2 cm.

Bibl. : V. et I., 1914, n° 305, pl. LXXXI - T.N.M. III, n° 3270, repr.

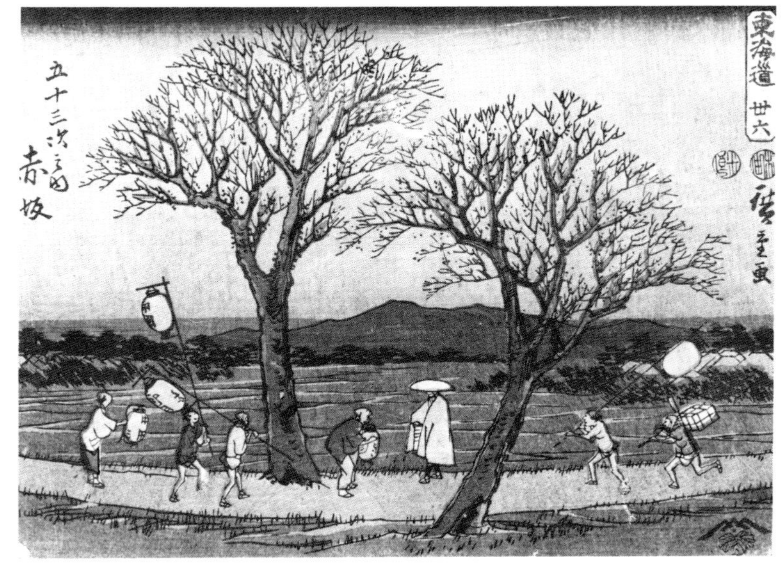

129

130
Ise Meisho Futami-ga-ura no zu.
Vue de la baie de Futami, un endroit célèbre de la province d'Ise.

Signature de l'artiste: Hiroshige ga.
Marque de l'éditeur: Sanoki.
Cachets de censure:
Fuku et Muramatsu (1847-1852).
Format: ōban triptyque;
H. 33,3; L. 72,4 cm.

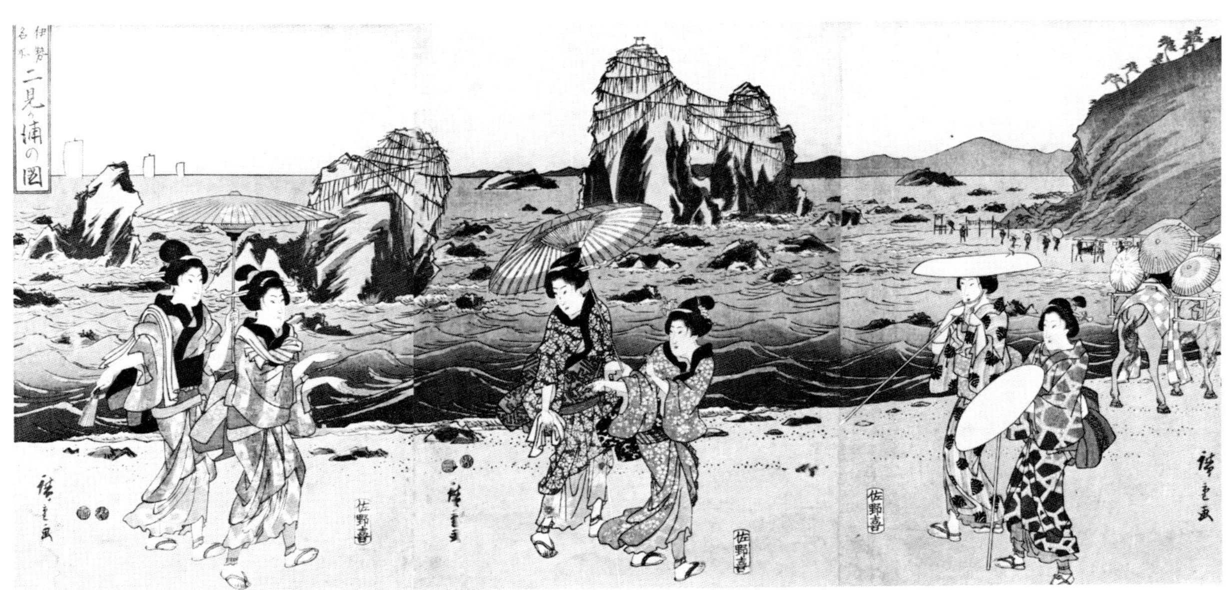

130

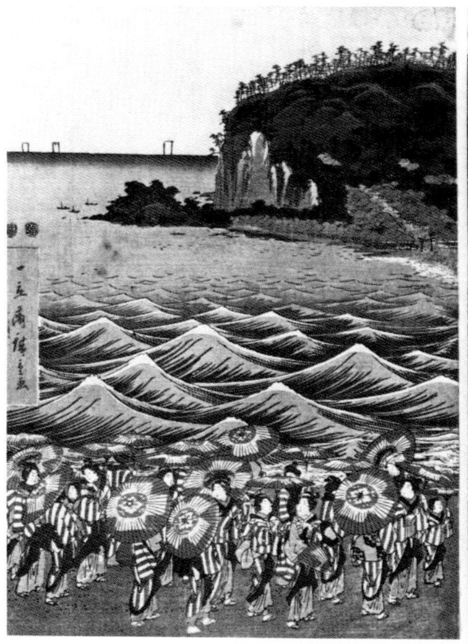
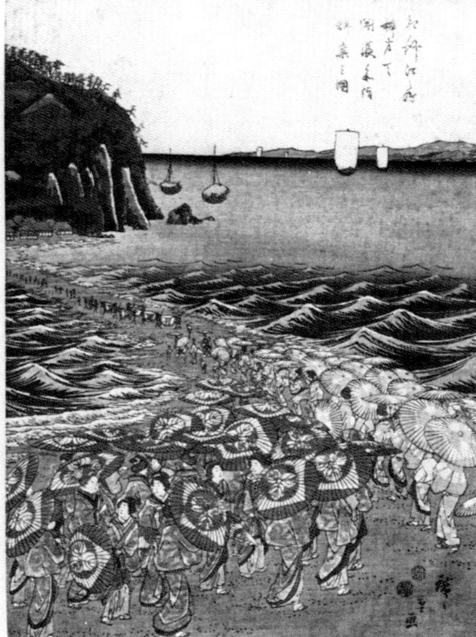
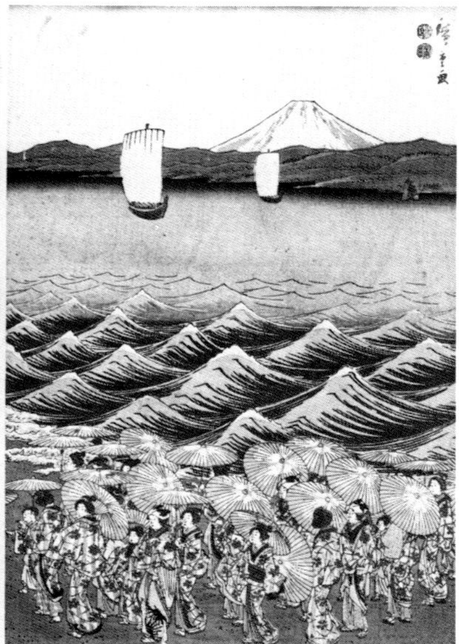

131

HIROSHIGE Utagawa
(1797-1858)

131
Sōshū Enoshima Benzaiten kaichō sankei gunshū no zu. *Pélerinage au temple de Benten dans l'île d'Enoshima, province de Sagami.*

Signature de l'artiste: Hiroshige ga (feuilles de droite et centrale); Ichiryūsai Hiroshige ga (feuille de gauche).

Cachets de censure:
Yonera et Murata (1847-1852).
Format: ōban triptyque;
H. 34,6; L. 74,2 cm.

Bibl.: Strange, p. 190 - T.N.M. III, n° 3364-3366, repr.

Voir n° 28 et 48.

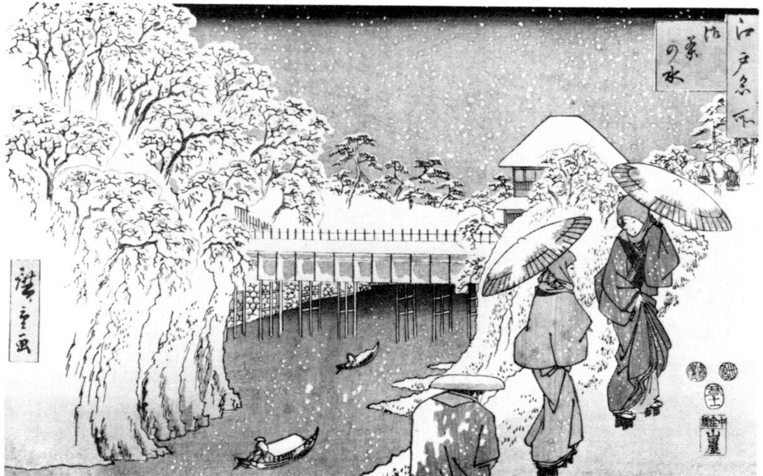

132

132
Ochanomizu.

Une estampe de la suite: Edo Meisho. Endroits célèbres d'Edo.
Signature de l'artiste: Hiroshige ga.
Marque de l'éditeur:
Yamadaya Shōjirō.
Cachets de censure:
Yonera et Watanabe.
Date: Bœuf (1853) 11e mois.
Format: ōban yoko-e;
H. 21,8; L. 34 cm.

Bibl.: Strange p. 26, repr. - T.N.M. III, n° 3398, repr. - Tamba, n° 263, repr.

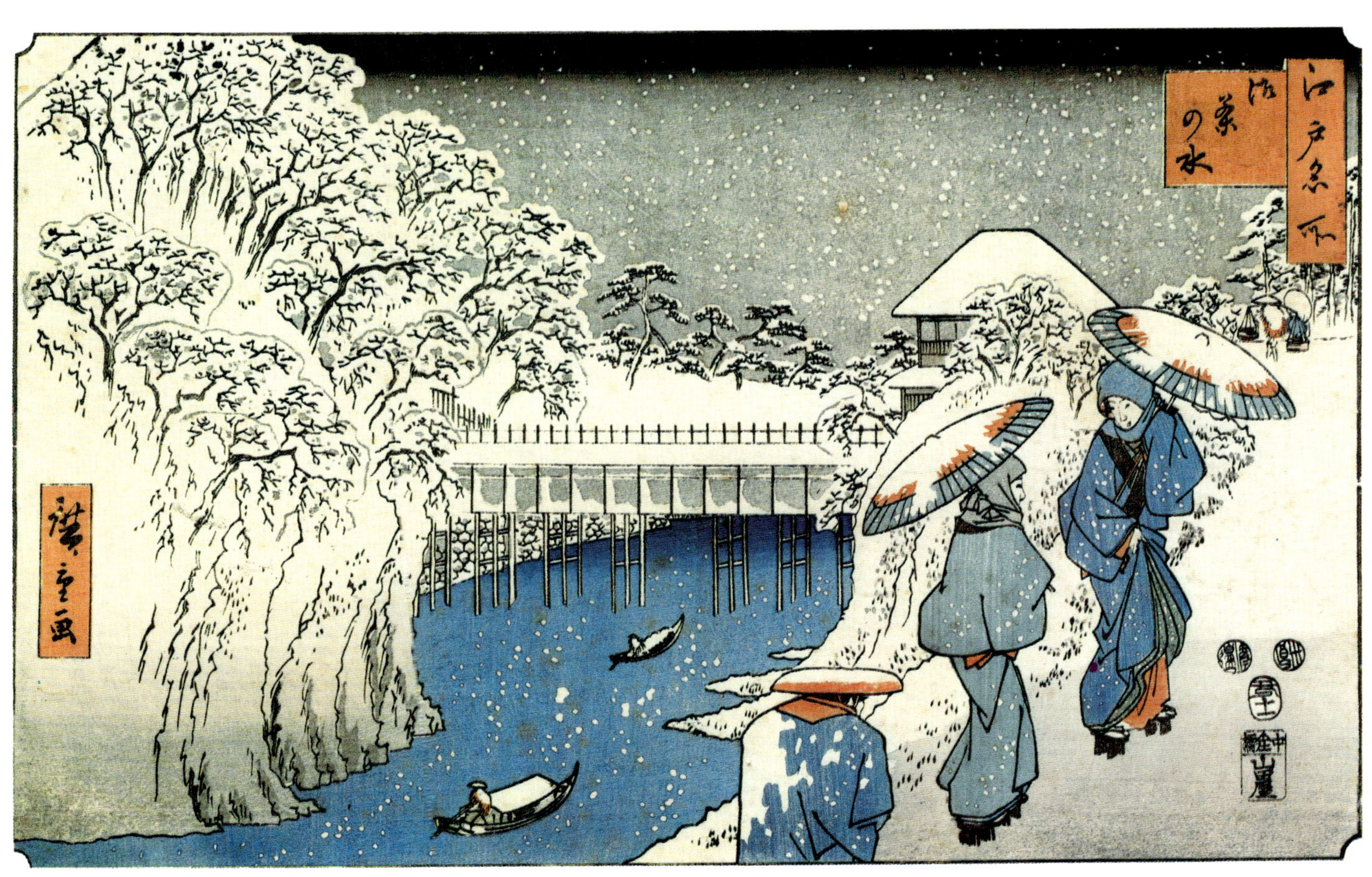
江戸名所
廣重画

HIROSHIGE Utagawa
(1797-1858)

133
Grue.

Signature de l'artiste: Hiroshige hitsu; sceau: Hiro. Format: chū-tanzaku; H. 29,5; L. 6,7 cm.

134
Grue et ses petits perchés sur un pin au soleil levant.

Signature de l'artiste: Hiroshige hitsu; sceau: Ichiryūsai. Cachet de censure: aratame. Date: Tigre (1854) 3e mois. Format: kakemono-e; H. 69,2; L. 23,4 cm.

Bibl.: V. et I. 1914, n° 355, pl. XCV.

Avec cette gravure de genre kachō-e (fleurs-oiseaux), Hiroshige associe deux symboles chers aux Japonais: la grue emblème de longévité et le pin figure de l'endurance et du bonheur.

135
Grue perchée sur un pin au soleil levant.

Signature de l'artiste: Ichiryūsai; sceau: Ichiryūsai. Format: kakemono-e; H. 69,3; L. 23 cm.

Bibl.: Tamba, n° 414, repr. - Frabetti et Kondō, n° 47, repr.

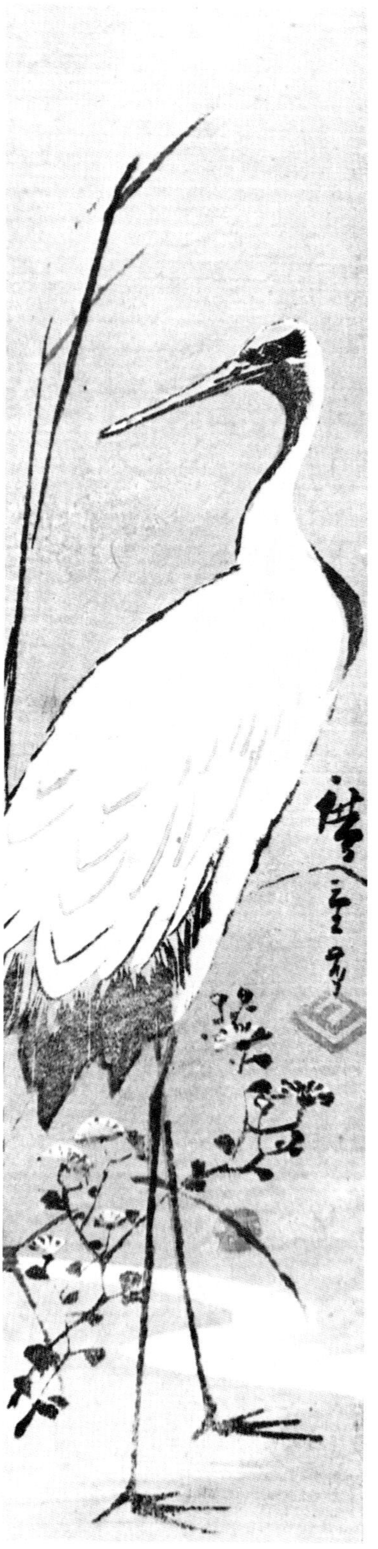

133

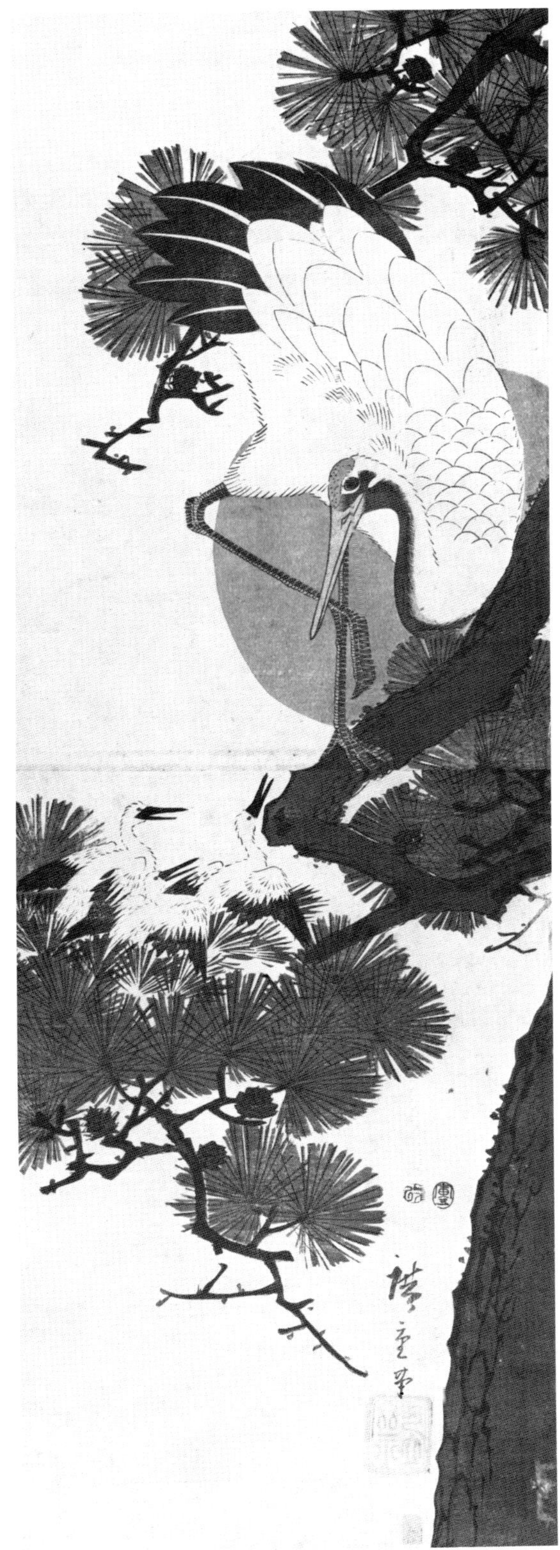

134

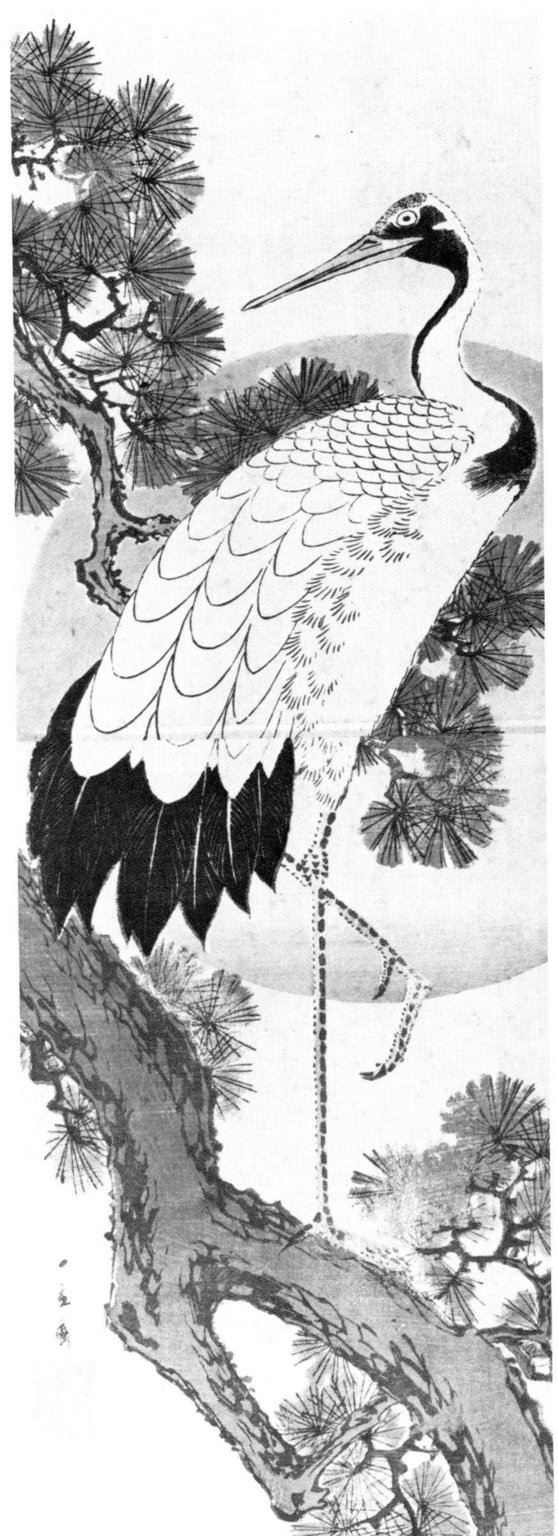

135

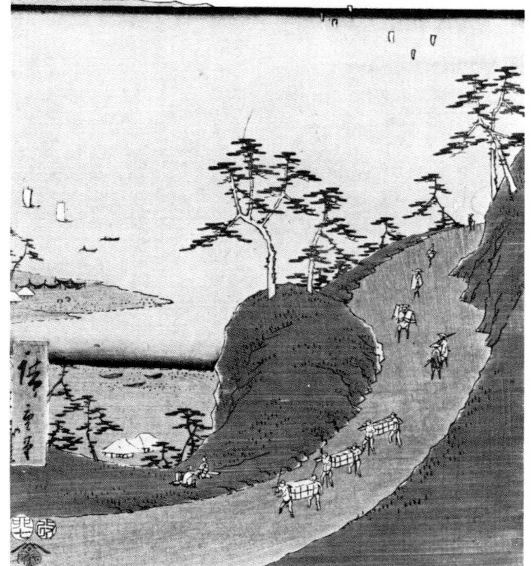

136

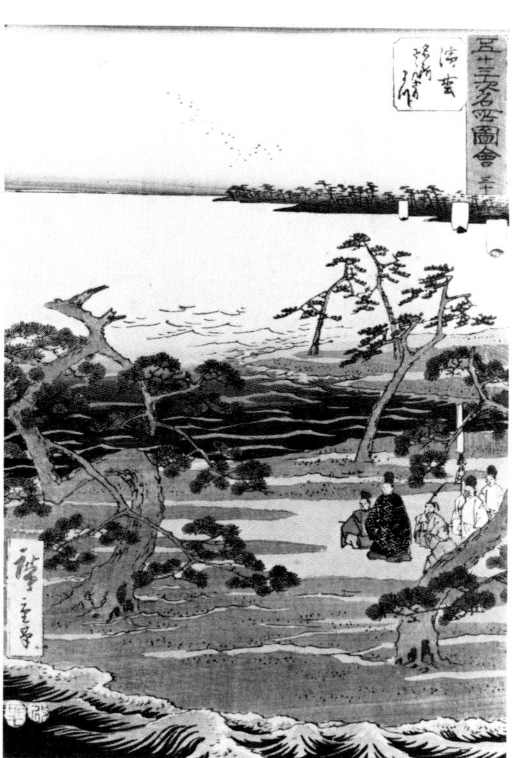

137

HIROSHIGE Utagawa
(1797-1858)

Gojūsan tsugi Meisho zue.
Les cinquante-trois vues célèbres du Tōkaidō.

Hiroshige a dessiné de nombreuses séries de paysages du Tōkaidō, parfois en collaboration avec Kunisada et Kuniyoshi. Celle-ci réunit cinquante-cinq estampes de format ōban tate-e. Elle fut publiée par Tsutaya Kichizō en 1855.

136
Shirasuka, Shiomizaka Fūkei.
La côte de Shiomi à Shirasuka.

Une estampe de la suite:
Gojūsan tsugi Meisho zue. Les cinquante-trois vues célèbres du Tōkaidō.
Signature de l'artiste:
Hiroshige hitsu.
Marque de l'éditeur: Koeidō (Tsutaya Kichizō).
Cachet de censure: aratame.
Date: Lièvre (1855) 7e mois.
Format: ōban tate-e;
H. 33,4; L. 21,5 cm.

137
Hamamatsu Meisho Zazanza no Matsu.
La vue célèbre du pin de Zazanza à Hamamatsu.

Une estampe de la suite:
Gojūsan tsugi Meisho zue. Les cinquante-trois vues célèbres du Tōkaidō.
Signature de l'artiste:
Hiroshige hitsu.
Cachet de censure: aratame.
Date: Lièvre (1855) 7e mois.
Format: ōban tate-e;
H. 33,6; L. 22,5 cm.

Rokujū-yoshū Meisho zue.
Endroits célèbres des soixante et autres provinces.

Monet a souvent professé son admiration pour Hiroshige comme l'atteste le grand nombre d'estampes de l'artiste exposées à Giverny. Il semble avoir particulièrement apprécié les paysages des «soixante provinces» car il en a acquis (ou conservé) au moins onze, de cette suite qui en comportait soixante-dix. Cette série fut publiée par Koshimuraya Heisuke de 1853 à 1856.

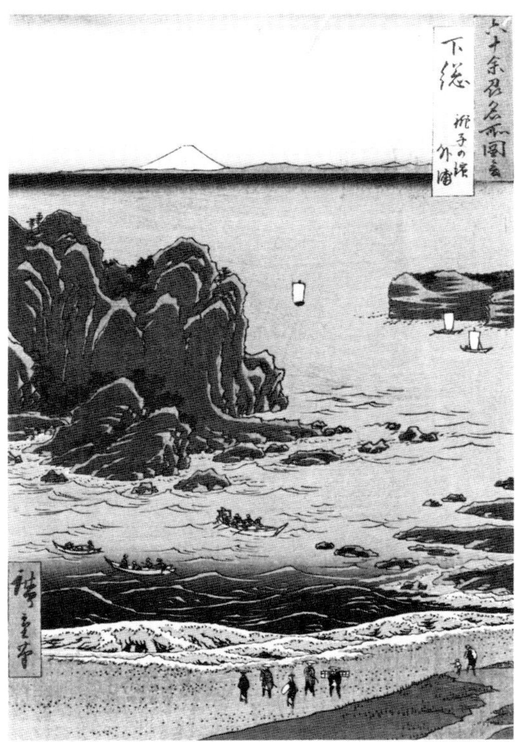

138

138
Shimōsa Chōshi no hama Sotoura.
Sotoura dans la baie de Chōshi, province de Shimōsa.

Une estampe de la suite:
Rokujū-yoshū Meisho zue.
Endroits célèbres des soixante et autres provinces.
Signature de l'artiste:
Hiroshige hitsu.
Format: ōban tate-e;
H. 34,3; L. 22,5 cm.

Bibl.: Strange, p. 184.

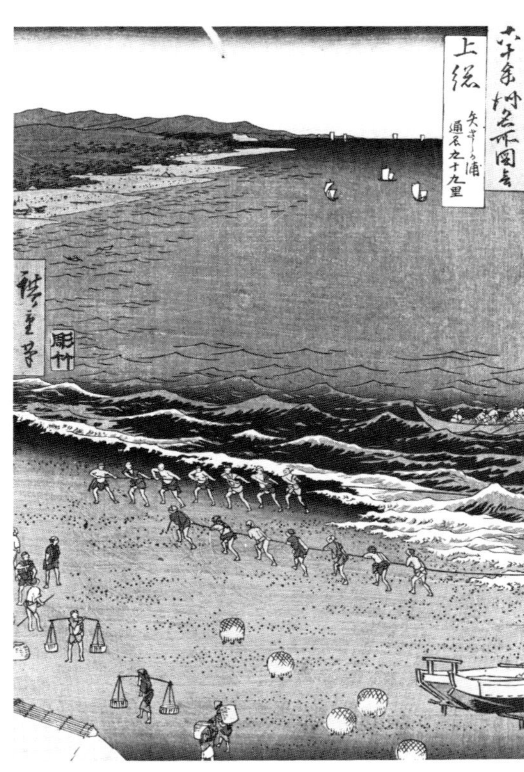

139

139
Kazusa Yazashi-ga-ura tsūmei Kujūkuri. *La côte de Kujūkuri dans la province de Kazusa.*

Une estampe de la suite:
Rokujū-yoshū Meisho zue.
Endroits célèbres des soixante et autres provinces.
Signature de l'artiste:
Hiroshige hitsu.
Marque du graveur: Hori Take.
Format: ōban tate-e;
H. 33,6; L. 22,4 cm.

Bibl.: Strange, p. 184.

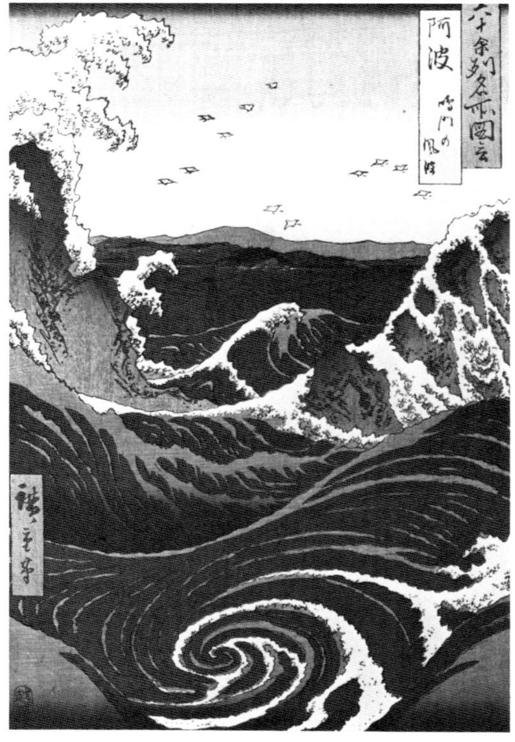

140

141

HIROSHIGE Utagawa
(1797-1858)

140
Awa Naruto no Fūkei. *Vue des tourbillons de Naruto à Awa.*
Une estampe de la suite:
Rokujū-yoshū Meisho zue.
Endroits célèbres des soixante et autres provinces.
Signature de l'artiste:
Hiroshige Hitsu.
Marque de l'éditeur:
Koshi-Hei (Koshimuraya Heisuke).
Format: ōban tate-e;
H. 32,7; L. 22,1 cm.
Bibl.: Strange, p. 184 -
Tamba, n° 357, repr. -
Suzuki, n° 167 , repr. -
U. Taikei XI, n° 174, repr. -
Lane, n° 341, repr.

141
Sagami Enoshima Iwaya no kuchi. *L'entrée des grottes d'Enoshima dans la province de Sagami.*
Une estampe de la suite:
Rokujū-yoshū Meisho zue.
Endroits célèbres des soixante et autres provinces.
Signature de l'artiste:
Hiroshige hitsu.
Marque du graveur: Hori Take.
Format: ōban tate-e;
H. 34; L. 22,8 cm.
Bibl.: Strange, p. 184.

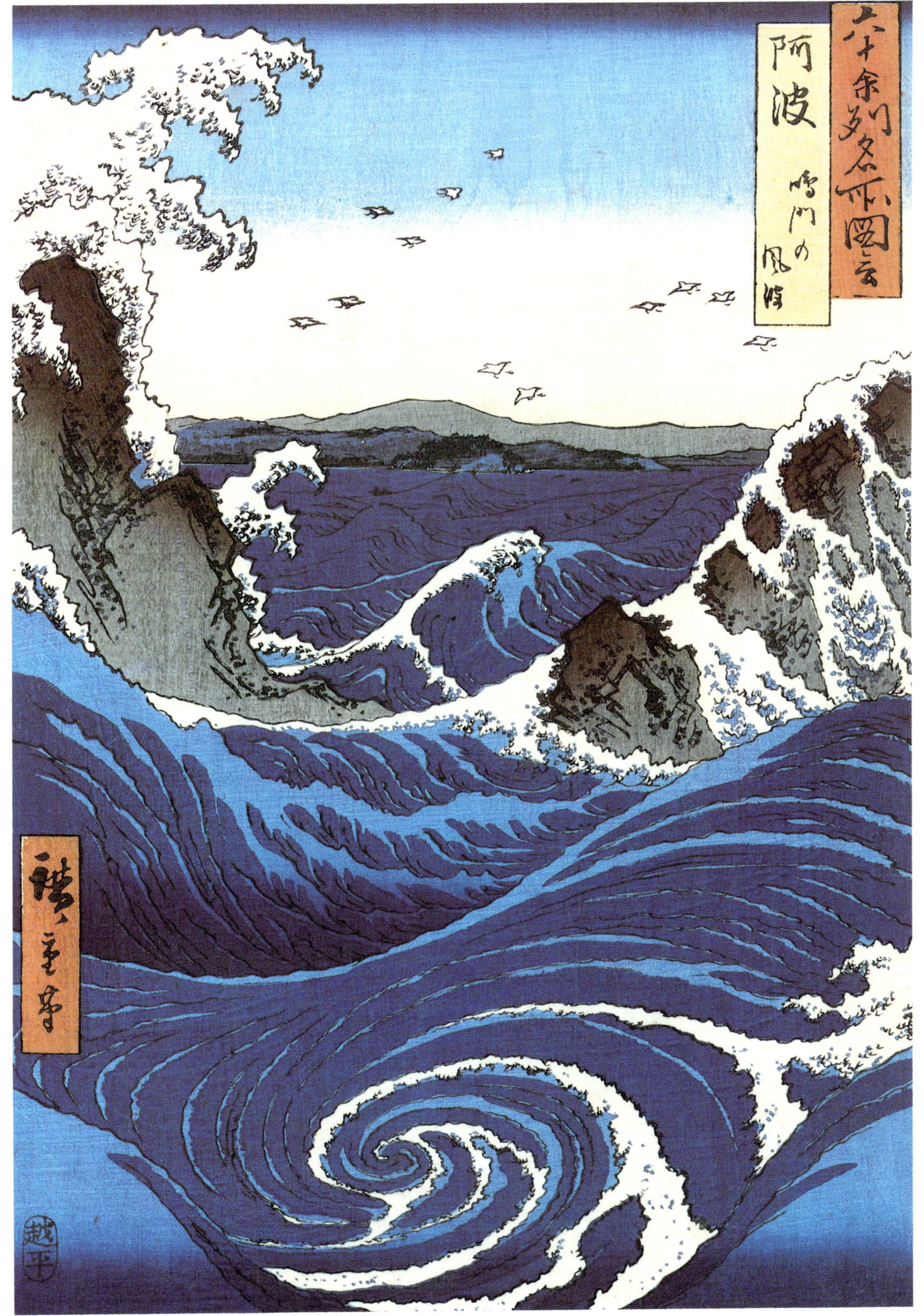
六十余州名所図会
阿波
鳴門の風波
廣重画

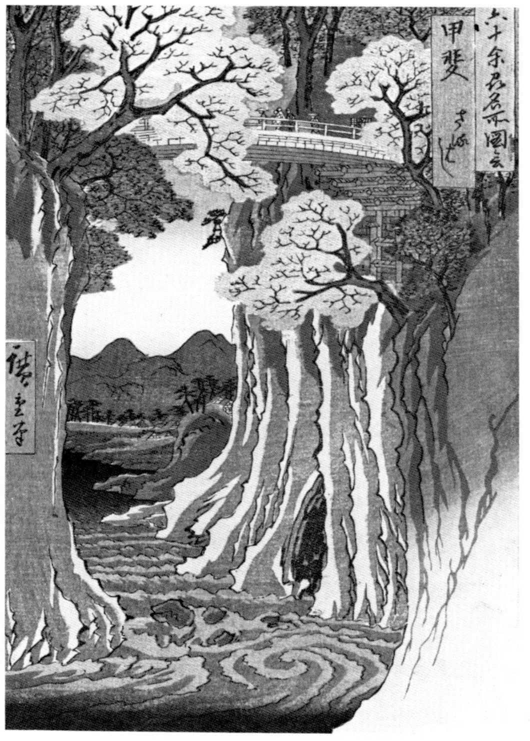

142

143

HIROSHIGE Utagawa
(1797-1858)

142
Kai Saruhashi. *Le pont du singe dans la province de Kai.*
Une estampe de la suite:
Rokujū-yoshū Meisho zue.
Endroits célèbres des soixante et autres provinces.
Signature de l'artiste:
Hiroshige hitsu.
Format: ōban tate-e;
H. 32,8; L. 22 cm.
Bibl.: Strange, p. 183.

143
Iga Kōzuke.
Kōzuke dans la province d'Iga.
Une estampe de la suite:
Rokujū-yoshū Meisho zue.
Endroits célèbres des soixante et autres provinces.
Signature de l'artiste:
Hiroshige hitsu.
Marque de l'éditeur: Koshi-Hei (Koshimuraya Heisuke).
Cachets de censure:
Yonera et Watanabe.
Date: Bœuf (1853) 7e mois.
Format: ōban tate-e;
H. 33,7; L. 22,5 cm.
Bibl.: Strange, p. 183.

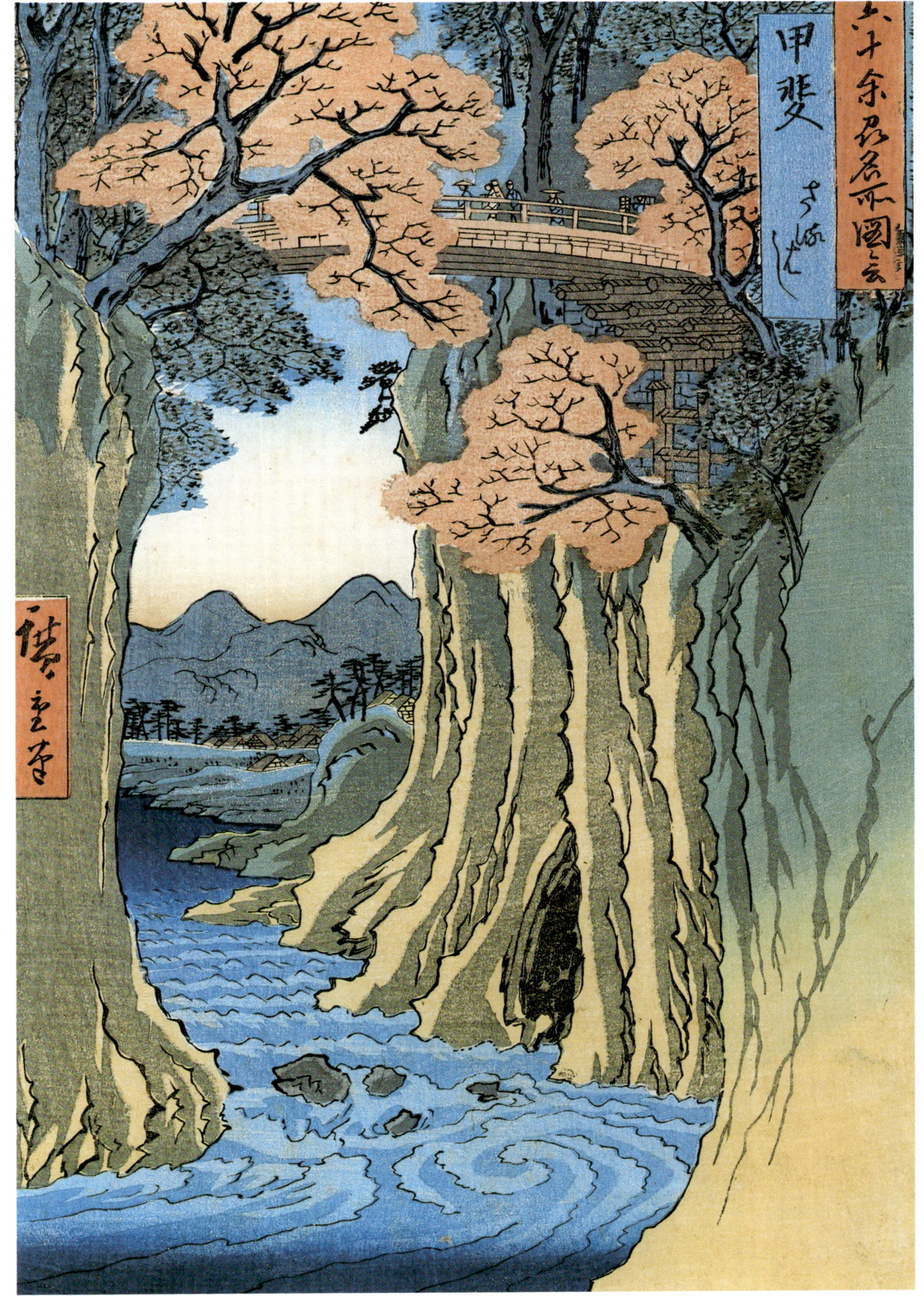

十余州名所圖会
甲斐

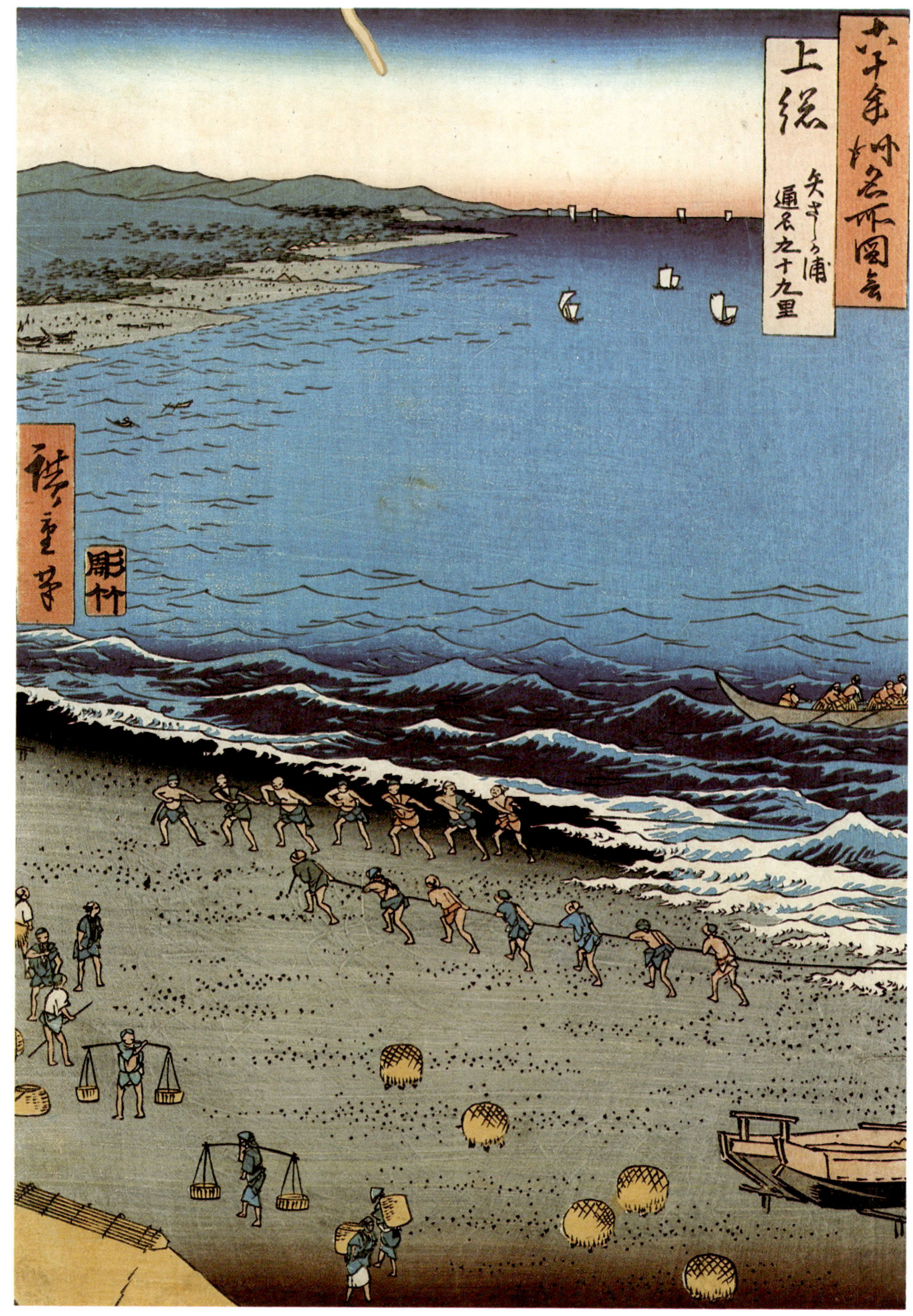

Cat. 139
(voir p. 149)

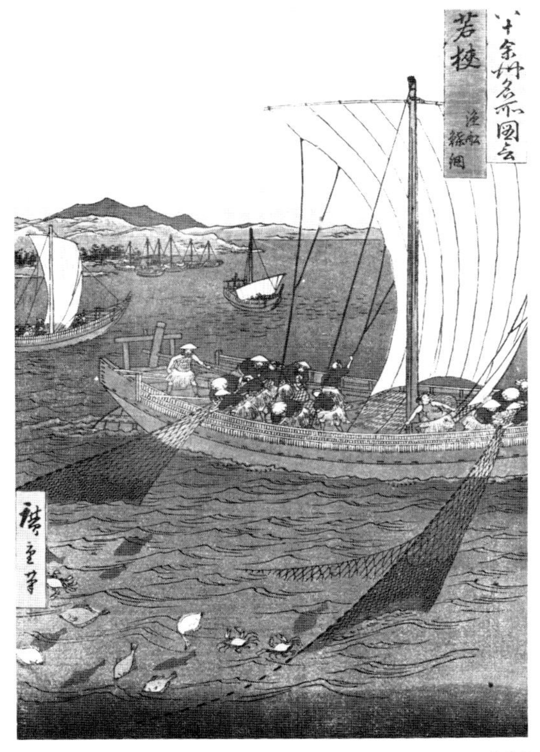

144

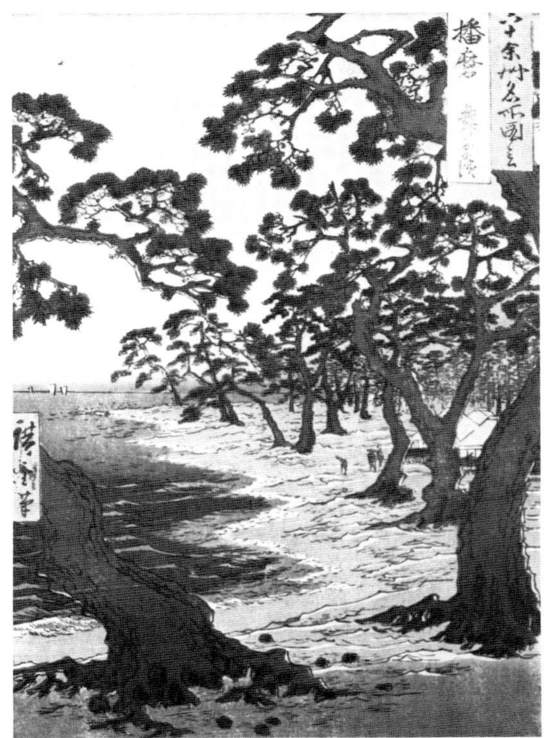

145

144
Wakasa gyosen karei-ami.
Pêcheurs de soles dans la province de Wakasa.

Une estampe de la suite:
Rokujū-yoshū Meisho zue.
Endroits célèbres des soixante et autres provinces.
Signature de l'artiste:
Hiroshige hitsu.
Format: ōban tate-e;
H. 34,3; L. 22,7 cm.

Bibl.: Strange, p. 184 - T.N.M. III, n° 3635, repr.

145
Harima, Maiko no Hama.
La plage des pins à Maiko dans la province d'Harima.

Une estampe de la suite:
Rokujū-yoshū Meisho zue.
Endroits célèbres des soixante et autres provinces.
Signature de l'artiste:
Hiroshige hitsu.
Format: ōban tate-e;
H. 33,1; L. 22,2 cm.

Bibl.: V. et I., 1914, n° 351, pl. XCIII coul. - Strange, p. 184 - Tamba, n° 78, repr. coul. - Gale II, n° 283, repr.

HIROSHIGE Utagawa
(1797-1858)

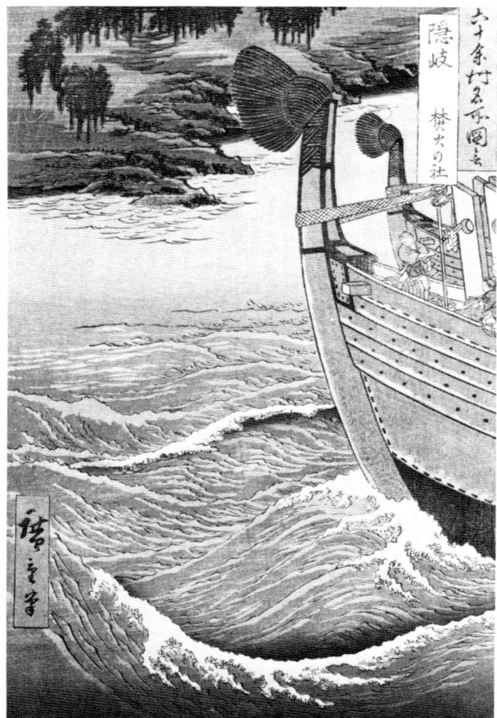

146

146
Oki Takibi no Yashiro.
Le sanctuaire du feu de joie dans la province d'Oki.
Une estampe de la suite:
Rokujū-yoshū Meisho zue.
Endroits célèbres des soixante et autres provinces.
Signature de l'artiste:
Hiroshige hitsu.
Format: ōban tate-e;
H. 32,7; L. 22,4 cm.
Bibl.: V. et I., 1914, n° 349, pl. XCII - Strange, p. 184 - Vever III, n° 938, repr.

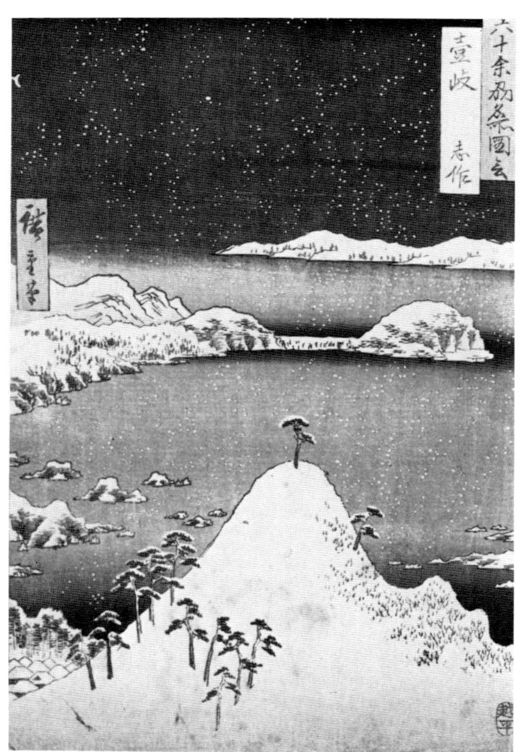

147

147
Iki Shisaku.
Shisaku dans la province d'Iki.
Une estampe de la suite:
Rokujū-yoshū Meisho zue.
Endroits célèbres des soixante et autres provinces.
Signature de l'artiste:
Hiroshige hitsu.
Marque de l'éditeur:
Koshi-Hei (Koshimuraya Heisuke).
Format: ōban tate-e;
H. 33,1; L. 22 cm.
Bibl.: V. et I., 1914, n° 353, pl. XCIV - Strange, p. 185 - T.N.M. III, n° 3627, repr. - U. Taikei XI, n° 173, repr.

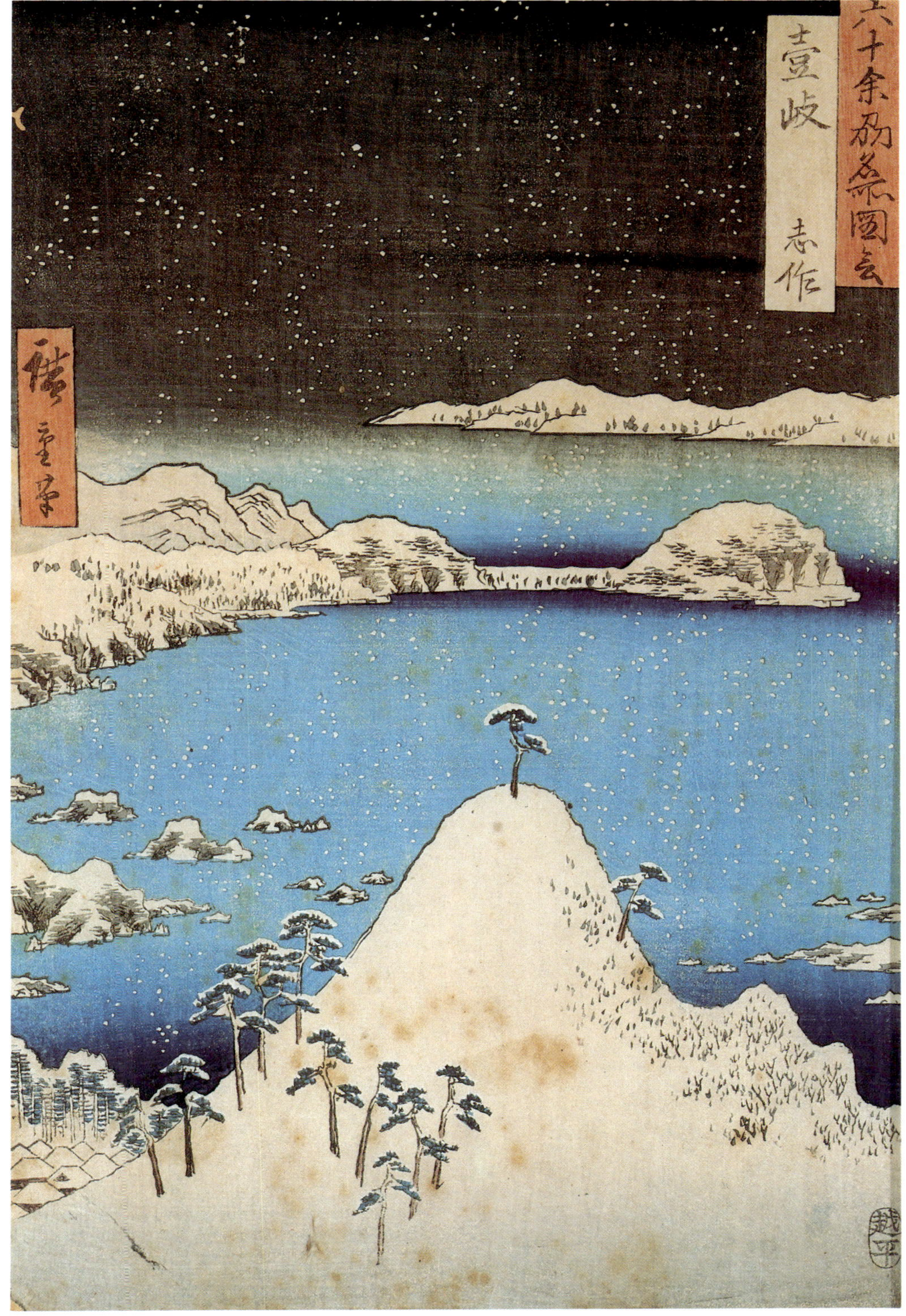
六十余州名所圖会
壹岐 志作
廣重筆

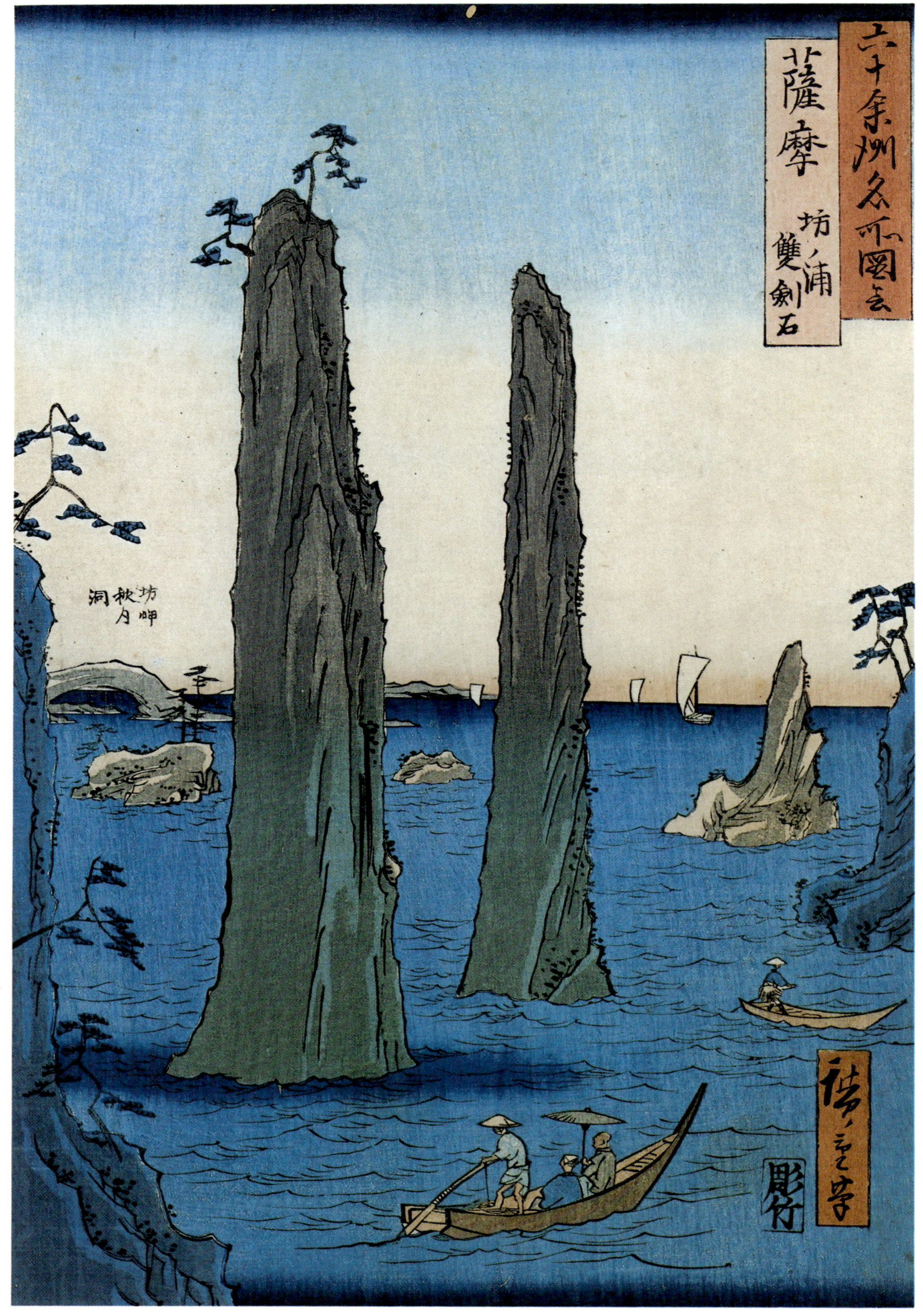

六十余州名所図会
薩摩
坊ノ浦
雙剣石
坊岬
秋月洞
廣重筆
彫竹

148
Satsuma Bō-no-ura, Sōken-seki.
Les rochers jumeaux à Bō-no-ura, dans la province de Satsuma.

Une estampe de la suite:
Rokujū-yoshū Meisho zue.
Endroits célèbres des soixante et autres provinces.
Signature de l'artiste:
Hiroshige hitsu.
Marque du graveur: Hori Take.
Format: ōban tate-e;
H. 32,8; L. 22 cm.

Bibl.: Strange, p. 185.

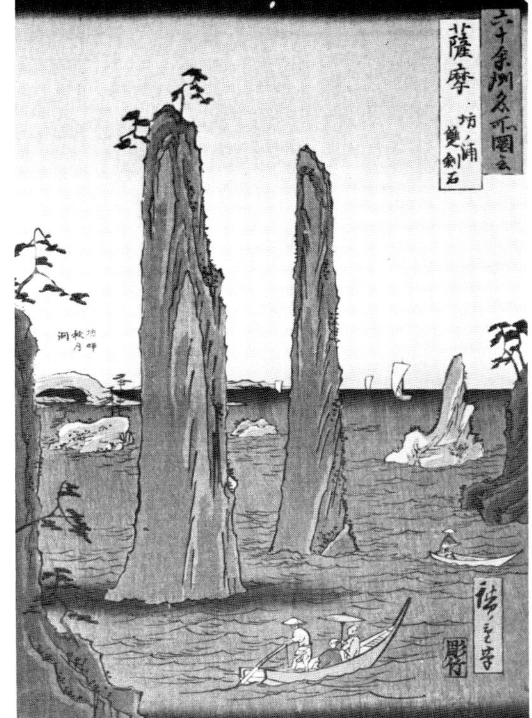

148

149
Kisoji no sansen. *Montagnes et rivières sur la route de Kiso.*

Non signé.
Marque de l'éditeur:
Okazawaya.
Cachet de censure: aratame.
Date: Serpent (1857) 8e mois.
Format: ōban diptyque;
H. 35; L. 49,1 cm (il manque la feuille droite de ce triptyque).

Bibl.: V. et I., 1914, n° 290, pl. LXXVIII - Strange, p. 189 - T.N.M. III, n° 3618-3620, repr. - Suzuki, n° 218, repr. - U. Taikei XI, n° 180-182, repr. - Lane, n° 69, repr.

149

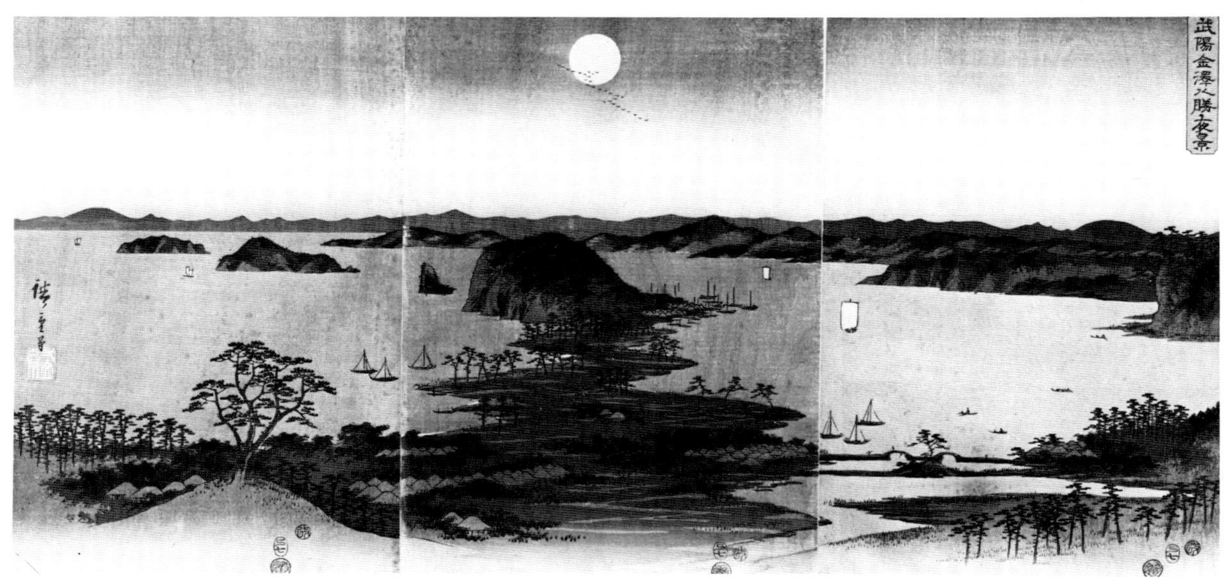

150

HIROSHIGE Utagawa
(1797-1858)

150
Buyō Kanazawa hasshō yakei. *Vue nocturne de Kanazawa à Buyō.*

Signature de l'artiste:
Hiroshige hitsu; sceau: Ichiryūsai.
Marque de l'éditeur: Okazawaya.
Cachet de censure: aratame.
Date: Serpent (1857) 7e mois.
Format: ōban triptyque;
H. 33,8; L. 73,5 cm.

Bibl.: V. et I., 1914, n° 289, pl. LXXVII - Strange, p. 189 - T.N.M. III, n° 3621-3623, repr. - Tamba, n° 81, repr. coul. - Suzuki, n° 216, repr. - U. Taikei XI, n° 34-36, repr. coul. - Lane, n° 68, repr.

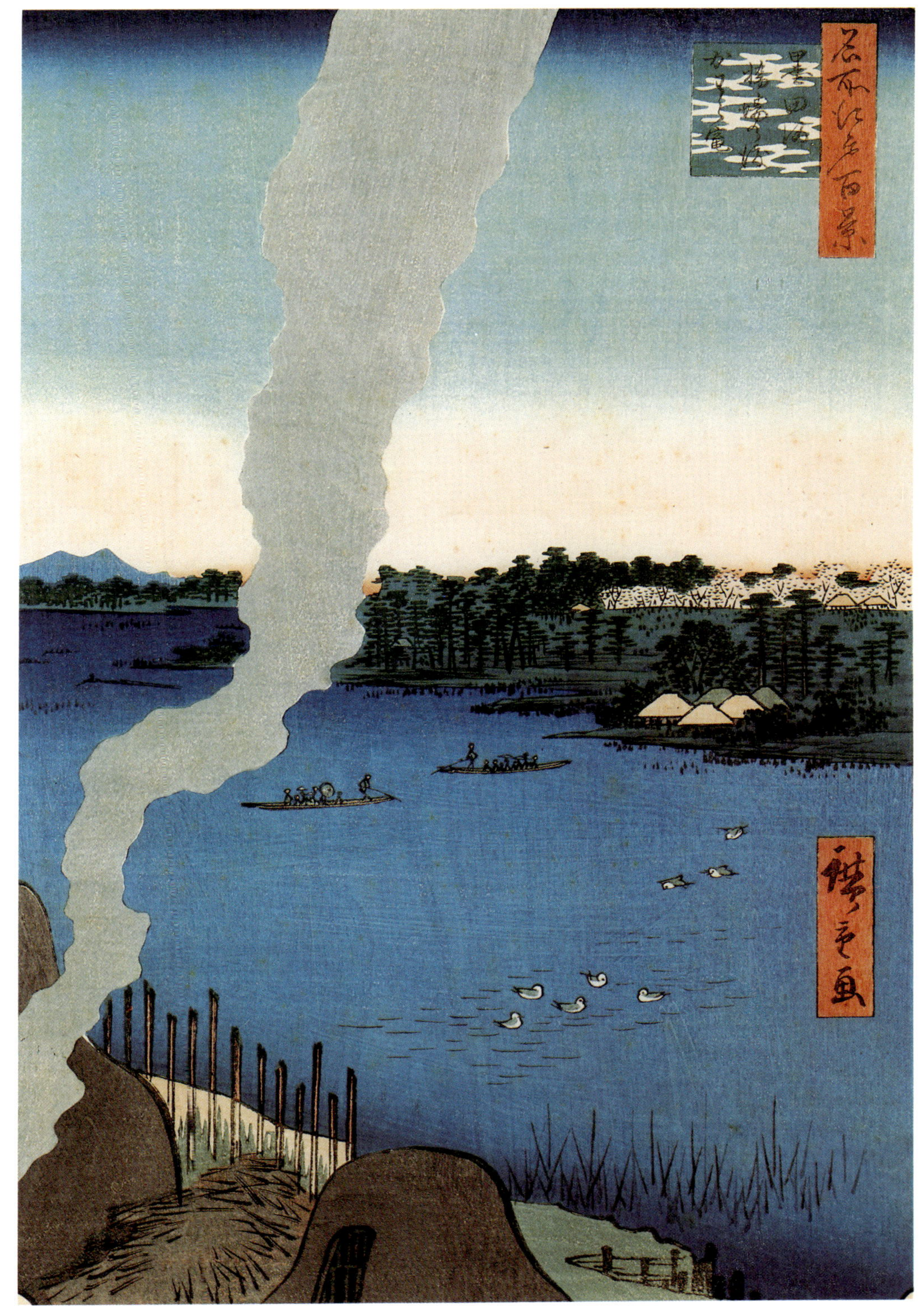

Cat. 151
(voir p. 163)

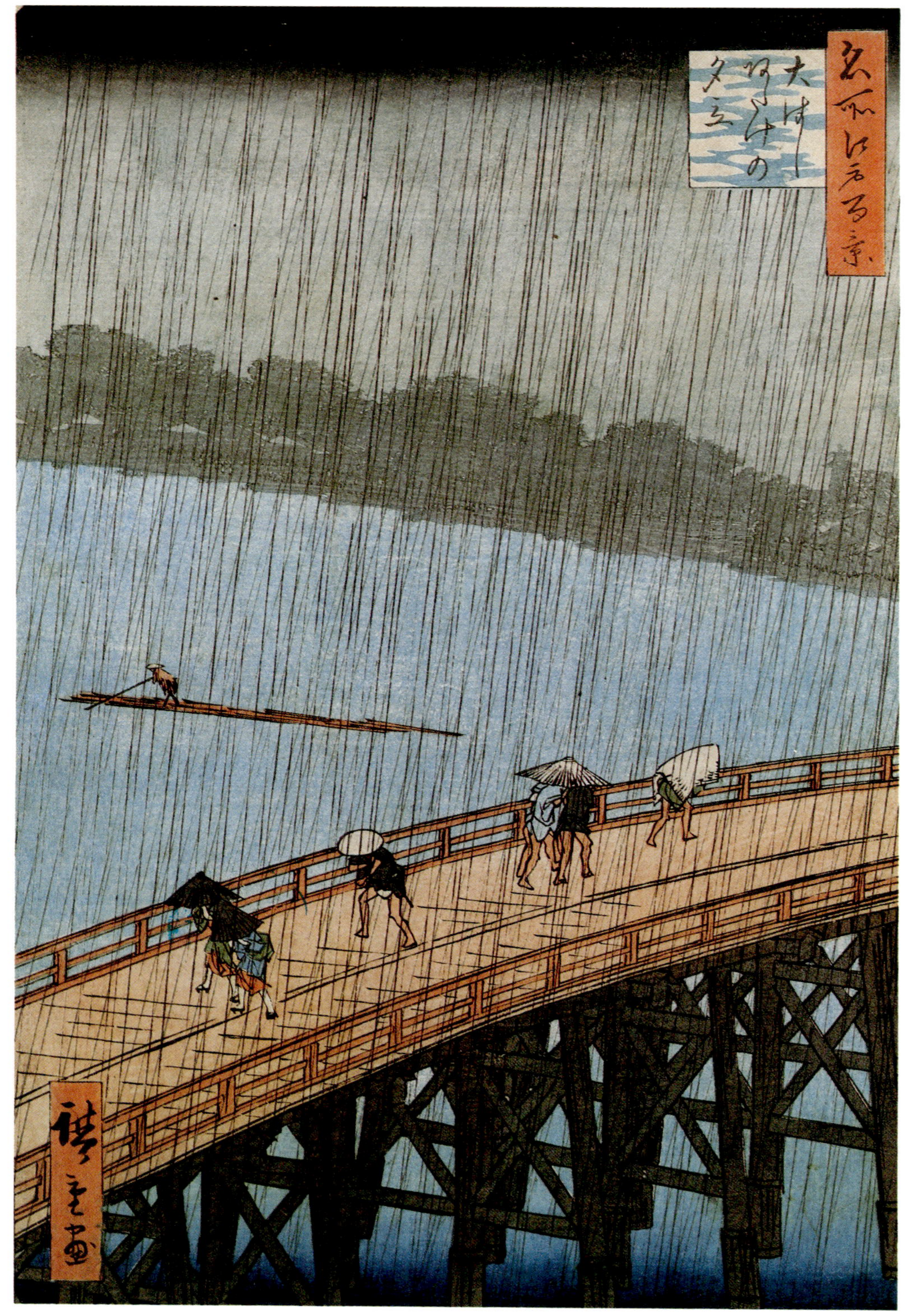

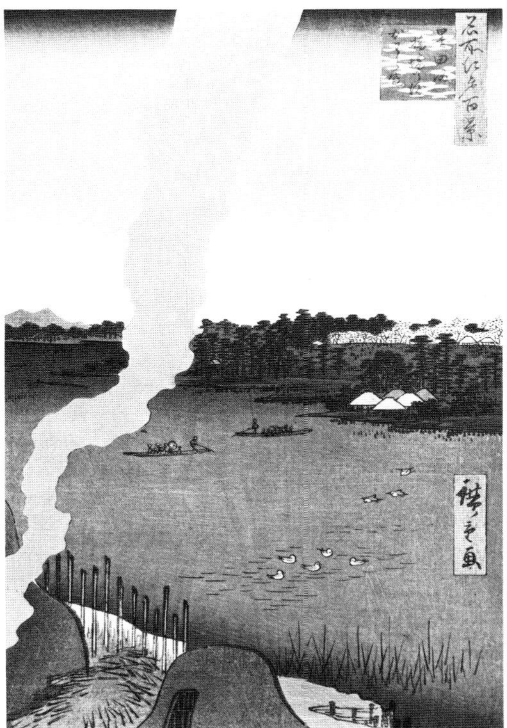

151

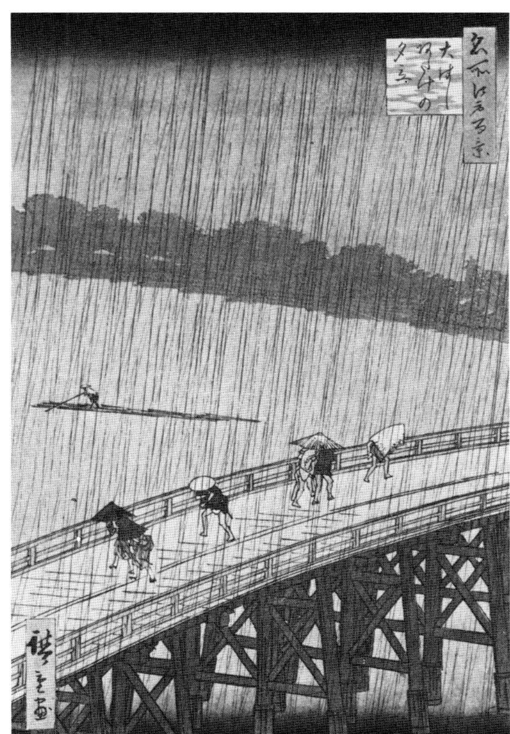

152

Meisho Edo Hyakkei.
Cent vues célèbres d'Edo.

Cette série fut publiée entre 1856 et 1859 par Uo-Ei (Uoya Eikichi). Les six estampes de cette suite conservées dans la collection de Monet sont parmi les plus belles.

151
Sumida-gawa Hashiba no watashi kawaragama. *Les fours à tuiles au bac de Hashiba sur le fleuve Sumida.*

Une estampe de la suite:
Meisho Edo Hyakkei. Cent vues célèbres d'Edo (la 37e vue).
Signature de l'artiste: Hiroshige ga.
Format: ōban tate-e;
H. 33,2; L. 22,3 cm.

Bibl.: Strange, n° 42, p. 181 - Suzuki, n° 498, repr. - U. Taikei XVI, n° 37, repr. coul. - Vever III, n° 941, repr. - Lane, n° 245, repr.

152
Ōhashi Atake no yūdachi.
Ōhashi, averse soudaine à Atake.
Une estampe de la suite:
Meisho Edo Hyakkei. Cent vues célèbres d'Edo (la 52e vue).
Signature de l'artiste: Hiroshige ga.
Format: ōban tate-e;
H. 32,5; L. 21,5 cm.

Bibl.: V. et I. 1914, n° 321, pl. LXXXVI - Strange, n° 75, p. 182 - T.N.M. III, n° 3643, repr. - Tamba, n° 49, repr. coul. - Suzuki, n° 520, repr. et n° 54, repr. coul. - U. Taikei XVI, n° 52, repr. coul. - Vever III, n°942, repr. - Lane, n° 187, repr. coul.

On connaît plusieurs états de cette planche. Ils varient selon la trichromie du cartouche carré contenant le titre de l'estampe, le dégradé des nuages et du bleu de la rivière, et la présence de bateaux le long de la rive à l'arrière-plan à droite. Cette estampe correspondrait au second état.

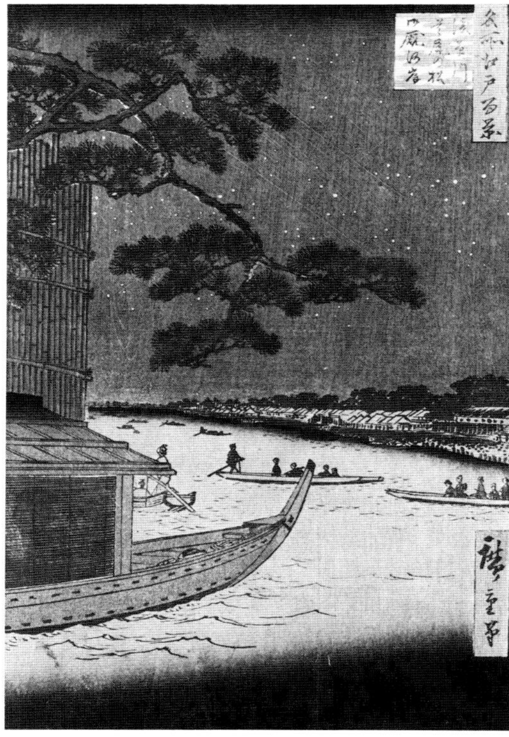

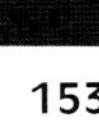

153

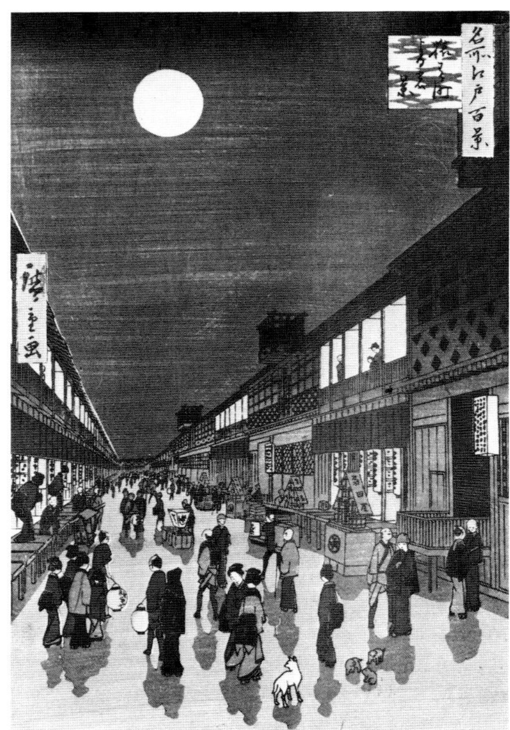

154

HIROSHIGE Utagawa
(1797-1858)

153
Asakusa-gawa Shubi-no-matsu Ommaya-gasgi. *Le pin des bons résultats sur la berge d'Ommaya, le fleuve Asakusa.*

Une estampe de la suite: Meisho Edo Hyakkei. Cent vues célèbres d'Edo (la 54e vue).
Signature de l'artiste: Hiroshige hitsu.
Format: ōban tate-e;
H. 32,7; L. 21,3 cm.

Bibl.: Strange, n° 80, p. 182 - Suzuki, n° 525, repr. - U. Taikei XVI, n° 54, repr. coul. - Lane, n° 262, repr.

154
Saruwaka-chō, yoru no kei.
Vue nocturne de la rue Saruwaka.

Une estampe de la suite: Meisho Edo Hyakkei. Cent vues célèbres d'Edo (la 90e vue).
Signature de l'artiste: Hiroshige ga.
Marque de l'éditeur: Uo-Ei (Uoya Eikichi) dans la marge.
Format: ōban tate-e;
H. 33,8; L. 22,5 cm.

Bibl.: V. et I. 1914, n° 309, pl. LXXXII - Strange, n° 41, p. 181, repr. - T.N.M. III, n° 3644, repr. - Tamba, n° 273, repr. - Suzuki, n° 554, repr. et n° 176, repr. - U. Taikei XVII, n° 90, repr. coul. - Vever III, n° 944, repr. - Lane, n° 298, repr.

On connaît deux versions de cette estampe avec ou sans la présence de la lune.

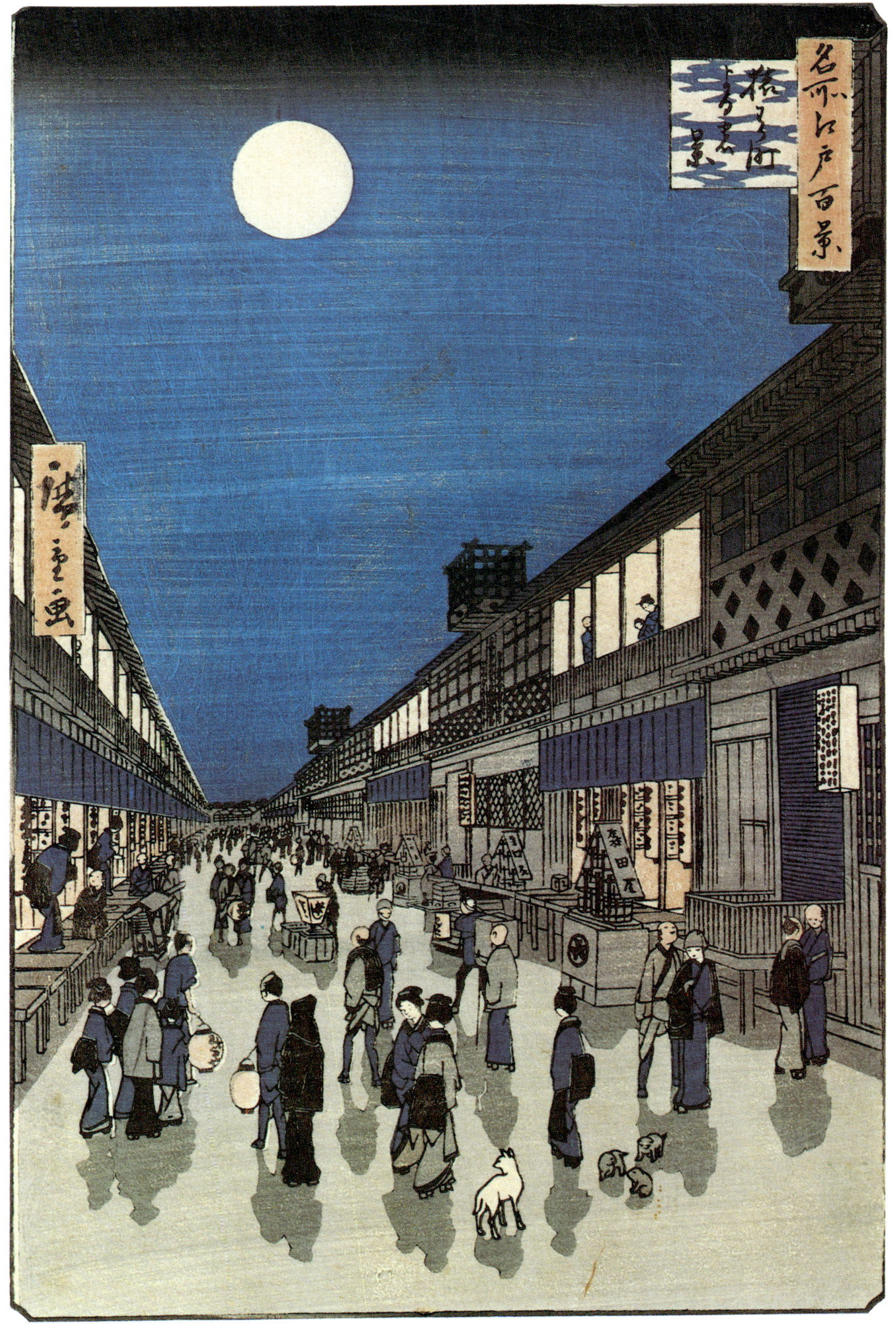
名所江戸百景
廣重画

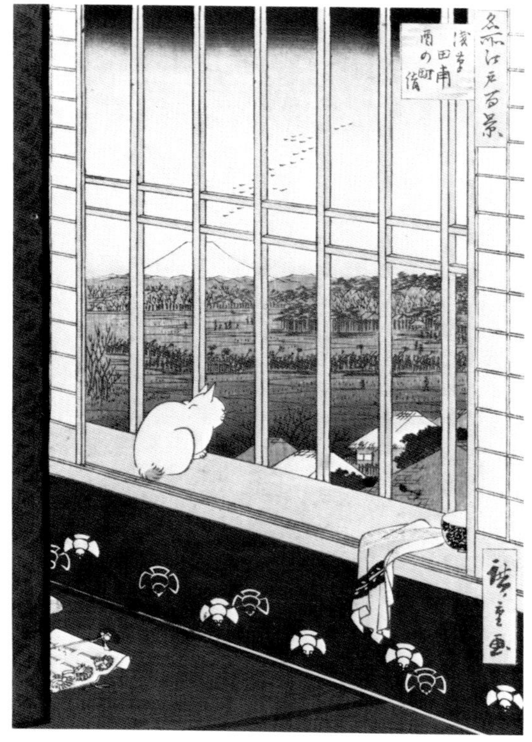

155

156

HIROSHIGE Utagawa
(1797-1858)

155
Asakusa-tambo. Tori-no machi-mōde.
Les rizières d'Asakusa pendant la fête du coq.

Une estampe de la suite:
Meisho Edo Hyakkei. Cent vues célèbres d'Edo (la 101ᵉ vue).
Signature de l'artiste: Hiroshige ga.
Format: ōban tate-e;
H. 33,8; L. 22,9 cm.

Bibl.: V. et I. 1914, n° 316, pl. LXXXIV - Strange, n° 40, p. 181 - Suzuki, n° 566, repr. - U. Taikei XVII, n° 101, repr. coul. - Lane, n° 309, repr.

La fête du coq qui a lieu le dernier mois de l'année est l'occasion d'une foire où les Japonais se rendent en prévision du Nouvel An.

156
Fukagawa Susaki Jūman-tsubo.
La plaine Jūman-tsubo à Susaki, Fukagawa.

Une estampe de la suite:
Meisho Edo Hyakkei. Cent vues célèbres d'Edo (la 107ᵉ vue).
Signature de l'artiste: Hiroshige ga.
Format: ōban tate-e;
H. 31,8; L. 20,8 cm.

Bibl.: V. et I., 1914, n° 320, pl. LXXXV - Strange, n° 69, p. 182, repr. - T.N.M. III, n° 3646, repr. - Tamba, n° 274, repr. - Suzuki, n° 572, repr. et 174, repr. - U. Taikei XVII, n° 107, repr. coul. - Vever III, n° 950, repr. - Lane, n° 315, repr.

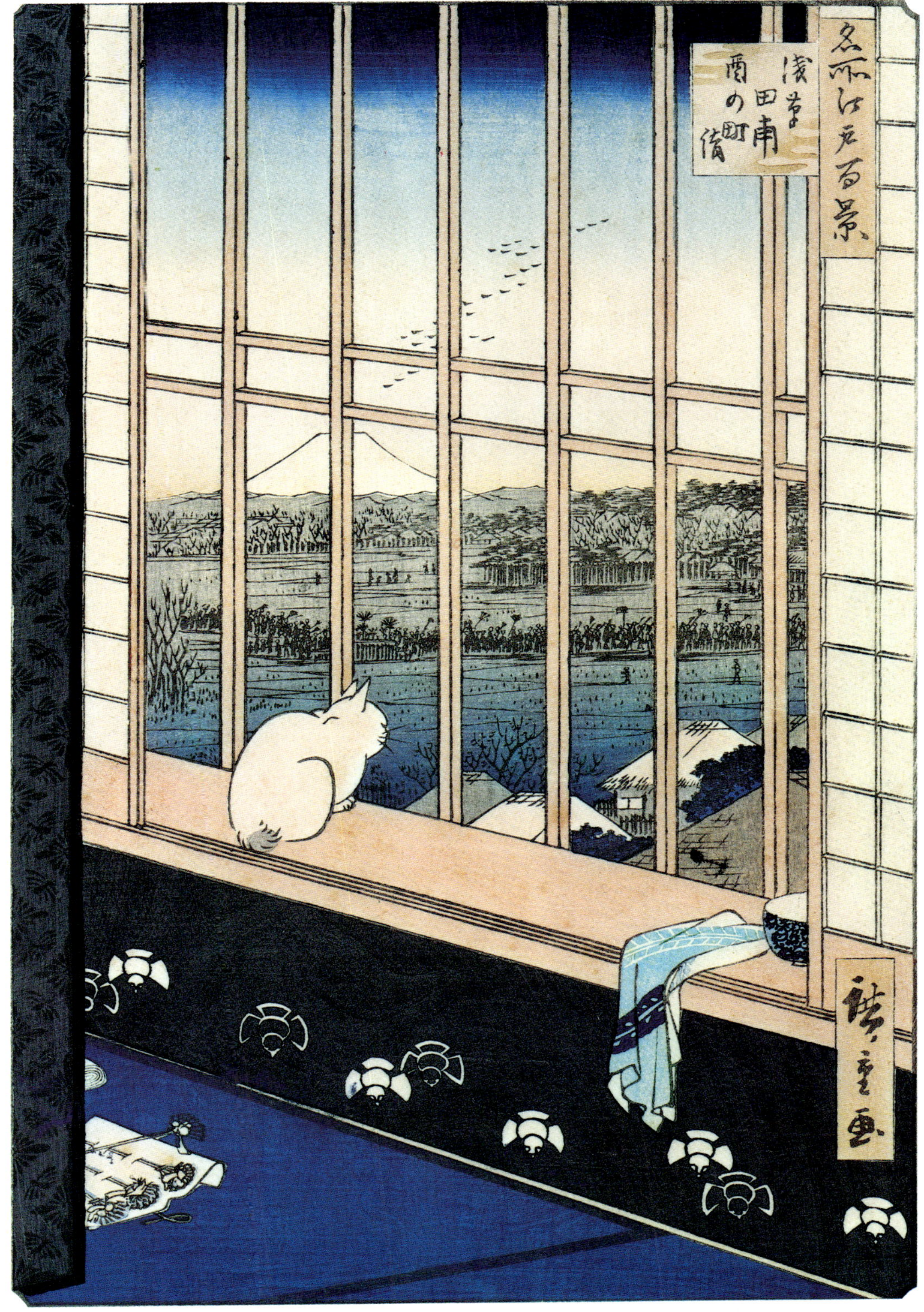
名所江戸百景
浅草田甫酉の町詣
廣重画

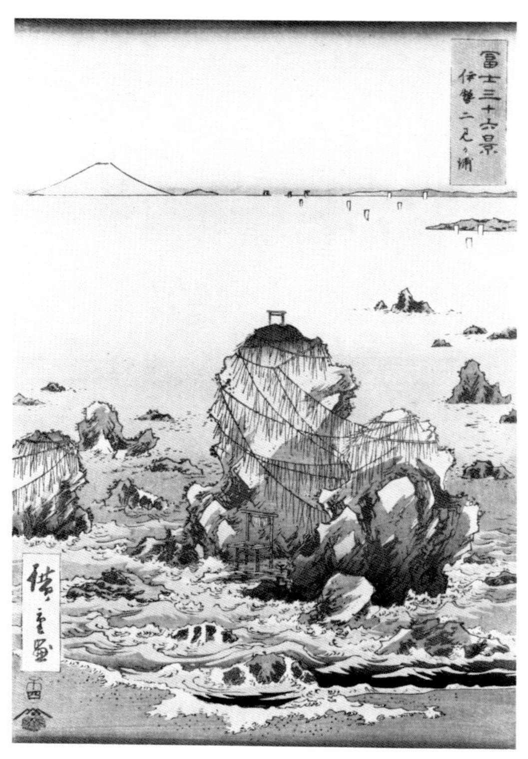

157

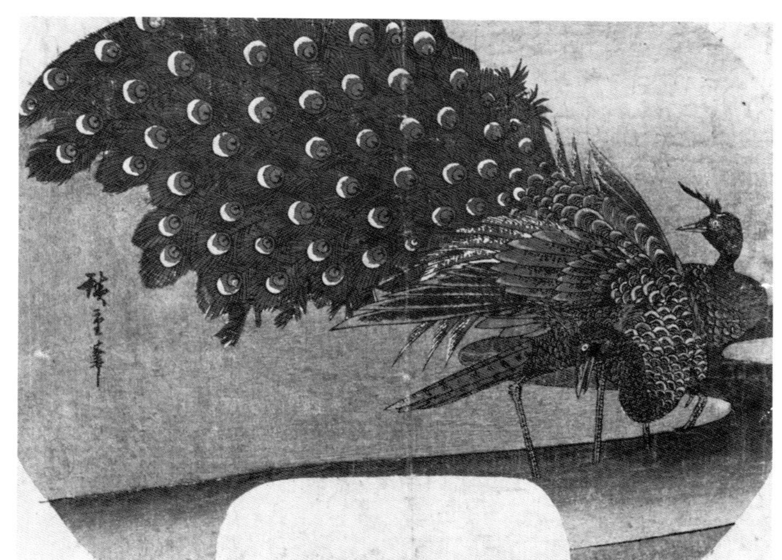

159

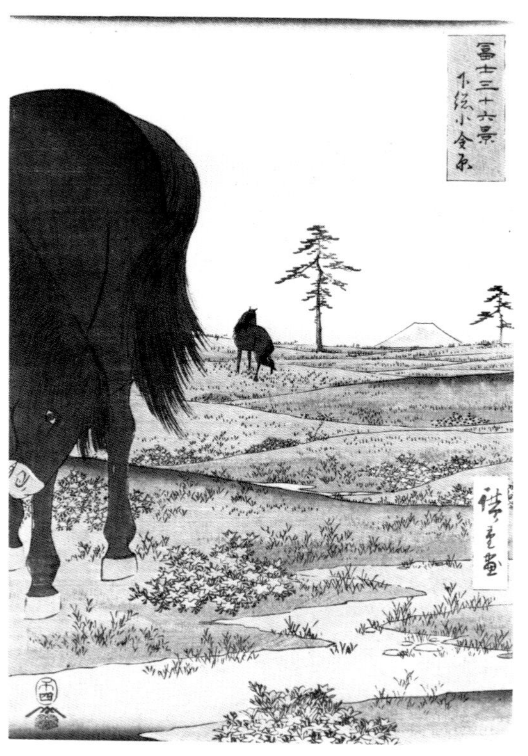

158

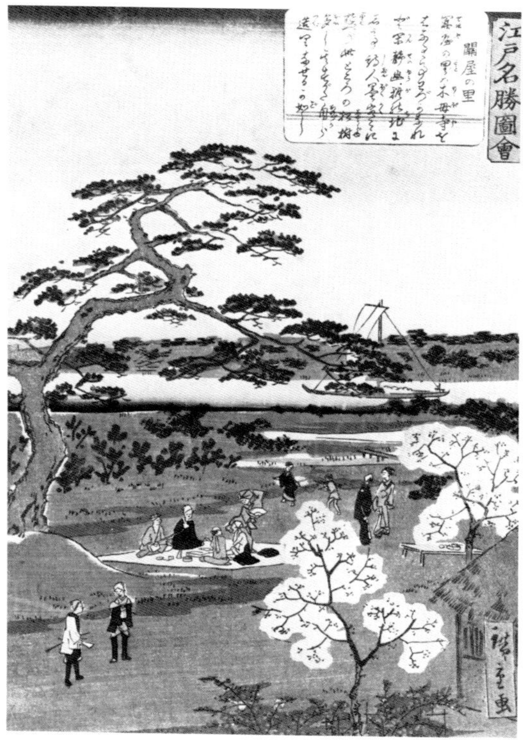

160

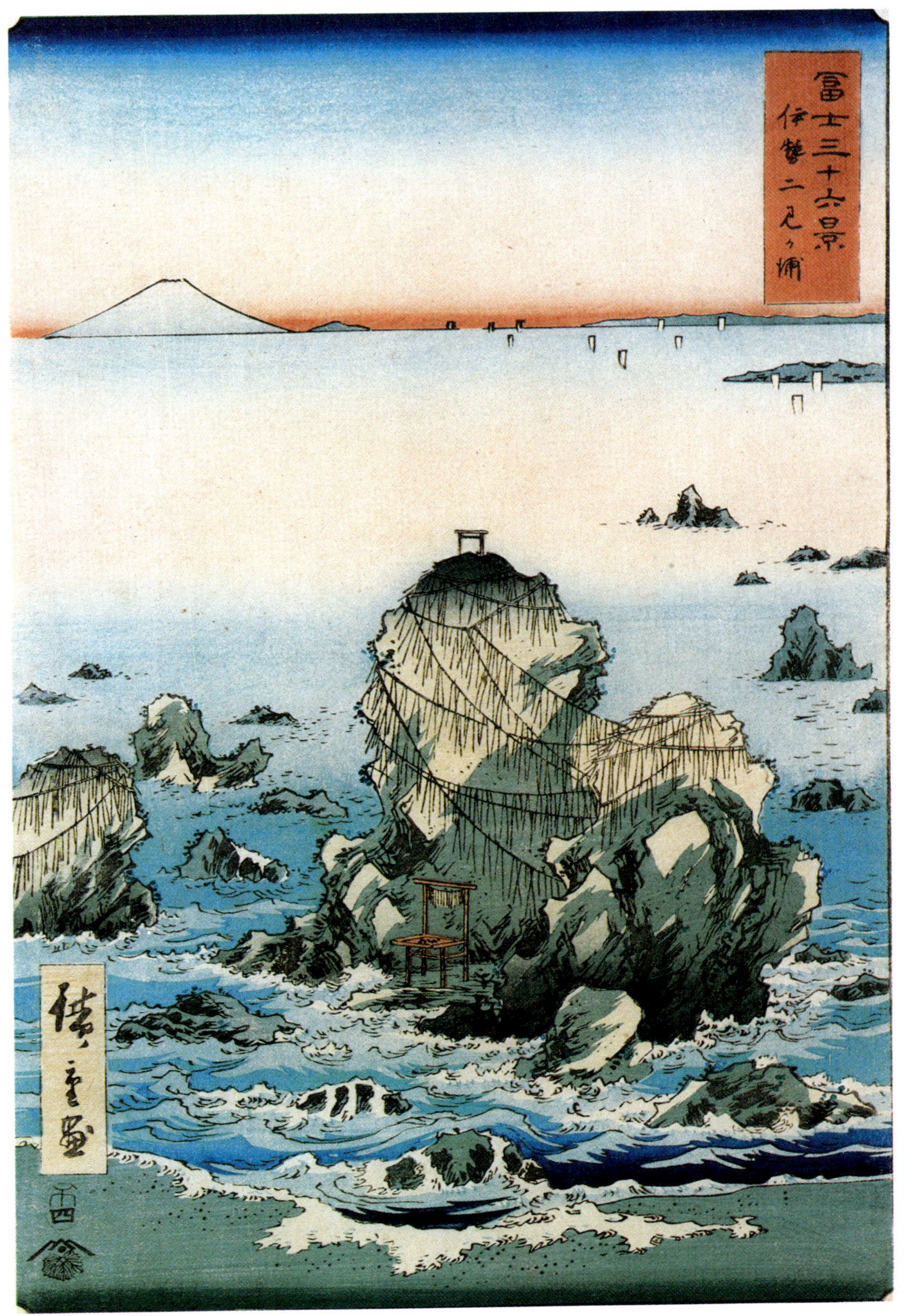
冨士三十六景
伊勢二見ヶ浦
廣重畫

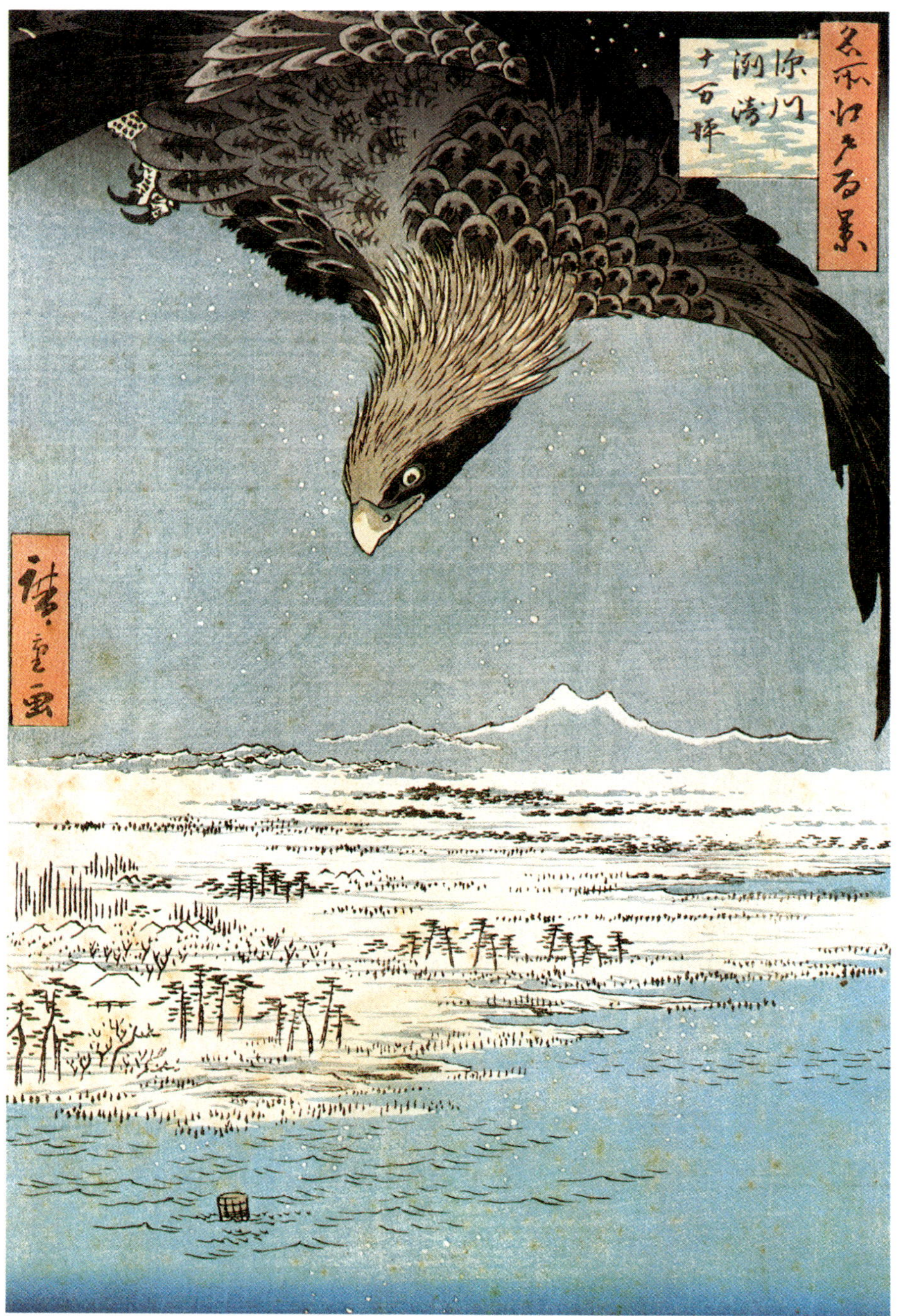

Cat. 156
(voir p. 166)

HIROSHIGE Utagawa
(1797-1858)

Fuji sanjūrokkei.
Les trente-six vues du Mont Fuji.

Deux estampes de cette série moins connue que celle d'Hokusai sur le même thème, publiée par Tsutaya Kichizō en 1858 et 1859.

157
Ise Futami-ga-ura. *La plage de Futami dans la province d'Ise.*

Une estampe de la suite:
Fuji sanjūrokkei. Les trente-six vues du Mont Fuji (la 30ᵉ vue).
Signature de l'artiste: Hiroshige ga.
Marque de l'éditeur:
Tsutaya Kichizō.
Date: Cheval (1858) 4ᵉ mois.
Format: ōban tate-e;
H. 33,7; L. 22,5 cm.

Bibl.: Strange, n° 35, p.180.

158
Shimōsa Koganehara. *Koganehara dans la province de Shimōsa.*

Une estampe de la suite:
Fuji sanjūrokkei. Les trente-six vues du Mont Fuji (la 34ᵉ vue).
Signature de l'artiste: Hiroshige ga.
Marque de l'éditeur:
Tsutaya Kichizō.
Date: Cheval (1858) 4ᵉ mois.
Format: ōban tate-e;
H. 33,6; L. 22,2 cm.

Bibl.: Strange, n° 31, p. 180.

159
Deux paons.

Signature de l'artiste:
Hiroshige hitsu.
Format: uchiwa-e;
H. 20,3; L. 27,8 cm.

160
Sekiya no sato. *Le village de Sekiya.*

Une estampe de la suite:
Edo Meishō zue.
Vues des endroits célèbres d'Edo.
Signature de l'artiste: Hiroshige ga.
Format: aiban;
H. 31,5; L. 21,1 cm.

161
Oiseau et glycine.

Signature de l'artiste: Ryūsen hitsu.
Marque de l'éditeur:
Maruya Seijirō.
Cachet de censure:
Tanaka (1843-1845).
Format: chū-tanzaku;
H. 32,5; L. 10,6 cm.

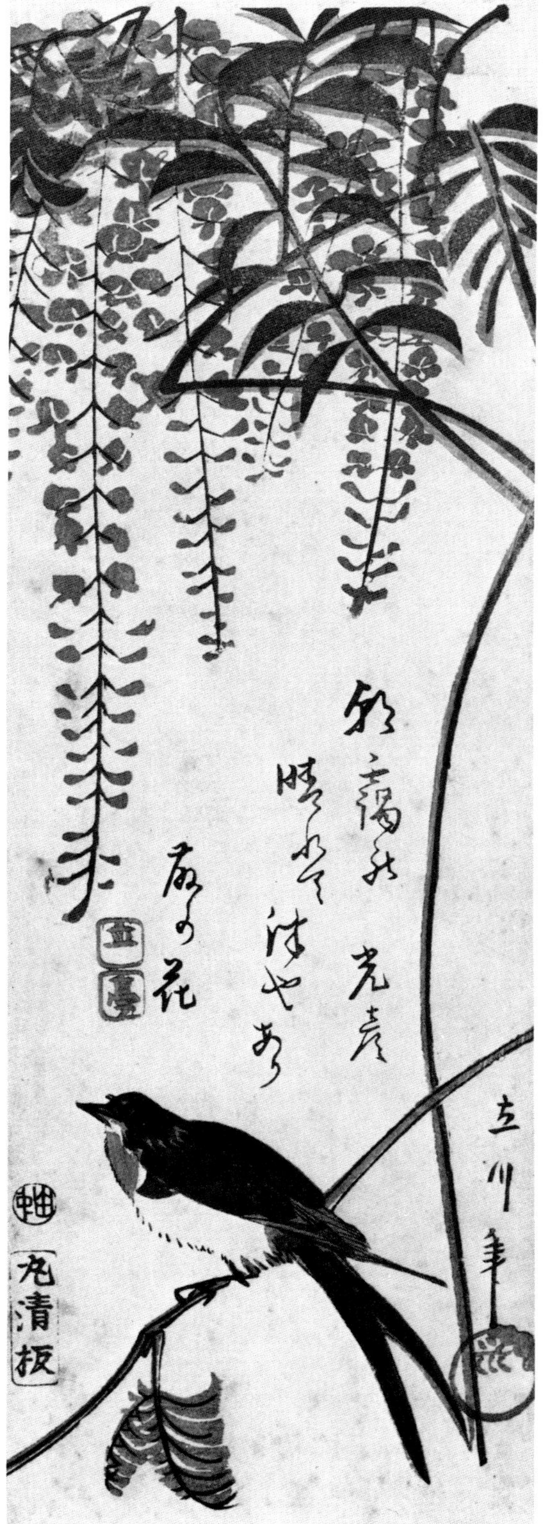

161

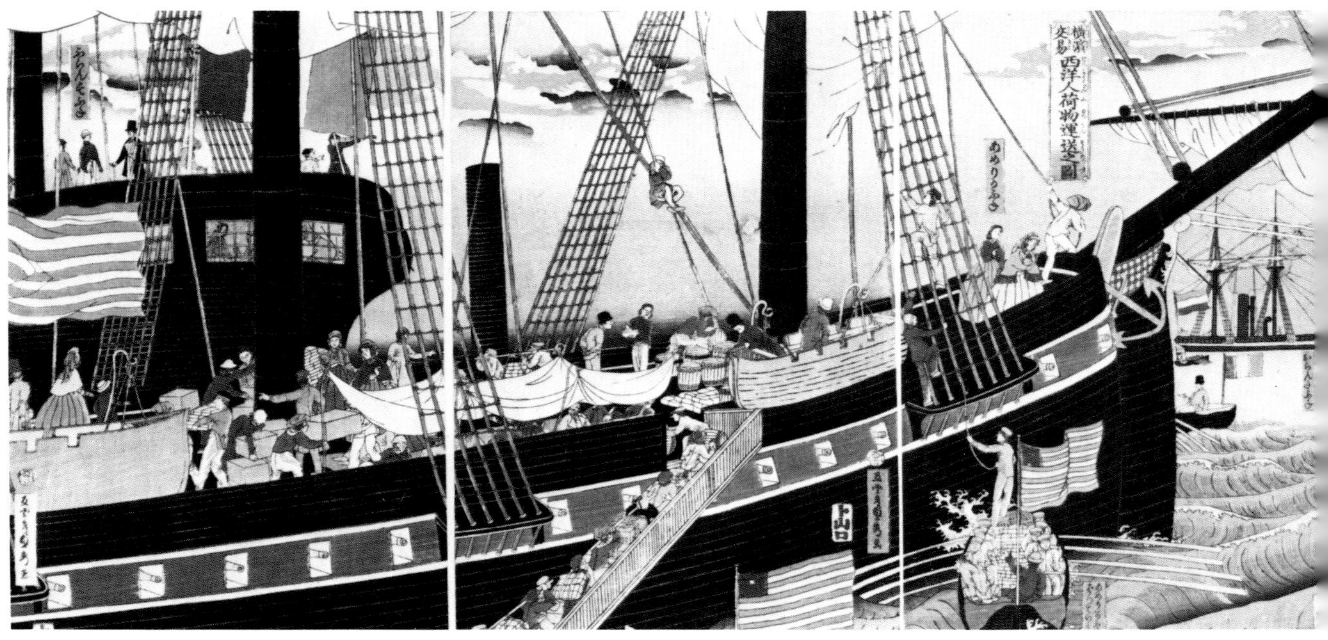

SADAHIDE Utagawa
(1807-1873)

Les estampes de Yokohama.

Les Portugais et Saint-François-Xavier découvrent le Japon au XVIe siècle, mais très vite le gouvernement Tokugawa juge la présence des européens indésirable. Pendant deux siècles et demi le Japon est coupé du reste du monde. En 1853, une expédition dirigée par le Commodore Matthew C. Perry met un terme à cet isolement et six ans plus tard, des traités commerciaux sont signés avec l'Amérique, la Russie, l'Angleterre et la France.
Le petit port de Yokohama, ouvert aux étrangers en 1859, se développe rapidement sous l'impulsion d'une importante colonie d'Européens et d'Américains. L'arrivée de ces «barbares» renouvelle l'inspiration des artistes ukiyo-e.
Les estampes de Yokohama, éditées à Edo (ville proche de Yokohama) n'ont plus l'élégance, ni le raffinement de couleurs des œuvres d'Utamaro et d'Hokusai, mais elles offrent un intérêt historique et «journalistique.» Impressionnés par l'expansion de leur ville, les artistes représentent d'abord les bâtiments et le port encombré de clippers, puis les costumes et enfin les mœurs et coutumes des étrangers.

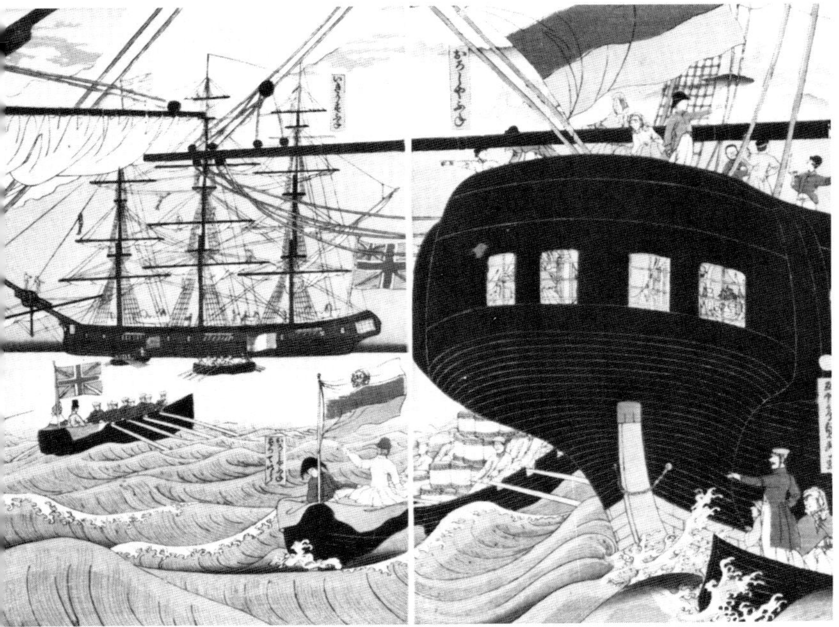

162

162
Yokohama Kōeki Seiyōjin Nimotsu Unsō no zu. *Le commerce à Yokohama; les Européens transportant des marchandises.*

Signature de l'artiste:
Gountei Sadahide ga.
Marque de l'éditeur:
Yamaguchiya Tōbei.
Cachet de censure et date: aratame, année du coq (1861) 4ᵉ mois.
Format: ōban pentaptyque;
H. 34; L. 119,7 cm.

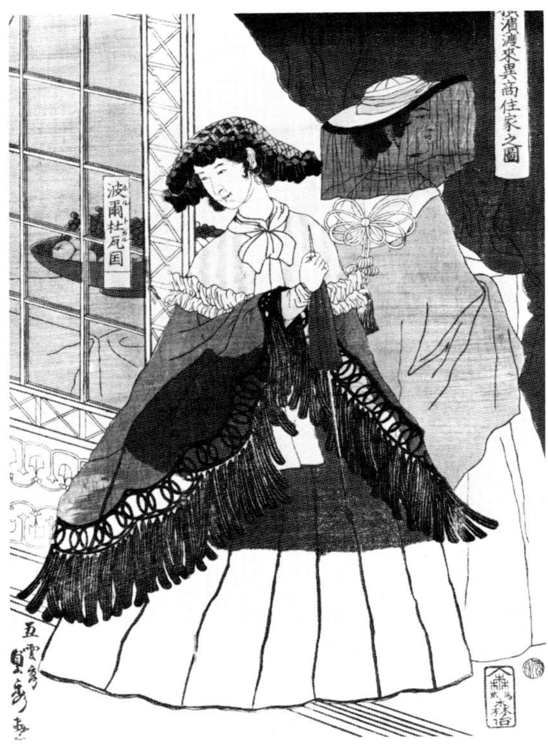

163

163
Porutogaru-koku. *Portugal.*

Une estampe de la suite:
Yokohama torai ishō jūka no zu. L'intérieur de la maison d'un marchand étranger venu à Yokohama.
Signature de l'artiste:
Gountei Sadahide ga.
Marque de l'éditeur: Moriya Jihei.
Cachet de censure et date:
Année du coq (1861), 9ᵉ mois.
Format: ōban tate-e;
H. 34,6; L. 23,7 cm. (Feuille droite d'un sexaptyque).

Bibl.: Tamba, 1962, n° 125, repr. - Yokohama Ukiyo-e, p. 56, repr. coul.

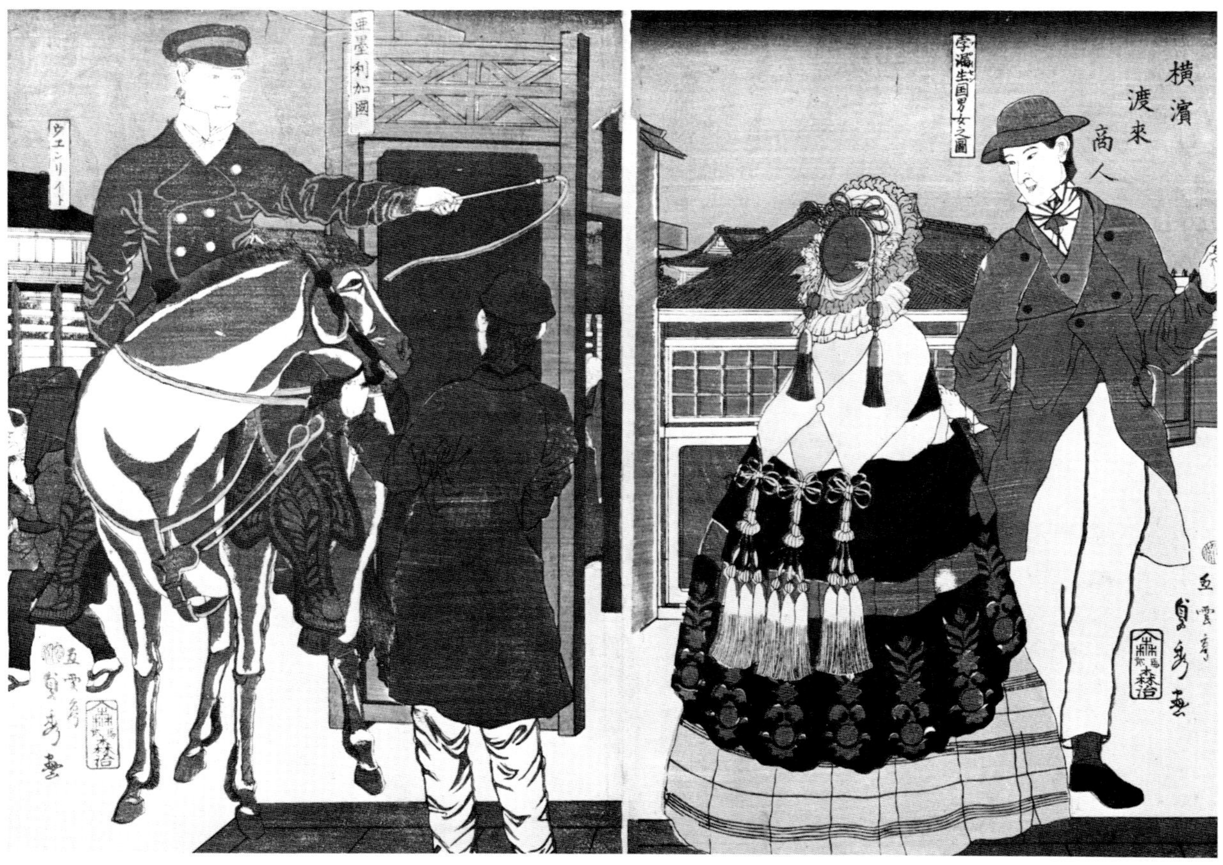

164

SADAHIDE Utagawa
(1807-1873)

164
Puroisen-koku danjo no zu.
Couple prussien (feuille droite).
Amerika-koku.
L'Amérique (feuille gauche).
Une estampe de la suite:
Yokohama torai Shōnin. Marchands étrangers à Yokohama.
Signature de l'artiste:
Gountei Sadahide ga.
Marque de l'éditeur: Moriya Jihei.
Cachet de censure et date:
Année du coq (1861), 9e mois.
Format: ōban diptyque;
H. 34,2; L. 47,8 cm.

Bibl.: Tamba 1962, n° 128, repr. (feuille de gauche) - Yokohama Ukiyo-e, p. 57, repr.

165
Yokohama ijin-shōkan zashiki no zu.
Le salon d'une maison de marchands étrangers à Yokohama.
Signature de l'artiste:
Gountei Sadahide ga.
Marque de l'éditeur: Moriya Jihei.
Marque du graveur: Gen.
Cachet de censure et date:
Année du coq (1861), 9e mois.
Format: ōban triptyque;
H. 34; L. 67,5 cm.

Bibl.: Tamba 1962, n° 80, repr. - Yokohama Ukiyo-e, p. 250, repr.

166
Yokohama ijin-shōkan shashin no zu. *Comptoir des commerçants étrangers établis à Yokohama.*
Signature de l'artiste:
Gountei Sadahide ga.
Marque de l'éditeur: Moriya Jihei.
Marque du graveur: Gen.
Cachet de censure et date:
Année du coq (1861), 9e mois.
Format: ōban triptyque;
H. 33,8; L. 70,3 cm.

Bibl.: Tamba 1962, n° 85, repr. - Yokohama Ukiyo-e, p. 60, repr. coul.

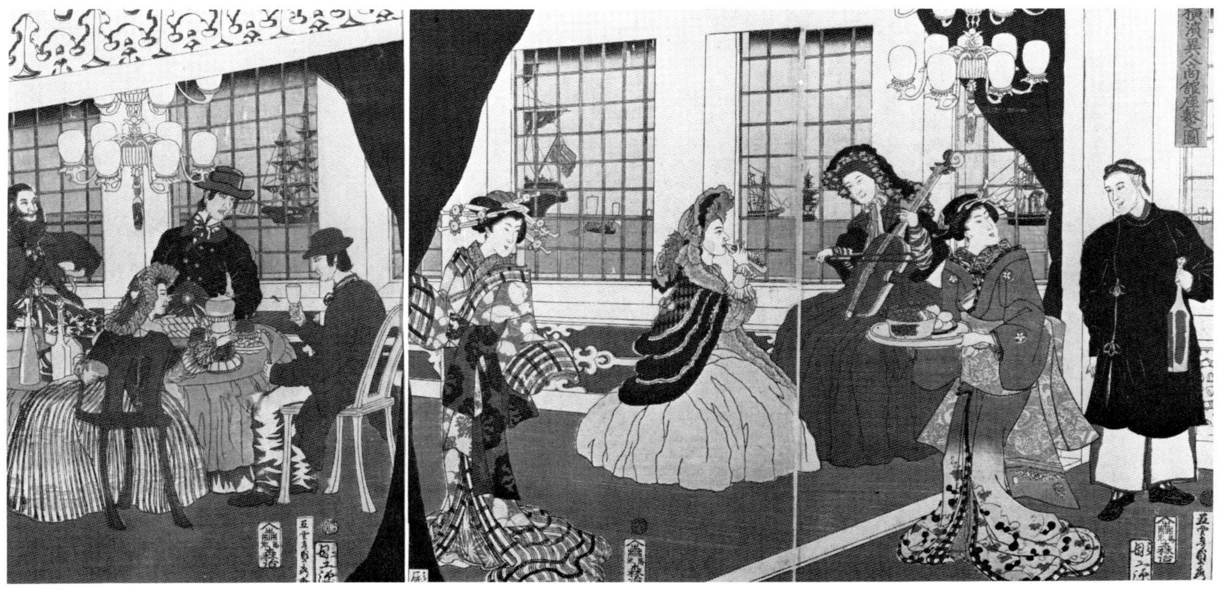

165

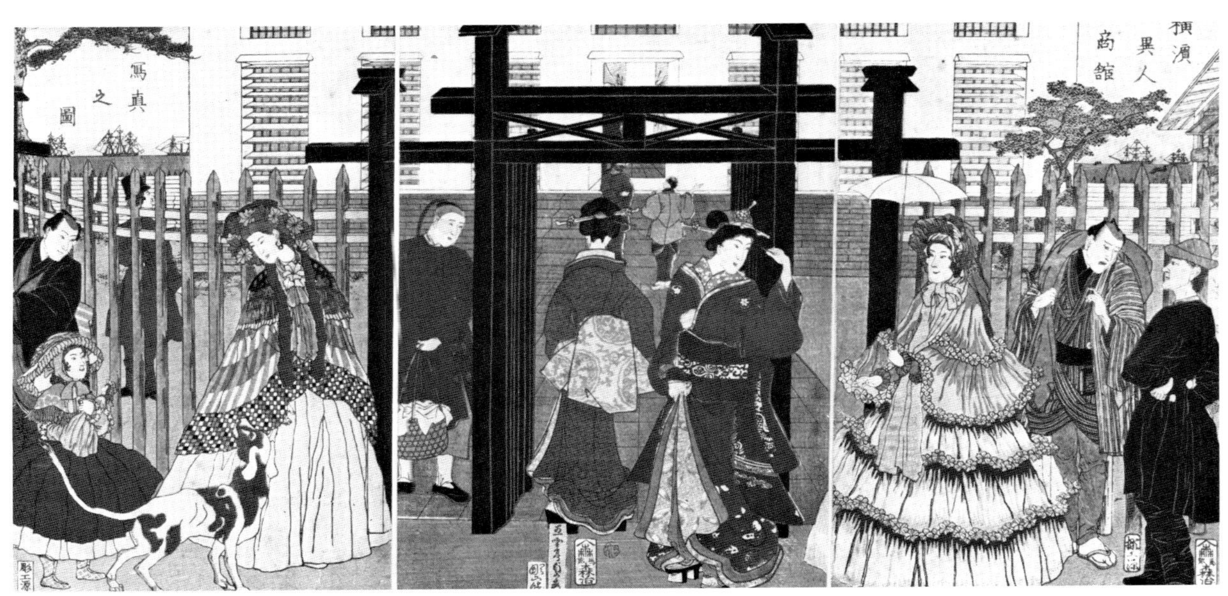

166

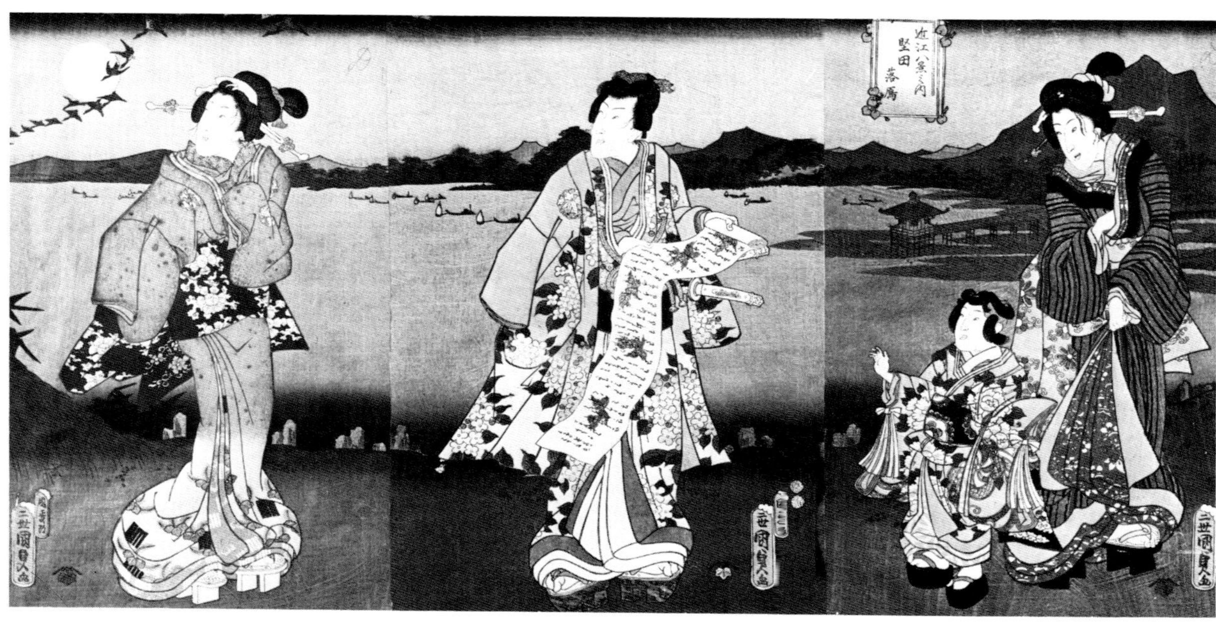

167

KUNISADA II Utagawa
(1823-1880)

167
Katada no rakugan. *Des oies sauvages descendant sur Katada.*

Une estampe de la suite: Ōmi hakkei no uchi. Les huit vues d'Ōmi.
Signature de l'artiste: Kunimasa aratame nisei Kunisada ga (peint par Kunisada II appelé précédemment Kunimasa).
Marque de l'éditeur:
Tsutaya Kichizō.
Cachets de censure:
Muramatsu et Fuku (1847-1852).
Format: ōban triptyque;
H. 34,6; L. 69,7 cm.

Le Genji Monogatari est le roman le plus populaire de la littérature japonaise. Ecrit vers l'an 1000 par la poétesse Murasaki Shikibu, il raconte en cinquante-quatre volumes les aventures amoureuses du fougeux et radieux Hikaru Genji, fils de l'empereur, et de sa favorite Kiritsubo. Les treize derniers tomes sont consacrés à un des fils du Genji. Il va sans dire que tous les artistes s'inspirèrent des épisodes et des avatars du prince, dont Kunisada qui le représente en compagnie féminine. Ils regardent le vol des oies sauvages, symbole de l'automne.

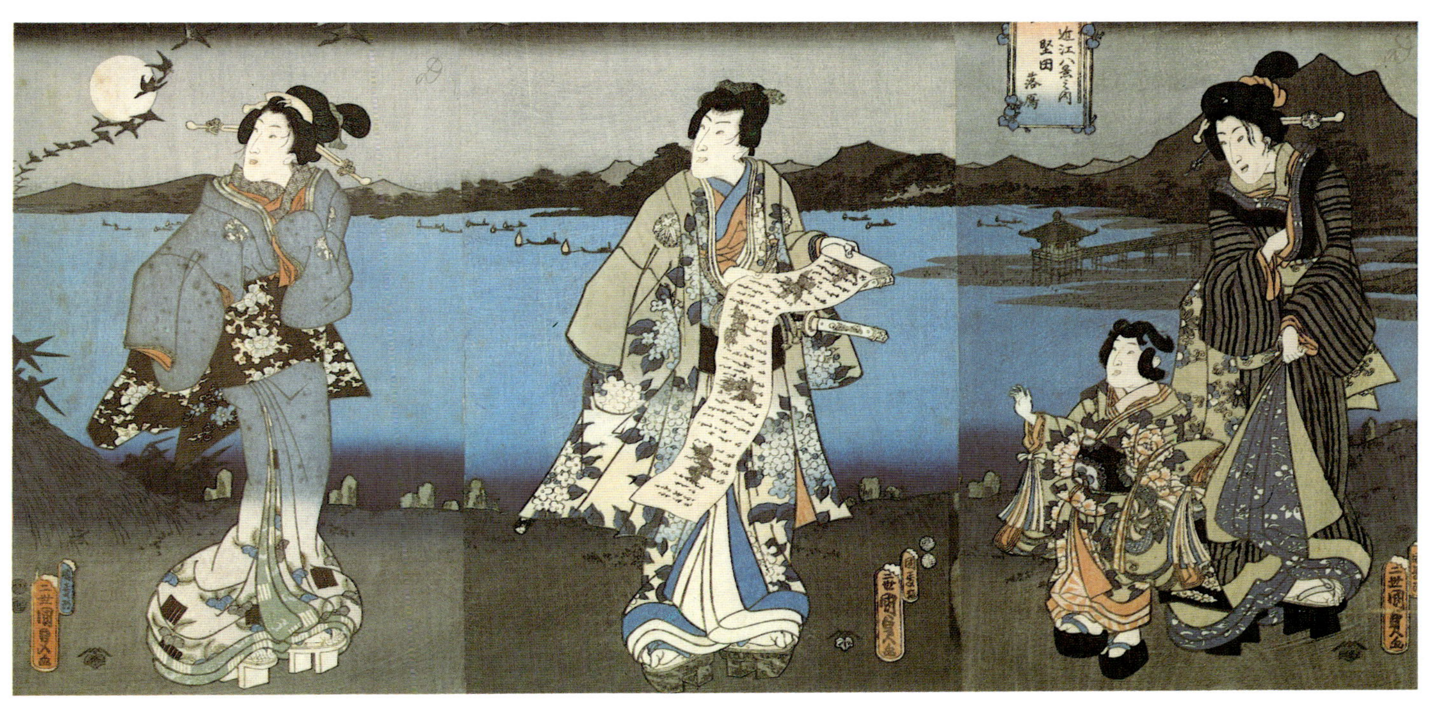
近江八景之内
堅田落雁

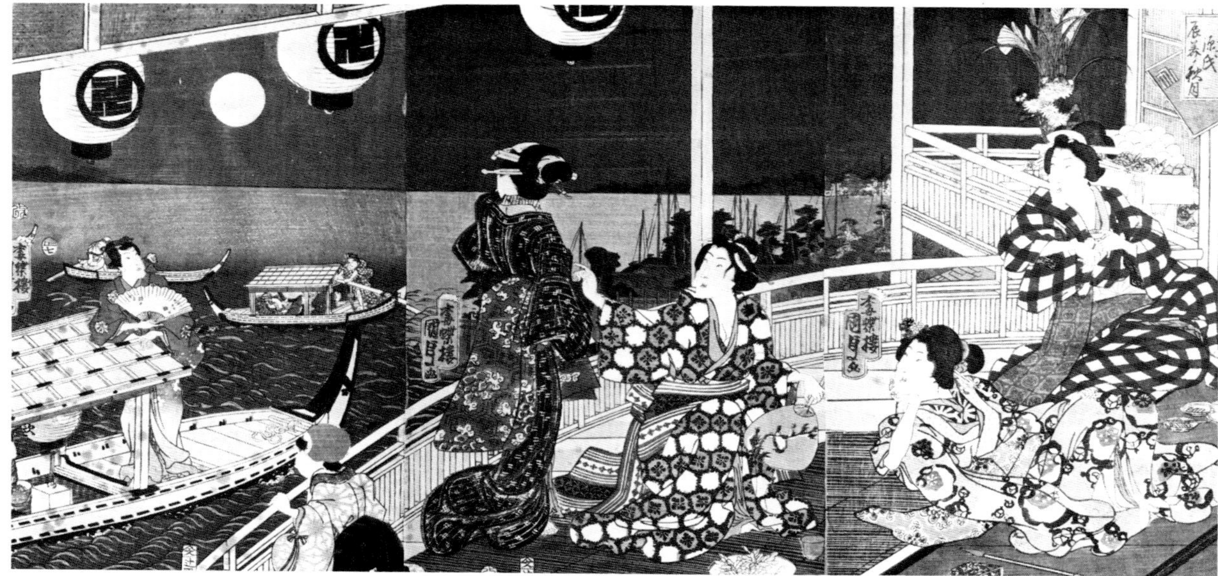

168

KUNISADA II Utagawa
(1823-1880)

168
Tatsumi no Shūgetsu.
Lune d'automne à Fukagawa (le quartier des plaisirs).
Une estampe de la suite: Azuma Genji.
Le Prince Genji de la Capitale de l'Est (Edo).
Signature de l'artiste:
Baichōrō Kunisada ga.
Marque de l'éditeur:
Tsujiokaya Bunsuke.
Cachet de censure: aratame.
Date: Année du dragon (1856), 7e mois.
Format: ōban triptyque;
H. 34, L. 71,2 cm.

169
Saruwaka tsuki no yūbae.
La rue Saruwaka par une nuit de pleine lune.
Signature de l'artiste:
Baichōrō Kunisada ga.
Marque de l'éditeur: Kiya Sōjirō.
Graveur: Hori Mino.
Cachet de censure et date:
aratame, rat (1864) 11e mois.
Format: ōban triptyque;
H. 32,2; L. 70,8 cm.

HIROSHIGE II Utagawa
(1829-1869)

Tōto sanjūrokkei.
Les trente-six vues d'Edo.
Deux estampes d'une suite de trente-six planches, publiée par Aito de 1859 à 1862.

170
Kaianji kōyō. *Les érables rouges au sanctuaire de Kaianji.*
Une estampe de la suite:
Tōto sanjūrokkei.
Les trente-six vues d'Edo.
Signature de l'artiste: Hiroshige ga.
Format: ōban tate-e;
H. 33,7; L. 22,4 cm.

171
Nakasu *et* Mitsumata.
Une estampe de la suite:
Tōto sanjūrokkei.
Les trente-six vues d'Edo.
Signature de l'artiste: Hiroshige ga.
Format: ōban tate-e;
H. 29,6; L. 19,8 cm.

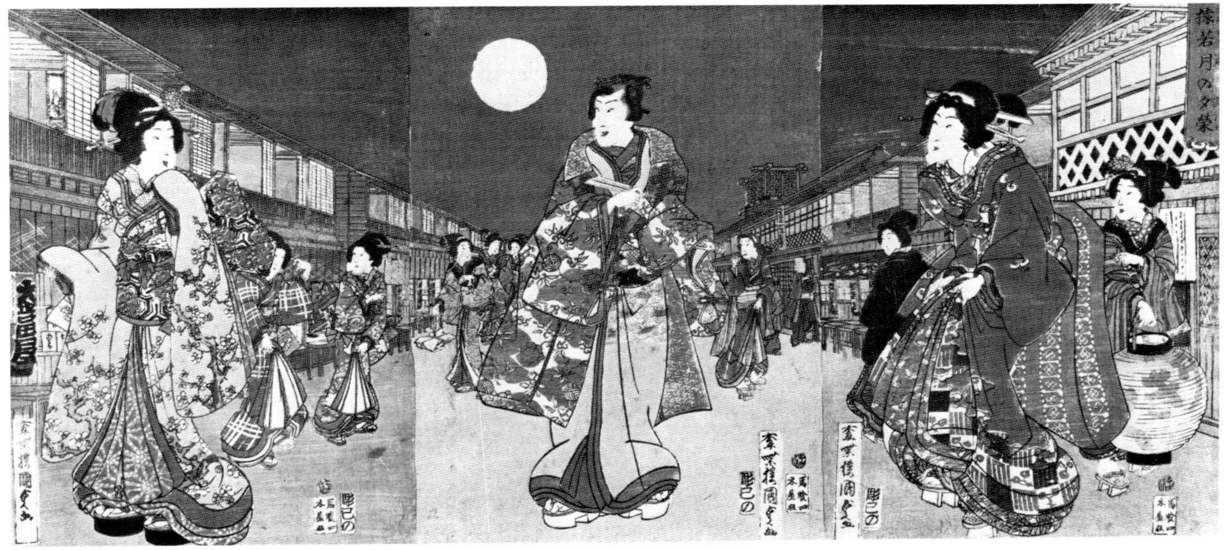

169

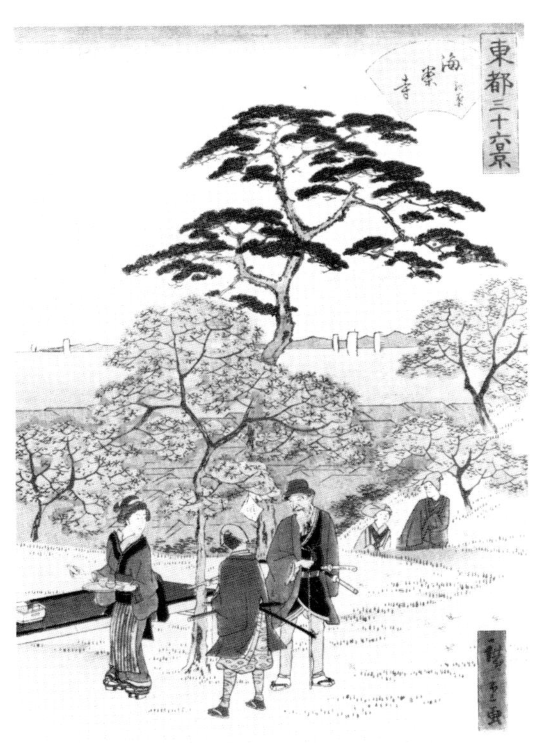

170

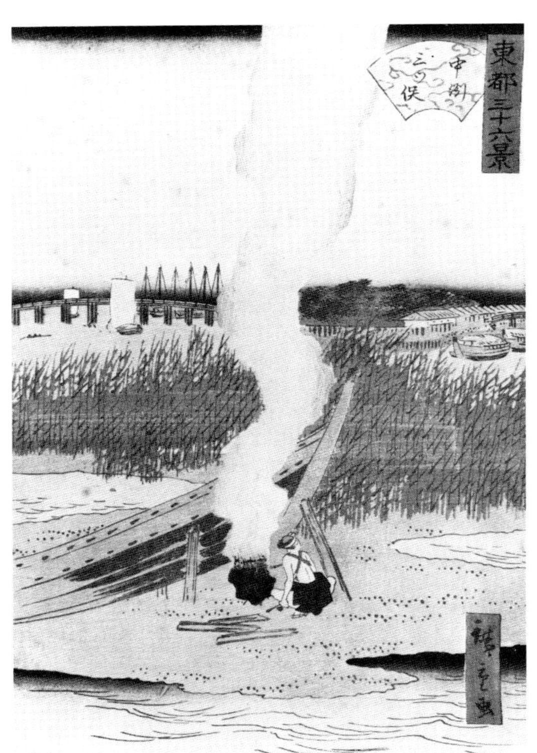

171

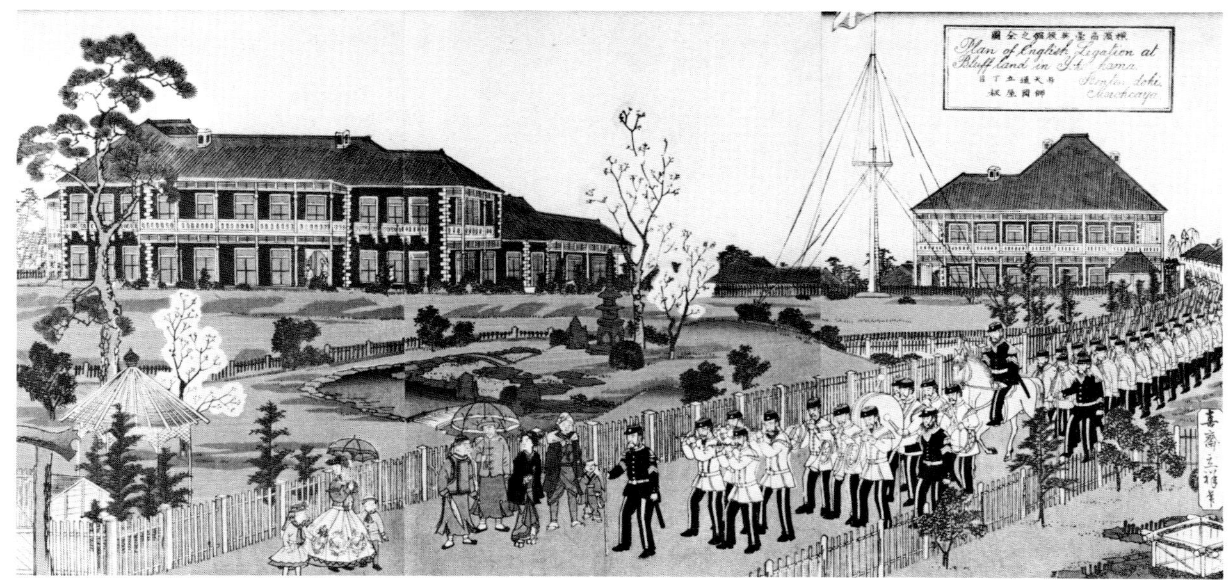

172

HIROSHIGE II Utagawa
(1829-1869)

172
Yokohama takadai Ei-Yakukan no zenzu. *La délégation anglaise à Yokohama.*

Signature de l'artiste: Kisai Risshō hitsu.
Format: ōban triptyque; H. 33,6; L. 71,5 cm.

Bibl.: Tamba, 1962, n° 262, repr.

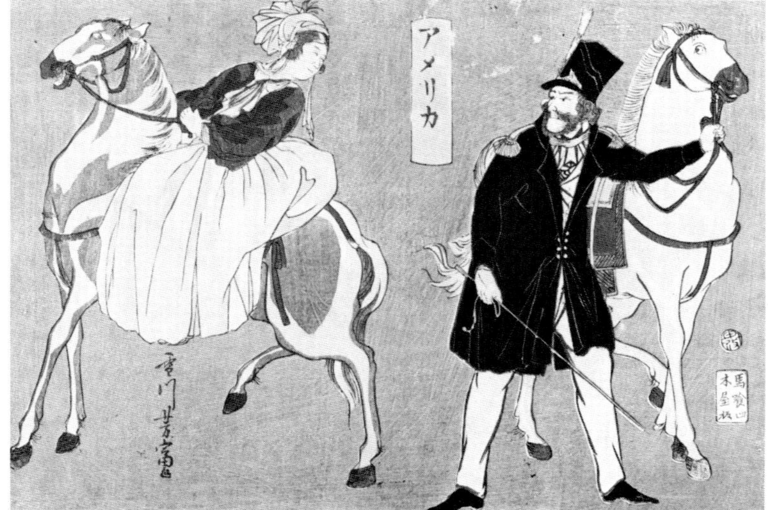

173

YOSHITOMI Utagawa
(actif 1850-1870)

173
Amerika. *Amérique.*

Signature de l'artiste: Sessen Yoshitomi ga.
Marque de l'éditeur: Kiya Sōjirō.
Cachet de censure et date: Année du singe (1860), 12e mois.
Format: ōban yoko-e; H. 23,2; L. 33,7 cm.

Bibl.: Yokohama Ukiyo-e, p. 167, repr. coul. et p. 319, repr.

174
Oranda. *Hollande.*
Signature de l'artiste:
Sessen Yoshitomi ga.
Marque de l'éditeur: Kiya Sōjirō.
Cachet de censure et date:
Année du singe (1860), 12e mois.
Format: ōban yoko-e;
H. 21,8; L. 31,5 cm.
Bibl.: Yokahama Ukiyo-e, p. 319, repr.

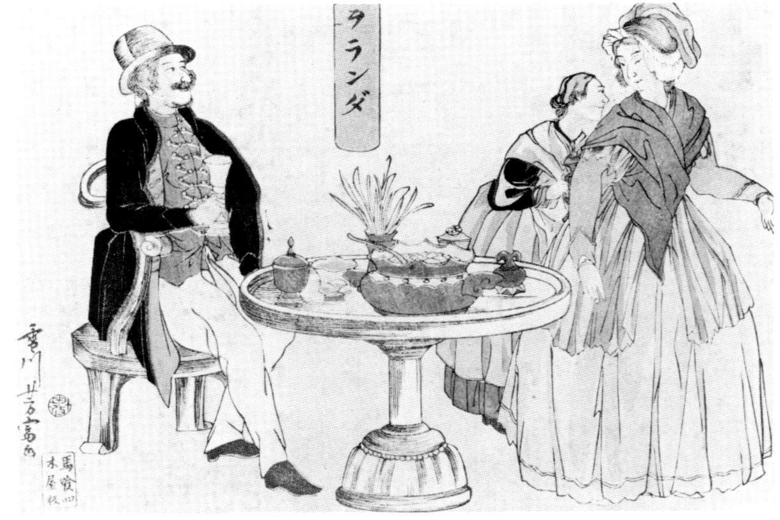

174

175
Orosha. *Russie.*
Signature de l'artiste:
Sessen Yoshitomi ga.
Marque de l'éditeur: Kiya Sōjirō.
Cachet de censure et date:
Année du singe (1860), 12e mois.
Format: ōban yoko-e;
H. 23,2; L. 33,6 cm.
Bibl.: Yokahama Ukiyo-e, p. 320, repr.

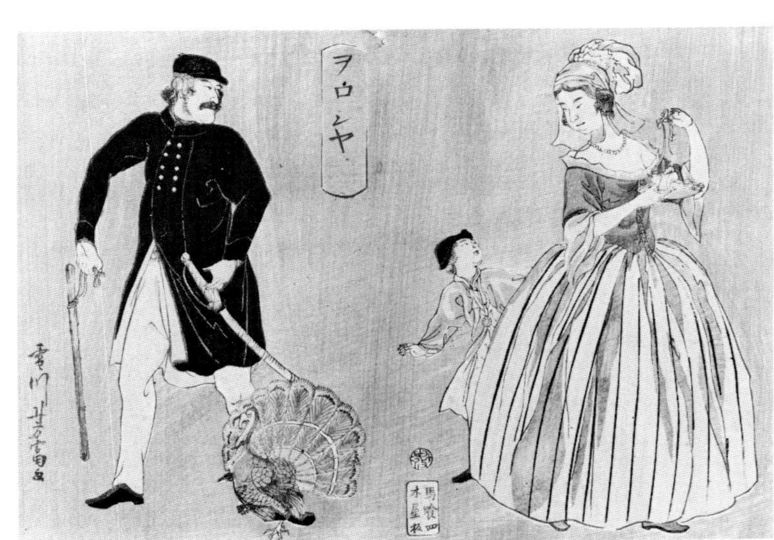

175

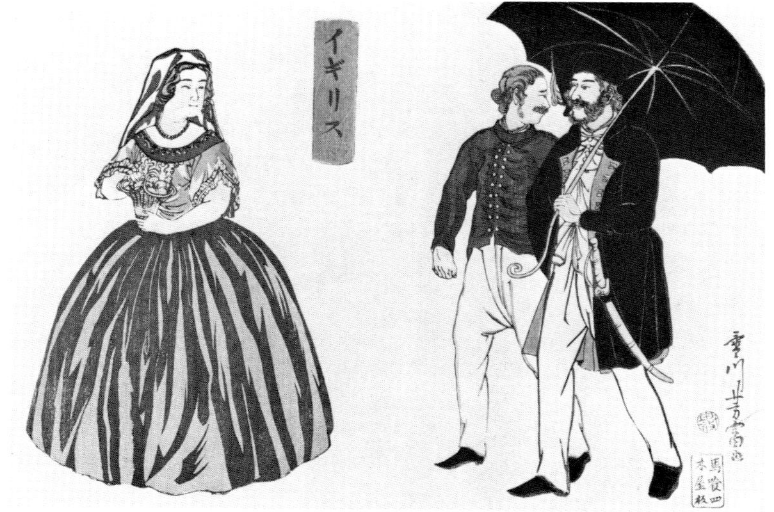

176

YOSHITOMI Utagawa
(actif 1850-1870)

176
Igirisu. *Angleterre.*
Signature de l'artiste:
Sessen Yoshitomi ga.
Marque de l'éditeur: Kiya Sōjirō.
Cachet de censure et date:
Année du singe (1860), 12e mois.
Format: ōban yoko-e;
H. 22,6; L. 33,1 cm.
Bibl.: Yokohama Ukiyo-e, p. 320, repr.

YOSHITORA Utagawa
(actif 1850-1870)

177
Trois femmes dans un paysage fleuri.
Signature de l'artiste:
Kinchōrō Yoshitora ga.
Marque de l'éditeur:
Yamadaya Shōjirō.
Cachets de censure: Muramatsu et Yoshimura (1847-1852).
Format: ōban triptyque;
H. 33,8; L. 74,5 cm.
Bibl.: Cat. Van Gogh, n° 333, repr.

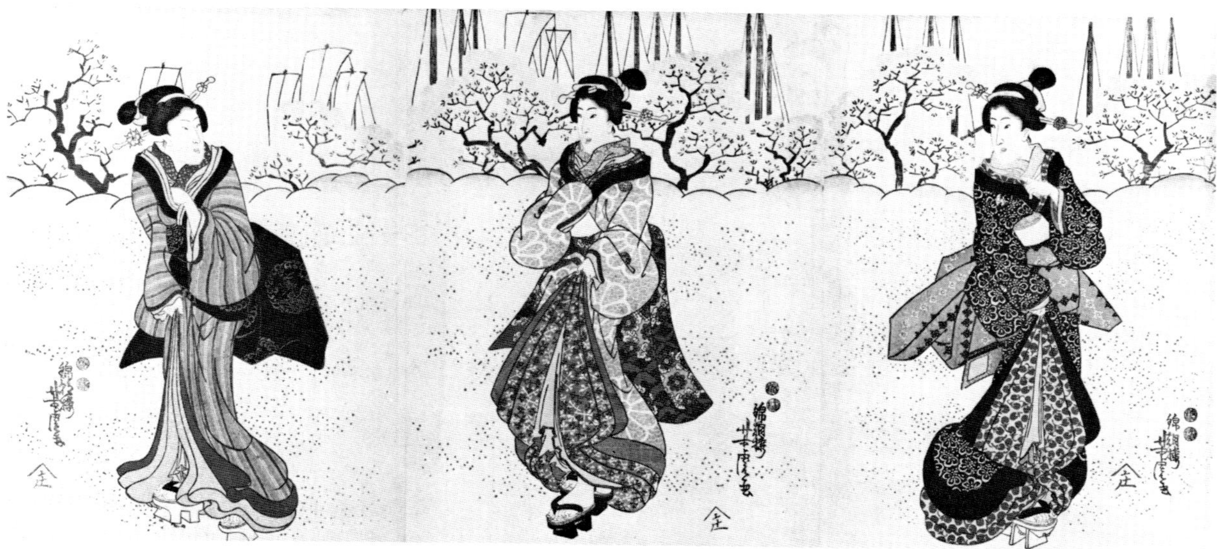

177

178
Miyozaki no aki no tsuki.
Lune d'automne à Miyozaki.

Une estampe de la suite:
Bushū Yokohama hakkei no uchi. Parmi les huit vues de Yokohama dans la province de Musashi.
Signature de l'artiste: Yoshitora ga.
Marque du graveur: Hori Take.
Cachet de censure et date:
Année du coq (1861), 1er mois.
Format: ōban tate-e;
H. 33,7; L. 22,8 cm. (Probablement une feuille de triptyque).

Bibl.: Tamba 1962, nº 197, repr. - Yokohama Ukiyo-e, p. 78, repr. coul.

Yoshitora représente une courtisane en compagnie d'un étranger à Miyozaki-chō, le quartier des plaisirs de Yokohama. Construit en 1859, sur le modèle du Yoshiwara d'Edo, ce quartier groupait quinze Maisons vertes.

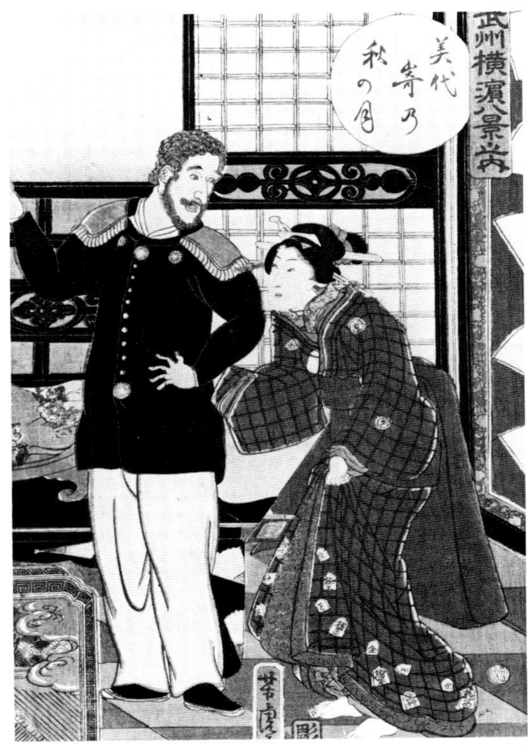

178

179
Gokakoku jinbutsu dontaku no zu.
Un dimanche avec des étrangers de cinq pays.

Signature de l'artiste: Yoshitora ga.
Marque de l'éditeur:
Yamashiroya Jinbei.
Cachet de censure et date: aratame, année du coq (1861) 2e mois.
Format: ōban triptyque;
H. 34,2; L. 72,5 cm.

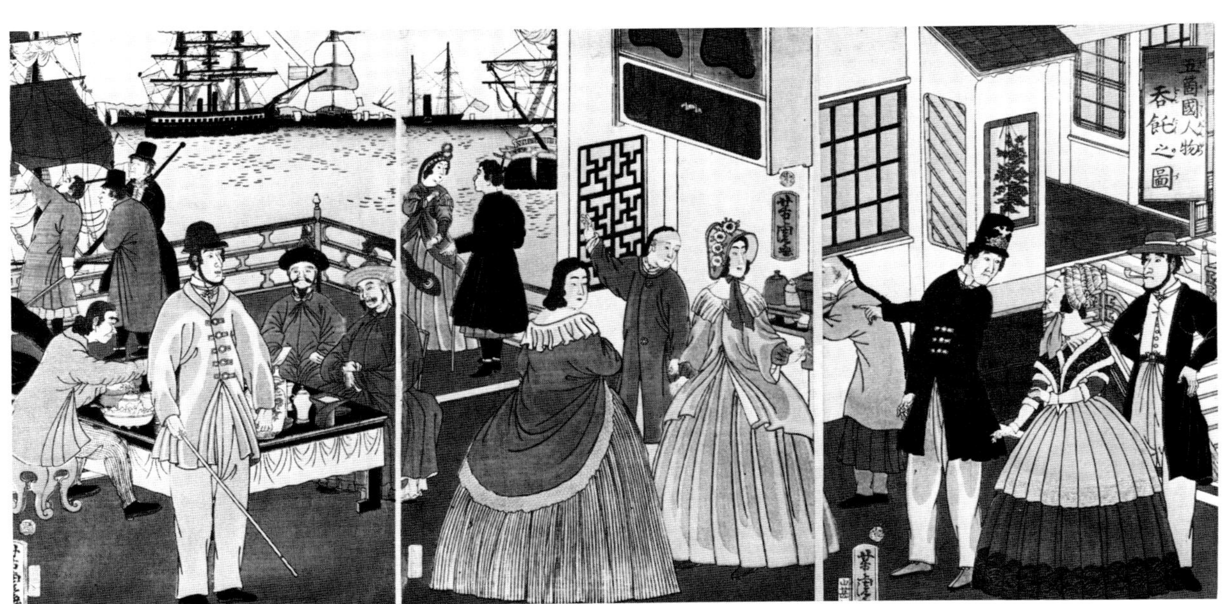
179

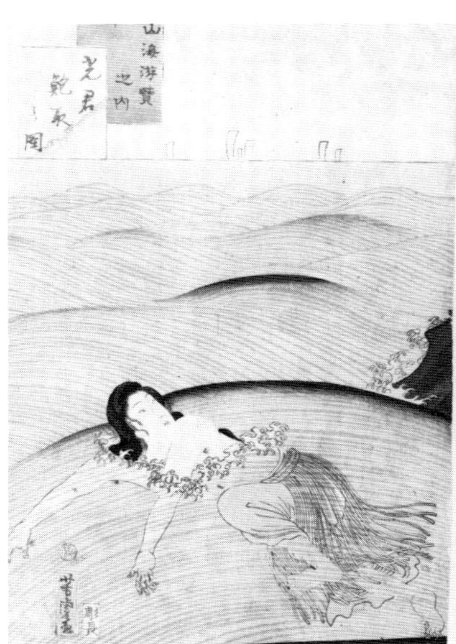
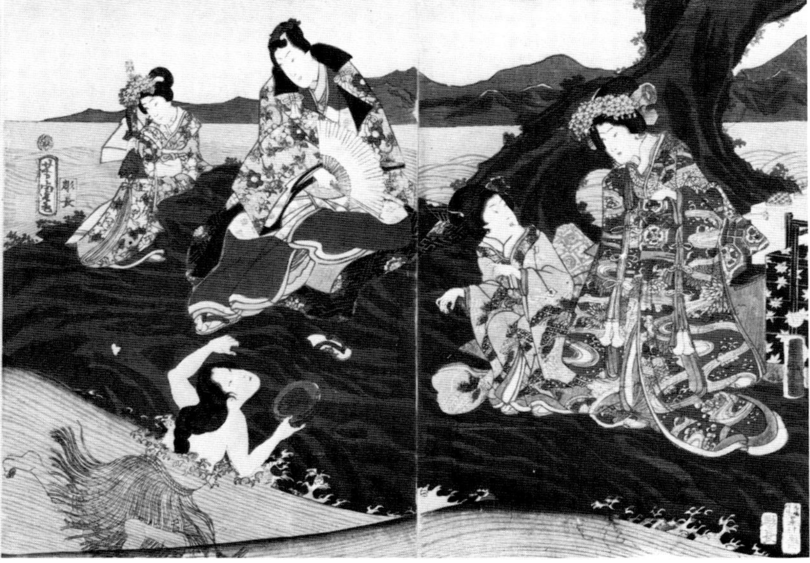

180

YOSHITORA Utagawa (actif 1850-1870)

180
Hikaru no kimi awabi-tori no zu. *Hikaru no kimi regardant les pêcheuses de coquillages.*

Une estampe de la suite: Sankai yūran no uchi. Parmi ses divertissements à la montagne et au bord de la mer.

Signature de l'artiste: Yoshitora ga.
Marque de l'éditeur: Sawamuraya Seikichi.
Graveur: Horichō.
Cachet de censure et date: aratame, année du dragon (1868) 7e mois.
Format: ōban triptyque;
H. 34,1; L. 71,8 cm.

Yoshitora, de même que Kunisada II (voir n° 167), se passionna pour l'histoire du prince Genji. Il le représente ici au bord de la mer pendant son exil. Hikaru no kimi est séduit par les pêcheuses d'awabi, dont le corps ondule au gré des vagues. L'écume leur modèle un corselet brodé, subtile expression graphique, dont Bonnard affichiste se souviendra.

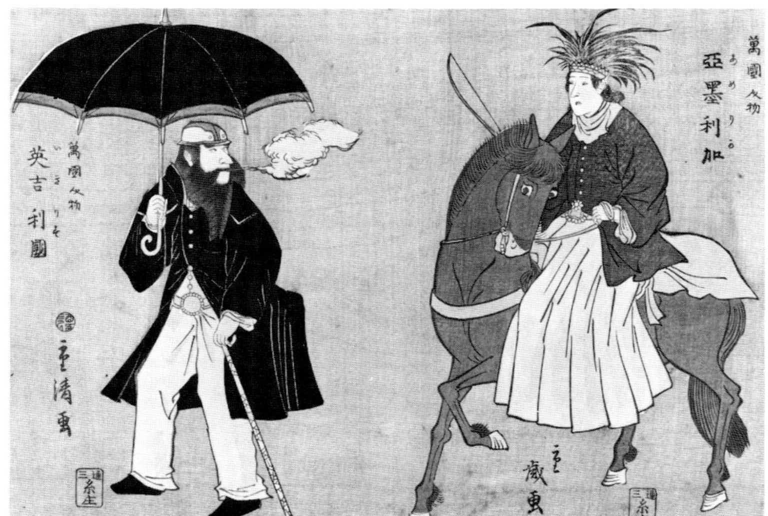

181

SHIGETOSHI et SHIGEKIYO

181
Amerika Igirisukoku. *Amérique et Angleterre.*

Une estampe de la suite: Bankoku jinbutsu. Des gens de tous pays.
Signature des artistes: Shigetoshi ga et Shigekiyo ga.

Marque de l'éditeur: Itoshō (Itoya Shōbei).
Cachet de censure et date: aratame, année du coq (1861), 3e mois.
Format: ōban diptyque;
H. 24,8; L. 35,8 cm.

Bibl.: Yokohama Ukiyo-e, p. 376, repr. (feuille de gauche).

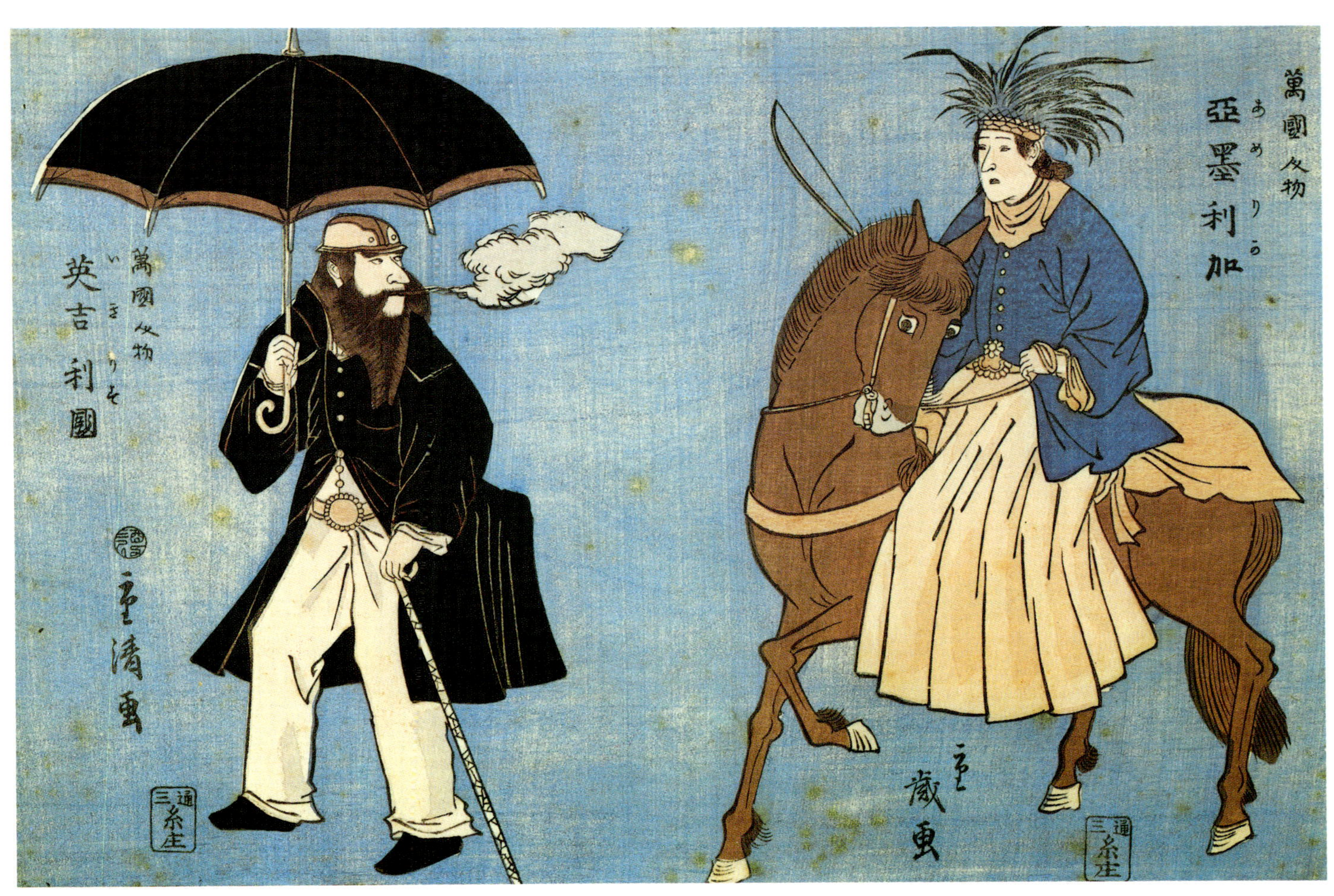
萬國人物
あめりか
亞墨利加
萬國人物
いきりそ
英吉利國

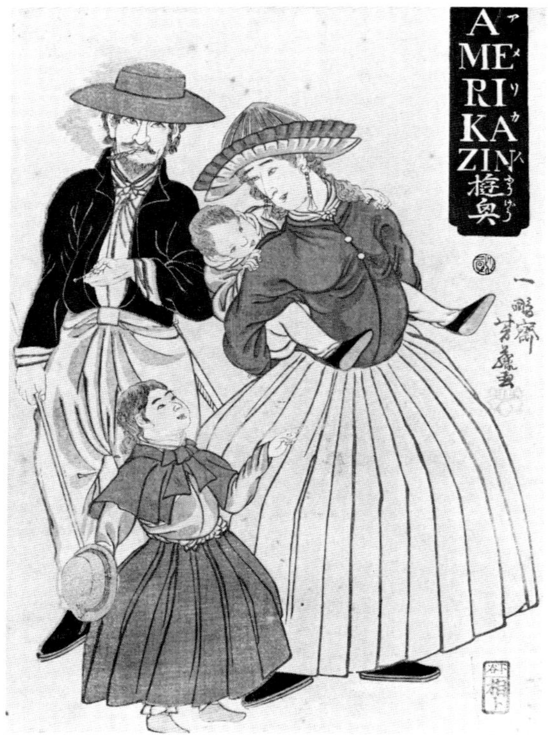

182

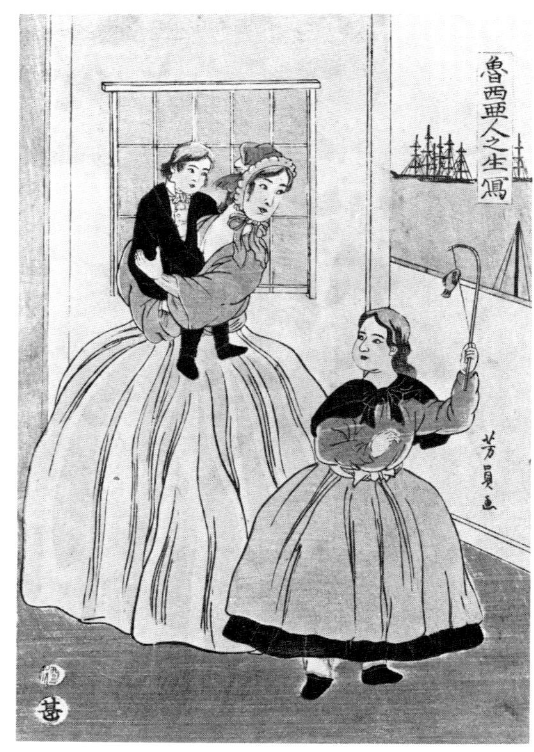

183

YOSHIFUJI Utagawa
(1828-1887)

182
Amerika-jin yūkyō. *Les divertissements des Américains.*
Signature de l'artiste:
Ippōsai Yoshifuji ga;
sceau: Yoshikiri-in.
Marque de l'éditeur: Aito.
Cachet de censure et date:
Année du coq (1861), 2e mois.
Format: ōban tate-e;
H. 34,9; L. 24,3 cm.

Bibl.: Yokohama Ukiyo-e, p. 191, repr. coul.

YOSHIKAZU Utagawa
(actif 1850-1860)

183
Orosha-jin no shō-utsushi.
Portrait véridique des Russes.
Signature de l'artiste: Yoshikazu ga.
Marque de l'éditeur:
Maruya Jinpachi (Maru-Jin).
Cachet de censure et date:
Année du coq (1861), 2e mois.
Format: ōban tate-e;
H. 33; L. 22,1 cm.

Bibl.: Yokohama Ukiyo-e, p. 292, repr.

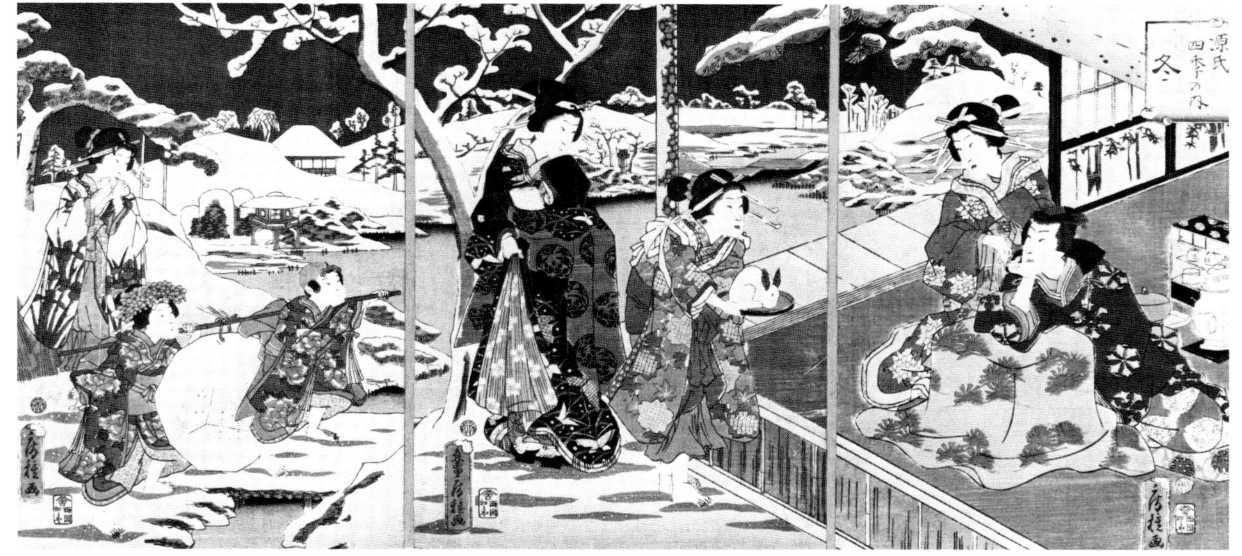

184

FUSATANE Utagawa
(actif 1850-1870)

184
Fuyu. *Hiver.*

Une estampe de la suite: Genji shiki no uchi. Le Genji et les quatre saisons.
Signature de l'artiste:
Motome ni ōjite (sur commande)
Fusatane ga.
Marque de l'éditeur:
Kagaya Kichibei.
Cachet de censure et date: aratame; chien (1862), 8e mois.
Format: ōban triptyque;
H. 33,3; L. 70,6 cm.

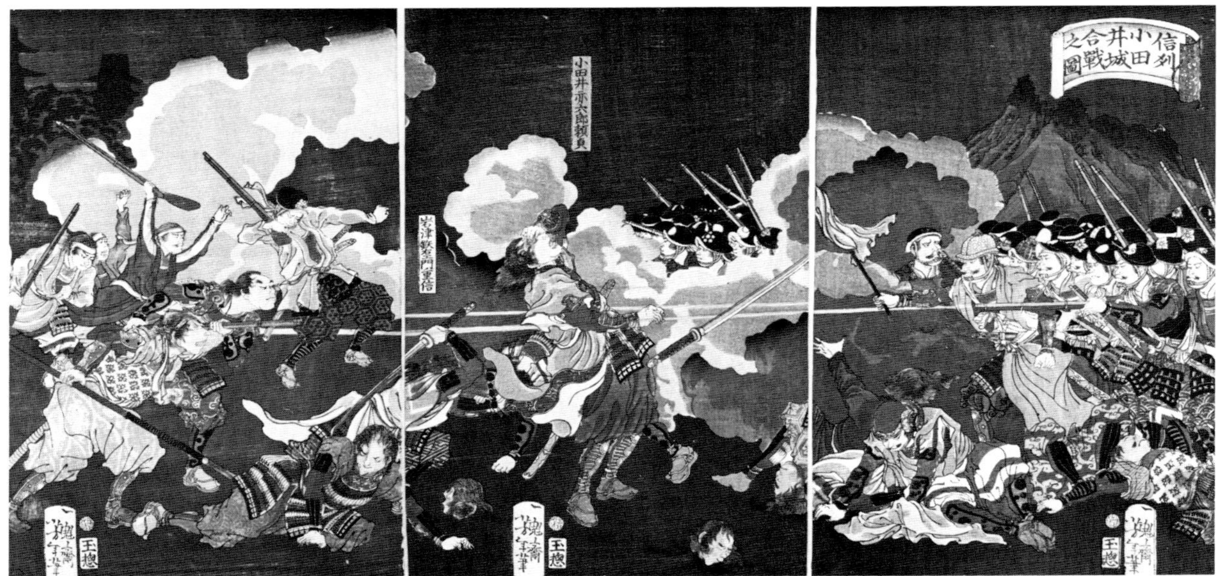

185

YOSHITOSHI Tsukioka
(1839-1892)

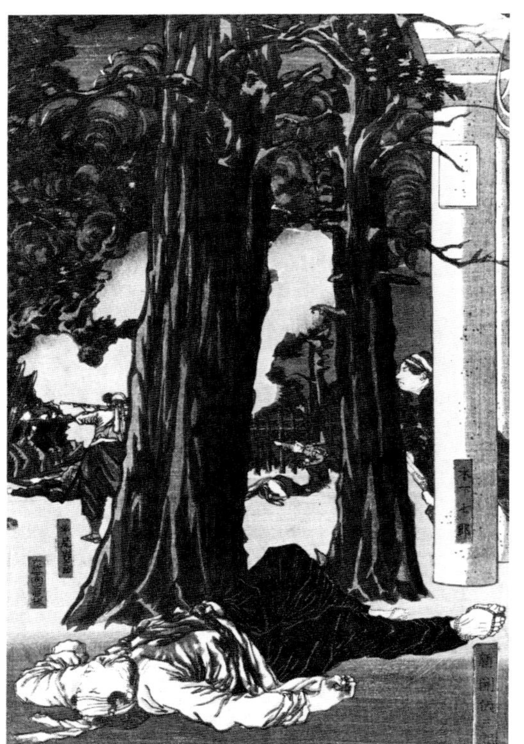

186

185
Shinshū Odai-jō Kassen no zu:
La bataille du château d'Odai dans la province de Shinano.

Signature de l'artiste:
Ikkaisai Yoshitoshi hitsu.
Marque de l'éditeur:
Tamaya Sōsuke
Cachet de censure et date: aratame; année du dragon (1868) 5e mois.
Format: ōban triptyque;
H. 34,6; L. 72 cm.

186
Tōdai Sannōzan Sensō no zu.
Bataille au sanctuaire de Sannō.

Non signé.
Format: ōban tate-e;
H. 32,7; L. 21,4 cm. (Feuille gauche d'un triptyque.)

Bibl: Keyes, 1980, n° 9, repr.

Témoin de la guerre civile au Japon en 1860 et spectateur de la bataille d'Ueno en 1868, Yoshitoshi, profondément choqué par les scènes sanglantes, a traduit par cette estampe son horreur de la guerre.

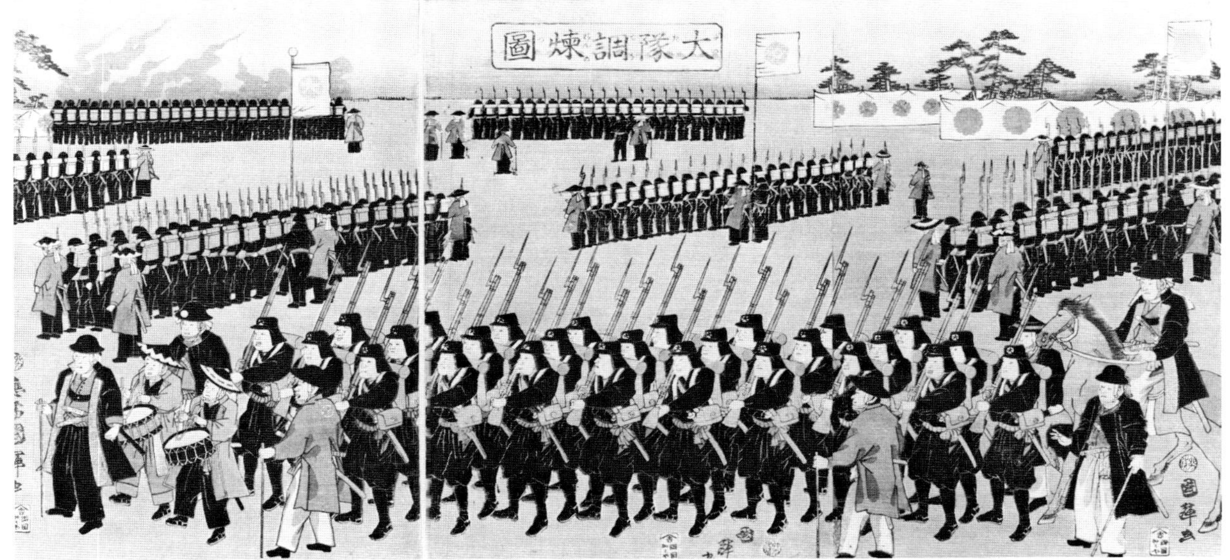

187

KUNITERU II Utagawa
(1829-1874)

187
Daitai chōren no zu. *Un bataillon militaire en exercice.*

Signature de l'artiste : Kuniteru ga (au centre et à droite) ; Motome no ōjite (sur commande) Kuniteru ga (à gauche).
Marque de l'éditeur:
Kagaya Kichiemon.
Cachet de censure et date: aratame; lièvre (1867) 9e mois.
Format: ōban triptyque;
H. 34,3; L. 72,4 cm.

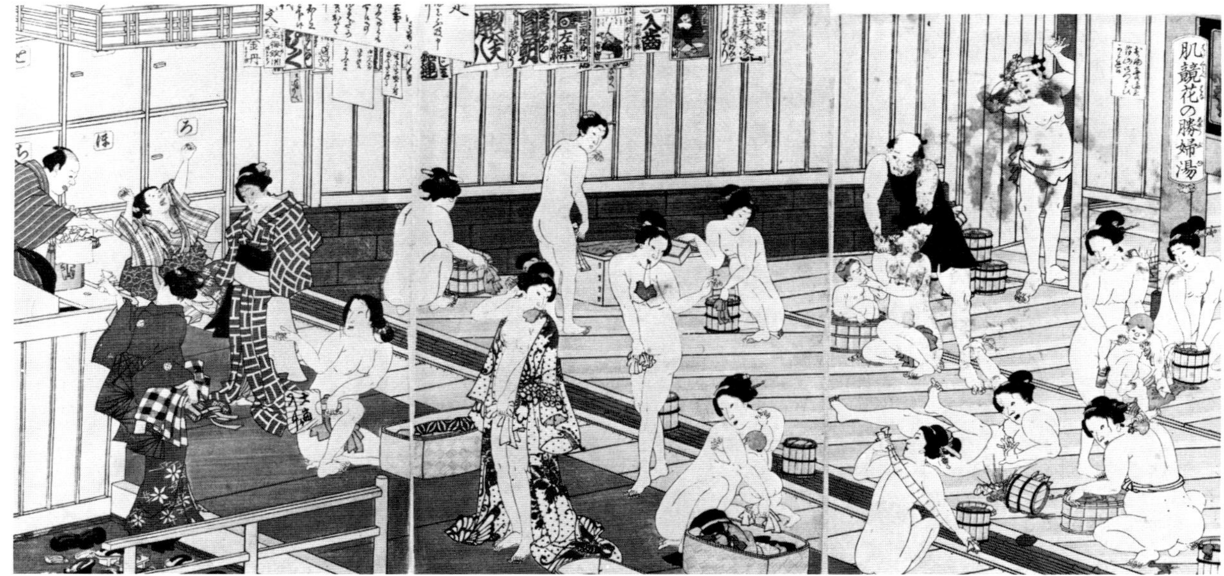

188

YOSHIIKU Ochiai
(1833-1904)

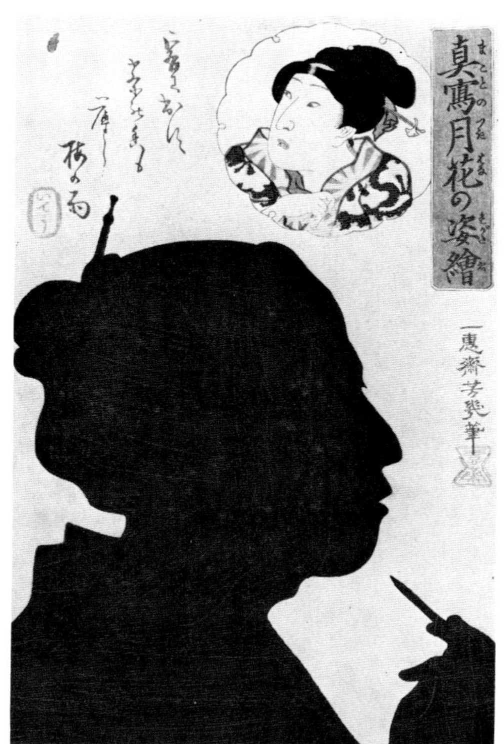

189

188
Hada Kurabe hana no Shōbuyu.
Le bain qui donne à la peau le velouté des fleurs.

Non signé.
Format: ōban triptyque;
H. 35,6; L. 73,7 cm.

Bibl.: U. Taisei XII, n° 365, repr.

189
L'acteur Nakamura Ichō dans un rôle d'onnagata.

Une estampe de la suite:
Makoto no tsuki hana no sugata-e. La vraie lune avec l'ombre d'une fleur.
Signature de l'artiste:
Ikkeisai Yoshiiku; sceau: Ikkeisai.
Format: ōban tate-e;
H. 31,8; L. 20,8 cm.
Un poème de Ichō est inscrit en haut à gauche.

Yoshiiku s'est inspiré pour ce portrait des procédés photographiques découverts depuis peu.
Les acteurs du théâtre Kabuki ayant la possibilité de jouer sous différents noms au cours de leur carrière, Nakamura Ichō adopta ce pseudonyme avant 1875.

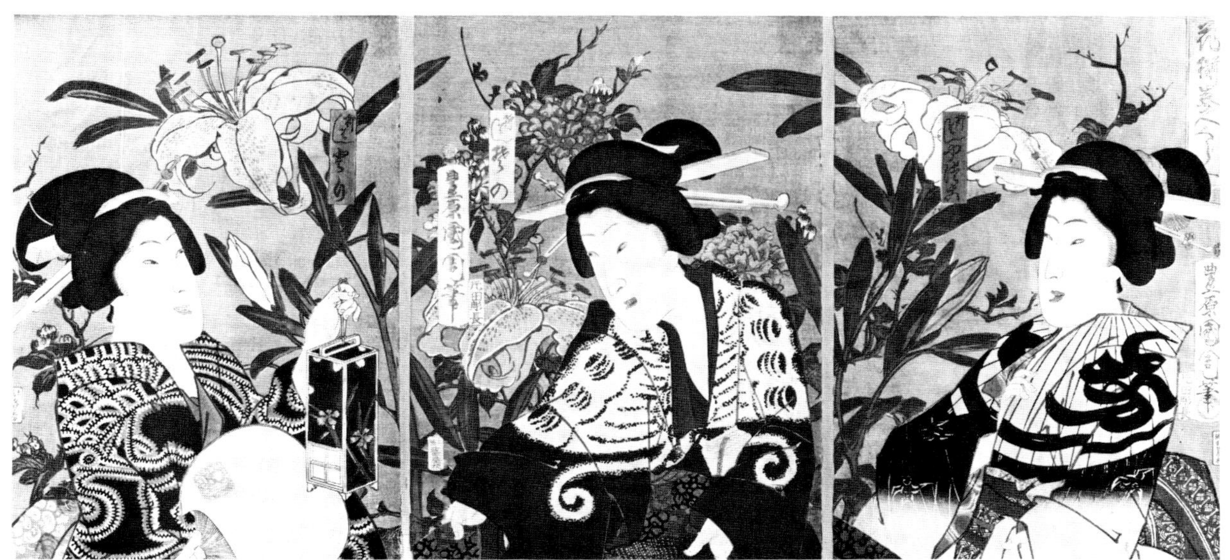

190

KUNICHIKA Toyohara
(1835-1900)

190
Trois geisha à Yanagibashi.
Une estampe de la suite:
Hana-Zoroe Bijin Kurabe. Beautés associées aux fleurs.
Signature de l'artiste:
Toyohara Kunichika hitsu;
sceau: Toshidama.
Marque de l'éditeur:
Masadaya Heikichi.
Graveur: Katada Horichō.
Format: ōban triptyque;
H. 33,1; L. 72 cm.

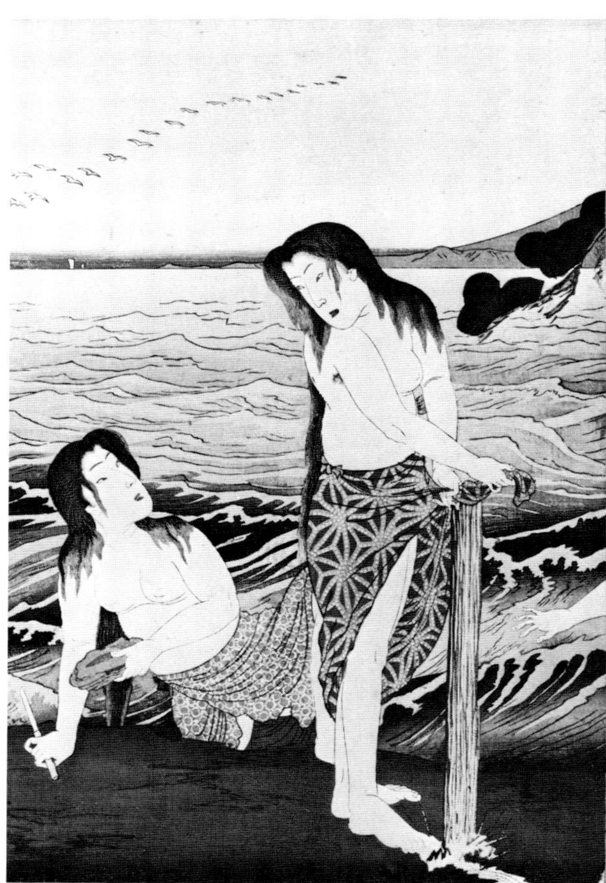

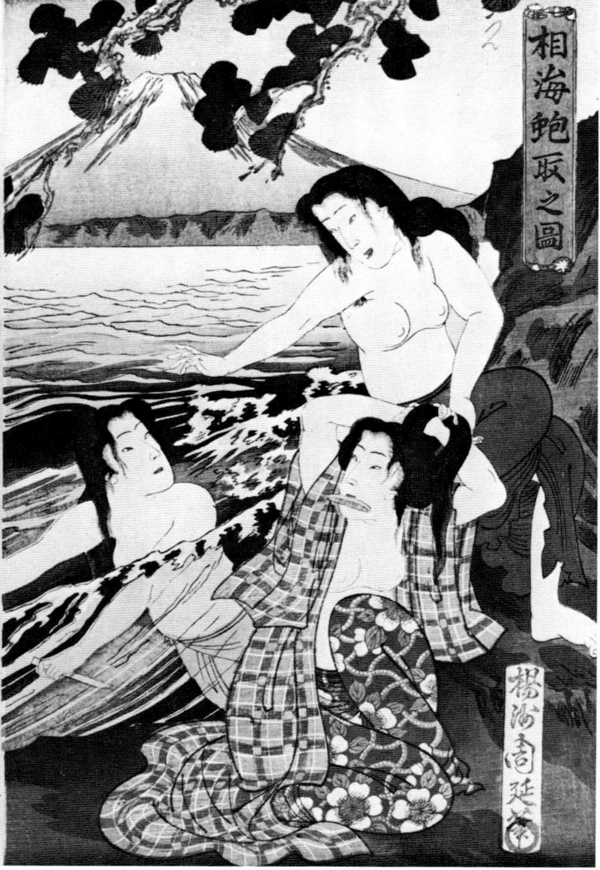

191

CHIKANOBU Yōshū
(1838-1912)

191

Sōkai awabi tori no zu. *Les pêcheuses d'awabi plongeant dans la mer de la province de Sagami.*

Signature de l'artiste: Yōshū Chikanobu hitsu; sceau: Toshidama. Format: ōban diptyque; H. 34,3; L. 47,7 cm. (Il manque la feuille gauche de ce triptyque).

Bibl.: U. Taisei XII, n° 235, repr.

Ces femmes, simplement drapées d'un tissu noué sur les hanches et les cheveux décolorés par l'eau de mer, se livrent à la pêche aux coquillages. C'est l'occasion pour les artistes ukiyo-e, d'Utamaro à Chikanobu, de figurer les femmes à leur toilette et la possibilité presque unique, hors les shunga (images de printemps = érotiques), de représenter le nu. Au cours de leur travail quotidien, ces pêcheuses offrent à nos yeux leurs gorges pleines, sans affectation ni langueur.

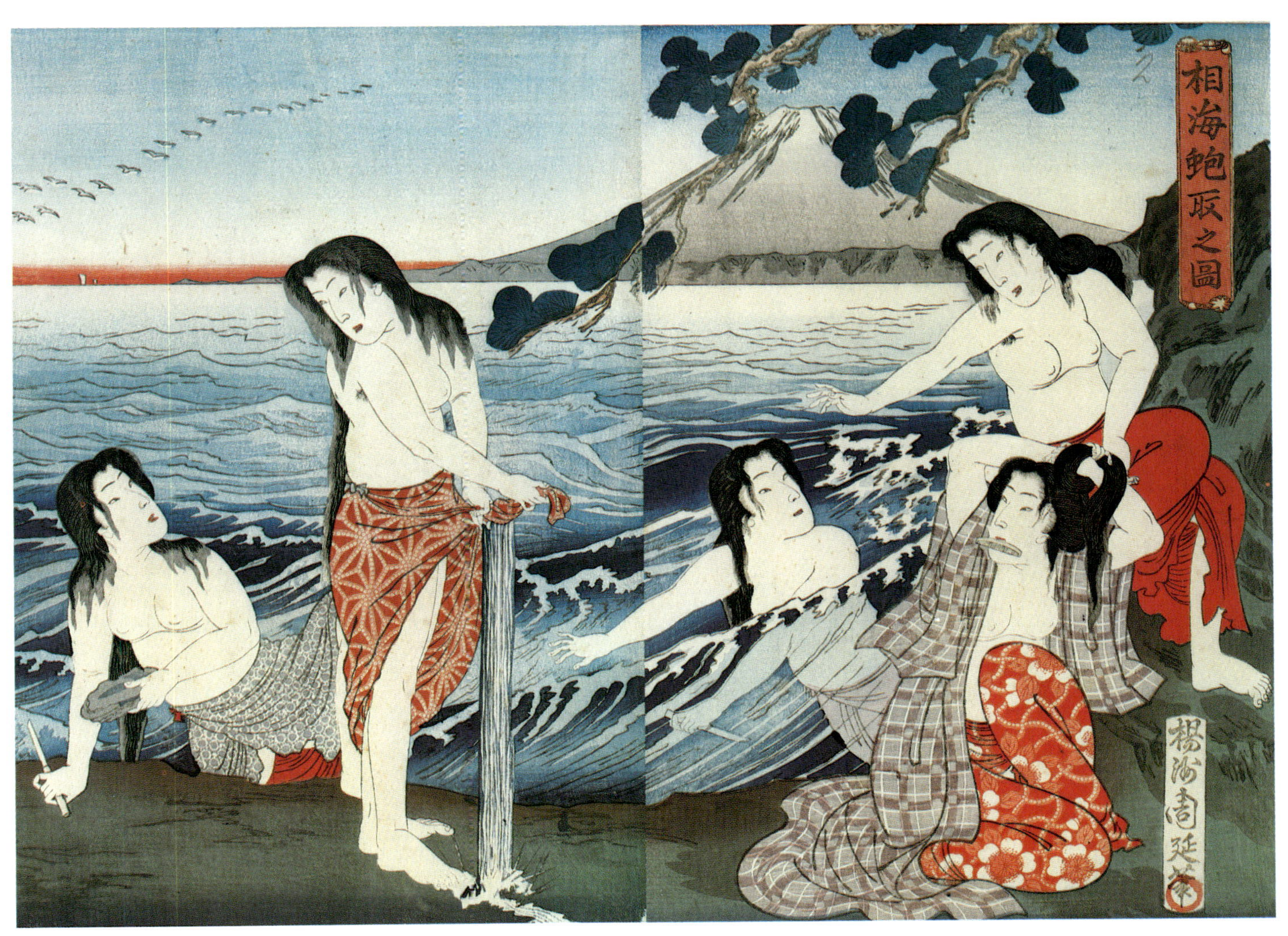
相海鮑取之圖
楊洲周延筆

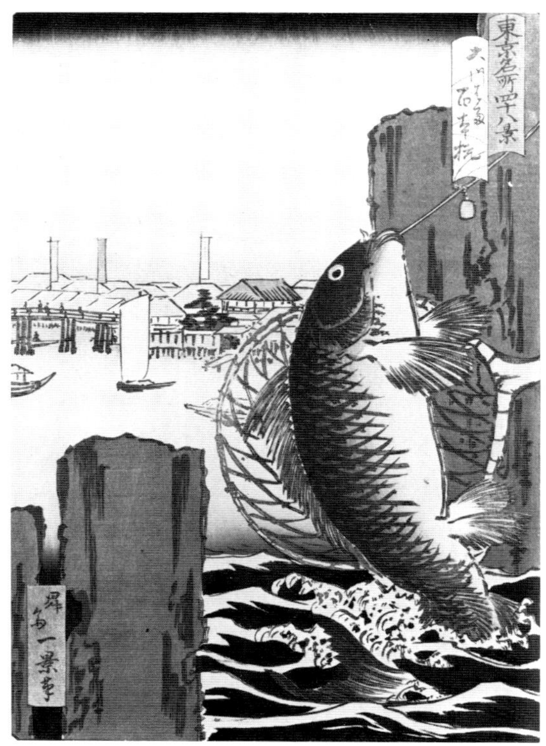

192

IKKEI Isshōsai
(actif vers 1870)

192
Ōkawabata Hyappon-gui.
Hyappon-gui (les cent piliers) le long de la rivière Ōkawa.

Une estampe de la suite:
Tōkyō Meisho Shijūhakkei. Quarante-huit vues célèbres de Tōkyō.
Signature de l'artiste:
Shōsai Ikkei hitsu.
Format: aiban;
H. 32,6; L. 22,6 cm.

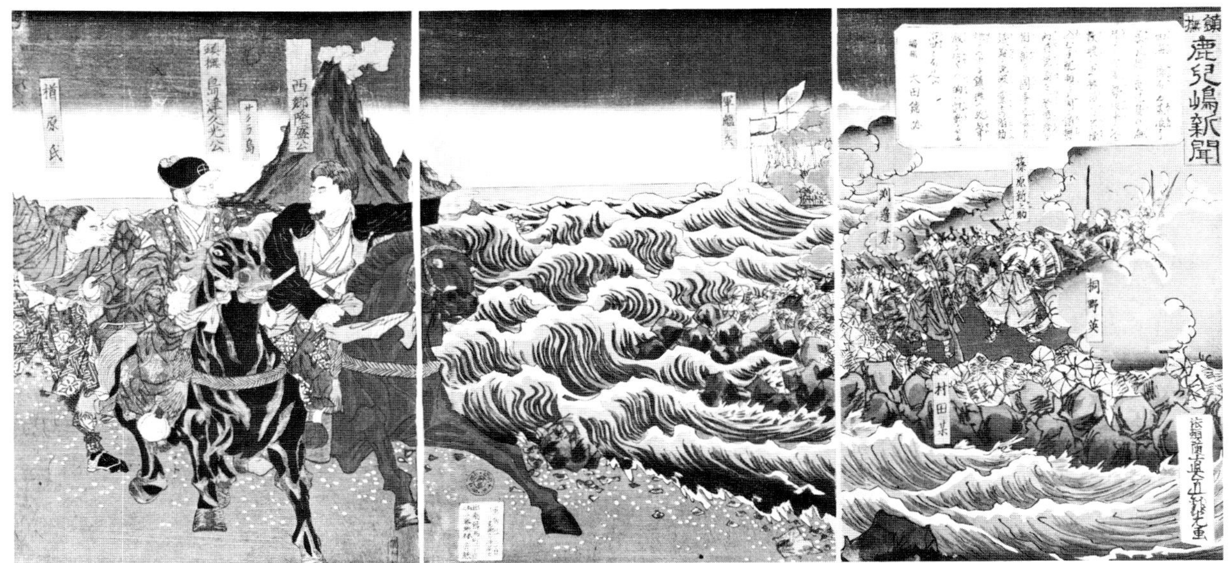

193

GINKŌ Shinshō
(actif 1874-1897)

193
Chinbu Kagoshima shinbun.
La nouvelle de la pacification de Kagoshima.

Signature de l'artiste: Irai ni shitagai (sur demande) Shinshō Ginkō ga.
Marque de l'éditeur: Hayashi Kichizō.
Date: 1877.
Format: ōban triptyque; H. 32,2; L. 69,5 cm.

Ginkō, peintre d'histoire, illustre ici un épisode de l'époque Meiji où Takamai Saigō sort de sa retraite de Kagoshima pour prendre le commandement d'une armée formée de shizoku (ancienne classe de samouraï) en lutte contre le pouvoir Meiji. L'échec de cette rébellion entraîne Saigō au suicide par seppuku (hara-kiri).

PAGES D'ALBUMS ILLUSTRÉS

194
Ehon momochidori kyōka awase.
Concours de poésies sur les cent et mille oiseaux.

Ouvrage complet en deux volumes illustré par Utamaro et publié par Tsutaya Jūsaburō à Edo (en 1791). Du premier album comportant sept illustrations, Monet en possède cinq et du second, deux sur huit. Ancienne collection : Hoyoshi Tadamaro (petit cachet rouge).

Bibl. : Duret, n° 143 - Toda, p. 223 - Yoshida, n° 287 - Hillier, n° 40 - Goncourt, 1897, n° 1501 bis - Gonse I, n° 188 - Odin, n° 96, pl. V, repr. - cat. Galerie Berès, n° 132.

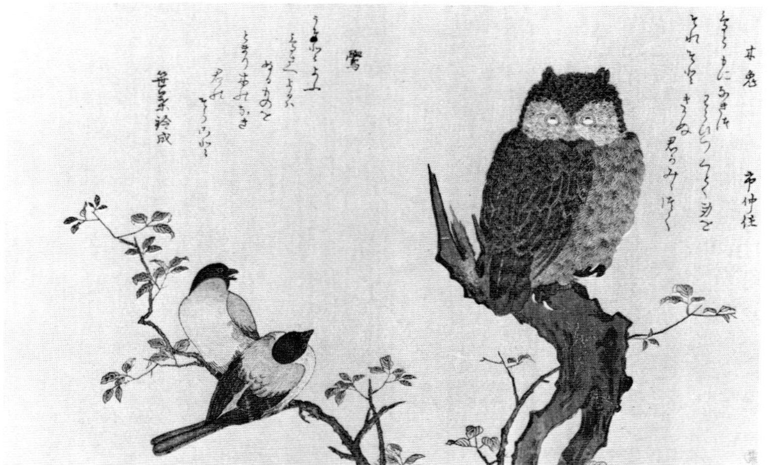

194
HIBOU SUR UN TRONC D'ARBRES ET DEUX ROUGES-GORGES

194

194
POULES D'EAU ET GRUES

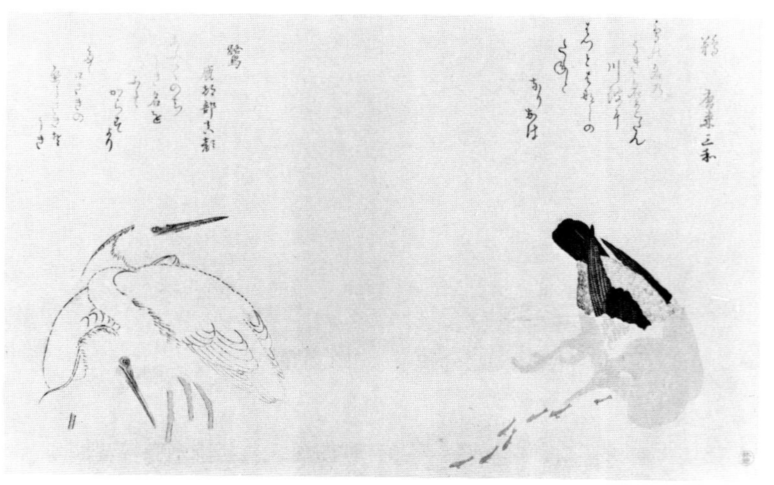

194

Chaque planche représente deux variétés d'oiseaux accompagnés d'un kyōka. Goncourt, après avoir énuméré les planches d'après l'ordre des albums de L. Gonse, s'exclame devant l'impression des « grues qui ne sont, pour ainsi dire, en leur silhouette caractéristique, en leur savante construction, qu'un gaufrage blanc, et ce martin-pêcheur à demi submergé dont la moitié de corps plongeante en la rivière est un prodige du rendu de l'évanouissement de la couleur et de l'estompage de la forme sous l'eau ». (*Outamaro*, p. 114).

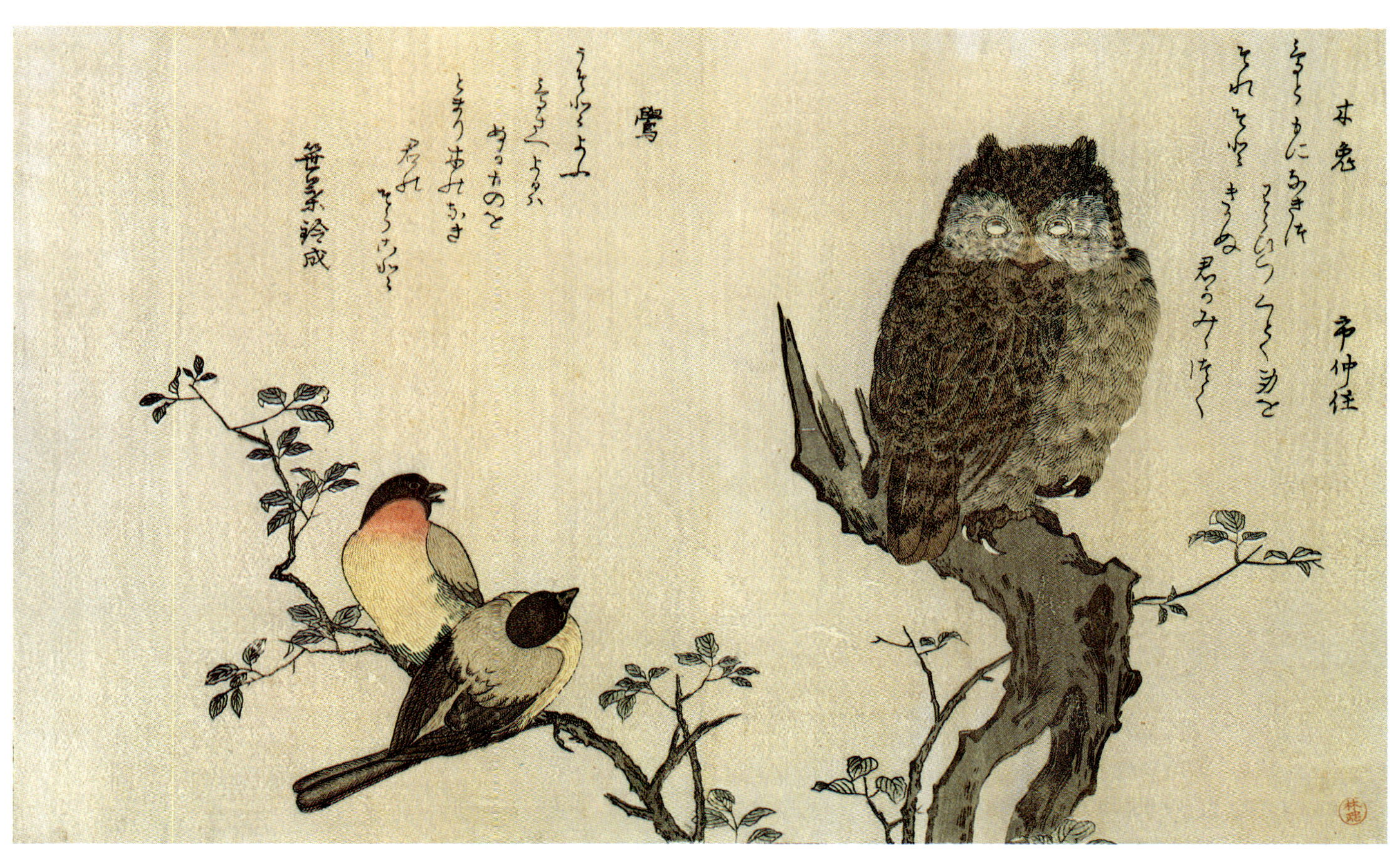
鷽

UTAMARO Kitagawa
(1753-1806)

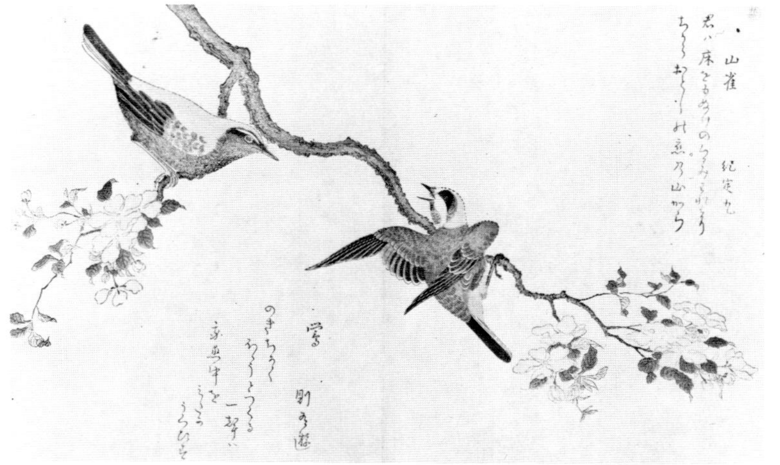

194

194
FAUVETTE ET PASSEREAU SUR UNE BRANCHE FLEURIE

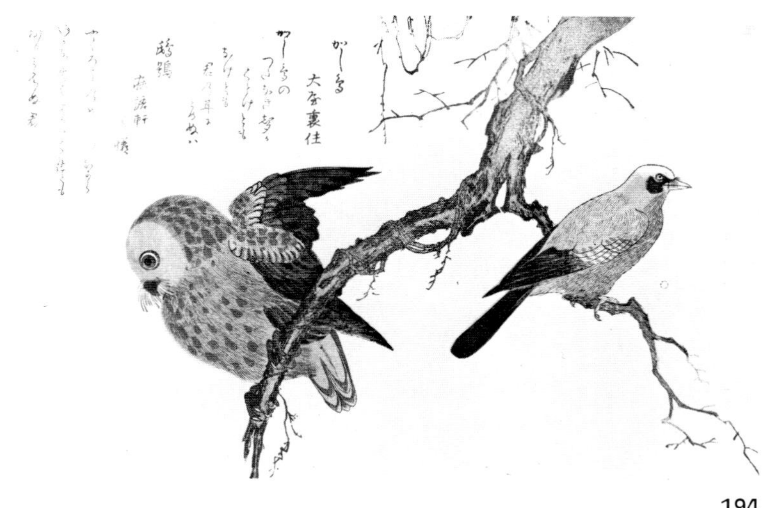

194

194
CHOUETTE ET GEAI SUR UNE BRANCHE MORTE

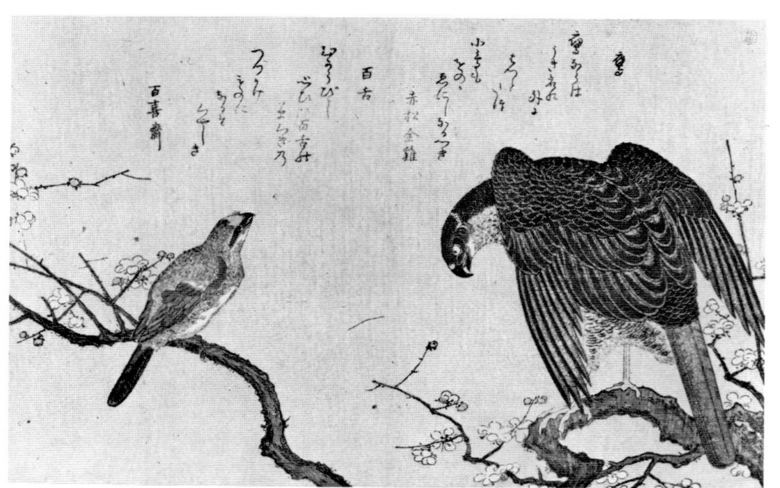

194

194
AIGLE ET COUCOU SUR UNE BRANCHE DE PRUNIER FLEURI

194
PASSEREAU ET PIVERT
SUR UN PIN

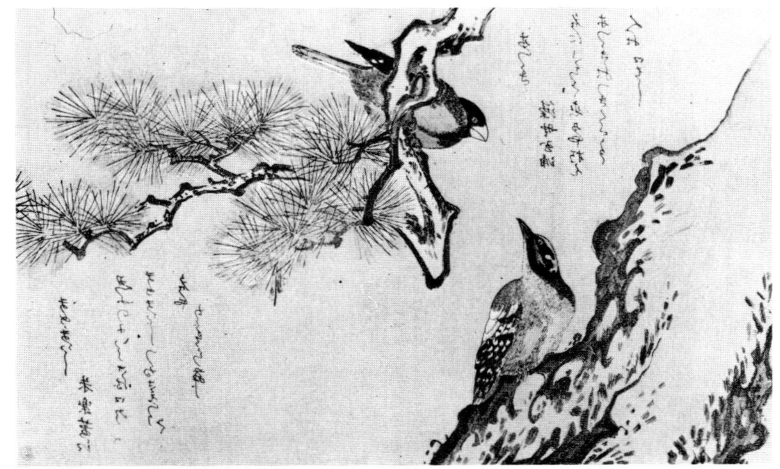

194

194
VERDIERS SUR UNE TIGE
DE BAMBOU

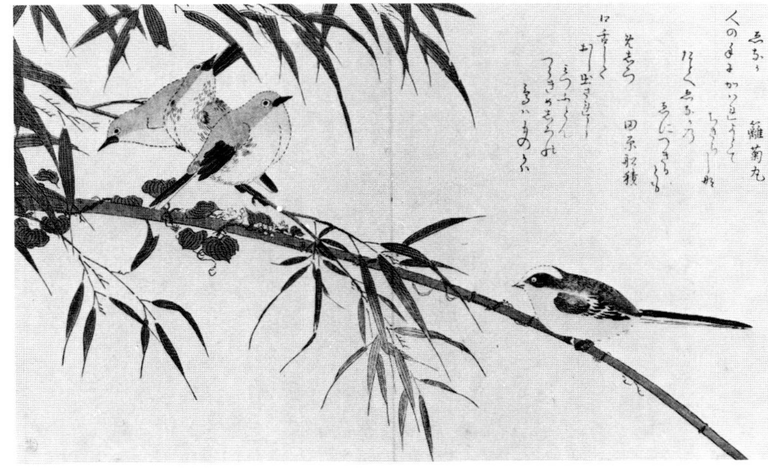

194

195
Page de l'Otoko tōka. La danse des hommes.

Cette planche d'Utamaro fait partie d'un volume illustré par six artistes parmi lesquels Shigemasa, Eishi et Hokusai et publié par Tsutaya Jūsaburō en 1798. Ancienne collection Wakai Oyaji.

Bibl.: Toda, p. 452 - Goncourt, pp. 186-187 - Chibbett, n° 68, repr. coul. - cat. Galerie Berès, n° 133, repr.

Cet album relate les fêtes de la Nouvelle année à la cour impériale de l'époque Heian. Appelées Tōka no sechie elles se composent de deux évènements: d'abord la danse des hommes (Otoko tōka) qui se déroule le 15 janvier tandis que dans la nuit du 16 a lieu la fête des femmes (Onna tōka).

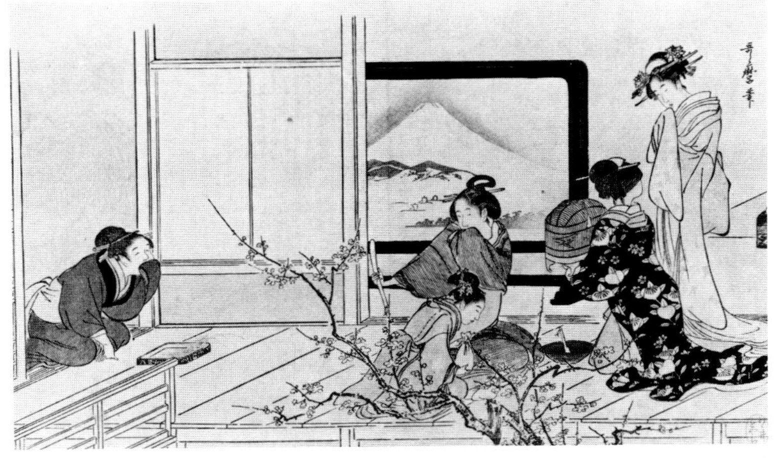

195

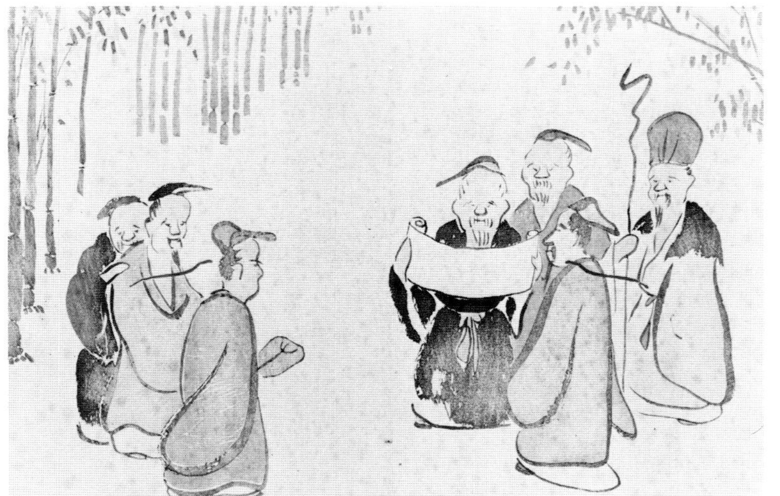

196

KŌRIN Ogata
(1658-1716)

196
LES SEPT SAGES CHINOIS
DANS LA FORÊT DE BAMBOU

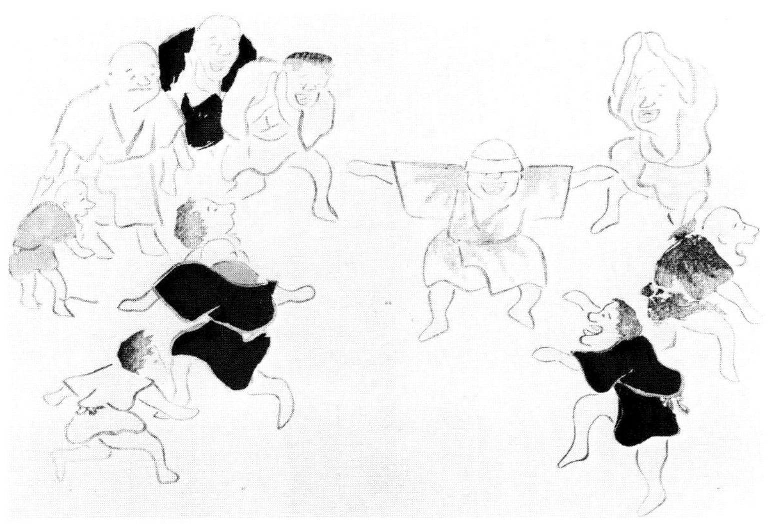

196

196
Kōrin gafu. *Album de dessins de Kōrin.*

Ouvrage complet en deux volumes de vingt-six planches publié pour la première édition à Edo en 1802.

Bibl.: Duret, n° 427 - Odin, n° 127 - Javal II, n° 163 - Toda, n° 359 - Mitchell, n° 376.

Il s'agit ici de sept pages séparées, six appartiennent au premier volume, une au second si l'on suit

196
COLIN-MAILLARD

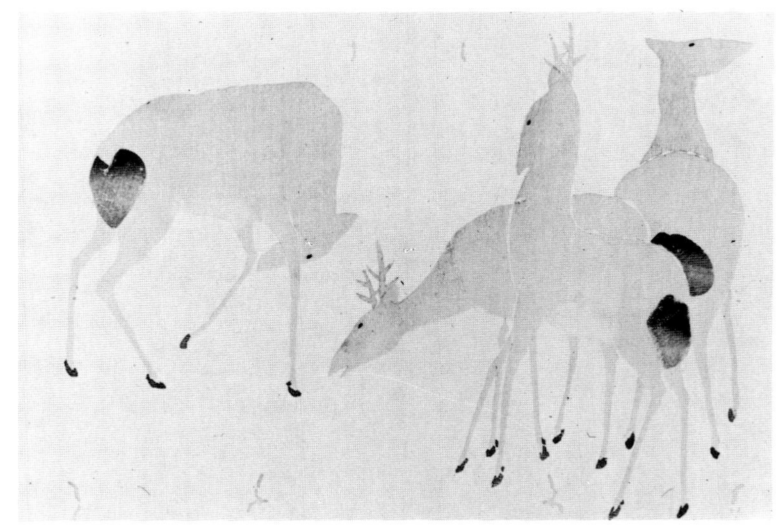

196

196
LES BICHES

196
MUSICIENS

l'ordre des livres de Th. Duret. La représentation de musiciens, d'enfants jouant à colin-maillard, du vieux couple de la pièce Takasago du théâtre Nō, des sept sages chinois dans la forêt de bambous alterne avec la figuration des biches, des grues et des canards sauvages. L. Gonse, dans un article du Japon artistique, trouve «admirable» ces deux volumes. «Il y a là des compositions d'un caractère inoubliable et d'une outrance de style, qui sont, si j'ose dire, du Korin exaspéré, des inventions comiques, d'une allure abracadabrante, [...] des envolées de dessin, dont nulle œuvre japonaise ne donne l'équivalent». (n° 23, mars 1890, pp. 141-142).

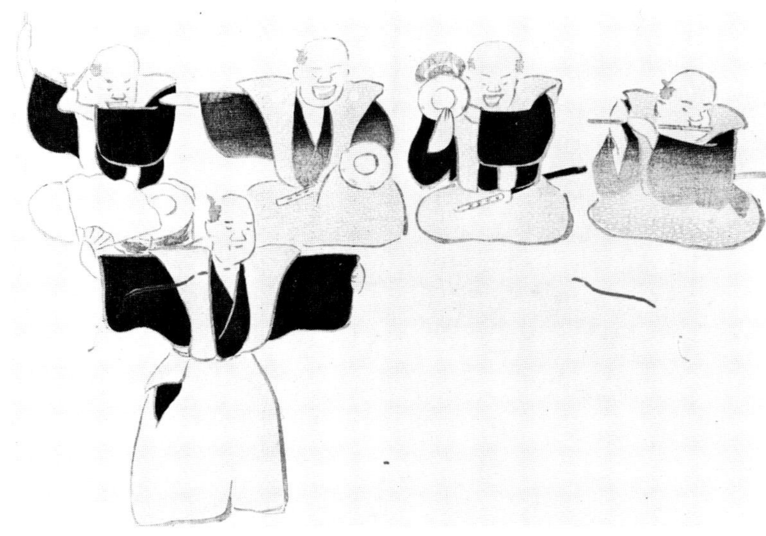

196

KŌRIN Ogata
(1658-1716)

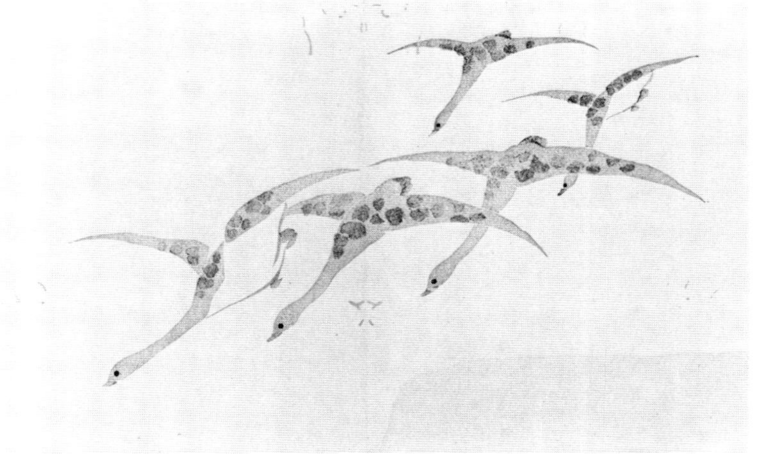

196

196
VOL DE CANARDS SAUVAGES

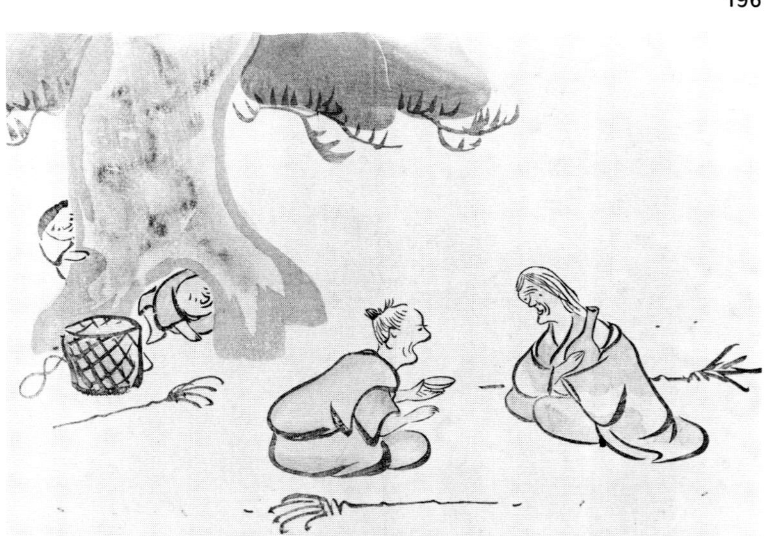

196

196
LE VIEUX COUPLE

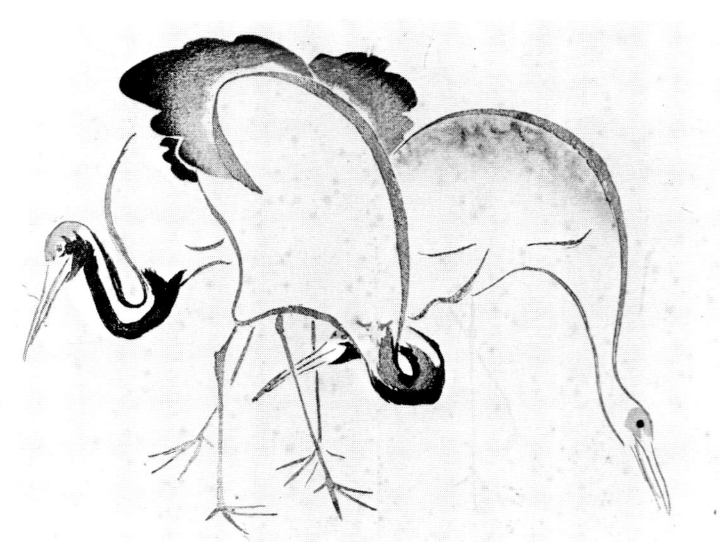

196

196
LES GRUES

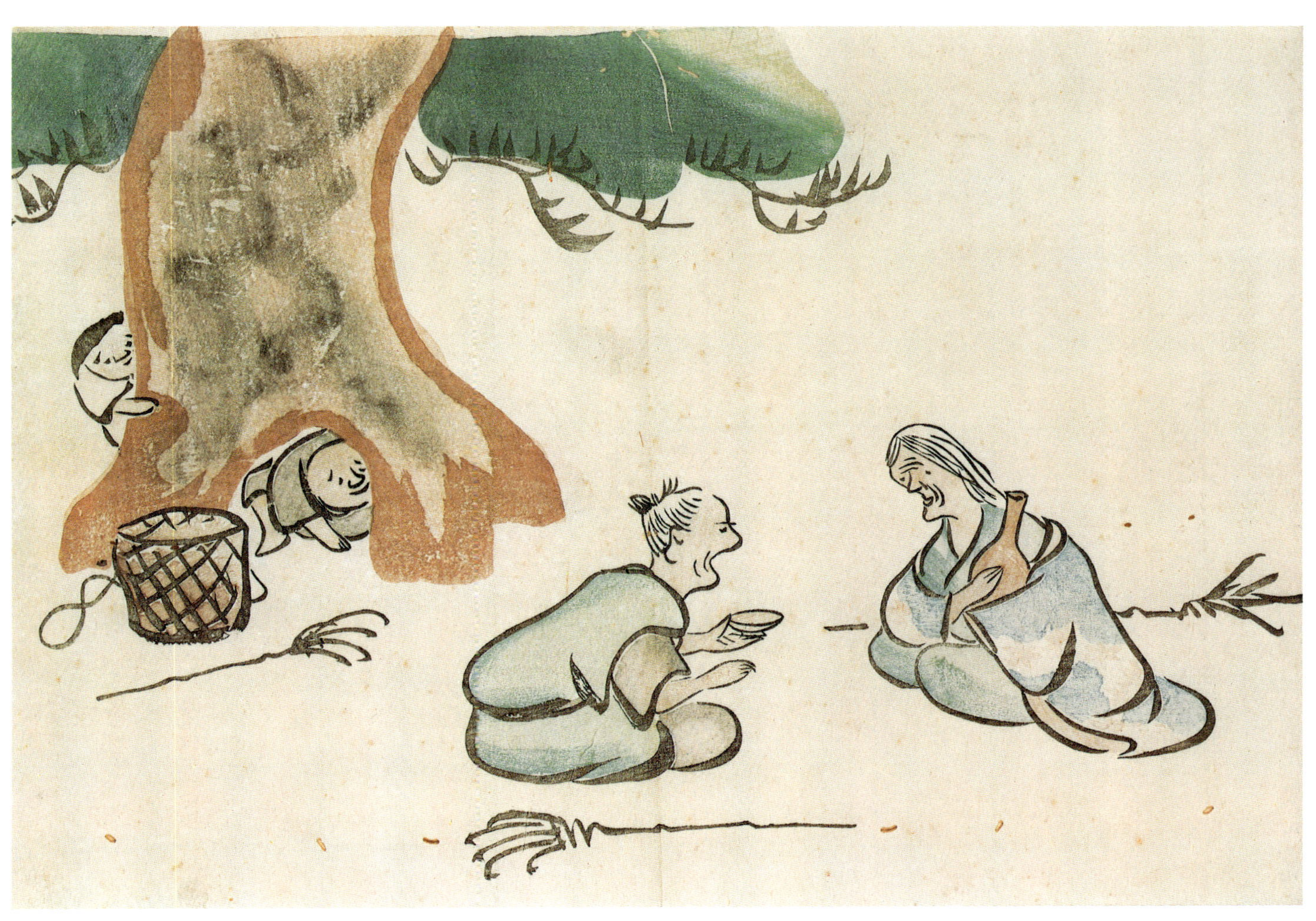

HOKUSAI Katsushika
(1760-1849)

197
La Manga d'Hokusai.

Ouvrage complet en quinze volumes. Edité entre 1814 et 1878.
Il s'agit ici de quatre pages séparées, appartenant au volume XII.
La première édition de ce volume date de 1834.

Bibl.: Goncourt, pp. 129-130 - Michener, n° 27, p. 72, repr.; n° 36, p. 81, repr. et n° 138, p. 207, repr. - Hillier, pp. 96-111.

De haut en bas et de gauche à droite:
1. Tsuri no meijin - le pêcheur expérimenté dans toutes les pêches.
2. Goncourt la décrit ainsi: «Apparaît par la lucarne d'un étroit privé, le profil péniblement contracté d'un samouraï, entre ses deux sabres remontés au-dessus de sa tête, et au dehors trois japonais se bouchant le nez avec leurs doigts et leurs robes» (pp. 129-130).
3. La scène se passe devant un restaurant spécialisé dans les anguilles grillées. C'est une allusion aux hommes qui se faufilent, comme les anguilles, pour «arriver» dans leur carrière.
4. Le quartier des femmes dans une maison de bain.

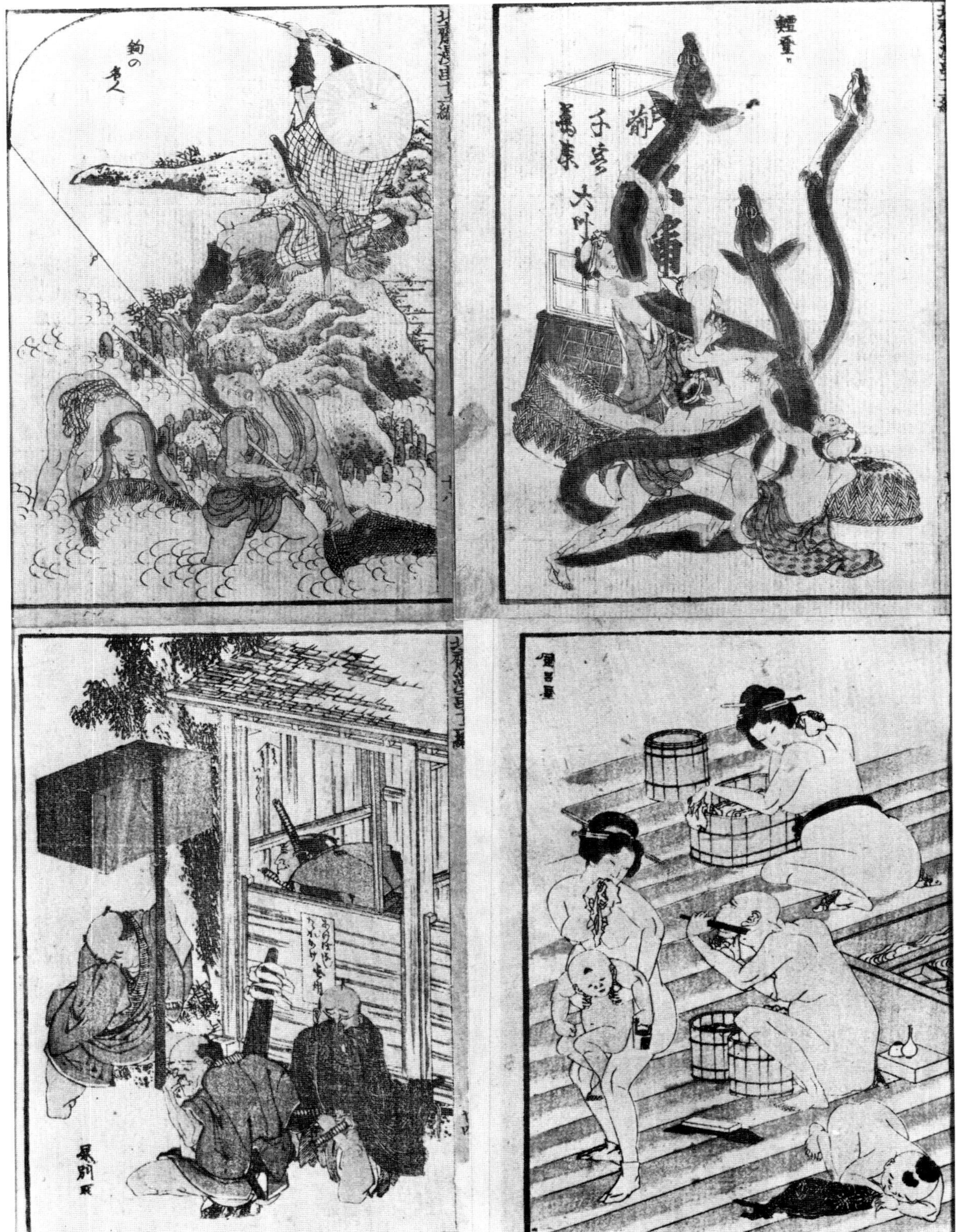

BUSEI Kita
(1776-1856)

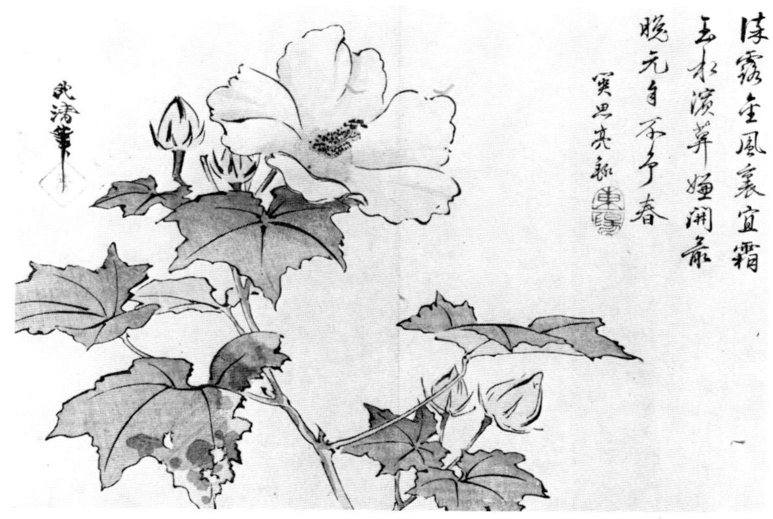

198

198
UN IBISCUS
Une page d'album illustré

KEIICHI

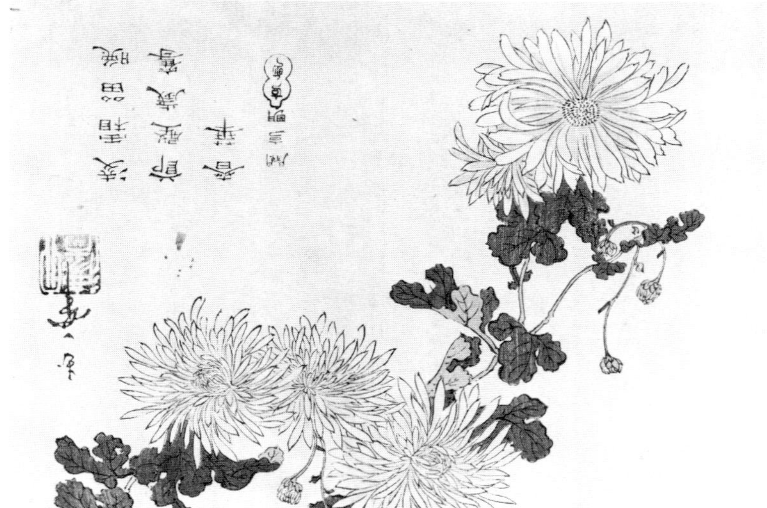

199

199
CHRYSANTHÈMES
Une page d'album illustré

INDEX DES ESTAMPES PAR PIÈCE

(A gauche numéro du catalogue et entre parenthèses numéro d'inventaire)

Utamaro

10 Jeune femme dont le visage se reflète dans un miroir (n° 123)
11 L'heure du cheval (n° 16)
12 Le maquillage (n° 137)
18 La courtisane Wakasakae de la maison Wakanaya (n° 146)
23 Yamauba et Kintarō avec un jouet (n° 77)
24 Yamauba et Kintarō masqué (n° 106)
25 L'envoi des papillons (n° 105)
26 Une jeune femme se coiffe et donne le sein à son enfant distrait (n° 83)
27 Souvenir de Zōshigaya (n° 280 B)
29 La courtisane Karakoto de la maison Chōjiya (n° 107)
32 La couturière (n° 103)
34 Le plaisir de la conversation (n° 148)
40 Jeunes femmes désignant un hibou à un enfant (n° 128)
42 Femme à l'éventail (n° 92)
45 Jeunes femmes sur la plage de Futamigaura (n°s 252-253-254)

Yoshiiku

188 Le bain qui donne à la peau le velouté des fleurs (n°s 192-193-194)

Yoshitomi

174 Hollande (n° 131)
175 Russie (n° 27)
176 Angleterre (n° 132)

Yoshitora

180 Hikaru no Kimi regardant les pêcheuses de coquillages (n°s 292-293-294)

Escalier entrée

Harunobu

4 Jeune femme agenouillée devant sa moustiquaire (n° 68)

Kōrin

196-A2 Kōrin gafu : colin-maillard (n° 35)
196-A4 Kōrin gafu : les musiciens (n° 117)
196-A6 Kōrin gafu : le vieux couple (n° 8)

Kunihiro

99 Pour cette scène un changement rapide (n° 136)

Kunisada

92 Hiver (n° 125)

Kuniyoshi

100 L'héroïque O-Kane de la province d'Ōmi (n° 39)
105 Acte IX (n° 134)
106 La rivière de cristal à Chidori, province de Mutsu (n° 4)

Yoshitomi

173 Amérique (n° 25)

Yoshitoshi

186 Bataille au sanctuaire de Sannō (n° 15)

Cabinet de toilette et chambre de Blanche

Eiri

55 Les trois visites (n°s 160-161-162)

Hokusai

65 Beau temps par vent du sud (n° 120)
197 Pages de la Manga

Kuniyoshi

109 La célèbre bataille de Kawanakajima (n°s 189-190-191)
110 La première traversée du pont Ryōgoku (n°s 157-158-159)

Sharaku

58 Le présentateur du théâtre Miyako-za (n° 100)

Utamaro

36 Femme dans une barque surveillant la baignade des enfants (n° 41)

Couloir

Hiroshige

116 Eclaircie après la neige à Kameyama (n° 129)

Hokkei

85 Paysage chinois (n° 3)

Boudoir d'Alice

Hiroshige

131 Pélerinage au temple de Benten dans l'île d'Enoshima (n°s 154-155-156)

Hokusai

67 Kajikazawa dans la province de Kai (n° 69)

Kuniteru

187 Un bataillon militaire en exercice (n°s 169-170-171)

Sadahide

164 Couple prussien. L'Amérique (n°s 269-270)

Chambre d'Alice

Eishi

48 Benten (n° 37)
50 La chasse aux lucioles à la tombée de la nuit (n°s 174-175-176)
51 Promenade en barque sous les cerisiers en fleurs (n°s 204-205-206)
53 Jeune femme sortant du bain (n° 141)

Eishō

54 Portrait en buste de Kokin (n° 75)

Eizan

88 Courtisane en robe d'apparat (n° 186)

Harunobu

5 Sotoba Komachi (n° 281)

Hiroshige

127 Pique-nique au temple Kaian à Shinagawa (n° 1)
129 Akasaka, une des cinquante-trois stations (n° 2)

Kiyonaga

7 Jeune femme coiffée d'un large chapeau de paille (n° 145)

Sharaku

56 Ichikawa Omezō dans le rôle du Yakko Ippei (n° 20)
57 Iwai Hanshirō IV dans le rôle de Shigenoi (n° 138)

Toyokuni

83 Trois femmes sur une barque pêchent au lamparo (n°s 201-202-203)
84 Le style d'Onoe Matsusuke II (n° 124)

Toyokuni II

87 La courtisane Aimi de la maison Maruebi-ya (n° 72)

Utamaro

9 Rencontres sur le pont Ryōgoku (n° 102)
13 La veuve Asahiya (n° 258)
14 Jeune femme au miroir (n° 50)
16 Jeune femme au voile de gaze (n° 23)
19 Une maison de thé à Ryōgoku (n° 102)
22 Trois musiciennes (n° 22)
28 Promenade à Enoshima (n°s 163-164-165)
31 Femme à sa toilette (n° 31)
33 Mère allaitant son enfant (n° 49)
35 Une femme impertinente (n° 257)
37 Jeu complice dans un miroir (n° 82)
38 Mère attentive au jeu de son enfant (n° 73)
41 Jeune femme se lissant les cheveux devant un ikebana (n° 76)
43 Les courtisanes Akashi et Matoka de la maison Tamaya (n° 255)
44 Les courtisanes Tagasode et Hanamurasaki de la maison Kadotamaya (n° 256)
46 Umegawa et Chūbei (n° 200A)

Cabinet de toilette d'Alice

Anonyme

2 Deux oiseaux en vol (n° 51)

Hiroshige

113 La bataille de Mikusayama (n° 91)
124 Le temple de Kinryūzan à Asakusa (n° 86)
157 La plage de Futami dans la province d'Ise (n° 99)
158 Koganehara dans la province de Shimōsa (n° 70)

Hiroshige II

171 Nakasu et Mitsumata (n° 78)

Hokuju

86 La baie de Fusatami dans la province d'Ise (n° 46)

Hokusai

60 Le village de Sekiya au bord du fleuve Sumida (n° 94)
64 Le manoir Umezawa dans la province de Sagami (n° 34)
66 Eijiri dans la province de Suruga (n° 45)
68 Volubilis et rainette (n° 30)
71 Reconstitution du ponton de Sano dans la province de Kōzuke (n° 101)
72 Couronne de nuages sur le pont du mont Gyōdō, Ashikaga (n° 95)

Kiyonaga

6 Beautés du Sud-Est (n° 147)
8 La courtisane Hanaōgi de la maison Ogiya et ses deux kamuro (n° 265)

Kōrin

196-A1 Kōrin gafu : sept sages chinois (n° 40)

Sadahide

163 Portugal (n° 10)

Shigetoshi et Shigekiyo

181 L'Amérique et l'Angleterre (n° 60)

Toyokuni

82 La rivière de cristal où l'on bat le linge (n°s 143-144)

Utamaro

15 Sortie du bain (n° 263)
17 Kisegawa de Matsubaya (n° 264)
20 Les courtisanes Komurazaki et Hanamurazaki de la maison Tamaya (n° 260)
21 Les courtisanes Hanatzuma et Tsukioka de la maison Hyōgoya (n° 259)
30 Eon Hōshi (n° 114)
39 La courtisane Ichikawa de la maison Matsubaya
195 Page de l'Otoko tōka (n° 112)

Yoshifuji

182 Les divertissements des Américains (n° 59)

Yoshiiku

189 L'acteur Nakamura Ichō dans un rôle d'onnagata (n° 109)

Kuniyoshi

107 La rivière de cristal à Ide (n°s 216-217-218)
108 Brume du matin sur le fleuve Sumida (n°s 274-275)

Ryūsen

161 Oiseau et glycine (n° 142)

Sadahide

165 Etrangers dans le salon d'une maison de marchands à Yokohama (n° 58)

Utamaro

194-A1 Ehon momochidori kyōka awase (n° 38)
194-A2 Ehon momochidori kyōka awase (n° 17)
194-A3 Ehon momochidori kyōka awase (n° 118)
194-A4 Ehon momochidori kyōka awase (n° 18)
194-A5 Ehon momochidori kyōka awase (n° 42)
194-B1 Ehon momochidori kyōka awase (n° 48)
194-B2 Ehon momochidori kyōka awase (n° 65)

Yoshikazu

183 Portrait véridique des Russes (n° 57)

Yoshitora

177 Trois femmes dans un paysage fleuri (n°s 213-214-215)

Cabinet de toilette de Claude Monet

Busei

198 Page d'album (n° 26)

Eishi

49 Divertissement musical (n°s 180-181-182)

Hiroshige

133 Grue (n° 140)
138 Sotoura dans la baie de Chōshi, province de Shimōsa (n° 36)
153 Le pin des bons résultats sur la berge d'Ommaya (n° 98)

Hokusai

69 Chrysanthèmes et abeille (n° 71)
70 Pivoines et papillon (n° 29)

Keiichi

199 Page d'album : des chrysanthèmes

Kōrin

196-A3 Kōrin gafu : biches (n° 84)

Escalier de la chambre de Claude Monet

Eisen

119 Itahana (n° 122)

Fusatane

184 Hiver (n°s 219-220-221)

Hiroshige

115 Rive lointaine du fleuve Ōi (n° 7)
151 Les fours à tuiles au bac de Hashiba sur le fleuve Sumida (n° 90)

Hokusai

61 L'île de Tsukuda dans la province de Musashi (n° 55)
77 Musique du lac à Rinkai (n° 130)

Kunichika

190 Trois geisha à Yanagubashi (n°s 225-226-227)

Kunisada

95 Akashi (n°s 271-272-273)
98 Les pêcheuses d'Ise (n°s 286-287-288)

Kunisada II

167 Des oies sauvages descendant sur Katada (nos 235-236-237)
169 La rue Saruwaka par une nuit de pleine lune (nos 231-232-233)

Kuniyoshi

102 Goût moderne pour les habits (nos 222-223-224)

Sadahide

165 Etrangers dans le salon d'une maison de marchands (nos 267-68)

Shinsai

81 Susaki (n° 13)

Vestibule

Hiroshige

120 Carpe (n° 139)
121 Tobiuo et Ishimochi (n° 105)
145 La plage des pins à Maiko dans la province d'Harima (n° 248)
147 Shisaku dans la province d'Iki (n° 249)
148 Les rochers jumeaux à Bō-no-ura (n° 250)
152 Ōhashi, averse soudaine à Atake (n° 251)

Hokusai

73 Cascade de Kirifuri au mont Kurokami (n° 74)
74 Cascade où Yoshitsune baigna son cheval à Yoshino (n° 110)

Ikkei

192 Hyappon-gui le long de la rivière Ōkawa (n° 119)

Sadahide

162 Le commerce à Yokohama (nos 243 à 247)

Yoshitoshi

185 La bataille du château d'Odai (nos 177-178-179)

Salon bleu

Chikanobu

191 Awabi plongeant dans la mer de la province de Sagami (nos 278-279)

Hiroshige

112 La rivière de cristal à Noda (n° 62)
117 Les érables rouges au pont Tsūten (n° 54)
130 Vue de la baie de Futami (nos 152-153-154)
136 La côte de Shiomi à Shirasuka (n° 88)
137 La vue célèbre du pin de Zazanza (n° 87)
140 Vue des tourbillons de Naruto à Awa (n° 276)
142 Le pont du singe dans la province de Kai (n° 66)
143 Kōzuke dans la province d'Iga (n° 79)
146 Le sanctuaire du feu de joie dans la province d'Oki (n° 277)
150 Vue nocturne de Kanazawa à Buyō (nos 149-150-151)
154 Vue nocturne de la rue Saruwaka (n° 19)
160 Le village de Sekiya (n° 53)

Hiroshige II

170 Les érables rouges au sanctuaire de Kaianji (n° 85)
172 La délégation anglaise à Yokohama (nos 166-167-168)

Kunisada

89 Le village de Yatsuhashi à Okazaki (nos 210-211-212)
91 La pêche aux coquillages dans la province d'Ise (n° 111)
97 Les pêcheuses d'Awabi (nos 290-291)

Kuniyoshi

103 Septembre (n° 133)
104 Vue d'Enoshima depuis Shichiri (n° 108)

Yoshitora

178 Lune d'automne à Miyozaki (n° 63)
179 Un dimanche avec des étrangers de cinq pays (nos 195-196-197)

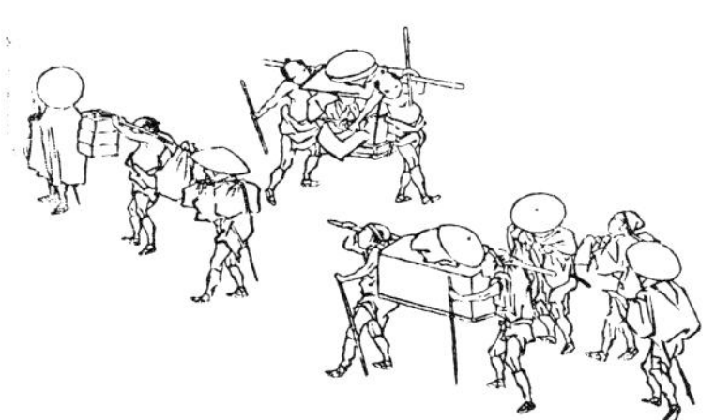

ESTAMPES DE LA COLLECTION MONET NON EXPOSÉES

UTAMARO II Kitagawa : *Pêcheuses d'awabi.*
TOYOKUNI III Utagawa : *Trois beautés sous les cerisiers en fleurs.*
KUNIHIKO Utagawa et KUNITERU Utagawa : *Scène d'intérieur dans une Maison verte.*
YOSHITORA Utagawa : *Trois courtisanes en promenade.*
Non signé : *Trois courtisanes en costumes d'apparat.*
Non signé : *Feu d'artifice sur le fleuve Sumida.*
TOYOKUNI III Utagawa (Kunisada I) : *Une scène du Genji.*
TOYOKUNI III Utagawa (Kunisada I) : *Une scène du Genji.*
TOYOKUNI III Utagawa (Kunisada I) : *Une scène du Genji.*
TOYOKUNI III Utagawa (Kunisada I) : *Une scène du Genji.*
KUNISADA II Utagawa : *Une scène du Genji.*
KUNICHIKA Toyohara : *Une scène du Genji.*
YOSHITSUYA Koko : *Une scène du Chushingura.*
KUNISADA II Utagawa : *Une scène de Nanso Satomi hakkenden,* roman historique de Bakin, publié entre 1814 et 1841.
YOSHIMORI Utagawa : *Une bataille opposant Takeda Shingen à Uesugi Kenshin (XVIe siècle).*
YOSHITOSHI Tsukioka : *Une bataille opposant Takeda Shingen à Uesugi Kenshin.*
TOYOKUNI III Utagawa (Kunisada I) : *Une scène de théâtre Kabuki.*
TOYOKUNI III Utagawa (Kunisada I) : *Une scène de théâtre Kakubi.*
TOYOKUNI III Utagawa (Kunisada I) : *Une scène de théâtre Kakubi.*
KUNIYOSHI Utagawa : *Une scène de théâtre Kakubi.*
KUNIAKI Utagawa : *Une scène de théâtre Kabuki.*
AKIKA Nakamura : *Une scène de la guerre Sino-japonaise.*
GEKKŌ Ogata : *Une scène de la guerre Sino-japonaise.*
KUNIMASA Shō : *Une scène de la guerre Sino-japonaise.*
MINEHIDE : *Une scène de la guerre Sino-japonaise.*
NOBUKAZU Yōsai : *Une scène de la guerre Sino-japonaise.*
TOSHIHIDE Migata : *Une scène de la guerre Sino-japonaise.*
TOSHIHIDE Migata : *Une scène de la guerre Sino-japonaise.*
TOSHIKATA Mizuno : *Une scène de la guerre Sino-japonaise.*
TOSHIKATA Mizuno : *Une scène de la guerre Sino-japonaise.*
TOSHIMASA Shunsai : *Une scène de la guerre Sino-japonaise.*
Non signé : *Une scène de la guerre Sino-japonaise.*
Non signé : *Une scène de la guerre Sino-japonaise.*

Ces trente-deux estampes sont toutes de format ōban triptyque excepté celle Toyokuni III : une scène de théâtre Kabuki de format ōban diptyque.

OUVRAGES DE LA BIBLIOTHÈQUE DE CLAUDE MONET RELATIFS AU JAPON

BING (Samuel) : « La vie et l'œuvre de Hoksai », *La Revue Blanche*, tome 8, n° 64, 1er février 1896, p. 97.

BING (Samuel) : « La vie et l'œuvre de Hoksai. L'Art japonais avant Hoksai », *La Revue Blanche*, tome 10, n° 65, 15 février 1896, p. 162.

BING (Samuel) : « La jeunesse de Hoksai-Shinro », *La Revue Blanche*, tome 10, n° 68, 1er avril 1896, p. 310.

DURET (Théodore) : *Critique d'avant-garde*, Paris, Charpentier et Cie, 1885, dédicace de l'auteur à Claude Monet.

FOCILLON (Henri) : *Essai sur le génie japonais*, Lyon, Hôtel de ville, 1918, dédicace de l'auteur à Claude Monet.

GONCOURT (Edmond) : *Hokousai*, Paris, Charpentier, 1896.

GONCOURT (Edmond et Jules) : *Journal. Mémoire de la vie littéraire 1851-1896*, Paris, Charpentier, 1888-1896.

MIGEON (Gaston) : *Au Japon ; promenade aux sanctuaires de l'art*, Paris, Hachette, 1908, avec dédicace : « A Claude Monet, hommage de fervente admiration ».

OKAKURA (Kakuzo) : *Les Idéaux de l'Orient. Le réveil du Japon*, Paris, Payot, 1917.

REVON (Michel) : *Etude sur Hoksai*, Paris, Lecène Oudin et Cie, 1896.

ALBUMS ILLUSTRÉS JAPONAIS DE LA COLLECTION CLAUDE MONET, CONSERVÉS AU MUSÉE MARMOTTAN

MASAYOSHI Kitao (1764-1824)
— Ryakugashiki. Modèles de dessins cursifs. Un volume.
— Chōjū Ryakugashiki. Dessins d'oiseaux et d'animaux. Un volume.
— Soka Ryakugashiki. Méthode de dessin pour les plantes fleuries. Un volume.

TOYOKUNI Utagawa (1769-1825)
— Ehon Imayō Sugata. Le livre des costumes à la mode. Volume 2.

HOKUSAI Katsushika (1760-1849)
— Hokusai Manga. Album de dessins. 13 volumes sur 15 (vol. I-III-IV-V-VI-VII-IX-X-XI-XII en double XIII-XIV)
— Fugaku Hyakkei. Les Cent vues du Mont Fuji. 3 volumes en double.
— Hokusai Gafu. Album de dessins d'Hokusai. 3 volumes.
— Hokusai Sōga. Album de dessins rapides d'Hokusai. 1 volume.

HIROSHIGE Utagawa (1797-1858)
— Ehon Edo Miyage. Album illustré, souvenirs d'Edo. Volumes 9 et 10.

SADAHIDE Utagawa (1807-1873)
— Banshō Shashin Zufu. Album de dessins exécutés d'après des objets réels. Un volume.

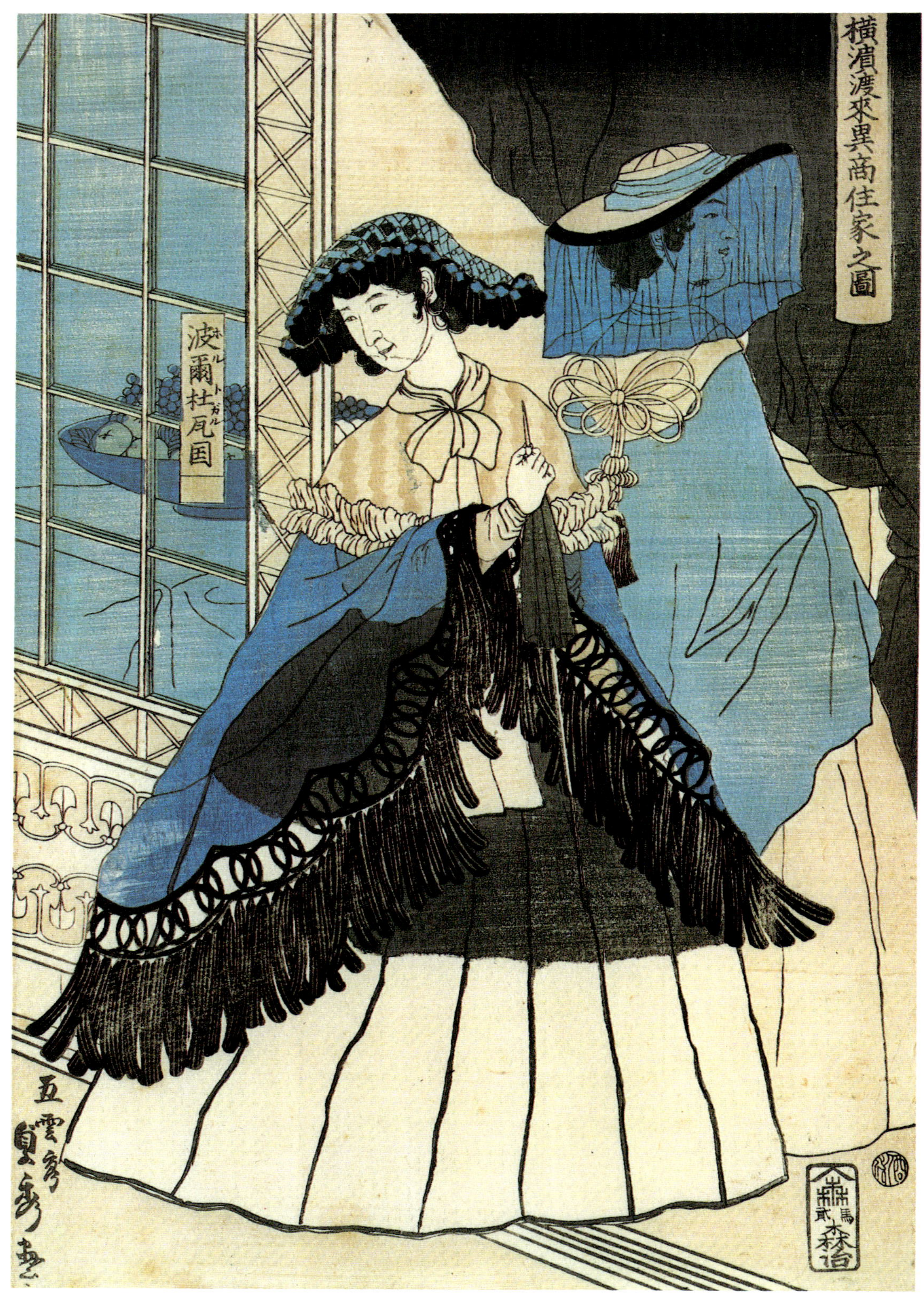

Sadahide Utagawa. *Portugal.* (Cat. nº 163).

BIBLIOGRAPHIE SÉLECTIVE

Ouvrages généraux

ALLEMAND Geneviève : *Le rôle du Japon dans l'évolution de l'habitation et de son décor en France dans la seconde moitié du XIXe siècle et au début du XXe siècle.* Thèse non publiée, Ecole du Louvre, 1964.

BAILLY-HERZBERG Janine : *Correspondance de Camille Pissarro, Tome I, 1865-1885*, Paris, Presses Universitaires de France, 1980. Préface de Bernard Dorival.

BERGER KLAUS : *Japonismus in der westlichen Malerei 1860-1920*, München, Prestel, 1980.

BERNHEIM DE VILLERS Gaston : *Petites histoires sur de grands artistes*, Paris, Bernheim-Jeune, 1940.

BLANCHE Jacques-Émile : *Propos de peintres. De Gauguin à la Revue Nègre*, Paris, Emile Paul Frères, 1928.

CHAMPFLEURY Jules : *Le réalisme.* Textes choisis par Geneviève et Jean Lacambre, Paris, Herman, 1973.

CHASSIRON (Baron) Ch. de : *Notes sur le Japon, la Chine et l'Inde. 1858, 1859 et 1860*, Paris, Dentu, 1861.

Correspondance complète de Vincent van Gogh, Paris, Gallimard et Grasset, 1960, 3 vol.

DAUBERVILLE Henri : *La bataille de l'Impressionnisme,* Paris, Bernheim-Jeune, 1967.

DUFWA Jacques : *Winds from the East,* Stockholm, Almquist et Wiksell, 1981.

DURET Théodore : *Critique d'avant-garde*, Paris, Charpentier, 1885.
Histoire des Peintres Impressionnistes, Paris, H. Floury, 1906.

GEFFROY Gustave : *La vie artistique, 1re série*, Paris, Dentu, 1892-1903 – 8 vol.

GIMPEL René : *Journal d'un collectionneur, marchand de tableaux*, Paris, Calmann-Lévy, 1963.

GONCOURT Edmond de : *Chérie*, Paris, Flammarion, 1884.

GONCOURT Edmond et Jules de : *Journal, Mémoire de la Vie littéraire, 1851-1895*, Paris, Flammarion et Fasquelle, 9 vol.

GONSE Louis : *L'Art japonais*, Paris, A. Quantin, 1883, 2 vol.

Japonism in Art. An International Symposium, Tokyo, The Society for the Study of Japonism, 1980.

KOECHLIN Raymond : *Souvenirs d'un vieil amateur d'art de l'Extrême-Orient*, Chalon-sur-Saône, 1930.

MIRBEAU Octave : *La 628 E 8*, Paris, Fasquelle, 1905 (Réédition, Paris, 10/18, 1977)

MONNERET Sophie : *L'Impressionnisme et son époque*, Paris, Denoël, 1978-1980, 4 vol.

PISSARRO Camille : *Lettres à son fils Lucien*, présentées avec l'assistance de Lucien Pissarro par John Rewald, Paris, Albin Michel, 1950.

REFF Théodore : *Degas : The artist's mind*, New York, The Metropolitan Museum of Art, 1976.

REWALD John : *Histoire de l'impressionnisme*, Paris, Albin Michel, 1955.

SCHWARZ Martin : *Octave Mirbeau. Vie et Œuvre*, The Hague, Mouton and C°, 1966.

SICHEL Philippe : *Notes d'un bibeloteur au Japon*, Paris, Dentu, 1883. Préface de M. Edmond de Goncourt.

THIRION Yvonne : *Le Japonisme en France dans la seconde moitié du XIXe siècle à la faveur de la diffusion de l'estampe japonaise.* Thèse non publiée, Institut d'Art et d'Archéologie, 1946.

WHITFORD Frank : *Japanese Prints and Western Painters*, London, Studio Vista, 1977.

Ouvrages ou monographies consacrés à Claude Monet

CLEMENCEAU Georges : *Claude Monet. Cinquante ans d'amitié*, Paris, La Palatine, 1965.

ELDER Marc : *A Giverny chez Claude Monet*, Paris, Bernheim-Jeune, 1924.

FELS Marthe de : *La vie de Claude Monet*, Paris, Gallimard, 1929.

GEFFROY Gustave : *Claude Monet, sa vie, son temps, son œuvre*, Paris, Crès, 1922.

HOSCHEDÉ Jean-Pierre : *Claude Monet, ce mal connu*, Genève, Pierre Cailler, 1960, 2 vol.

ISAACSON Joël : *Claude Monet*, Neuchâtel, Ides et Calendes, 1978.

JOYES C., GORDEN R., TOULGOUAT J.-M. et FORGE A. : *Monet at Giverny*, London, Mathews Miller Dunbar, 1975.

PROIETTI Maria-Letizia : *Lettere di Claude Monet*, Assisi, Beniamino Carucci, 1974.

WILDENSTEIN Daniel : *Claude Monet. Biographie et catalogue raisonné.*
Tome I, 1840-1881, Peintures, Paris, Bibliothèque des Arts, 1974.
Tome II, 1882-1886, Peintures, Paris, Bibliothèque des Arts, 1979.
Tome III, 1887-1888, Peintures, Paris, Bibliothèque des Arts, 1979.

Articles

BELLECOUR P. (DUCHESNE de) : *La Chine et le Japon à l'Exposition universelle*, in la Revue des Deux Mondes, août 1867, pp. 710-742.

BING Samuel : *La Gravure Japonaise* in l'Estampe et l'Affiche, 1er avril, 1897, pp. 38-44.

BURTY Philippe : *Japonisme I, II, III, IV, V et VI* in La Renaissance littéraire et artistique, 18 mai 1872, pp. 25-26 ; 15 juin 1872, pp. 59-60 ; 6 juillet 1872, pp. 83-84 et 17 juillet, pp. 106-107 ; 10 août 1872, pp. 122-123 ; 8 février 1873, pp. 3-5.

BURTY Philippe : *Exposition Universelle de 1878. Le Japon ancien et moderne* in l'Art, 1878, pp. 241-264.

CAHIERS D'AUJOURD'HUI (les) : *Octave Mirbeau*, n° 9, 1922. Articles de G. Geffroy, Tristan Bernard, Frantz Jourdain, Thadée Natanson et Sacha Guitry, vingt lettres de Mirbeau à Claude Monet.

CASO Jacques de : *1861 Hokusai rue Jacob* in The Burlington Magazine, n° 798, septembre 1969, pp. 562-576.

CHESNEAU Ernest :
L'Art Japonais. Conférence faite à l'Union Centrale des Beaux-Arts Appliqués à l'Industrie, le vendredi 19 février 1869.
Exposition Universelle : Le Japon à Paris (1er article) in la Gazette des Beaux-Arts, septembre 1878, pp. 385-397.
Exposition Universelle : Le Japon à Paris (2e et dernier article) in la Gazette des Beaux-Arts, novembre 1878, pp. 841-856.

GONSE Louis : *L'Art japonais et son influence sur le goût européen*, in Revue des Arts Décoratifs, août 1898, n° 4, pp. 97-116.

GORDON Robert : *The Lily Pond at Giverny : The changing inspiration of Monet* in The Connoisseur, novembre 1973, n° 741, pp. 154-165.

HAYASHI Tadamasa : *Le Japon* in Paris Illustré, 1er mai 1886, pp. 45-47.

HOWARD-JOHNSTON Paulette : *Une visite à Giverny en 1924* in l'Œil, n° 171, mars 1969, pp. 28-33.

KOCH Robert : *Art Nouveau Bing* in Gazette des Beaux-Arts, n° 53, mars 1959, pp. 179-190.

KOECHLIN Raymond : *Tadamasa Hayashi* in Bulletin de la Société Franco-Japonaise, décembre 1906.

POTTIER E. : *Grèce et Japon* in la Gazette des Beaux-Arts, août 1890, pp. 105-132.

SANDBERG John : *The discovery of Japanese prints in the nineteenth century before 1867* in la Gazette des Beaux-Arts, mai-juin 1968, pp. 295-302.

SCHEYER Ernest : *Far Eastern Art and French Impressionism* in the Art Quarterly, vol. VI, 1943, pp. 116-143.

SEGI Shin'ichi : *Meiji Izen ni Okeru Ukiyo-e no Kaigai Ryūshutsu.* (La connaissance de l'Ukiyo-e dans les pays étrangers avant l'époque Meiji) in Ukiyo-e Geijutsu, n° 24, 1969, pp. 15-33.

SHIBUI Kiyoshi : *Ukiyo-e no Yushutsu* (L'exportation des œuvres Ukiyo-e) in Mita Bungaku, janvier 1939.

TREVISE (Duc) de : *Le Pélerinage de Giverny* in Revue de l'Art ancien et moderne, janvier-février 1927, pp. 42-50 et 121-134.

VAUXCELLES Louis : *Un après-midi chez Claude Monet* in l'Art et les Artistes, décembre 1905, p.90.

WEISBERG Gabriel P. : *Samuel Bing : Patron of Art Nouveau* in the Connoisseur, octobre 1969, vol. 172. pp. 119-125

Revues

Le Japon artistique. Documents d'art et d'industrie réunis par S. Bing. Publication mensuelle, Paris, Japon artistique et Marpon et Flammarion, mai 1888-avril 1891.

Catalogues d'expositions Claude Monet (par ordre chronologique)

NEW YORK : Charles E. Slatkin Galleries, *Claude Monet and the Giverny Artists*, 22 mars au 23 avril 1960.

NEW YORK : The Museum of Modern Art, *Claude Monet. Seasons and Moments*, 9 mars au 15 mai 1960. Los Angeles County Museum, 14 juin au 14 août 1960. Catalogue rédigé par William C. Seitz.

PARIS : Musée Marmottan, *Monet et ses amis. Le Legs Michel Monet. La donation Donop de Monchy*, 1971.

NEW YORK : The Metropolitan Museum of Art, *Monet's Years at Giverny : Beyond Impressionism*, 1978. Préface de Daniel Wildenstein.

PARIS : Grand Palais, *Hommage à Claude Monet*, 8 février au 5 mai 1980. Avant-propos d'Hélène Adhémar.

TOKYO : Musée National d'Art occidental *Monet*, 9 octobre au 28 novembre 1982. Préfaces de Germain Bazin et Yves Brayer. Catalogue rédigé par François Daulte.

Catalogues d'expositions (par ordre chronologique)

PARIS : Bibliothèque Nationale, *Gustave Geffroy et l'art moderne*, 1957.

PARIS : Musée du Petit Palais, *Georges Clemenceau 1841-1929. Exposition du cinquantenaire*, 15 novembre 1979 au 6 janvier 1980.

LONDRES : Hayward Gallery, *Camille Pissarro 1830-1903*, 30 octobre 1980-11 janvier 1981. Paris, Grand Palais et Boston, Museum of Fine Arts.

Catalogues d'expositions sur le Japon et le Japonisme (par ordre chronologique)

PARIS : *Exposition Universelle de 1867 à Paris*, catalogue publié par la Commission Impériale, 2e édition.

PARIS : *Catalogue de l'Exposition Universelle de 1878*, E. Leroux, 1878.

PARIS : Galerie Georges Petit, *Catalogue de l'exposition rétrospective de l'Art japonais*, 1883. Catalogue établi par Louis Gonse.

PARIS : Ecole Nationale des Beaux-Arts, *Exposition de la gravure japonaise*, 25 avril-22 mai 1890, 2 vol.

PARIS : Galerie Durand-Ruel, *Estampes d'Outamaro et d'Hiroshigé*, 22 janvier au 22 février 1893. Catalogue et introduction par Samuel Bing.

BERLIN : Haus am Waldsee, *Der Japonismus in der Malerei und Graphik des 19. Jahrhunderts*. Catalogue établi par Léopold Reidemeister, septembre-octobre 1965.

MUNICH : Haus der Kunst, *Weltkulturen und Moderne Kunst*, juin-septembre 1972.

NEW YORK : the Metropolitan Museum of Art, *The Great Wave : The Influence of Japanese Woodcuts on French Prints*. Catalogue établi par Colta Feller Ives. 1974.

CLEVELAND : The Cleveland Museum of Art, *Japonisme : Japanese Influence on French Art 1854-1910*, juillet-août 1975. The Rutgers University Art Gallery, octobre-novembre 1975. The Walters Art Gallery, Baltimore, décembre 1975-janvier 1976. Catalogue rédigé par Gabriel P. Weisberg.

TŌKYŌ : *Ukiyo-e prints and the Impressionist Painters. Meeting of the East and the West*, décembre 1979-janvier 1980 ; Osaka janvier-février 1980 et Fukuoka février 1980. Texte en japonais et en anglais. Introduction de Gabriel P. Weisberg.

Catalogues de ventes (par ordre chronologique)

Collection Ph. Burty. Catalogue de peintures et d'estampes japonaises, Paris, Drouot, 16-20 mars 1891.

Collection des Goncourt. Arts de l'Extrême-Orient. Objets d'art japonais et chinois. Peintures et estampes, Paris, Drouot, 8-13 mars 1897.

Dessins, Estampes, Livres illustrés du Japon réunis par T. Hayashi, Paris, Drouot, 2-6 juin 1902.

Pastels, Drawings and Prints collected by the Japanese Connoisseur the late Tadamasa Hayashi, New York, 1913. Préface de Raymond Koechlin.

Catalogue des estampes anciennes et modernes composant la collection Edgar Degas, Paris, Drouot, 6-7 novembre 1918.

Collection Louis Gonse. Objets d'art du Japon. Estampes et livres des principaux maîtres de l'Ukiyoyé, Paris, Drouot, 19-23 avril 1926 (cf. Gonse I).

Liste des publications mentionnées en abrégé dans les notices du catalogue

BRANDT: Brandt Klaus J., *Hosoda Eishi 1756-1829 der Japanische Maler und Holzschnittmeister und Seine Schüler*, Stuttgart, 1977.

CAT. BRITISH MUSEUM: Binyon Laurence, *A catalogue of Japanese and Chinese Woodcuts preserved in the Sub-Department of Oriental Prints and Drawings in the British Museum*, London, 1916.

CAT. VAN GOGH: *Japanese Prints collected by Vincent van Gogh*, Amsterdam, Rijksmuseum Vincent van Gogh, 1978 (Introductions de Willem van Gulik et Fred Orton).

CHIBBETT: Chibbett David, *The History of Japanese Printing and Book illustration,* Tōkyō, Kodansha, 1977.

DURET: Duret Théodore, *Livres et album illustrés au Japon*, Paris, 1900.

EXP. BEAUTIES IN EDO: *Ukiyo-e Exhibition «Beauties in Edo»*, Tōkyō, The Japan Ukiyo-e Society, 1976 (number twenty-eight).

EXP. GALERIE BERÈS: *Utamaro, estampes, livres illustrés*, Paris, Galerie Huguette Berès, 1976 (introduction de Jack Hillier).

EXP. GALERIE BERÈS: *Sharaku. Portraits d'acteurs 1794-1795*, Paris, Galerie Huguette Berès, 1980 (introduction de Roger Keyes et Eiko Kondō).

EXP. HARUNOBU: *Suzuki Harunobu. An exhibition of his colour-prints and illustrated books on the occasion of the bicentenary of his death in 1770*, Philadelphie, Philadelphia Museum, 1970 (catalogue établi par Jack Hillier).

EXP. THE LEDOUX HERITAGE: *The Ledoux Heritage. The collecting of Ukiyo-e Master Prints*, New York, Japan House Gallery, 1973 (catalogue établi par Jack Hillier).

EXP. MARAIS: *Le Fou de Peinture, Hokusai et son temps*, Paris, Centre Culturel du Marais, 1981.

EXP. COLL. SAKAI: The Sakai Collection IV. The Hundred selected rare Ukiyo-e Prints of Utamaro, Tōkyō, The Japan Association for the preservation of Ukiyo-e, 1971.

EXP. COLL. VON SIEBOLD: *Exposition sur l'Ukiyo-e; principalement la collection de von Siebold conservée au Musée National d'Ethnologie Leiden: 150e anniversaire de la visite de von Siebold au Shogunat*, Tōkyō, Mainichi. Shinbunsha, 1976.

EXP. UTAMARO: *Sekai no Utamaro ten*, Tōkyō, Mainichi Shinbunsha, 1970.

FICKE 2e VENTE: *The Japanese print collection of Arthur Ficke*, New York, The Anderson Galleries, 1925.

FRABETTI ET KONDŌ: Frabetti Giuliano et Kondō Eiko, *Hiroshige: immagini della Natura*, Gênes, Museo d'Arte Orientale «E. Chiossone», 1976.

GALE I — GALE II: Hillier Jack, *Catalogue of the Japanese Paintings and Prints in the Collection of Mr. and Mrs. Richard P. Gale*, Londres, Routledge Kegan Paul, 1970.

GONCOURT: Goncourt Edmond de, *Outamaro. Le peintre des maisons vertes*, Paris, Bibliothèque Charpentier, 1891.

GONCOURT: Goncourt Edmond de, *Hokousai*, Paris, Bibliothèque Charpentier, 1896 (réédition, Paris Fasquelle, 1916).

GONSE I: *Collection Louis Gonse, Objets d'art du Japon, choix d'estampes et de livres des principaux maîtres de l'Ukiyoyé*, Paris, Drouot, mai 1924.

HAJEK: Hajek Lubor, *Utamaro. Das Porträt in Japanischen Holzschnitt*, Prague, Artia, 1958.

HIRANO: Hirano Chieko, *Kiyonaga. A study of his life and works*, Cambridge, Harward University Press, 1939.

HAVILAND 1re VENTE: *Collection Ch. Haviland. Estampes japonaises. Peintures des écoles classiques et de quelques maîtres de l'Ukiyoyé*, Paris, Drouot, novembre 1922.

HAVILAND XVIIIe VENTE: *Collection Ch. Haviland. Estampes japonaises, livres illustrés*, Paris, Drouot, juin 1927.

HILLIER: Hillier Jack, *The Art of Hokusai in Book illustration,* London, Wilson, 1980.

H. ET L.: Henderson Harold G. et Ledoux Louis V., *The surviving works of Sharaku*, New York, Weyke, 1939.

JAVAL II: *Catalogue de la bibliothèque de livres japonais illustrés appartenant à M. Emile Javal*, Paris, Drouot, novembre 1928.

KEYES: Keyes Roger, *Yoshitoshi*, 1980.

KONDŌ ET TERRY: Kondō Ichitaro et Terry Charles S., *The Thirty six views of Mount Fuji by Hokusai*, Honolulu, East-West Center Press, 1966.

KURTH: Kurth Julius, *Sharaku*, Munich, Piper, 1910.

LANE: Lane Richard, *L'estampe japonaise. Images du Monde flottant*, Fribourg, Office du Livre, 1979.

MICHENER: Michener James H., *The Hokusai sketch books selections from the Manga*, Tōkyō, Tuttle, 1958.

MITCHELL: Mitchell C.H., *The illustrated Books of the Nanga, Maruyama, Shijo and other Related Schools of Japan. A Bibliographie*, Los Angeles, Dawson's Book Shop, 1972.

ODIN: Catalogue de la bibliothèque de livres japonais illustrés appartenant à M. Ulrich Odin, Paris, Drouot, juin 1928.

POPPER: *The Hans Popper Collection of Japanese Prints*, New York, Sotheby Parke Bernet, octobre 1972.

SCHEIWE : *Ukiyo-e Die Kunst der heiteren vergänglichen Welt. Japan 17-19. Jahrhundert. Sammlung Scheiwe*, Essen, Villa Hugel, 17 mars-30 juin 1972.
SHIBUI : Shibui Kiyoshi, *Utamaro, Ukiyo-e Zuten, vol. 13, Tokyo, 1964.*
STRANGE : Strange Edward P., *The Colour Prints of Hiroshige*, London, Cassell, 1925.
SUZUKI : Suzuki Jūzō, *Hiroshige*, Tōkyō, The Nikon Keisai Shimbun, 1970.
SUZUKI 1968 : Suzuki Jūzō, *Sharaku*, Masterworks of Ukiyo-e 2, Tōkyō, Kōdansha, 1968.
SUZUKI ET OKA : Suzuki Jūzō et Oka Isaburō, *The Decadents*, Masterworks of Ukiyo-e, Tōkyō, Kōdansha, 1969.

TAMBA : Tamba Tsuneo, *The Art of Hiroshige. Catalogue of Hiroshige Prints, Paintings and illustrated Books in the Tamba Collection*, Tōkyō, 1965.
TAMBA 1962 : Tamba Tsuneo, *Yokohama Ukiyo-e. Reflections of the Culture of Yokohama in the Days of the Port Opening*, Tōkyō, Asahi Shimbun 1962.
T.N.M. II — T.N.M. III : *Illustrated Catalogues of the Tokyo National Museum.* Ukiyo-e Prints, Tōkyō, 1974.
TODA : Toda Kenji, *Descriptive catalogue of Japanese and Chinese Illustrated Books in the Ryerson Library of the Art Institute of Chicago*, Chicago, 1931.
U. TAISEI V — U. TAISEI X — U. TAISEI XI — U. TAISEI XII : Ukiyo-e Taisei, Tōkyō, Tohōshoin, 1930-1931.
U. TAIKEI II : Ukiyo-e Taikei vol. 2, *Harunobu*, Tōkyō, Shūeisha, 1975 (petit format).
U. TAIKEI V : *Utamaro*, 1975.
U. TAIKEI VI : *Utamaro, Choki, Eishi*, 1975.
U. TAIKEI VII : *Sharaku*, 1975.
U. TAIKEI VIII : *Hokusai*, 1975.
U. TAIKEI IX : *Toyokuni*, 1976.
U. TAIKEI XI : *Hiroshige*, 1975.
U. TAIKEI XIII : *Les trente-six vues du Mont Fuji d'Hokusai*, 1976.
U. TAIKEI XIV : *Les cinquante-trois relais du Tokaido d'Hiroshige*, 1976.
U. TAIKEI XV : *Les soixante-neuf relais de la route de Kiso*, 1976.
U. TAIKEI XVI : *Les cent vues célèbres d'Edo d'Hiroshige*, 1976.
U. TAIKEI XVII : *Les cent vues célèbres d'Edo d'Hiroshige*, 1976.
U. SHŪKA BOSTON III : Ukiyo-e Shūka, *Museum of Fine Arts Boston, vol. 3*, Tōkyō, Shōgakukan.
U. SHŪKA XI : Ukiyo-e Shūka vol. 11, *The British Museum, The Ashmolean Museum, Victoria and Albert Museum, Fitzwilliam Museum*, Tōkyō, Shōgakukan.

V. ET I. 1911 : *Kiyonaga-Buncho-Sharaku. Estampes japonaises tirées des collections de... et exposées au Musée des Arts décoratifs en janvier 1911.* Catalogue dressé par M. Vignier et M. Inada.
V. ET I. 1912 : *Utamaro. Estampes japonaises tirées des collections de... et exposées au Musée des Arts décoratifs en janvier 1912.* Catalogue dressé par MM. Vignier et Jean Lebel avec la collaboration de M. Inada.
V. ET I. 1913 : *Yeishi-Choki-Hokusai. Estampes japonaises tirées des collections de... et exposées au Musée des Arts décoratifs en janvier 1913.* Catalogue dressé par MM. Vignier et Jean Lebel avec la collaboration de M. Inada.
V. ET I. 1914 : *Toyokuni-Hiroshige. Estampes japonaises tirées des collections de... et exposées au Musée des Arts décoratifs en janvier 1914.* Catalogue dressé par MM. Vignier et Jean Lebel avec la collaboration de M. Inada.
VEVER II — VEVER III : Hillier Jack, *Japanese Prints and Drawings from the Vever Collection*, London, Sotheby, 1976.

WEBER : Weber V.F., *Ko-Ji Ho Ten Dictionnaire à l'usage des amateurs et collectionneurs d'objets d'art japonais et chinois*, New York, Reprint Hacker Art Books, 1965.

YOKOHAMA UKIYO-E : *Yokohama Ukiyo-e*, Musée départemental de Kanagawa, Yūrindō (préface de William S. Lieberman).
YOSHIDA : Yoshida Teruji, *Utamaro Zenshū*, Tōkyō, 1941.

TABLE DES MATIÈRES

La maison, les ateliers, les jardins et les étangs ont été, après complète restauration, ouverts au public depuis le 1er juin 1980.
La visite est autorisée, sauf le lundi, tous les jours entre 10 heures et 18 heures.
Le Musée Claude Monet est fermé du 1er novembre au 31 mars.
Secrétaire générale: Madame Lindsey, Musée Claude Monet, Giverny par Vernon, Eure. Tél. 02 32 51 28 21.

Les frais de cette importante restauration ont été entièrement couverts par de généreux amis de Claude Monet.
C'est Mrs de Witt Wallace (High Winds Foundation) qui est la plus importante donatrice, et, à sa suite il faut citer le Conseil Général de l'Eure, Mr and Mrs Michel David Weill, le baron Edmond de Rothschild, the Honorable Mr Walter Annenberg, Mrs Ira Haupt, Mrs Stewart Hooker, Mr Lawrence Rockefeller, Mr and Mrs Gordon Getty, Mr and Mrs Byron Janis, Mrs Dolly Green, Mrs Albert Lasker, Mrs Ethel De Croisset, Mr and Mrs Paul Mellon, Mr and Mrs William Wood Prince, Mr and Mrs Robert Magowan suivis par une longue liste de très nombreux et généreux amis donateurs.

CE VOLUME A ÉTÉ ACHEVÉ D'IMPRIMER LE VINGT JUIN MIL NEUF CENT QUATRE-VINGT-DIX-HUIT SUR LES PRESSES DE L'IMPRIMERIE HERTIG+CO À BIENNE. LA PHOTOCOMPOSITION A ÉTÉ RÉALISÉE PAR MARILYN LUTHI, À LAUSANNE. LES PHOTOLITHOS ONT ÉTÉ EXÉCUTÉES PAR YOMIURI SHIMBUN, À TOKYO, ET PAR ATESA-AGRAF, À GENÈVE. LA RELIURE EST L'ŒUVRE DE MAYER ET SOUTTER, À RENENS/LAUSANNE. LA MAQUETTE A ÉTÉ CONÇUE PAR L'ATELIER BERNARD DEVIGNE, À LAUSANNE.